21世纪经济管理新形态教材·工商管理系列

现代组织行为学
（第三版）

苏 勇　何智美◎ 编著

清华大学出版社

北京

内 容 简 介

本教材在第一版、第二版的基础上做了较大修改。全书分为13章。从个体心理与行为、群体行为与沟通、领导行为与决策、组织行为与结构设计、组织文化与伦理、组织变革及互联网时代组织发展等多个层面，系统而完整地论述了如何更有效地管理组织中人的行为以及管理群体和组织。本教材涵盖了组织行为学研究的最新理论成果和实践经验总结，每章都配上切合内容的相关案例，同时还附有传媒的相关新闻报道和故事，具有时代性、场景性和趣味性，使读者更易了解相关内容。本书适合作为经济管理专业研究生、本科生教材，同时亦适合作为工商管理硕士（EMBA、MBA）、公共管理硕士（MPA）等专业硕士相关课程教材，也可以作为企业经营管理人员的重要参考书。

本书封面贴有清华大学出版社防伪标签，无标签者不得销售。
版权所有，侵权必究。举报：010-62782989，beiqinquan@tup.tsinghua.edu.cn。

图书在版编目(CIP)数据

现代组织行为学 / 苏勇，何智美编著 . —3 版 . —北京：清华大学出版社，2021.7
21 世纪经济管理新形态教材·工商管理系列
ISBN 978-7-302-58428-5

Ⅰ．①现… Ⅱ．①苏… ②何… Ⅲ．①组织行为学－教材 Ⅳ．① C936

中国版本图书馆 CIP 数据核字 (2021) 第 115650 号

责任编辑：刘志彬
封面设计：汉风唐韵
版式设计：方加青
责任校对：宋玉莲
责任印制：刘海龙

出版发行：清华大学出版社
　　　　网　　　址：http://www.tup.com.cn，http://www.wqbook.com
　　　　地　　　址：北京清华大学学研大厦 A 座　　邮　　编：100084
　　　　社 总 机：010-62770175　　　　　　　　　邮　　购：010-62786544
　　　　投稿与读者服务：010-62776969，c-service@tup.tsinghua.edu.cn
　　　　质 量 反 馈：010-62772015，zhiliang@tup.tsinghua.edu.cn
印 装 者：三河市铭诚印务有限公司
经　　销：全国新华书店
开　　本：185mm×260mm　　　　印　张：22　　　　字　数：496 千字
版　　次：2007 年 3 月第 1 版　　2021 年 9 月第 3 版　　印　次：2021 年 9 月第 1 次印刷
定　　价：69.00 元

产品编号：092997-01

目 录

第一章	现代组织行为学的基本概念与范畴 ·············· 1
第一节	组织行为学的产生和发展 ······ 2
第二节	组织、行为与组织行为的含义 ·· 10
第三节	组织行为学的理论体系和研究方法 ·························· 16

第二章	个体行为的基础 ············· 23
第一节	知觉与归因 ················ 24
第二节	态度与价值观 ·············· 31
第三节	能力差异 ··················· 37
第四节	个体决策 ··················· 43

第三章	人格与情绪 ················· 51
第一节	人格特征 ··················· 52
第二节	情绪管理 ··················· 64
第三节	压力管理 ··················· 70

第四章	激励与行为反应 ············ 80
第一节	需要与动机、激励 ········· 81
第二节	内容型激励理论 ············ 85
第三节	过程型激励理论 ············ 94
第四节	激励机制的建立 ··········· 100

第五章	群体心理与行为 ··········· 106
第一节	群体与群体关系 ··········· 107

第二节	群体行为特性 ············· 115
第三节	团队建设 ·················· 128

第六章	群体沟通与决策 ··········· 139
第一节	沟通方式与沟通网络 ······ 140
第二节	有效沟通的障碍及其克服 ·· 151
第三节	群体决策 ·················· 158

第七章	冲突与谈判 ················ 165
第一节	冲突的性质 ················ 166
第二节	冲突管理 ·················· 172
第三节	谈判技能 ·················· 184

第八章	领导者与领导行为 ········ 191
第一节	领导概述 ·················· 192
第二节	传统领导理论 ············· 195
第三节	领导理论的当代发展 ······ 213

第九章	现代领导决策 ············· 220
第一节	领导决策的基本理论 ······ 221
第二节	领导决策技术和方法 ······ 228
第三节	领导决策心理 ············· 233

第十章	组织结构与组织设计 ······ 239
第一节	组织结构和基本模式 ······ 240
第二节	组织设计 ·················· 253

第三节 传统组织与现代组织 ………… 260

第十一章 组织文化与组织伦理 ……… 278

第一节 组织文化的发展 ……………… 279
第二节 组织文化建设 ………………… 288
第三节 组织中的伦理道德与伦理行为 … 295

第十二章 组织变革与发展 …………… 305

第一节 组织变革的基础 ……………… 306
第二节 组织变革的理论模式 ………… 311
第三节 组织变革的阻力及其克服 …… 314
第四节 组织发展及其未来方向 ……… 320

第十三章 网络时代的新型组织 ……… 328

第一节 互联网对企业组织结构的
影响 …………………………… 329
第二节 网络时代的新型组织 ………… 335

第一章
现代组织行为学的基本概念与范畴

本章学习目标

通过本章学习，你应该了解：
1. 组织行为学的由来。
2. 组织行为学的研究方法。
3. 组织、组织行为与组织行为学的含义。
4. 组织行为学体系的构成。

鼓励合作的星巴克咖啡

与大多数企业不同，星巴克从不强调投资回报（Return for Investment，ROI），却强调快乐回报（Return for Happiness，ROH）。他们的逻辑是：只有顾客开心了，才会成为回头客；只有员工开心了，才能让顾客成为回头客。而当二者都开心了，公司也就成长了，持股者也会开心。而团队文化则是他们获得快乐回报的最重要手段。那么，星巴克是如何创造这种平等快乐工作的团队合作文化的呢？

首先，领导者将自己视为普通一员。虽然他们从事计划、安排、管理的工作，但他们并不认为自己与众不同，应该享受特殊的权利，不做普通员工做的工作。比方说该公司的国际部主任，就是去国外的星巴克巡视的时候，也会与店员一起上班，做咖啡，清洗杯碗，打扫店铺甚至洗手间，完全没有架子。

其次，每个员工在工作上都有较明确的分工，比如有的专门负责接受顾客的点菜、收款，有的主管咖啡的制作，等等，但每个人对店里所有工种所要求的技能都受过培训，因此在分工负责的同时，又有很强的不分家的概念。当一个咖啡制作员忙不过来的时候，其他人如果不算太忙，会去主动帮忙，完全没有"莫管他人瓦上霜"的态度。这种既分工又不分家的团队文化当然并不是一蹴而就的，而是有针对性地强化训练的结果。

最后，鼓励合作，奖励合作，培训合作行为。在星巴克工作的员工，无论来自哪个国家，在商店开张之前，都要集体到西雅图（星巴克总部）接受三个月的培训。学习研磨制作咖啡的技巧当然用不着三个月，培训大部分的时间主要用于磨合员工，让员工接受并实践平等快乐的团队工作文化。由于各个国家之间的民族文化差异，有的时候在实施之中会遇到很大的阻碍。比如日本、韩国的文化讲求等级，很难打破等级让大家平等相待。最简单的例子就是彼此之间直呼其名，因为习惯了加上头衔的称呼，不加头衔称呼对方对上下两级都是挑战。为了实践平等的公司文化，同时又尊重当地的民族文化习惯，结果就想出用给每个员工起一个英文名字的方式来解决这个矛盾。

俗语说，十个指头有长短，荷花出水有高低。在组织内部，会有各种类型的员工。作为管理者，不能一叶障目，厚此薄彼，而应因人而异，最大限度地激发他们的潜能。比如让富有开拓创新精神者从事市场开发工作；把墨守成规、坚持原则者安排在质量监督岗位等。从这个意义上说，没有无能的员工，只有无能的管理者。

现代社会是高度组织的社会。人们每天都直接或间接地与各种各样的组织打交道，组织构成了现代社会的基本形态，也深刻影响着人们的生活。有些组织，如军队、医院、大公司，有着非常正规的结构；而另一些组织，如社区篮球队、企业家俱乐部，其结构要随意得多。无论正式组织还是非正式组织，都是由一群致力于共同目标而协同工作、共同获益的人组成和维持的。任何组织都有其目标，但不同组织的目标可能会不同。例如，排球队的目标是获得冠军，乐队的目标是使听众获得娱乐，企业的目标是售出产品或提供服务以获利等；如果没有目标，组织就失去了存在的理由。

第一节　组织行为学的产生和发展

人类组织化的活动已经存在了几千年，管理的历史可能也与人类组织化的活动一样久远。然而，真正意义上的管理学理论是在 20 世纪之初奠定的基础，组织行为学作为管理学的重要分支并成为一门独立的学科出现则还更晚些，心理学、社会学等相关学科的成熟对组织行为学的成型起到了积极的支持作用。

组织行为学作为一门现代管理科学，越来越为学术界和企业界所重视，这是因为，它从组织中人的行为这一侧面，提出了一系列关于管理的新知识、新观点和新理论，这对于管理理论的丰富和发展，以及企业组织建设与实践都作出了重要的贡献。

一、组织行为学的管理环境

组织是由组织中物质资料、制度文化以及人员行为等因素构成的一个综合系统，组织从外部环境得到投入，再经过组织活动，变成组织的产出，投入到组织的外部环境中，以实现组织的价值。管理是组织中的人们进行的一项实践活动，是人们的一项实际工作，一种行动。

（一）管理的职能

所谓管理，就是要创造和保持一种良好的环境条件，使人在群体和组织中能够高效率地完成既定目标。管理是人类所从事的各种活动中最重要的活动之一。管理职能，是管理过程中各项行为内容的概括，是人们对管理工作应有的一般过程和基本内容所作的理论概括。但作为合理组织活动的一般职能，究竟应该包括哪些管理职能？管理学者至今仍众说不一。

最早系统地提出管理职能的是法国的亨利·法约尔（Henry Fayol）。他提出管理的职能包括计划、组织、指挥、协调、控制五个职能，其中计划职能为他所重点强调。他认为，组织一个企业，就是为企业的经营提供所有必要的原料、设备、资本、人员。指挥的任务要分配给企业各种不同的领导人，每个领导人都承担各自单位的任务和职员。协调就是指企业的一切工作都要和谐地配合，以便于企业经营的顺利进行，并且有利于企业取得成功。控制就是要证实一下各项工作是否都与已定计划相符合，是否与下达的指示及已定原则相符合。

在法约尔之后，许多学者根据社会环境的新变化，对管理的职能进行了进一步的探究，有了许多新的认识。但当代管理学家们对管理职能的划分，大体上没有超出法约尔的范围。

哈罗德·孔茨（H. Koontz）和西里尔·奥唐奈（C. O'donnell）把管理的职能划分为：计划、组织、人事、领导和控制。人事成为管理职能之一，意味着管理者应当重视利用人才，注重人才的发展以及协调人们活动，这说明当时管理学家已经注意到了人的管理在管理行为中的重要性。

20世纪60年代以来，随着系统论、控制论和信息论的产生以及现代技术手段的发展，管理决策学派的形成，使得决策问题在管理中的作用日益突出。赫伯特·西蒙（Herbert. A. Simon）等人在解释管理职能时，突出了决策职能。他认为组织活动的中心就是决策。制订计划、选择计划方案需要决策；设计组织结构、人事管理等也需要决策；选择控制手段还需要决策。他认为，决策贯穿于管理过程的各个方面，管理的核心是决策。

管理职能的变化和社会环境的变化有密切的关系。在法约尔时期，企业的外部环境变化不大，市场竞争并不激烈，管理者的主要工作是做好计划、组织和领导工人把产品生产出来就万事大吉了。在行为科学出现之前，人们往往对管理的活动侧重于对技术因素及物的因素的管理，管理工作中强调实行严密的计划、指挥和控制。但自霍桑实验之后，一些学者在划分管理职能时，对有关人的因素的管理开始重视起来，人事、信息沟通、激励职能被提出。这些职能的提出，体现了对管理职能的划分开始侧重于对人的行为激励方面，人事管理被提到比较重要的地位上来。20世纪50年代以后，特别是60年代以来，由于现代科学技术的发展和诸多新兴学科的出现，管理学家又在管理职能中加进了创新和决策职能。决策理论学派的代表人物西蒙提出了决策职能，决策职能从计划职能中分化出来。他认为决策贯彻于管理的全过程，管理的核心是决策。管理的决策职能不仅各个层次的管理者都有，并且分布在各项管理活动中。创新职能源于20世纪70年代后的世界环境的剧变。创新职能的提出，也恰恰反映了这一时代的历史背景。可以预见，随着科学技术的不断发展和社会生产力水平的提高，管理职能的内容和重点也会有新的变化。

实际上，管理的行为主体是组织，而组织是运动变化的，当组织要素如组织环境、管理主体和管理客体三者发生变化时，管理行为和职能应随之发生变化。在一般的管理中，组织目的通常不会发生太大的变化，一般以组织所有者的利益作为组织目的。但组织环境、管理主体、管理客体却因组织自身条件和外部条件的不同而具有很大的差异性。工厂管理与商店管理、大型跨国公司的管理与小作坊的管理、高素质人才的管理和简单劳动工人的管理等等显然都具有很大的差异性，因而体现在管理方式和手段上也就有着很大的不同，这就要求对于不同的组织环境、管理主体、管理客体，在管理手段和方式上也有所不同，管理的职能也有所不同。例如，对于军人，命令应当是最佳的职能，而对于现代高素质人才，激励、鼓励也许是应当采用的职能。

（二）管理者角色

20世纪60年代后期，管理学大师明茨伯格（Henry Mintzberg）在对管理者实际工作活动研究的基础上，归纳出管理者在管理工作中扮演着10种不同而又互相关联的角色。如表1-1所示，这10种角色又分为三大类，即人际性角色、信息性角色、决策性角色。

1. 人际性角色

明茨伯格将管理者的人际性角色进一步细分为三种涉及人际以及社会交往的角色：

（1）象征性领导者。管理者在组织中经常以领导者的身份出现，代表组织参加必要的社会活动，为组织树立特定的社会形象。这时的管理者角色是象征性的，是组织形象的一种代表，其作用仅是礼仪性的，并不真正发挥领导作用。例如，大学校长在毕业典礼上给学生颁发毕业证书；总经理代表公司参加政府部门组织的社会公益活动，接受政府表彰等。

（2）领导者。管理者在扮演这一角色时真正发挥领导作用。领导与管理并非完全一回事：领导者并不限于运用职权去指挥下级，而是通过与下级的沟通，以多种影响力去吸引、说服、激励下级追随领导者指引的方向，去完成所规定的任务。成功的领导者总是通过创建一定的组织文化提出目标或共同愿景使追随者信服和接受，从而发挥其领导作用。

（3）联络人。管理者的联络人角色主要是指管理者要在组织内部和外部同时发挥沟通和协调作用。在组织内部，管理者要为下级之间的横向沟通与协调提供便利和支持。在组织外部，管理者要代表公司与客户、股东、供应商等进行谈判，讨价还价，在为公司争取利益的同时保持与这些利益相关者的良好关系。

表1-1 明茨伯格的管理角色

角色	描述	示例
人际性角色		
1. 象征性领导者	象征性首脑，必须履行法律性或社交性的例行义务	庆祝会，需要表明地位的场合
2. 领导者	负责激励和指导下属	所有包含下属参与的管理活动
3. 联络人	与外部能够提供好处和信息的人保持接触和联系网络	参与公司外部委员会的工作
信息性角色		
4. 监控者	接受大量的信息，作为组织内外信息的神经中枢	处理各种信件与接触，其主要目的在于收集信息
5. 传播者	把从外部人员或下属那里获得的信息传递给组织的其他成员	为了信息交流的目的，把信件传递给组织；涉及向下属传递信息的言语接触，如总结会
6. 发言人	向外界发布有关组织的计划、政策、行动和结果的信息，作为组织所在行业方面的专家	董事会议；处理向外界发布信息的活动
决策性角色		
7. 创业者	从组织和环境中寻找机会发动能够带来变革的计划	制定战略，对创意和改进方案进行的评估会议

续表

角色	描述	示例
8. 麻烦处理者	当组织面临重大的、意外的混乱时，负责采取正确的行动	针对混乱和危机制定战略
9. 资源分配者	作出或批准组织中的重大决策	制定日程，寻求权威，从事预算，为下属的工作作计划
10. 谈判者	在主要的谈判中代表组织	合同谈判

2. 信息性角色

由于信息交流总是在人与人之间进行的，因此，管理者的信息性角色都涉及信息的处理，并且也包含有行为性过程。这一大类角色也包括三种角色：

（1）信息监控者。这个角色是指，管理者既要积极地寻觅外界环境中对本组织或其中某些人有价值的信息，又要警觉地监控本组织对外输出的信息渠道，严防不宜对外的信息外泄。明茨伯格将此角色称为"守门员"，即把关人。例如，管理者浏览行业报告，参加行业研讨会获取信息等；或向下级强调某一内部事件必须内外有别、不得外传等。

（2）信息传播者。管理者在向组织内外传送信息时，扮演的就是信息传播者角色。如将某一信息传达给组织内部成员或将某些情况通知几家关系户等。

（3）发言人。管理者代表本组织对外发言，表明本组织在某些问题上的立场与态度，如在新闻发布会上宣布本公司的某项战略举措或在政府的听证会上表明公司对某项政策的态度等。要注意的是，高层管理者在公开场合的发言与表态，总会被认为是代表组织的，除非事先强调这只是其本人的个人见解。

3. 决策性角色

明茨伯格确认了4种与作选择有关的角色，此时管理者的角色是决策性的。

（1）创业者。管理者并不需要具体从事某种创造发明活动，但是他需要为其所在的组织开拓某项新事业，开创新的方向与道路。例如，管理者根据战略分析，带领组织进入一个新的业务领域或者从一个业已没落的行业中抽身出来，等等。

（2）麻烦处理者。管理者需要对企业中出现的重大事故之类的问题进行应急处理，同时对组织中部门及下属之间的争执与矛盾，作为管理者也需要居中调解、仲裁，以平息这些冲突，保持组织的稳定。这一角色常被誉为解困能手，明茨伯格则给此类角色加上"救灾消防员"的绰号。

（3）资源分配者。组织中的资源是广义的，不仅指财务性资源，还包括设备、厂房等其他物质性资源和人员、时间等非物质性资源。管理者要就各类资源在组织中各部门及个人间的分配作出决策，决定谁可以得到哪些资源和多少资源。

（4）谈判者。管理者经过组织的授权可以代表组织与其他组织谈判，并决定能否签订协议和协议的具体内容。管理者在谈判中将充分运用个人的谈判能力，在自己的授权范围内进行决策，努力维护组织的利益。

明茨伯格认为，这10种管理者角色对管理者来说并非同等重要，他们之间存在着强弱差别，而且往往是多种角色的结合。管理者角色的一个关键之处在于，当他们需要处理人际关系的时候，他们必须是多面手。由于组织环境逐渐变得更富于竞争性，组织不得不寻找提高管理质量的方法，因而，今天的组织逐渐认识到许多管理者的角色不必局限于传统管理的范围，过去一直扮演狭隘的、非管理职能的人们亦可扩展他们的活动范围。

（三）管理层次与技能

管理者是在组织的不同层次上从事管理的，而不同层次的管理者又从事不同范围的组织活动。

依据在组织管理等级中所处层级的不同，可将管理者区分为基层管理者（first-level manager）、中层管理者（middle manager）、高层管理者（top manager）。组织中对他人工作进行管理的最低层叫作一线管理者（first-line manager）或基层管理者，他们仅负责管理非管理者职员。如一家制造业公司的工长或生产监督人员，一个研究部门的技术监督人员，或者大办公室中的文书管理人员，都是基层管理者。中层管理者指导更低层的管理者的活动，有时也直接管理员工。中层管理者的主要职责是指导那些落实组织政策的活动，并以雇主的身份去平衡级别比他们低的管理者的要求。高层管理者通常也称高级主管，负责组织的全面管理，他们建立组织运行的政策，并引导组织与环境之间的相互作用。高层管理者的典型头衔是"首席执行官"、"总裁"和"副总裁"。

依据管理者所从事的管理活动的范围，区分为职能管理者（functional manager）和综合管理者（general manager）。职能管理者负责某一职能的领导，比如负责生产、市场营销或财务。综合管理者则统管一个综合性的单位，比如一家公司、一家子公司或者一个独立的生产部门。他们负责该单位的所有活动，包括生产、市场营销、财务等的运作。一家小公司可能只有一个综合管理者，而一个大的组织则可能会有几个综合管理者，分别负责一个相对独立的部门。实际上，职能管理者和综合管理者进行着相似的基于时间基础上的计划、组织、指挥、协调和控制各种关系的工作，他们工作的不同之处仅在于他们所统管的活动范围的不同。

管理者要有效地实施管理，扮演好管理者角色，成功地实现组织目标，还必须具备管理技能。罗伯特·卡茨（Robert Katz）提出管理者应具有的三种基本管理技能：技术技能（technical skills）、人际技能（human skills）、概念技能（conceptual skills）。

技术技能是指运用某一特定领域的工艺、技术和知识的能力。外科医生、工程师、音乐家和会计师都在他们各自不同的领域内具有技术技能。所有的工作都需要一些专门的才能，许多人的技能是在工作中形成的。

人际技能是指独立地或在群体中与他人一起工作，理解并激励他人的能力。许多人在技术上是出色的，但在人际技能方面却有些欠缺。例如，他们可能不善于倾听，不善于理解别人的需求，或者在处理冲突时有一定的困难。由于管理者通过别人来做事，所以，他们必须具有良好的人际技能，才能实现有效的沟通、激励和授权。

概念技能是指管理者必须具备心智能力去分析和诊断复杂的情况。例如，决策需要管理者从错综复杂的问题中找到症结所在，找出可以解决问题的可替代方案，评价这些方案，选择一项最好的方案。但仅仅这样还不够，管理者还必须能将所面临的问题和自己分析、解释以及决策清晰准确地表述出来，以说服和影响下属和他人。有的管理者可能在技术和人际技能方面都很出色，但若不能理性地加工和解释信息，他同样会失败。

卡茨认为，尽管这三种技能都为管理者所需要，但他们的相对重要性则主要取决于管理者在组织中所处的层次（如图1-1所示）。技术技能对于低层管理者最为重要。人际技能对各个层次的管理者都很重要，但它是中层管理者所必需的主要技能；他们指挥下属职员的技术技能比他们自己对技术的精通要重要得多。最后，概念技能的重要性随着一个人在管理系统中层次的上升而逐渐上升。在组织中所处的层次越高，全部的对关系领域及组织所处的发展时期的理解也就越重要。因为，这种层次的管理人员往往要对组织的全景有清楚的把握。然而，在现今这样一个快速变化、全球一体化和结构重组的世界中，卡茨的模型是否继续适用于纷繁复杂的管理工作，尚存疑问。①

高层管理者	概念的		
中层管理者		人际的	
基层管理者			技术的

图1-1 不同管理层所需的相对技能

二、组织行为学的形成和发展

组织行为学的最初发展来源于科学管理理论中对人性的研究，虽然内容极少，但也开启了组织行为学研究的开端。20世纪初，泰勒和吉尔布雷斯通过动作和时间研究来提高工作效率，即通过动作—时间分析来确定科学定额。吉尔布雷斯的妻子，美国管理心理学家莉莲·吉尔布雷斯（L. Gilbreth）却认为不能单纯从工作的专业化、方法的标准化、操作的程序化来提高效率，还应该注意研究工人的心理。她发现，由于管理人员不关心工人而引起的不满情绪也会影响工作效率。因此，她在《管理心理学》（1914年）中指出，要把早期心理学的概念应用到科学管理的实践中去。但是这本著作在当时并没有引起人们的足够重视，未成为一门学科。管理心理学（Psychology of Management）这一概念在当时也未得到广泛的承认。

第二次世界大战前，西方国家特别是美国，经常被管理学家采用的名词是"工业心理学"（Industrial Psychology）。当时学者们研究的重点在于以个体为研究对象，对工作中个体差异进行测定，从而采取个性化的管理方式。此时的研究从严格意义上说还只是个体心理研究，对群体和组织层次的行为研究仍不多见。"霍桑实验"发现了工作群体的重要性，但建立在群体理论上的社会心理学研究的真正起步还是1950年代的事情。那时候，人们清楚地看到，作为以群体特别是小群体为研究对象的社会心理学，对职工工作绩效的影响变得越来越大了。因此，美国斯坦福大学的莱维特（H. J. Leavitt）在1958年起正式开始用管理心理学这个名词代替原来沿用的工业心理学的名称，成为一门

---

① 詹姆斯·斯通纳. 管理学教程 [M]. 刘学，译. 北京：华夏出版社，2001：15.

独立学科。据莱维特本人的意思，他用"管理"这个词来替换"工业"这个词的原意要改变研究的基本出发点，即要将研究的出发点转移到管理者如何通过对员工差异的理解和掌握来有效地组织、领导和控制员工，使其产生符合组织目标的期望，并最终表现出理想的行为，从而提高组织绩效。

以后又出现了"组织心理学"（Organizational Psychology）这个名词，这是20世纪60年代初莱维特为《心理学年鉴》所写的一篇文章的标题中首先采用的。这篇文章的目的也是要强调社会心理学，尤其是群体心理学在企业界日趋显著的作用。不久，美国心理协会第十四分会——工业心理学分会改名为工业和组织心理学分会，其目的也是要承担比个体差异测定更广泛的组织问题的研究。随着这一学科从个体到群体的研究，再到组织和研究的演变，其研究和实验的机构也发生了变化，它由各大学的心理学系转入到管理学院、系，特别是这些学院的研究生部。20世纪50年代末期，这些学院在教师队伍中又吸收了社会心理学家、社会学家和人类学家。从这批人中产生出来的研究项目，开始取名为"组织行为学"。从此以后，"组织行为学"这一名称就被沿用至今。

从"管理心理学""组织心理学"到后来的"组织行为学"，反映了这一领域研究的发展过程。应该说，从应用角度来看，"组织行为学"是更为广泛的。其发展概况如图1-2所示。

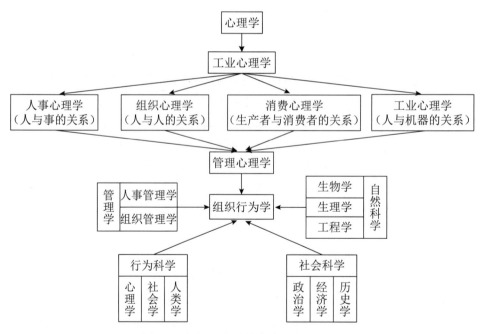

图 1-2　组织行为学的产生与发展过程

从20世纪60年代中期开始，组织行为学独立学科的地位得到了进一步的强化，学科吸引大量的优秀人才的加盟，发展迅猛，每年均出版大量书籍。进入20世纪80年代以来，组织行为学又进一步分为微观的组织行为学和宏观的组织行为学，前者主要研究个体和群体的心理和行为，后者主要研究组织的行为。目前组织行为学已经成为管理学研究中的一个热门学科领域，每年都要出版和发表大量的学术研究成果。

三、相关学科的影响

组织行为学是一门交叉学科,由多个领域的研究成果发展而来。主要的领域是心理学、社会学、社会心理学、工程学、人类学和政治学。这些相关学科对组织行为学产生了重要的特定的影响,它们的贡献共同构成了组织行为学的基础,并使其逐步发展成一门独立的学科。

(一)心理学

心理学(psychology)是寻求测量解释,关于人的行为的学科。心理学关心的是研究和理解个体的行为。心理学起源于哲学和生理学,后分化为一系列更专业的领域,如临床心理学、实验心理学、军事心理学、工业组织心理学和社会心理学等。组织心理学的研究课题与组织行为学十分相似,包括工作团队、工作动机、培训与发展、权力与领导、人力资源规划、工作场所保健等。

早期的工业组织心理学家主要关心疲劳、厌倦和其他与工作条件有关的因素,这些因素会妨碍工作的有效性。现在的研究已经扩展到学习、激励、人格、知觉、培训、领导有效性、工作满意度、个体决策、绩效评估、态度测量、员工选聘、工作设计和工作压力等方面。

(二)社会学

社会学(sociology)对组织行为学的重要贡献是关于组织中群体行为的研究。社会学以社会而非个体作为研究的出发点,因而社会学家所关注的对象是一个社会或一种文化中的角色种类、不同社会和群体中的行为规范,以及群体中的规范行为和变异行为所带来的结果。社会学对组织行为提供有价值的信息的领域包括群体动力学、工作团队设计、沟通、权力、冲突和群体间行为;正式组织理论、官僚主义、组织技术、组织变革、组织文化。

(三)社会心理学

社会心理学(social psychology)属于心理学的领域,但它是心理学和社会学结合的产物。它关注人与人之间的相互影响。社会心理学家研究较多的一个领域是变革——怎样实施变革及如何减少变革的阻力。另外,社会心理学家的贡献还在于对行为改变和态度改变的研究,沟通、群体过程、群体决策等方面的研究上。

(四)工程学

工程学(engineering)是关于物质与能量的应用科学。在对工作设计的理解方面,它为组织行为学作出了重要贡献。泰勒对早期的组织行为研究产生了深远的影响,他应用工程学的基本思想,研究生产组织里人的行为。由于具有工程学的背景,泰勒特别关注人在工作中的生产力和效率问题。他提出了绩效衡量标准和差别计件工资制度,并在美国国会应工会的要求而进行的关于科学管理的调查中作出了贡献。在他那个时代,泰勒在许多方面的研究是超前的,因而他的思想在当时常常引起争议。然而时至今日,在企业的目标设定方面,许多公司仍在沿用他的思想,如美国国际商用机器公司(IBM)、中国海尔集团等。甚至连压力和紧张这样的概念，也可以在工程学的词典里找到其渊源。

（五）人类学

人类学（anthropology）是关于人类学习行为的科学。它对理解组织文化尤其重要。而文化人类学则主要研究文化的起源，以及特定文化下的行为模式。目前这方面的研究有，考察有效的组织文化对组织绩效的影响，以及病态的人格如何导致不良的组织文化。人类学对文化和环境的研究帮助人们了解不同国家和不同组织内人们的基本价值观、态度和民族文化的差异。

（六）政治学

政治学家对于理解组织行为的贡献也是至关重要的。政治学家研究政治环境中个体和群体的行为，具体的研究题目包括冲突、组织内政治、权力。以前，研究组织行为学的人对政治学家的研究几乎没有什么兴趣。但如今，组织是政治实体，要想准确地解释和预测组织中人的行为，就有必要在组织行为的分析中引入政治学观点。

第二节　组织、行为与组织行为的含义

组织是由人组成的，又是由人来管理的。几乎每个人都是一些组织的成员，在其中工作、学习、生活。研究组织行为学，涉及两个基本问题，其一是组织对其成员的思想、感情和行为的影响方式。组织行为学试图阐明组织影响其成员的种种方式，研究人在组织中的行为，揭示组织有效整合、个人规范自律的规律，以创造、管理更大规模、更为有效的组织。其二是组织的各个成员的行为方式及其绩效对整个组织绩效的影响。组织对其成员活动的协调方式决定了组织在完成其自身任务时是否会成功。

通过研究组织如何制约个人以及个人如何影响组织，有助于人们从新的角度看待问题，丰富我们对日常生活、工作的认识，进而不断完善组织的管理，使人类的群体活动更加和谐。

一、组织的定义

在管理学史上，关于组织的定义可谓林林总总，管理学家们从各个角度对组织下过定义。其中影响较大并为人们普遍接受的是美国著名管理学家巴纳德（C. I. Barnard）对组织所下的简单而明确的定义："组织是由两个以上的人自觉协作的活动或力量所组成的系统。"组织包含三个基本要素：信息的联系、协作的意愿、共同的目标。从这个基本定义出发，可以概括出各类组织三方面的基本特点：

1. 组织是由个体或群体集合而成

组织（organization）是由人群构成的，没有人群也就没有组织。当提到一个组织时，常常会想到它所在的地点和区域，所拥有的技术和品牌，所提供的产品和服务。但这并

不反映一个组织的实质,地点和区域只是为人们提供了工作的场所和环境,技术和品牌是人所利用和创建的,产品和服务是由人制造和提供的。离开人,组织不复存在,所以组织最本质的特征是由个体或群体集合而成。

2. 组织是适应于目标的需要而存在的

只有当一群人有一个共同的目标,而这个目标单个人又不可能完成时,组织才能产生和继续存在。每个组织又都有自己特定的使命和目标,如企业为社会提供所需的产品和服务,学校培养人才,医院治病救人,军队保家卫国,等等。一个组织如果不能履行自己的使命,适应目标的需要,也就失去了存在的理由。所以,人们常说,一个组织的价值存在于组织之外。

3. 组织通过分工和协调来实现目标

组织的存在是由于单个人不能完成所有的功能和活动,而这些功能和活动对于实现组织的使命和目标又是必须的。或者有些工作虽然单个人也能够完成,但通过群体成员的分工和协调可以大大提高效率时,组织就出现了。分工和专业化可以看作是组织的基本特征。一旦工作被分割开,组织成员出现分工和专业化之后,组织便要有一些方法来协调组织成员的活动,以确保所有的人为共同的组织目标而工作。

因此,"组织"这个词一般包括两方面不同的含义:

一是作为一个实体的组织(organization),即把组织看作是为了达到自身目标而结合在一起的、具有正式关系的一群人。对于正式组织,这种关系是指有意识形成的职务和职位的结构。

二是将组织视为一个过程(organizing),组织的对象可能是人或者工作,即把组织看作是一种管理活动,如确定要完成的任务,谁来承担这些任务,如何把任务归类,以及谁向谁报告,决策在哪一级作出,等等。在正式的组织中,这是指组织成员认同和有意识建立的分工、协调和联系沟通的方式。

学习组织行为学,必须把组织作为一个系统来看待。组织系统内部各要素之间相互作用,同时又与组织外部环境的要素相互作用。莱维特提出了一个基本的框架,其重点是组织系统四个主要的内部要素,它们是任务、人员、技术和结构。[①] 图1-3描述了这四个要素,以及组织的输入、输出和任务环境中的关键要素。组织的任务(task)是它的使命、目标或存在的目的;人员(people)是组织的人力资源;技术(technique)用来将输入转换为输出,它内涵较广,包括工具知识以及技能。结构(structure)包括宏观和微观两个层次,在宏观层次上,指部门、分支机构乃至整个组织结构的设计;在微观层次上,指工作设计。

作为一个系统,除了这些内部要素之外,组织还有外部的任务环境。任务环境包括不同的组成部分,如供应商、客户以及联邦监管机构。汤普森(J. D. Thompson)将任务环境描述为与组织目标达成度相关的环境因素,即与组织的基本任务相关的环境因素组成了任务环境。[②] 例如,当钢铁是汽车制造的主要材料时,宝山钢铁公司则可能是上海通

---

① H.J.Levitt. Applied Organizational Change in Industry: Structural, Technological, and Humanistic Approaches. Handbook of Organizations(Chicago: Rand McNally, 1965), 1144-1170.

② J. D. Thompson. Organizations in Action[M]. New York: McGraw-Hill, 1967.

用汽车公司和大众汽车公司的主要供应商,因而也是这两家公司任务环境中的一个主要因素。随着钢铁在汽车制造中的使用量渐趋减少,对于汽车制造公司而言,宝钢将不再是一个十分重要的供应商,因而,它也不再是任务环境中的一个主要因素。

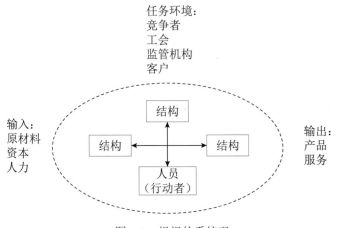

图 1-3　组织的系统观

组织系统的运转:取得输入,将输入转变为生产能力,将输出送至任务环境。输入包括组织使用的原材料、人力、信息和财政资源。当这些原材料和资源被组织的技术要素进行转换时,即成为生产能力。一旦转换过程完成,又成为输出,可为客户及消费者所用。在这个过程中,供应商、客户、监管机构以及其他任务环境因素都会影响到组织和组织人员的行为。如果某家公司完全依赖于一个大客户,则一旦该客户业务发生变化,此家公司就会遭遇生存威胁,只有通过扩大客户群、提高服务(也就是它的输出)质量,才可能健康发展。将输入转换为高质量的输出,对组织的成功至关重要。

▶ 新闻中的组织行为学

褚橙商业模式的虚与实

2019 年 3 月 5 日,曾经的"中国烟草大王"、云南冰糖橙品牌"褚橙"创始人褚时健老人去世了,"褚橙"是他"二次创业"的杰作,也是他留给商业界研究、学习的一份遗产。人们都很好奇:褚橙是如何被打造成现象级产品的?

个人魅力和故事营销是"加分项",生产销售链条的重组、商业模式的变革,才是褚橙成功的根本。

不少人认为褚橙的热销主要是靠褚时健的个人魅力,以及建立在此基础之上的营销。毋庸置疑,在褚橙的成功之路上,褚时健个人的影响力起了很大的作用。从早期迅速打开销路,到王石等企业家帮忙传播,再到"励志橙"的故事营销,都与褚时健的人脉、名气和人生经历有关。

但是,这些个人因素的"加持"只是表面现象。在褚橙之后,柳传志和潘石屹也效仿褚时健,推出了"柳桃"和"潘苹果",但都没有成功。可见,名人效应和热点营销并不是褚橙成功的全部秘诀。

"中国高品质农业，一定不是C2C，而是B2B，褚老就是B2B，"某教授曾说。"一定要有一批褚老这样的人，把B2B模式建立起来。"

第一个B，就是生产方——农户。个体农户的小规模种植容易受天气、病害等因素的影响，品质不稳定。褚橙的生产模式是建立生产基地，把当地农户组织起来，形成了规模。基地在用肥、用药、剪枝、采摘等方面为农户提供种植服务，使产品能够保持稳定的品质。

2017年，一篇名为《走进褚橙基地》的文章曾介绍过褚橙种植基地为农户提供的服务。文中提到，褚橙有自己的有机肥厂，农户的肥料都是统一供给的，还有技术团队根据每年的具体情况制订种植、剪枝方案，整个果园的给药、施肥也实现了标准化和自动化。这些条件，都是农户自己无法拥有的。

农户愿意加入褚橙的种植基地，能得到上述服务是一个原因，另一个原因则是褚时健的个人品牌产品提供了市场背书，打上"褚橙"标签的橙子能比自己种的冰糖橙卖出高得多的价钱。这就牵涉到了褚橙"B2B"模式的第二个B，也就是销售方——电商平台。

中国的多数经济作物都是小农户种植，没有规模。即使品质好，也没有人背书。而且，一旦某个品种受追捧，就会立即涌入大批跟风者，形成劣币驱逐良币。因此，即使农户种植的是一些深受消费者喜爱的明星品种，他们在面对收购商时也缺乏议价能力。

褚橙的销售与传统的销售模式明显不同，它跳过了收购商的环节，直接把产品放在电商平台上。他取代了收购商，同时又发挥了收购商所起不到的作用，农户也获得了更高的溢价。

从另一个角度说，正因为产品能够形成高溢价，获取高利润，生产基地才有钱投资于在技术、管理、基建等方面，从而继续保持产品的品质和竞争力。这样，整个生产销售链条就形成了一个正向的循环。褚时健老人的坚守和工匠精神值得敬佩，但其背后的商业模式的变革，才是支撑褚橙发展的根本。

二、行为

日常生活中，"行为"（behavior）一词几乎随处可见，因为每个人都是行为主体，每天都必须有所行为。这里所说的行为仅指人的行为，而不是广义的一切动物的行为。人的行为是人的器官和肌体在客观事物刺激下所发生的反应形式。例如，走路、工作、打球、游泳，等等。著名法国心理学家勒温认为，行为是人及环境相互作用的结果，或者说，行为是人及环境的函数。可用函数式表示为

$$B = f(P, E)$$

式中 B 表示行为；P 表示人；E 表示环境。

这个函数式表明，人的行为取决于人的需要和动机及其所处环境。人在同一环境中，行为之所以不同，是由于人的需要与动机存在差异；但在需要与动机相同的情况下，由于环境的不同，行为也会不同。因此，研究行为规律的关键是要研究和掌握变量P和变

量 E 之间的关系。也就是说，人的动机和行为的产生，不仅取决于当时的需要，而且与社会环境及其对环境的认识都直接相关。人的行为也具有其自身的特点，一般说来，它有以下特点：

（一）目的性

任何一种行为总是在一定的动机和目的驱使下产生的，并且这种目的不是在行动过程中才出现，而是在行动之前就在人的头脑中以超前反映的形式存在了。人的行为目的性规定了行为的方向，并成为控制行为进程内在的参照模型。当所做出的行为达到了参照模型要求，也就是达到了原定目的，行为即告结束。相反，如果所做出的行为不能满足这个内在的参照模型要求，也就是没有达到预定的目的，在这种情况下，人又会采取另一种行为，或会修正并调整这个内在的参照模型。

（二）能动性

人的行为并不是由外界环境单方面机械地决定的。在人与环境相互作用的过程中，往往会表现出积极主动的能动性特点。一方面，人能支配、调节和控制自己的行为，使自己适应周围的环境特点；另一方面，人还能主动地去改变环境，使环境符合自己的要求。

（三）社会性

人生下来只是作为一个自然肌体而存在的。人要成其为人，就必须在社会中生活，接受社会对他的影响。人与动物的最重要的差别在于他们的发展条件不同。如果说在动物界发展历程中行为的发展按生物演化规律进行的话，那人的行为发展则服从于社会历史发展规律。如果不与同类交往，人就不会形成社会行为，就不会形成人的个性。人的行为的目的性和能动性，人对自己情绪的控制能力的发展，人的社会性要求，人的理想、价值观等，都是在社会生活中形成的。离开了社会生活，人就失去了人原有的意义和价值。

（四）变动性

人的行为受外界环境和生理因素的影响。外界环境变了，生理和心理因素也会起变化，从而影响到人的行为的变化。人自身不是一个封闭的系统，而是一个开放的系统，他随时都在与外界进行信息的交流。一方面，人能根据外部环境的变化来调整自身的行为结构去适应这种变化；另一方面，人又能根据自己的内部需求状态去寻找能满足自身需要的外部环境。行为的变动性反映了人的行为的可塑性与动力性。

三、组织行为

组织提供人们所需要的商品和服务，这些商品和服务的数量和质量取决于组织成员的行为和表现，取决于组织的管理者、技术人员、销售人员和作业人员的工作表现和行为。所以，一些企业家深有感触地说："做企业就是做人。"组织行为的研究也正是以对组织中人的行为的研究为基础。

由于组织活动的复杂性，因而组织行为的分析和研究也有不同的角度，呈现出多层面的特点。通常，把组织行为分为三个层次。在第一个层次上，把组织看成追求组织目标而工作的个人的集合。在第二个层次上，重在分析组织成员在群体工作中的相互影响。最后，把组织视为一个整体来分析组织行为。每个层面都表现出独特的观念并产生了对组织本质和功能的见解。

（一）个体

个体是构成组织的最基本细胞，是组织行为学研究的基础和出发点。从组织由人组成这个事实，可以联想到探讨组织行为的一个有效的方法：就是从单个组织成员的角度出发。在这个层面上，通常应用心理学的理论和方法研究个体特征对人们在组织中的工作行为和工作表现的影响，要考虑诸如价值观、知觉、归因、态度、个性、意志和情感等因素，并对他们在工作中的个体行为、作风与绩效的影响进行研究。同时要研究个体行为以及他们对不同的组织政策、实践和过程的反应，有关人性、需要、动机和激励等方面的理论可以用来说明单个组织成员的行为和绩效。这些研究有助于更好地理解在组织中的行为规律性。

（二）群体

如果要完成组织目标，组织成员就必须在工作中合作并协调他们的活动，从而形成群体和团队。人们在一起工作的常规方式是小组、车间、部门、委员会这些组织形式。随着信息技术的发展，人们可以在不同的地点，通过电子计算机和通信技术共同工作，这样新的群体形式——虚拟团队出现了。在群体中人们是如何工作的？决定一个群体团结、富有成效或分散、一无所成的缘由何在？如何组织团队？领导如何影响群体成员以及他们的能力，以便他们一起通力合作，以较高的生产率工作？这些就是组织行为中有关群体功能所涉及的问题。因此，运用社会心理学的知识和理论分析工作群体的特征、结构、功能、发展过程和内聚力，就构成组织行为研究的重要部分，这个层次的研究会得出不同于研究单纯个体层面所产生的结论。

（三）组织

组织作为一个整体的特征如组织结构、组织文化对个体和群体行为，从而对组织效率和气氛有重要的影响。例如，分配部门任务和责任的不同方法可能会影响这些部门及其员工的行为、信息沟通、能力发挥以及整个组织的工作效率；组织所应用的技术、组织规模、组织年限等因素会影响组织结构、组织效率；认识组织与环境之间的关系及其影响，把握组织变革和发展的规律，有助于提高组织的效率。把整个组织作为一个层面来研究的宏观方法是建立在社会学的理论和概念之上的。

从不同角度对组织行为所进行的研究并不矛盾，它们互相补充。对组织本质、组织效率影响因素的全面、充分的理解，要求我们应综合每个方面所获得的知识。

第三节　组织行为学的理论体系和研究方法

组织行为学是行为科学的一个应用领域，它试图用行为科学的知识去解释、预测和控制人在组织环境下的行为特征和行为规律，尤其是个体、群体和结构对作为整体的组织，如企业或政府机构的行为的影响，并且用研究发现去提高组织的绩效。

一、组织行为学的定义和特点

（一）定义

组织行为学是一门新兴学科，其内涵和外延都处在发展变化中，因而其定义也众说纷纭。美国学者安德鲁·J. 杜布林（A. J. Dubrin）对此定义为：组织行为学是系统研究组织环境中所有成员的行为，以成员个人、群体、整个组织以及与外部环境的相互作用所形成的行为作研究的对象。在其著作《组织行为基础——应用的前景》一书中，他还推崇蒙特利尔大学管理学教授和组织心理学家乔·凯利（Jee Kelly）所提出的定义："组织行为学是对组织的性质进行系统的研究：组织是怎样产生、成长和发展的，它们怎样对各个成员、对组成这些组织的群体、对其他组织以及对更大些的机构发生作用。"

本书认为，组织行为学是采用系统分析的方法，研究一定组织中人的心理和行为的规律，从而提高管理人员预测、引导和控制组织中人的行为的能力，以实现组织既定目标的学科。

以上定义有三层含义：

1. 组织行为学的研究对象是人的心理和行为的规律性。组织行为学既研究人的心理活动的规律性，又研究人的行为活动的规律性，是把这两者作为一个统一体来研究的。人的行为与心理密不可分，心理活动是行为的内在依据，行为是心理活动的外在表现，因此，必须把两者作为一个统一体进行研究。

2. 组织行为学的研究范围是一定组织中人的心理与行为规律。这就说明组织行为学并不是研究一切人类的心理和行为规律，而是只研究一定组织范围内人的心理与行为的规律。这种组织范围包括：工厂、商店、学校、机关、军队、医院等组织。组织中的人的心理和行为规律，包括个体心理与行为、群体心理与行为以及整个组织的心理与行为的规律。对组织中个人、群体行为的研究构成组织行为学的微观理论。把组织作为基本的分析单元而进行研究构成组织行为的宏观理论。

3. 组织行为学研究的目的，是在掌握一定组织中人的心理和行为规律性的基础上，提高预测、引导、控制人的行为的能力，以达到组织既定的目标。组织行为学研究一定组织中人的心理和行为规律，不是为研究而研究，而是为了通过掌握规律性来提高预测、引导、控制人的行为的能力，特别是要采取相应的措施，变消极行为为积极行为，以实现组织预期的目标，取得最佳的工作绩效。

（二）学科性质

组织行为学是系统研究组织环境中人的行为表现及其规律的学科。就其学科性质来说，有以下特点：

1. **跨学科性**。组织行为学以行为科学（主要指心理学、人类学、社会学）、管理学（主要指人事管理学、组织管理学）的概念、理论、模式和方法为主要知识基础，同时吸取政治学、经济学、历史学、生物学、生理学等社会科学、自然科学中有关论述人类行为、心理的内容。整个学科体系包含了众多学科的研究成果，并影响到人力资源管理、市场营销、生产管理、战略管理等诸多管理领域。

2. **层次性**。从系统的角度出发，组织行为学的研究对象可分为四个层次：组织中的个体行为，包括认知、学习、个性、价值观、态度、动机、挫折等；组织中的群体行为，包括群体的形成、类型、动力、特征、规模、群体决策、团队建设等；从整个组织的角度研究成员的行为，包括领导、权力、沟通、冲突、组织结构、组织发展与变革；外部环境与组织的相互关系，包括环境的变化、环境对组织的影响、组织对环境的反作用，等等。各个层次相互补充，相互作用，共同构成组织行为学的整个体系。

3. **权变性**。组织行为学以人的心理和行为规律为研究对象，而人的心理与行为千变万化，组织的类型也千差万别，因此组织行为学不主张采取通用的最佳模式，而主张根据不同情景采用不同的理论及管理方式。这种权变的观点使得组织行为学的研究贴近组织的实际，能够真正满足管理学理论研究和实践的需要。

4. **科学性**。组织行为学在研究中综合采用各种研究方法，不排斥直觉判断和推测，也通过抽样调查、实验等方法对理论假设进行检验，并借助科学仪器，通过科学的统计分析对结论进行探求。这些都使得组织行为学的研究展现了很强的科学性，特别是近年来的研究方法的发展和完善进一步提升了其科学性。

5. **实用性**。组织行为学并非一门简单的理论学科，研究者也并非为研究而研究。相反，组织行为学是管理学诸多学科中实用性很强的一门学科，它的很多研究结论都可以直接应用于具体的组织管理实践中。而且组织行为学以组织为对象，关注整个组织的绩效，它的应用好坏直接影响到组织的业绩。

二、组织行为学的理论体系

现代的管理以系统理论为指导原则。系统理论是从整体出发而不是从局部出发去研究事物的一种理论。

（一）系统观

用系统的观点考察组织，就是把组织看成一个开放的社会—技术系统。所谓社会—技术系统是指一个组织是由各子系统构成的完整系统，其中包括目标价值系统、组织结构系统、心理社会系统、技术系统和管理系统，等等。在一个组织中，各子系统之间是相互联系、相互影响的，从而构成一个整合的系统。例如，一个企业目标的改变（即目标价值系统的改变）会引起组织机构、工程技术的相应改变，同时在人的心理上和人与人之间的关系方面引起一系列变化。

组织不仅是一个社会—技术系统，而且也是一个开放的系统。不仅组织内部各子系统会发生相互作用、相互影响，而且组织本身并不是一个封闭的系统，而是要不断地与其他组织发生联系，组织本身也会受到社会的影响，与社会发生相互作用。这就是说，组织本身作为一个系统要与环境系统发生相互作用产生相互影响。

上面所说的心理社会子系统，就是组织行为系统，因此，可以进一步从系统的观点来分析组织行为系统。

美国心理学家麦格拉思（McGrath）提出了组织行为系统的模型。如图 1-4 所示，表明了组织中人的行为各系统之间的关系。

麦格拉思认为组织中人的行为的发生和发展是三个系统相互影响的结果。这三个系统是：

系统 A——行为发生的物理—技术环境；

系统 B——行为发生的社会—人际环境；

系统 C——个人系统。

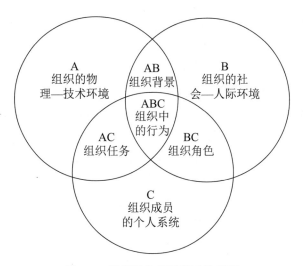

图 1-4　组织行为相互联系的系统

图 1-4 表明，这三个系统有时两两相互交叠，有时三个同时交叠。物理—技术系统与社会—人际系统交叠（AB）构成人的行为的背景，只有在这个背景中，个人才能表现出他的行为。

ABC 是三个系统的交叠部分，这一部分表明组织中的行为。虽然 AB 构成了个人行为的背景，但如果个人不在这个背景中进行活动，这个背景对个人行为也不会起什么作用。ABC 的交叠表明，一方面，个人行为会受到行为的技术和人际关系背景的影响；另一方面，个人行为也会对行为背景的改变产生影响。例如，在一个追求技术进步和人际关系协调的背景下，个人也会积极投入技术革新，并与同事维持友好关系，反过来，各个人的积极努力也会使这种背景进一步得到发展。

AC，即物理—技术系统与个人系统的相互交叠，构成个人在组织中所要执行的任务。

这种交叠同样表明，一项工作任务是否能顺利完成，不仅取决于组织对该项任务规定的技术要求，而且取决于执行这项任务的个人的能力、技能、态度等。

BC，即社会—人际系统与个人系统的相互交叠，构成组织角色。所谓组织角色，是组织中的其他人对个人期望的行为模式。这种行为模式同样决定于组织中的其他人，也取决于个人自己。例如，企业中对熟练的老工人和刚进厂的新工人会有不同的期望、不同的要求。组织中的其他人对角色的期望一般要考虑个人的特点。

总之，从上述三个系统的各种交叠可以分析个人在组织中的行为。

（二）组织行为学的层次

组织行为学可以从不同的角度或不同的层次来分析。在第一个层次上，可以把组织看成为追求组织目标而工作的个人集合体，也就是说，从个体层次上分析人的行为。在第二个层次上可以把分析的重点放在组织内的班组、车间和科室等工作中人们的相互影响，也就是说，从群体的层次上分析人的行为。最后，可以把组织看成一个整体或结构，从而分析组织行为。总之，组织行为学要研究个体行为、群体行为和组织行为这三个层次。

任何组织首先是由单个的人组成的。没有个人的工作绩效，也谈不上组织的效率和成就。在个体行为的研究方面，心理学作出了自己的贡献。心理学着重研究个体行为，它对人的需要、动机、人格、知觉、学习、态度等的研究为探讨个体行为的规律奠定了基础。工作组织中个体行为方面的一个重要问题是如何激发人的工作动机，调动人的工作积极性，即激励问题。这一问题是组织行为学在研究个体行为上的核心问题。

组织为了达到自己的目标，仅靠单个人的努力是不够的。人们在组织必须结合成各种群体，如班组、部门、委员会，等等。因此，在组织行为学中要研究工作群体中的行为。例如，人们在群体中如何一起工作，什么因素决定着一个工作群体的团结协作，群体的凝聚力与工作效率之间有什么关系，如何进行群体决策，等等，都属于组织行为学在研究群体行为方面所要解决的问题。社会心理学为组织行为学进行群体行为的研究提供了必要的理论、原因和方法。

最后，组织行为学也把整个组织作为自己的研究对象。组织行为学的这种较宏观的研究则要借助于社会学和文化人类学的理论和概念。在组织行为方面，要研究组织与其内外环境之间的关系，研究组织结构和组织设计对组织效率的影响，还要研究组织发展和组织变革的手段和技术等问题。

组织行为学从不同的层次研究人的行为，不是相互矛盾的，而是相互补充的。只有把个人行为、群体行为和组织行为的研究有机地结合起来，才能全面地提高组织的效率，提高组织的管理水平。

（三）组织行为学的权变模型

图1-5所示组织行为学的权变模型。它表明了4个关键的因变量和大量的自变量的关系，自变量是根据分析水平来排列的。研究表明，这些自变量对因变量的关系，自变量是根据分析水平来排列的。研究表明，这些自变量对因变量的影响是不一样的。虽然

这个模型很复杂，它仍然没能完全反映组织行为学所研究的客观事物的复杂性。但它可以帮助我们本书的章节安排，有助于读者解释和预测人们在工作中的行为。

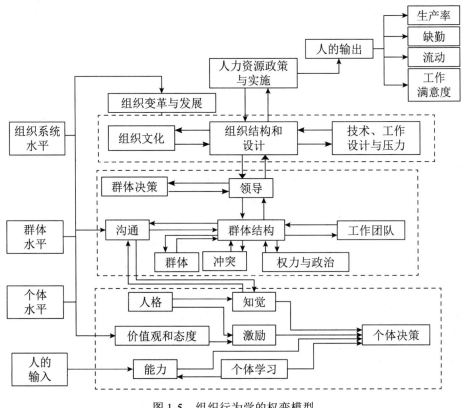

图 1-5　组织行为学的权变模型

三、研究方法

组织行为学研究的具体方法是多种多样的。目前常用的主要有观察法、访谈法、实验法、抽样调查法、测验法、个案法等。其中，实验法和抽样调查法在组织行为学中应用最广泛。

（一）观察法

在日常生活条件下，观察者通过感官直接观察他人的行为，并把观察结果按时间顺序作系统记录的研究方法，称为观察法。在现代研究中，观察往往借助于各种视听辅助手段，如视频、录音、摄影等。

观察法按被观察者所处的实际情境特点，可分为自然观察与控制观察两种。自然观察是在完全自然的条件下所进行的观察，被观察者一般并不知道自己正处于被观察状态。控制观察是在限定条件下进行的观察，被观察者可能知道，也可能不知道自己正处于被观察的地位。

按观察者与被观察者之间的关系，并在共同活动中进行观察的方法称为参与观察；观察者不参与被观察者的活动，以旁观者身份进行观察的方法称为非参与观察。

观察法目的明确、使用方便、所得材料比较系统，已在组织行为学中得到广泛应用。但运用这种方法，只能了解大量的表面现象，很难了解复杂现象的本质特征，对"为什么"作出回答。因此，最好能与其他方法结合使用，以取得较好的效果。

（二）访谈法

访谈法是指研究者通过面对面的谈话，以口头信息沟通的途径直接了解他人的心理状态和行为特征的方法。

根据谈话过程中结构模式的不同，可以把谈话分为有组织的谈话和无组织的谈话。有组织的谈话结构严密，层次分明，具有固定的谈话模式。研究者根据预先拟订的提纲提出问题，被研究者依次对问题进行回答。这些问题一般涉及范围很广，被研究者可以根据自己的想法主动地、无拘束地回答。通过这种谈话，双方不仅交换了意见，也交流了感情。

谈话法简单易行，便于迅速取得第一手资料，因而使用范围较为广泛。但访谈法的有关被研究者行为特征和心理特点的结论必须从被研究者的答案中去寻找，所以有较大的局限性。

（三）实验法

研究者有目的地在严格控制的环境中或创设一定条件的环境诱发被研究者产生某种行为特征，从而进行针对性研究的方法称为实验法。

实验法依实验场所的性质不同，可以分为实验室实验和现场实验。

（四）测验法

采用标准化的心理测验量表或精密的测量仪器测量被研究者的有关行为特征和心理品质的研究方法称为测验法。例如，智力测验、机构能力测验、个性测验、驾驶员反应测验、手指灵巧度测验，等等。在组织行为学研究中，测验法往往为人员选拔、安置和提升等提供依据。采用标准化的测验工具，应特别注意检验其信度和效度。

（五）个案法

对某一个体、某一群体或某一组织在较长时间里连续进行调查，从而研究其行为发展变化的全过程，这种研究方法又称为案例法。例如，研究者在某先进班组通过较长时间的调查研究，掌握了整个班组的人员状况、生产状况、智力结构、领导特征、关键事件等主要因素，并在此基础上进行深入分析，整理出能反映该先进班组特点的详细材料。这份材料就是个案，个案产生的全过程就是个案研究过程。

以上各种方法都有一定的应用价值，也都有一定的局限性。在许多情况下，组织行为学研究并不是只采用一种方法，以期取长补短，相得益彰。究竟采用哪种方法最好，要根据研究的课题和所处的具体情境而定。

复 习 题

1. 管理的本质是什么？管理者的主要角色是什么？
2. 如何从不同角度分析组织及组织行为？
3. 组织行为学的研究对象和研究范围是什么？
4. 组织行为学的内涵及主要特点是什么？该学科的主要研究方法有哪些？

即 测 即 练

延伸阅读 1

扫码阅读案例 1，思考并讨论以下问题。

1. 不同时期不同市场环境下选择合适的结构在组织成长过程中起着至关重要的作用。比亚迪的发展为什么能取得如此成效？
2. 请结合本案例分析组织管理者的特征。

延伸阅读 2

扫码阅读案例 2，思考并讨论下列问题。
请用组织的基本理论说明阿里巴巴公司组织管理的科学性。

第二章
个体行为的基础

本章学习目标

通过本章学习，你应该了解：
1. 什么是知觉？为什么对同一个事物不同的人会有不同的理解？
2. 归因是如何影响个人行为和管理行为的？
3. 态度是如何形成的？组织中员工的工作满意度、工作参与度与组织认同感的重要性。
4. 价值观的形成与变化，如何区分工具价值观与终极价值观？
5. 能力的类型及其对工作绩效的影响。
6. 个体决策过程与决策模型。

并不是每个人在亚马逊都有一段不愉快的经历

与其他科技巨头相比，亚马逊对人才的福利待遇算不上优越。它没有谷歌一样优越的办公环境，或者像微软那般一掷千金的奖励政策。与之相反，节俭成为了座右铭。

在管理机制上，亚马逊虽已拥有 15 万名员工，却始终执拗地坚持着小团队制度。一个极其庞大的商业项目，仅有 7 个甚至更少团队成员在进行工作。而且仅在三年之前，因为员工工作压力过大，亚马逊还受到了舆论界尖锐的批评。

为了速度更快，亚马逊鼓励创新，并坚持高压力工作强度。为想做事的人提供更多的机会，期望员工的创造力发明新的东西，使其满足顾客的期待。

许多关于亚马逊的故事中，都把亚马逊的仓库描绘成了一个凶险、残忍的地方，尽管有一些工人声称确实经历过这种情况，但是我所采访到的工人却表示，并不是这样。

在超重物品升降中心工作了 6 个月的 Brant Tvey 告诉记者："在这里工作的确很累，但是实际上亚马逊的仓库环境与我待过的其他仓库的环境是差不多的。相比有些仓库，亚马逊的仓库环境甚至更好。"最为工人怨声载道的就是仓库的高温。在 2012 年，亚马逊仓库的高温情况被媒体的长篇报道无情揭露，随后亚马逊声称将计划斥资 5 200 万美元用于美国所有仓库的空调系统安装。

一位 Reddit 的网友直率地表示："这个工作（仓库工作）糟透了，但是所有的仓库工作都一样糟。我曾在其他的世界五百强企业工作过，所碰到的情况比这更糟，待遇更是苦不堪言。"

有时候机器会产生很多气泡膜外包装材料留在他们的仓库内,但是工人们并不在意。"员工们都很喜欢这些东西,他们会说'看啊,泡泡薄膜!'你会看到大家都围坐在泡泡薄膜的周围,然后每个人都认真仔细地来捏这些泡泡薄膜。"你很难想象,亚马逊的员工有多爱这些材料。

组织行为学在很大程度上是对组织中各不相同的人员的心理行为规律的系统研究。组织中的人都具有两重性,即既是普通人,又是组织人。作为普通人,他们跟其他任何人一样是独立完整的个体,有着自己的欲求、情感、意识、理想等;而作为组织人,他们受其所在的组织的影响,其心理与行为又表现出了明显的群体化和社会化的特征。本章就是从个体着眼,分析个体的人在社会和组织环境中形成的心理行为系统,包括个体的感知、行为规律、价值观、态度、能力等以及与之相关的管理意义。

第一节　知觉与归因

一、感觉与知觉

人对外界事物的一切认知和反应都是首先从感觉开始的。个体的一切心理活动可以说都源于其感知活动,更确切地说,人们生活在他们自己的感知世界中。人们的行为是建立在其对现实的感觉和知觉基础上的,没有两个人用完全相同的方法感知同一情境。认识到员工和管理者的感知世界和组织现实之间的差异,对理解组织行为是重要的。

(一)感觉

感觉(sensation)是事物刺激感觉器官后,在人的大脑里形成的直接反应,是感觉器官传送到大脑的有关刺激源的信息,能够从某一方面在一定程度上反映产生刺激的事物。

感觉有外感觉和内感觉之分。外感觉就是刺激人的外部感官而形成的感觉,外感官包括眼、耳、鼻、口、肤,与之相对应,外感觉包括视觉、听觉、嗅觉、味觉、肤觉(触、痒、痛、温等)。内感觉则是刺激人的内部器官而形成的感觉,最主要的内感觉有饥饿(胃肠蠕动加快和胃酸刺激胃壁所致)、排便感(尿液刺激膀胱和粪便刺激直肠所致)、肌肉酸胀感(剧烈运动加速细胞的代谢而造成代谢物质乳酸堆积而压迫神经所致)、困倦感(尿核疳在脑干下部堆积到一定程度后而产生刺激作用所致),等等。

感觉的产生几乎都要经过如图 2-1 所示的过程。

图 2-1　感觉的产生过程

一般来讲，感觉过程至少要包括图 2-1 中的各环节，缺少其中任何一个环节，感觉都不成立。首先，要有事物作用于外部感官和内部感官，对内外感官产生刺激。这种刺激还必须在一定的范围内，并且具有一定的强度，否则仍然形成不了感觉。刺激的这一范围与强度就是感觉阈限。由于感觉刺激一般都必须具备这两方面因素，即强度和范围，所以我们可以用曲线来表示感觉阈限，图 2-2 和图 2-3 是视觉阈限和听觉阈限的曲线图。

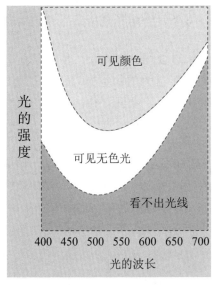

图 2-2　视觉阈限

注：虚线表示对于每一波长看到无色光时所需要的最小强度；实线表示对于每一波长看出颜色时所需要的最小强度。

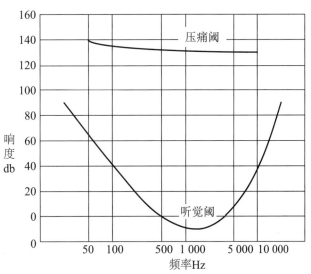

图 2-3　听觉阈限的曲线图

注：图中两条曲线所包围的范围是正常人听觉范围。它主要是由频率和响度所决定。

其次，要有感官接受刺激，并且将这些刺激（物理刺激或化学刺激）转变成神经冲动。然后，这些神经冲动必须以脉冲的方式通过传入神经传送到大脑，来自不同感官的神经冲动被输送到大脑的不同投射区里。在那里，神经冲动被转变成各种感觉。

从这一感觉形成的过程可以看出，一切感官刺激，无论是产生视觉、听觉、肤觉等物理刺激还是产生味觉、嗅觉等化学刺激，都要转换成神经冲动传入大脑，然后在大脑的不同投射区里再变成不同的感觉。

这一感觉形成过程揭示出，产生刺激的事物、感官刺激、神经冲动以及大脑感觉之间有密切的联系，但不是完全同一的。事物能产生刺激，但神经冲动和感觉并不等于感官刺激本身。例如，音叉振动能产生空气振动波（即声波），但空气振动波毕竟不是音叉本身，耳朵感受到空气振动波后，便产生神经冲动进而在大脑中产生声音的感觉，但神经冲动或声音感并不等于耳朵感受到的空气振动波，更不等于发生空气振动波的音叉。

总之，感觉是事物通过感官传达到大脑的信息，通过这些信息，大脑能在一定程度上了解和认识该事物，但不能认为这个信息就等同于该事物。

（二）知觉和社会知觉

知觉（perception）是个体为了对他们所在环境赋予意义而组织和解释感觉印象的过程。此种反应是个体以已有的经验为基础，对环境事物作出的主观解释。知觉虽以感觉为基础，但远较感觉为广，而且不以现实环境中的刺激为限。知觉经验的获得，常常是多种感觉统合，甚至在统合中也包括了当时的心情、态度、动机、兴趣以及过去的经验和期待。因此，知觉是纯心理性的，对同一引起知觉的刺激情境，表现在各个人的知觉判断上，往往有很大的个体差异。

社会知觉（social perception）是解读关于他人的信息的过程。事实上，所有的管理活动都要依赖知觉。在评估工作绩效时，管理者将他们对员工行为的知觉作为依据之一。招聘面试是最能体现知觉重要性的情境。第一次面试通常简短，主试官往往会在一天中面试许多候选人。在最初的短短几分钟里，主试官通常都是通过对候选人的知觉，来作出接受或者拒绝的决定。

影响人的社会知觉的因素主要有三方面：知觉者、知觉对象、情境。社会知觉模型如图 2-4 所示。

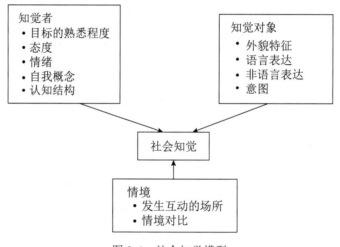

图 2-4　社会知觉模型

1. 知觉者

知觉者的许多特征可以影响社会知觉。首先是对目标的熟悉程度，如果很熟悉一个人，对他/她的印象就会建立在许多观察资料之上。如果通过观察获得的信息是正确的，对那个人就可能有一个正确的知觉。然而，熟悉并不总意味着准确。有时，对一个人太熟悉，则可能会漏掉一些信息，因为那些信息反映出来的东西与知觉者所认为的那个人该是什么样不一致。

其次，知觉者的态度也会影响社会知觉。比如，一个领导对两个下属，一个是他喜欢的或有些偏爱，一个是他不喜欢的甚至有些偏见。如果这两个下属犯了同样的错误，那领导可能对前者采取宽容、谅解的态度，并尽可能把他往好处想；而对后者则可能严厉有加，把他往坏的方面想。

再次，情绪也会对人的社会知觉产生很大的影响。人在高兴和忧郁的时候，想法是不一样的。当个体处在积极和快乐的情绪时，对他人会形成更加积极的印象；而当处在消极和苦闷的情绪时，则容易给他人不利的评价。

影响社会知觉的另一个因素是知觉者的自我概念。有积极乐观的自我概念的人会注意到他人身上的良好品质。相反，消极悲观的自我概念可以导致一个知觉者看到他人身上消极的特征。对自我更深入的了解，使人们可以对他人有更准确的认知。

认知结构即个体的思维模式也会影响社会知觉。有些人喜欢观察他人的外表物理性特征，如身高、体重、外貌等；而另一些人则喜欢关注核心特质或性格倾向。认知的复杂性使人们能够更多地知觉其他人身上的各种特征，而不是只注意少数几个特征。

2. 知觉对象

知觉对象的不同特征也会影响到知觉内容。在对他人或实物的知觉中，物理特征起了很大的作用。一个说话大声的人，一个穿着奇装异服的人，一个非常高大的人，或者一个特别活跃的孩子都很容易引起别人的注意。体貌的吸引力通常会改变人们对一个人的整体印象。面试时主考官会给外表优美、衣着得体的候选者更高的评分。

语言表达可以传达很多关于知觉对象的信息。倾听他们谈论的话题、他们的语音语调和他们的口音，并据此对他们作出判断。非语言表达也可以传达许多关于知觉对象的信息。目光的接触、面部表情、姿态、身体动作等都可以被知觉者破译，从而建立对知觉对象的总体印象。一般情况下，面部表情几乎具有全球通行的含义。来自不同文化背景的人，可以用同样的理解来识别和解释各种表情。但也有一些非语言的信号在不同的文化背景下具有截然不同的含义。一般人的"OK"手势都表示对他人"赞同"或"赞许"的意思，在南美洲却被认为是一个侮辱性的手势。

知觉者可以通过对知觉对象的行为进行观察，以此来推断其意图。例如，一个企业在一段时间里突然有几个人连续"跳槽"，人们可能会认为这几个人是事先"串通"好，有"预谋"的。而也许他们的"跳槽"可能是巧合。在任何情况下，知觉者对知觉对象意图的解释，都会影响知觉者对知觉对象的看法。

3. 情境

知觉者和知觉对象发生互动的场所，即所处的社会情境则是影响知觉的主要因素。例如，在海滩上，看到一群身着泳装的女孩，大家会觉得很自然，而如果她们穿着泳装走在繁华的大街上，就容易引起人们的注意和非议，甚至成为一条新闻。这不是知觉者和知觉对象发生了变化，而是情境不同，使人们知觉感受发生了变化。

情境对比也是影响人的知觉差异的原因之一。一个普通身高的人站在巨人如林的篮球场上，会让人感到特别矮小。在安静的剧院里，即使是低声咳嗽、小声说话也使人觉得刺耳。这都是由于情境对比产生的反差，给人的知觉带来不同的感受。

人的知觉是知觉者、知觉对象和情境因素相互影响、相互作用的结果，是人的主观意识对客观事物的综合反映。人的知觉会存在相当的局限性，各种障碍影响人们正确地知觉他人。

（三）社会知觉障碍

使人们无法对他人形成正确印象或看法的因素有很多，其中主要有以下 6 种障碍：选择性知觉、刻板印象、晕轮效应、对比效应、期待效应、投射。

1. 选择性知觉

选择性知觉（selective perception）是指个体选择那些支持自己观点的信息的倾向。个体常常会忽略那些使他们觉得不舒服或者威胁到他们观点的信息。例如，一个老板在评估其下属销售员的业绩时，如果一个销售员与同事相处不太好，而且很少能按时完成销售报告，但这个员工却是销售部完成销售量最多的人。这时，老板也许会忽略掉那些负面信息，而只选择以销售量作为评估销售人员的依据。这个老板就是在使用选择性知觉。

2. 刻板印象

刻板印象（stereotype）是对一组人的归类。刻板印象可将关于他人的信息减少到一个可操作的水平，可以有效地汇集和使用信息。刻板印象可以是正确的，但在大多数时候却是不正确的。如果刻板印象太僵化，或者建立在错误的信息之上，就不会有效。

在多元化的组织里，组织成员常常对共事的外籍员工有刻板印象，而不是在形成印象之前试着去了解他们。人们常常想当然地认为，来自发达国家的团队成员素质高，而来自不发达国家的团队成员学识不够。又如，人们总是假设，有魅力的人同样也是热情、亲切、敏感、泰然自若、独立、开朗、强悍的。而事实上，有魅力的人并非都是这样。

3. 晕轮效应

晕轮效应（halo effect）是一种以点概面的思想方法，以他人的某一特征如智力，或外貌为基础，而形成一个总体印象。比如，一名教师可能知识丰富、水平很高，工作也很认真，但他的风格不够热情，则学生可能对这位教师的其他特点评价也不高。管理者通常也会挑出某一特征用以评价员工的所有其他工作。晕轮效应就像一个光环遮住了知觉者应评价的、能帮助形成对他人的完整准确的印象的其他信息特征。中国有句老话，"情人眼里出西施"。一对热恋中的恋人，双方由于感情的因素在起作用，因而关注对方时，往往放大对方的优点而忽略对方的缺点，这就是一种晕轮效应。

4. 对比效应

对一个人的评价并不是孤立进行的，而是受到人们最近接触到的其他人的影响，这就是对比效应（contrast effect）。在对一批应聘者进行面试时可以明显看到对比效应的影响。对任何一名候选人来说，评估的失真可能是他在面试中所处的位置带来的结果。如果排在该候选人之前的是个极为普通的应聘者，则可能会更利于对他的评估；如果排在他之前的是个非常出色的应聘者，则可能不利于对他的评估。

5. 期望效应

有时人们的期望影响了与他人交往的方式。期望效应（expectation effect）也称皮格马利翁效应（Pygmalion effect），以古希腊神话中的雕塑家皮格马利翁命名。[①] 管理者对

---

① 传说皮格马利翁雕塑了一尊女性的塑像，虔诚地祈祷能让塑像变成有生命的活人。结果，他的愿望竟然实现了，塑像真的话了。

员工的期望，既会影响其对员工的行为，也会影响该员工的反应。举例来说，假设你对一名员工有一个初始印象，认为他具有较强的业务潜质，你可能会花很多时间对他进行指导和咨询，给他分派具有挑战性的任务，并且为了成功而培养他。而如果你对一名员工最初的印象一般或较差，对他的态度和行为可能不同，结果也可能完全相反。

6. 投射

投射（projection）就是人们把自己的特征视为他人的特征的倾向。人们把自己的感觉、人格特征、态度或动机投射到他人身上。如果你是个诚实可信的人，你会想当然地认为别人也同样是诚实可信的。这可能会使人的知觉失真。

由于人的需要、动机、经验、知识、兴趣和期望不同，对知觉对象的选择组织、理解感受和反应解释也不同。这就是为什么对同一事物，不同的人有不同的知觉感受。作为管理者既要防止自己对员工的知觉偏差，同时也要认识到，员工也是根据知觉而不是客观现实做出反应的。当知觉是歪曲的或不准确时，人们会作出以组织的观点来看是不适当或不受欢迎的行为。管理者要想更好地实现组织目标，必须保证组织成员正确地感知信息，准确理解组织对他们的期望。

二、归因：知觉行为的原因

归因理论（attribution theory）是美国心理学家海德（Heider）在有关社会知觉和人际关系理论的基础上发展起来的，是属于社会心理学的内容。归因理论是指人们理解他们自己和他人的行为原因的方式。在对他人的知觉过程中，归因起了重要作用。对某人行为的归因可能影响对个体根本特征或特质的判断。

管理者和员工就行为原因作出的归因对理解组织行为是很重要的。例如，把不良绩效直接归因于下属员工的管理者，比把它归因于其员工无法控制的具体情况的管理者更易产生惩罚行为。如果管理者认为下属未能正确履行任务是因为他缺乏适当培训，则会给该下属更好的指导或培训。而如果管理者认为下属出了差错是因为他没有努力，可能会十分愤怒。

对同样后果的行为反应存在如此戏剧性的差异，这可能是由于对情境知觉和归因造成的。例如，表2-1列出了当员工被老板正面知觉和负面知觉时管理行为的一些差异。下面进一步考查归因过程，会更清楚地看到归因与行为的可能关系。

表 2-1　对绩效的知觉差异引起的可能结果

老板对知觉为高绩效者的行为	老板对知觉为低绩效者的行为
● 讨论项目的目标，给下属选择解决问题或达到目标的方法和自由 ● 把错误或不正确的判断视为应给予学习机会 ● 开放地接受下属的建议，征求下属的意见 ● 给下属有趣的或有挑战性的任务 ● 当有不同意见时往往遵从下属的意见	● 当讨论任务和目标时给予直接的指导 ● 对错误和不正确的判断密切关注，迅速指出下属做错了什么 ● 不大注意下属的建议。很少征询下属的意见 ● 给下属委派常规工作 ● 有不同意见时通常强化自己的观点

现实生活中，人们总是试图对影响人的行为的心理因素作出解释，包括外部原因和内部原因。换言之，归因可以分为内部责任来源（在个人的控制之下）或外部来源（在个人控制之外）。假设一个学生在一次考试中获得了好成绩，可能会被认为他学习努力或是天资聪明。学习努力是一种个人控制之下的内部来源，天资聪明则是个人控制之外的外部来源。

不同个体有不同的归因模式。如果一个人事业上的成功或失败，假定以"晋升"为衡量尺度，那么它显然受到多种因素的影响：个人的努力、才能、机遇、任务的难易等。个人努力和能力被视为内因，机遇和任务的难易则是外因。在特定的情况下，究竟何为导致结果的主要原因，则在很大程度上取决于归因的视角。成就导向型的个体将自己的成功归结为能力，而将失败归结为不够努力，这些都是内部归因。也有人将成功与失败更多地归因于机遇或领导的赏识等外部原因。

在归因理论中还有一项十分有趣的发现，即人们常常存在归因失真的错误或偏见。例如，在评价他人行为时，通常会倾向于低估外部因素的影响而高估内部或个人因素的影响，特别是出现问题时，容易将其归因于个人努力不够或能力不行，而忽略环境条件的影响。但在评价自己时，则往往倾向于把自己的成功归因于内部因素如能力或努力的结果，而把失败归因于外部因素，如环境条件太差或运气不好等。赫兹伯格的"双因素理论"中关于工作满意的研究也证明了这一点，即人们通常把导致满意的原因，如成就、认可、晋升、成长等归因为内因；而把导致不满意的原因，如公司环境和政策、监督、与下属的关系、地位等归因于外因。这些称为基本归因错误（fundamental attribution）。因此，要认识到，当对员工的工作绩效作出评价和反馈时，很可能被接受者所歪曲理解，这取决于反馈是积极的还是消极的。

对一个人的行为归因，对管理有着重要的意义。有什么样的归因假设，管理者就会采取相应的管理对策。此外，通常人们认为，如果一个人的行为出自内部原因，那么，他就应对行为后果负主要责任；如果出自外部原因，则他不应该对行为后果承担主要责任。判断一个人行为是内因还是外因，主要取决于三大因素：一贯性、一致性和区别性。

一贯性是指一个人的行为在不同时间里和相同的场合下都表现为相同的行为特征。

一致性是指如果每个人在相同的情境下都有相同的反应，该行为就具有一致性。

区别性是指个体在不同的情境下表现出不同的行为。

比如，某个员工平时上班总是很准时，突然有一天迟到，人们会归因于外因，天气恶劣或交通堵塞，而一个经常迟到的员工，即使由于同样的原因迟到，人们仍倾向于归因于内因。因为从两个员工一贯表现看，对前者的迟到会视为"反常"现象，即区别性。而对后者，则会认为，无论如何，他总是会迟到，天气或交通不足以成为判断其行为的区别性因素。但假如，今天所有走相同路线的员工都迟到了，那么该行为就具有了一致性，人们就可能将迟到的原因归于外部原因。

第二节 态度与价值观

知觉和归因影响着个体差异及其行为倾向。一个人的态度和价值观对其行为起着更为重要的作用。

一、态度

态度（attitude）是评价对某个特定的人或事物喜爱或不喜爱的心理倾向。人们对许多人和事物都有喜爱和不喜爱的反应：某领导人、工作伙伴、动物、自己的形象、政治纲领等。

态度与行为紧密联系。管理者常会说某员工"态度不好"，并且要与该员工进行"端正态度"的谈话。通常，管理中存在的缺乏激励、反馈、信任或其他问题会导致员工产生消极不好的态度，消极态度又会造成不良的工作业绩。对于管理者而言，了解态度的前因后果非常重要。此外，管理者还需要了解态度的组成要素有哪些，态度是如何形成的，影响工作行为的主要态度有哪些，如何通过说服来改变态度，等等。

（一）态度的来源和构成

态度是通过学习获得的，并且是不太稳定的。人们小时候通常会模仿自己崇拜的、尊敬的人的态度，而长大后随着自己的经验和实践的增长，可能会改变原先的态度。个体对问题和他人的反应一直在进化、发展。态度的两个主要影响因素是直接经验和社会学习。

对人或事物的直接经验会对个人的态度产生强有力的影响。如一个学生喜欢物理，或者讨厌数学，很可能是他从学习这些科目的直接经验中形成的态度。来自直接经验的态度比来自间接经验的态度更强烈、更执着，也更不易改变。[①]

在社会学习中，家庭、同龄人群以及文化等，都以非直接的方式塑造了个体的态度。当儿童表现出与正确的态度相一致的行为时，家长会给予强化，这样他们就学会了接受这些特定的态度。这一点从非常小的孩子就表现出与父母相似的政治倾向中可以很明显地看出。来自同龄人群的压力也塑造了态度。集体通常会接受那些态度受欢迎的人，而冷落或拒绝那些态度不受欢迎的人。

真正的社会学习是通过榜样来学习。个体仅仅通过观察他人来获得态度。观察者可能无意中听到别人表述了一个观点，或者看到他们正在从事反映了某个态度的行为，这个态度就被观察者所接受。文化也影响着人们对许多事物的态度。如欧洲对休假的态度是，休长假对健康和工作业绩都有重要意义。中国人则通常都主张做事不要太张扬，因为"枪打出头鸟"。

态度是在人和事物的评价性反应基础上产生的，由认知、情感、行为三部分构成：

[①] 转引自黛布拉·L.纳尔逊（Debra L. Nelson）、詹姆斯·坎贝尔·奎克（James Campbell Quick）. 组织行为学——基础、现实与挑战 [M]. 3版. 中信出版社，2004，114.

认知（cognition）是指对人或事物的一种价值陈述，是由个体所持的信念、观点、知识或信息组成的。如"我看这件事恐怕没那么简单""我相信中国的航天技术是前沿的"都是带有个人倾向性的价值陈述，反映了态度的认知要素。

情感（affection）则是个体对某人或事物的感情、情操、心境和情绪。这也是左右一个人的态度并导致其行为的关键。如"我喜欢这个""我喜欢那个"之类的表达，就反映出了态度的情感因素。

态度的行为（behavior）成分是指以某种方式对某人或某事物作出赞赏或反对的意向。态度的行为要素是通过观察行为，或者询问关于行为和意图的问题来测量的。例如，对女性管理者的态度，可以通过观察人们在女性领导者面前的行为表现而推知。有人可能是支持的，也有人可能是被动的或者是敌对的，依其态度而定。

（二）态度的类型

一个人可以有许许多多种态度，但组织行为学主要关注数量有限的与工作相联系的态度。对工作的态度非常重要，因为它会直接或间接地影响工作行为。对工作态度的研究主要集中在工作满意度、工作参与度和组织认同感三种态度。

1. 工作满意度

工作满意度（job satisfaction）是由一个人的工作评价或工作经验所产生的愉快或积极的情绪状态。工作满意度既被视为一般的态度，又被视作对5个特定工作维度的满意程度，即报酬、工作本身、提升机会、组织管理和同事。表2-2所示不同工作维度对工作满意度的影响。

一个人可能对工作的不同方面持有不同的态度。例如，一个员工可能会喜欢他的工作职责，但却对提升机会不满意。个体的特点也会影响工作满意度。有消极情绪的人更可能对工作不满意。有挑战性的工作、高价值的回报、提升的机会、良好的管理和愿意提供支持的同事，等等，都是可以产生满意的维度。工作满意度是一个组织员工管理状况重要的衡量指标，与员工流失率、工作积极性和工作业绩密切相关。

表 2-2 工作维度对工作满意度的影响

工 作 维 度	工作满意度
报酬	报酬是主要影响因素，但不是报酬的绝对数额，而是分配制度和政策是否公平
工作本身 　挑战性 　生理要求 　个人兴趣	个体能成功地完成有挑战性的工作，这是令人满意的 劳累的工作令人不满意 个人感兴趣的工作令人满意
提升机会	在工作中获得个人发展和提升的机会是令人满意的
组织管理	个体对具有能帮助他们获得奖励的决策和做法的组织满意 个体对角色冲突，角色混乱的组织不满意
同事	个体对那些能帮助他们获得奖赏的上级、同僚及下属产生满意感，同时对与自己观点一致的人也会有满意感

2. 工作参与度

工作参与度（job involvement）是指一个人在心理上对他的工作的认同程度，并将工作绩效视为其价值观的反映。人们通常所说的"人到了，心没到"，就是指一个人的工作参与度不高。而通常所说的"调动员工积极性"实质上就是改善个体对工作的态度，增加工作参与度。工作参与度与缺勤率和员工流动率相联系。一般来说，对工作持积极和认同态度的员工，往往工作参与度就高，出勤率高，离职率低。反之，出勤率低，员工离职率也高。调动员工的积极性，首先要从改善态度，提高工作参与度着手。

3. 组织认同感

组织认同感（organizational commitment），或称组织承诺，是指员工对特定组织及其目标的认同，并希望维持组织成员身份的一种状态，通常表现为员工是否以自己是该企业（组织）的一员而感到光荣和自豪。高工作参与度意味着一个人对特定工作的认同；高组织认同感则意味着对于所在组织的认同。

与工作参与度类似，组织认同感与缺勤率和员工流失率呈负相关。事实上，员工的组织认同感是预测流动率的更好指标，虽然人们过多地用工作满意度作测量指标。原因可能在于，组织认同感是对组织整体的更全面更长久的反应。一名员工可能对他的工作不满意，并认为这是暂时的现象，然而并不对组织的整体感到不满意。但是当不满意蔓延至组织本身时，员工更可能考虑流动。员工态度调查示范如表 2-3 所示。

表 2-3 态度调查示范

请根据下面列出的分数等级评估每一项陈述：
5= 非常同意
4= 同意
3= 不确定
2= 不同意
1= 非常不同意
陈述
1. 这家公司是个非常不错的工作场所；
2. 在这里只要我努力就能成功；
3. 与其他公司相比，这里的薪酬水平很有竞争力；
4. 在这里，员工的晋升决策很公平；
5. 我知道公司提供了各种各样的福利政策；
6. 这份工作能够使我人尽其才；
7. 我的工作很有挑战性但并非无法接受；
8. 上司对我十分信任；
9. 我可以很坦率地告诉上司自己的想法；
10. 我知道上司对我的期望是什么。

▶ 新闻中的组织行为学

二、价值观

个体差异的另一来源是价值观（value）。与态度相比，价值观存在于一个更深的层次里，而且价值观在本质上也更加普遍，更具有基础性。人们用不同的价值观来评估自己或他人的行为。价值观是一个人对事物的总的看法和评价尺度。它代表了一系列信念：从个人或社会角度来看，某种具体行为类型或存在状态比与之相反的行为类型或存在状态更可取。

价值观包括内容和强度两种属性。内容属性告诉人们某种方式的行为和状态是重要的；强度属性则表明其重要的程度。当人们根据强度来排列一个人的价值观时，就可以获得一个人的价值系统（value system）。比如，"人不为己，天诛地灭""人人为我，我为人人"和"毫不利己，专门利人"就代表了不同的价值观。再比如，"生亦我所欲也，义亦我所欲也；二者不可兼得，舍生而取义者也"，说的就是在有价值的几种东西中，对个体来讲哪个相对重要性更大，就会做出哪样的选择。这种在个体心目中对事物看法的主次、层级的评价和选择，就是价值观体系。价值观和价值观体系是影响个体行为的核心因素之一。

（一）价值观的形成

一个人价值观的形成主要受家庭、学校教育、民族文化、朋友以及其他环境因素的影响。一个人的价值观很大一部分是在早年从父母亲、老师、朋友和其他人那里获得的。一个人关于对错、好坏、美丑等的许多早期观点，是受父母所表达出来的观点影响而形成的。随着年龄的增长，一个人价值观更多受到学校教育，特别是老师和同学的影响。在这样的群体中，一些为当时社会意识形态所公认的价值准则被灌输给学生，如诚实、正直、勤奋、平等、合作，等等。但更多的时候这些价值观体系是通过故事、传说和英雄人物传递的。每个时代都有该时代的价值取向，都有时代英雄。通过学校教育、社会舆论、大众传媒以及其他文化要素的综合作用，使之成为社会主流的价值观，并深刻影响一代人的价值判断和选择。

作为社会文化的一部分，价值观对人行为的影响是稳定的和持久的。比如，我们从小被教育要勤俭、诚实、尊老爱幼，读好书，做个成功者被认为是优良的行为，"学而优则仕""万般皆下品，唯有读书高"；而懒惰和无所作为则为社会不齿，"少壮不努力，老大徒伤悲"；做人有要气节，"威武不能屈，贫贱不能移，富贵不能淫"，等等。这些经过很长时间形成的特定价值观，在岁月的长河中不断得到强化，成为社会文化的一部分，从而深刻地影响着人们的行为。价值观一旦形成就具有相对稳定性，并且在同一时代的人身上具有明显的一致性。但这种社会价值评价系统并不是一成不变的，随着社会的发展进步，也会出现变化。

中国改革开放前后的社会价值取向就发生了明显的变化。20世纪五六十年代参加工作的人，对组织有强烈的认同感和归属感，集体主义占主导地位，尊崇权威、敬业、听话是共同的特征。20世纪60年代到70年代末，由于受到"文革"的影响，社会动荡，权威破碎，传统的价值观受到质疑，但追求个人利益的价值取向仍不被社会主流的价值观体系所承认。20世纪80年代是中国社会价值观体系变化最大时期。个人成长和发展的需要开始受到重视，追求过好日子和扩大民主、自由成为公众的普遍祈求,社会价值取向趋于多元化。20世纪90年代以后,随着经济的高速发展和全球化的影响,年轻一代更加注重生活质量和工作带来的愉悦性,职业选择也更加灵活。收入、成长和发展机会、对工作的喜爱成为最主要的择业标准。而职业的稳定性和对组织的忠诚似乎不再被看重。

不同的个体价值观往往不同,但同一时代的人,价值观却有着明显的相似性,而且较之其他文化类型,社会价值系统是相对稳定和持久的,变化也更为缓慢。

(二)价值观的分类

对价值观的分类方法很多,这里主要介绍奥尔波特(Allport)和罗克奇(M. Rokeach)的分类方法[①]。

1. 奥尔波特的分类

奥尔波特及其助手对价值观的分类是该领域中最早的尝试之一。他们划分出6种价值观类型:

(1)理论型:重视以批判和理性的方法寻求真理。这类人经常寻找事物的共同点和不同点,尽量不考虑事物的美或效用。他们的主要目标就是把知识系统化和条理化。

(2)经济型:强调有效和实用。这类人是实用主义者,完全按照商人通行的原则办事,他们主要关注生产商品、提供服务和积累财富。

(3)审美型:重视外形与和谐匀称的价值。这类人通常喜欢象征华丽和权力的漂亮勋章,反对压制个人思想的政治活动。

(4)社交型:强调对人的热爱。这类人善良、富有同情心和利他倾向,他们把爱本身看作人际关系的唯一合适的形式。

(5)政治型:重视拥有权力和影响力。这类人不一定是政治家,但在任何需要有高权力价值才能获得成功的职业或工作上会做得很好。

(6)宗教型:关心对宇宙整体的理解和体验的融合。这类人想方设法把自己与对宇宙整体的信仰联系起来。其中有些人企图与外界的现实生活脱离关系(如寺庙里的和尚);另一些人则通过宗教活动进行自我克制和反省。

奥尔波特发现,不同的工作环境下这6种价值观对人有不同的重要性。例如科学家重视理论,采购代理商重视经济价值,艺术家关注审美,社会工作者注重社交的价值,政治家则偏爱政治,牧师重视宗教信仰。这些价值中的每一种几乎都存在于人们的整体价值观之中,因而都是重要的,只不过各种价值观对某些人很重要,而对另一些人不那么重要。

2. 罗克奇的分类

罗克奇区分了两种类型的价值观:终极价值观和工具价值观。终极价值观(terminal value)代表所要达到的目标或者存在的终极状态,是一个人希望通过一生而实现的目标。工具价值观(instrumental value)反映了达到目标的手段;也就是说,它们代表了为达到某种终极状态而采用的可接受的行为。如表2-4所示,这两种价值观类型分别有18项具体内容。

---

① 参见罗宾斯(Stephen P. Robbins). 组织行为学[M]. 7版. 北京:中国人民大学出版社,1997:139.

罗克奇研究发现，终极价值观中排在前几项的有世界和平、家庭安全、自由、快乐、自尊和智慧。工具价值观中排在前几项的是诚实、雄心、责任、宽容、开朗和勇气。与奥尔波特的研究发现一致，价值观在不同人群中有很大差异，但相同职业或类别的人倾向于拥有相同的价值观。

表2-4　终极价值观和工具价值观

终极价值观	工具价值观
世界和平（没有战争和冲突）	诚实（正直、真挚）
国家安全（免遭攻击）	宽容（谅解他人）
家庭安全（照顾自己所爱的人）	乐于助人（为他人的福利工作）
自由（独立、自主选择）	自控（自律的、约束的）
快乐（快乐、闲暇的生活）	独立（自给自足、自力更生）
平等（兄弟情谊、机会均等）	服从（有责任感、尊重的）
成就（持续的贡献）	雄心（辛勤工作、奋发向上）
内心平静（没有内心冲突）	开朗（心胸开阔）
自然与艺术的美（美丽世界）	整洁（卫生、整洁）
自尊（自重）	情感/爱（温情的）
救赎（救世的、永恒的生活）	礼貌（性情好、有礼的）
友谊（亲密关系）	理性（符合逻辑）
成熟之爱（性和精神上的亲密）	责任（负责、可靠）
幸福（满足）	勇气（坚持自己的信仰）
智慧（对生活有成熟的理解）	能力（能干、有效率）
繁荣（富足）	愉快（轻松、欢快）
社会尊重（社会承认、赞赏）	智力（有知识、善思考）
振奋的生活（刺激、有活力的生活）	想象力（大胆、有创造性）

群体的价值观是较为稳定的，但个体的价值观体系却变化很大。例如，社会尊重就是一个在各人之间十分不同的终极价值观。有些人需要别人的尊重，并且不懈努力，以实现这一价值观；而另一些人，则对别人如何看待自己并不太看重。人们可能都会认为成就是一个重要的终极价值观，但在如何达到这一目标上，也许会有不同的看法。

（三）工作价值观

工作价值观非常重要，它影响着个体对正确与错误的判断，并进而影响个体的工作行为。与个体相关的四种工作价值观是成就、关心他人、诚实和公平。成就是对个人事业进步的关心，体现在努力工作，寻找发展新技能的机会等行为上。关心他人反映在富有同情心的行为上，如鼓励其他员工，帮助他人攻克难题等。诚实是指准确地提供信息，并且不肯为了个人的利益而误导他人。公平则强调公正无私，并能够考虑不同的观点。个体可根据这些价值观在自己工作和生活中的重要性，对它们进行排序。了解自己的价值观是否和组织的价值观相吻合。

虽然人们的价值观体系各不相同，但当他们在工作中具有相似的价值观时，其结果就是积极的。与领导有着相同价值观的员工，对工作更满意，对组织也更尽职。价值观对工作的选择也具有深刻影响。传统上对工作选择最具影响力的是报酬和提升的可能性。不过近年来的研究发现，另外三个工作价值观，即成就、关心他人和公平，在工作选择的决策中所发挥的影响，比报酬和提升机会更大。这意味着，组织在招聘新员工时，应该更细致全面地关注个体的价值观，以及组织所传递的公司价值观。

在全球市场环境下经营，管理者会遭遇不同文化背景下的价值观冲突。比如"忠诚"价值观在不同国家表现不一样，日本员工完全忠诚于他们的公司，在他们看来，对集体的忠诚度，甚至比家庭忠诚度和政治忠诚度更重要。而韩国人更重视对自己老板的忠诚。在美国，对家庭和其他个人的忠诚，要高于对公司或者上司的忠诚。

第三节 能力差异

能力（ability）是个人顺利完成某种工作或活动所必备的心理特征。任何一种活动都要求参与者具有相应的能力。例如，从事管理工作，需具备一定的组织、交际、宣传说服等能力；从事外交工作，要具有灵敏的思维、较强的语言表达和答辩、记忆等能力。事实上人们生来就有能力差异，有的人无论如何都成不了文学家，有的人无论多努力也不可能和马化腾媲美，或无论怎么训练也不可能获奥运冠军。从管理的角度看，关键是要了解人们的能力具有哪些方面的不同，并运用这一知识尽可能使员工更好地从事工作，从而提高组织效率。

一、能力的分类

能力反映了个体在某一工作或活动中完成各种任务的可能性。一个人的总体能力可以分为两大类：心理能力和体质能力。[①]

（一）心理能力

心理能力（intellectual ability）是指从事心理活动所需要的能力，主要包括一个人的认知能力——智力以及情绪情感能力。

智力是一种综合性能力，它是以个体自身具有的遗传条件为基础，在其生活的环境中，在与周围的人、事、物的交往中，表现出的运用经验、吸收、储存及支配知识，以及适应变化了的环境和解决问题的能力。一般认为，心理能力包括7个维度：算术、语言理解表达能力、知觉速度、演绎推理、归纳推理、空间视知觉想象能力、记忆力，如表2-5所示。

---

① 参见罗宾斯（Stephen P. Robbins）. 组织行为学 [M]. 7版. 北京：中国人民大学出版社，2007：72-73.

表 2-5 心理能力的维度

维　　度	描　　述	工 作 范 例
算术	快速而准确进行运算的能力	会计、保险精算师、数学家
语言理解表达能力	了解读到和听到的内容，能清晰、准确地表达自己思想	企业管理者、社会工作者、推销员
知觉速度	迅速而准确地辨别视觉上异同的能力	事故处理者
归纳推理	鉴定一个问题的逻辑后果，并解决这一问题的能力	市场调查员、律师、侦探
演绎推理	运用逻辑评估一项争论价值的能力	哲学家、软件程序员、主管
空间视知觉想象能力	当物体空间位置变化时，能想象出物体形状的能力	建筑师、装饰工程师
记忆力	保持和回忆过去经历的能力	销售员

　　智力受遗传因素的影响比较大，通常被称为"天资"，即天生的潜能。天资对一个人的工作绩效及可能达到的程度显然十分重要。比如奥地利音乐家莫扎特，3岁就会演奏乐器，6岁登台演出，在其一生短暂的35年中创作了20余部歌剧、40余部交响乐等700多件音乐作品，创造了"18世纪奇迹"。又如发明家爱迪生、中国唐代"诗仙"李白。尽管这些人也有后天的努力和生活环境因素，但仅从他们小时候就表现出的异于常人的禀赋和成就，如果不用"天才"来称谓则很难解释了。

　　一个人的智力发展不仅受遗传因素的影响，很大程度还取决于后天的环境和教育。如果说天资只是一种"潜能"的话，那么环境和教育则是开发潜能并为这种潜能转化为现实能力提供了条件和机会。一个天资平平的人经过后天的努力学习也可能获得非凡的成就，而一个天资聪慧的人，如果后天不努力，则可能庸碌一生。

　　自从美国斯坦福大学心理学家路易斯·特曼（Lewis·Terman）教授首先研制纸笔形式的IQ测试以来，IQ测试便风靡一时。现在最常用的智力测验有韦克斯勒（D·Wechsler）创立的"韦克斯勒智力量表"和特曼提出的"斯坦福——比奈智力测量表"等。每种量表中的题目有文字的，也有非文字的（如图形、操作等）。智力测验的结果用智商（intelligent quotient）表示。如"斯坦福——比奈智力测量表"使用的是比率智商即"智商等于智力年龄除以实际年龄"：

$$智商（IQ）= 智力年龄 / 实际年龄 \times 100$$

　　例如，一个人的实际年龄为10岁，智龄为11岁，则其智商为110。

　　韦克斯勒智力测验量表中首创的"离差智商"，指的是"以每一个年龄段内全体成员的智力分布作为正态分布，以个体在这一年龄段分布中距离均数的位置，判断个体的标准分数"。这是一种与常模比较的相对位置的比率分数。尽管人们对智力测验的可信度仍存在争议，但作为能力测量的一种方式，还是得到普遍的应用。

　　不同的工作要求不同的心理能力，比如，从事软件开发、物理数学研究的人通常需要有较强的数理逻辑能力；社会工作者和律师则需要有很好的语言表达能力；而建筑师则需具备良好的空间想象能力。当然，高智商并不是所有工作的前提条件。事实上，很多规范性工作，很少有机会使他们表现出差异。一个人的智力水平与他的个人成就或工作绩效并没有必然的联系。

现实中，人们常常会看到一些智力出众、学业超群的人在工作中并没有表现出突出业绩；而有的人在学校功课平平，但工作后却成绩卓著。出现这种情况的原因是什么呢？美国贝尔实验室，是驰名世界的科学思想库，云集了一大批智商一流的工程师和科学家。人们曾对那时最有成就者进行了研究，发现这个精英荟萃的实验室，一些人成为科学泰斗，而另一些人却表现一般。还有，领导者的行为和他们的管理风格为什么会有那么大差异，他们对工作业绩和组织氛围又有什么样的影响？管理学家和心理学家经过多年研究，发现其差异不在于他们智力能力（智商）的高低，而在于他们的情绪智商（Emotional Quotient，EQ）的差异。

对于是否存在一种"情绪智商"的能力，现在仍有争议。但情绪、情感对人的心理能力的影响以及对行为的影响已受到广泛的关注。一般认为，情商是指有效地管理自我以及处理人际关系的能力，它由4种基本素质构成：自我意识、自我管理、社会意识和社交技能。如表2-6所示，每一种素质又由一系列具体的技能组成。

表2-6　4种素质及其特点[①]

自我意识	自我管理	社会意识	社交技能
● 情感的自我意识：觉察与理解自己的情感并认识到其对工作绩效、人际关系等产生的影响 ● 准确的自我评价：客观评价自己的优势与不足 ● 自信：对自身价值的极强的正面认识	● 自我控制：能控制破坏性情感与冲动 ● 可信赖性：一贯表现出诚实与正直 ● 尽职：管理自己，恪尽职守及职责 ● 适应能力：适应环境变化，能克服困难 ● 成就导向：具有追求卓越的内驱力 ● 主动性：时刻准备抓住机遇	● 同情心：能深究他人的情感，理解他人的观点并关心他人利益 ● 组织意识：能洞察组织动态，建立决策网络并驾驭内部的权力争斗 ● 服务意识：了解和满足客户的需求	● 远见：能运用远景目标激励他人 ● 影响力：熟练地运用说服技巧 ● 培养他人：不断地给他人提供反馈与指导，支持他们进步 ● 沟通：聆听他人，传递明确、可信、恰当的信息 ● 变革的催化剂：擅长实施新思想，领导他人朝着新方向努力 ● 冲突管理：能减少争执以及协调不同的解决方案 ● 建立纽带：娴熟地建立和维护关系网 ● 团队协作：能促进合作并建立团队

目前，对情商的争议主要在情商的"商"难以度量测定和通过实验来证明。但对人的情绪和情感能力影响和支配着一个人行为和决策，对人的工作绩效有着很大影响这一点是没有争议的。并且认为，通过学习提升个体的情商，对于改善人际技能和组织氛围，提高工作绩效有着积极作用。

（二）体质能力

在要求信息加工的复杂工作中，心理能力具有极为重要的作用，而对于那些技能要求较少而规范化程度较高的工作或对身体素质要求较高的活动来说，体质能力（physical

---

① 引自丹尼尔·戈尔曼（Daniel Goleman）．卓有成效的领导艺术[M]．哈佛商业评论（中文版），2002（9）：114-127．

ability）则十分重要。比如有些工作的顺利完成要求耐力、手指灵活性、腿部力量以及其他相关能力，因而需要在管理中确定员工的体质能力水平。研究表明，体力活动的工作主要包括如表2-7所示的9种基本能力。

表2-7 9种基本的体质能力

力量因素	
1. 动态力量	在一段时间内重复或持续运用肌肉力量的能力
2. 躯干力量	运用躯干部肌肉尤其是腹部肌肉以达到一定肌肉强度的能力
3. 表态力量	产生阻止外部物体力量的能力
4. 爆发力	在一项或一系列爆发活动中产生最大能量的能力
灵活性因素	
5. 广度灵活性	尽可能远地移动躯干和背部肌肉的能力
6. 动态灵活性	进行快速、重复的关节活动的能力
其他因素	
7. 身体协调性	躯体不同部分进行同时活动时相互协调的能力
8. 平衡性	受到外力威胁时，依然保持躯体平衡的能力
9. 耐力	当需要延长努力时间时，保持最高持续性的能力

和心理能力一样，体质能力也受先天遗传和后天学习和训练双重因素影响。体质能力，尤其是从事运动项目所需要的体质能力很多时候是需要天赋的。如篮球运动员的身高、游泳运动员的水感、举重运动员的爆发力以田径运动员的肢体比例和协调性等许多都是需要培训的。当然，仅有"天资"是不够的，还需要后天的努力学习、良好的培训等，才能将一个人的"潜能"发挥出来。

二、能力差异

由于先天遗传和后天获得的教育和训练等因素的不同，人的能力存在着个别差异。这种差异具体可以从质、量、发展三方面加以分析。质是指能力类型及具体维度的差异；量指能力水平的高低；发展是指能力表现在时间上的早晚。

▶ 新闻中的组织行为学

阿里巴巴的"多种"面试官们

阿里巴巴的面试官由各个事业部推荐产生，面试官的层级、专业能力、在阿里巴巴的工作年限、面试经验都有一定的要求。确保他们能代表阿里巴巴对每一位前来应聘的同学作出客观、准确、公平的判断，在为公司甄选优秀人才的同时，也能尽量对每一位应聘的同学给出发展的建议和帮助，让同学们留下一段美好的面试体验。

阿里巴巴的面试官分为业务初试官、业务终试官和HR面试官三种。

业务初试官一般由业务团队的专家担任，负责考察同学们的基础知识、项目经验、动手能力、成果等，并给出是否进入业务终试的建议和原因；

业务终试官都是由各自业务领域的大牛或权威人士担任，如果你进入这个环节，有可能就会将过去如雷贯耳的一个名字与对面坐着的那个人联系起来，终试官们主要负责考察同学们的学习能力、发展潜力、技术热情与视野等，并对面试结果进行确认和定级，此外还要结合大家的意愿和自己的判断为同学们推荐分配个合适的团队；

HR面试官主要观察同学们的自我认知，沟通能力、团队合作意识、行为习惯、求职动机等与人有关的特质，判断同学们的个人情况与阿里巴巴整个组织和团队的风格是否匹配，是否能顺利融入和落地，是否能迅速成长和发展等，最终与业务终试一起做出录用或不录用的决定。

（一）能力的类型差异

从前述能力分类看，有的人心理能力占优势，有的人则体质能力强，少数人则可能是二者的综合。具体来说，能力的差异尤其是心理能力的差异则主要表现在认识过程中心理品质的不同。知觉差异方面，知觉综合型的人，概括力较强，对事物的整体性感知较好，但对细节感知较差；知觉分析类型的人，分析力较强，对事物的细节感知清晰，但对整体性感知较差；知觉分析综合型的人，两者的特点兼而有之。在能力的记忆差异方面，视觉记忆型的人，视觉记忆的效果好，表象清晰，可谓"过目不忘"；听觉记忆型的人，听觉记忆效果好，大有"余音绕梁，三日不绝"之感；运动记忆型的人，动作感受深刻，识记效果好；形象记忆型的人，识记物体、图、画效果好；抽象记忆型的人，记忆概念、数字效果好；综合记忆型的人，综合运用多种记忆，效果较好。在能力的思维差异方面，可分抽象思维、形象思维、逻辑思维等类型。另外，人们在思维的速度、灵活性、独立性等方面也存在着差异。

（二）能力发展水平的差异

能力发展水平的差异，指的是同龄人之间在同等条件下，从事同类活动，有的人效果显著、成绩突出；有的人则效果不佳，成绩平平。前者称为能力超常，后者称为能力低下。其中能力超常者的特点是：观察敏锐、全面细致、精确；注意力集中而又灵活，范围较广；记忆迅速、准确、持久；思维敏捷，有条理、有广度；分析力、概括力高，富有创造性；自信心强，求知欲旺，意志力坚定。

（三）能力表现早晚的差异

人的能力在未得到发挥或表现以前，只是一种潜能。这种潜能，有人在儿童时期就表现出来了，称为"人才早熟"或"神童"。有人在生命后期才表现出来，称为"大器晚成"。

另外，心理学家还发展，成才的最佳年龄是 25~45 岁。人在这一年龄段的特点是观察敏锐、精力旺盛、思维活跃、记忆力强、身强体壮、不保守、敢创新等。当然，学科不同，最佳创造年龄也有区别，如表 2-8 所示。当然，此表中所列出的最佳创造力的年龄段,并不能排除在其他年龄段可能有创造和发明。因为,现实中"人才早熟"和"大器晚成"不乏其例。

表 2-8 不同学科的平均最佳创造年龄

学　科	最佳创造的平均年龄	学　科	最佳创造的平均年龄
化学	26～36	歌剧	35～39
数学	30～34	诗歌	25～39
物理	30～34	小说	30～34
医学	30～39	哲学	35～39
心理学	30～39	绘画	32～36
生理学	35～39	雕刻	35～39
声乐	30～40		

能力表现早晚的差异更多地表现在一个人所处不同的年龄段。对应于生命周期的各年龄段,不同能力的平均发展水平如表 2-9 所示。

表 2-9 不同能力的平均发展水平

年　龄	10～17	18～29	30～49	50～69	70～89
知　觉	100	95	93	76	46
记　忆	95	100	92	83	55
比较和判断	72	100	100	87	59
动作及反应速度	88	100	97	90	71

三、能力与工作的匹配

组织行为学主要关心的是解释和预测人们在工作中的行为,使人们改善并提高组织工作绩效和有效性。能力是个体完成各项任务的可能性,由于人的能力存在差异,工作的要求也各有不同。高工作绩效对具体的心理能力和体质能力方面的要求,取决于该工作本身对能力的要求。比如,高楼建筑工人需要有很强的平衡能力,飞行员需要有很强的空间视知觉能力。仅仅关心员工的能力或仅仅关心工作本身对能力的要求都是不够的,只有当能力与工作匹配时,员工的工作绩效才会提高,员工的满意度也会较高。

如果能力与工作匹配不良,则会影响个人及整个组织的工作绩效。譬如一个人的能力达不到工作的要求,那么无论他的态度多么好,如何努力,最终绩效仍会很低。而一个人的能力远远超出工作要求,虽然他的工作绩效不会低,但组织会缺乏效率,且该员工的满意度也会降低。

每个人在能力方面都有自己的强项和弱项,在他从事工作或活动时,相比其他人既有有利的一面,又有不利的一面。对于个人来说,应该清楚自己在智力和体力上的优势和局限,知道自己能干什么不能干什么,各尽所能;对于一个组织的管理者来说,应了解员工因能力上的不同,适合干什么不适合干什么,以各得其所。当然,要完成一项工作或活动除了需具备天生的潜能,还需后天的学习和训练。先天的遗传基础加后天的学习才构成人的实际能力。一个组织应尽可能为其员工提供学习和培训的机会，为员工创造成长的环境和条件。

第四节 个体决策

组织中的个体都要在工作中作出决策，也就是说，通常要在两个或两个以上的备选方案中进行选择。如高层管理者通常要决定组织目标、产品或服务的方向，中层管理者要决定日常的生产、销售活动安排，非管理层的员工也要对自己的日常工作安排作出决策。

一、决策与决策过程

组织行为学中所说的决策（decision），通常是广义的，它不仅指高层重大问题的决策，也包括小问题的决定。

（一）决策

决策是一种判断，是在若干方案中对一个缺乏确定性的环境情景所作的选择。在组织管理中随时随地都面临着决策的抉择要求，都要决定做什么、谁去做、何时何地做、如何去做等问题。决策的正确与否直接影响组织的绩效。决策合理，执行起来就顺利得多，效率也会高。如果决策时粗心大意，决定错了，或考虑不周，执行起来就免不了要碰壁或反复，管理效率就必然低下。因此，组织中个体作好决策是非常必要的。

制定决策是管理者工作中的重要一环。管理者所面临的决策问题范围很广。对于非常简单的程序化的事务的决策，称为程序化决策（programmed decision）。这类决策通常已经有固定的决策规则。如为员工安排午餐时间，管理者每天都要面对这样的决策，心里已有一个固定的程序，这些程序都相同的、明确的。而对于复杂的、新生的决策问题则要求管理者提出创造性的解决方法，这类决策属于非程序化决策（nonprogrammed decision）。如收购其他公司的决策是特殊的、非结构性的，是非程序化的，它需要具备较强的判断能力。

（二）决策过程

制定决策是包含一系列步骤的过程，如图2-5所示为一个理性决策者的决策过程模型。

第一步，认识问题，也就是个体意识到需要决策的问题。认识问题的本质非常重要，否则，个体只能对表面现象作出反应，只是担任救火队的角色，而不是解决引发问题的根本原因。

第二步，个体必须认识决策的目标，即必须决定要完成的任务是什么。

第三步，收集与问题有关的信息。关于问题产生的原因，个体必须收集充分的信息。这就要求对环境进行全面的诊断分析，并且要坚持探究事实的目的。

第四步，列出可供选择的行动方案并对其进行评价。在这个步骤中，要进行全面的"如果怎样，会怎样"的分析，以此来判断各种因素是如何影响方案可能导致的结果的。而为顺利完成这一步，必须结合下面一步骤。

第五步，提出广泛的选择和创造性的解决问题的方案。

第六步，实施选中的方案，同时对方案所需的条件进行控制。

第七步，收集反馈信息，看看决策的实施是否达到了它的目的。持续跟踪检查方案的实施情况，并定期反馈信息。

制定决策是有压力的。个体尤其是管理者制定决策通常包含显著的风险和不确定性。管理者通常无法掌握充分的信息。他们作出决策时，必须相信并依赖其他人，但是最终承担责任的还是他们自己。决策有时候是痛苦的。比如某企业因市场环境所迫需退出某个经营领域，解聘员工等。这类决策通常要管理者具备制定重大或痛苦决策的勇气。

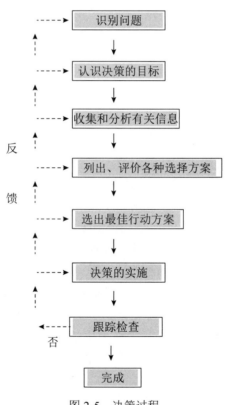

图 2-5　决策过程

二、决策模型

任何组织的成功都取决于其成员特别是管理者制定有效决策的能力。对有效决策的研究很多，这里主要介绍以下三种基本决策模型：

（一）理性模型

理性（rationality）是指符合逻辑的、按部就班的决策方法，这种方法要对各种选择方案及其结果进行全面的分析。决策的理性模型来源于古典经济学理论，它认为决策者是完全理性的。理性模型包含以下几点基本假设：

1. 决策者是追求最大限度的组织目标的完美的有理性的人；
2. 决策者拥有为作出最好决策所必需的正确和全部信息；
3. 决策者知道所有可能的选择方案；
4. 决策者可以计算出每一种选择方案成功的概率。

在理性模型中，决策者追求最优化，即从各种可能的备选方案中选出最佳方案。

就理性模型的假设来说，它是不现实的。事实上存在着时间的约束、人类知识和信息处理能力的限制。此外，决策者的偏好和需要也是经常变化的。因此，理性模型只是在决策过程中所追求的理想模式。它总结了如何制定决策的方法，但是没有反映决策的现实情况。

（二）有限理性模型

诺贝尔奖获得者赫伯特·西蒙（Herbert A. Simon，1960）认为决策者的理性实际上是有限的，他提出的决策理论即有限理性模型（bounded rationality model）。其中心思想是，由于种种限制使个体无法达到完全理性，决策者不可能处理涉及一个问题的所有方面的信息和不同的方案，而只能选择处理其关键部分。

有限理性模型有4个假设：

1. 决策者选择最满意的方案；
2. 决策者认识到，他们对世界的理解是简单的；
3. 决策者可能愉快地作出决策，而不需要判断所有的选择方案；
4. 决策者依靠经验或直观判断来作决策。

有限理性理论认为，决策者追求的是满意解（satisfice）。也就是说，由于追求最优化所要付出的时间和努力成本太大，只能实现局部的最优化，而这种最优化的判断标准是决策者主观的东西，因此，其实质是实现决策者的满意化。

对于不确定问题的解决方法，只能遵循快乐原则或悲观原则等。快乐原则是指最满意的原则；悲观原则是指损失最小的原则。

（三）垃圾桶模型

有时候，组织中的决策似乎是偶然的、无法预料的。在垃圾桶模型（garbage can model）中，决策是随意的，不系统的。在这个模型中，组织就是一个垃圾桶，问题、解决办法、参与者和可供选择的机会，在这个桶内随意漂浮。如果这4个因素碰巧撞在了一起，就形成了一个决策。决策的质量取决于时间的长短，适当的参与者必须在适当的时间里，针对合适的问题，提出正确的解决方法。

垃圾桶模型阐述了这样一种思想，即并非组织的所有决策都是以按部就班、系统的模式作出的。特别是在高度不确定的条件下,决策过程可能是无序的。有些决策似乎纯粹是靠运气。在如今高速运转的经营领域中,管理者必须在信息不完全的情况下迅速作出关键性的决策,而且必须让员工参与到决策过程中来。

三、个体决策方法

决策方法一般有定量与定性两类。定量决策法即数学模型决策法,它对决策过程中各变量之间、变量和目标之间的关系用数学模型表示出来,然后通过具体的分析计算,进行方案的比较,最终求得理想方案的决策方法。如量本利分析法、线性规划、决策树等。定性决策法即直接利用决策者的知识、智慧和经验,根据已掌握的信息对所需要决策的问题进行决策。如后面第 7 章将讨论的群体决策中的头脑风暴法、德尔菲法等,这些方法简便、迅速,但容易受主观因素的影响。这里先介绍几种个体决策方法。

个体决策是决策者直接利用自己的知识、智慧和经验,根据已掌握的信息对所需要决策的问题进行决策。个体决策具有极强的普遍性,但对每一个决策者来说,决策的内容、范围以及影响面不同,高层领导的决策涉及组织的目标、产品结构、资源配置和管理模式等,而一般人员的决策更多涉及日常事务。近几年来,组织权力下移,组织把越来越多的与工作相关的决策权交给非管理层的员工,从组织发展角度看,个体决策成为组织决策的一种重要决策形式。个体决策方法包括:理性决策、满意决策、隐含偏好决策、直觉决策。

(一)理性决策

如上所述,理性决策是决策者在完全客观和符合逻辑的条件下,作出最佳选择,也称最佳决策。理性决策有一定的前提或假设。理性决策适合决策的问题非常简单,备用方案不多且搜寻和评估这些方案的代价(经济和时间)不高。但组织中绝大多数的决策问题不符合这些前提条件,因此,实际上很少采用。

(二)满意决策

与经济人假设相对应,诺贝尔奖得主赫伯特·西蒙(Herbert A. Simon, 1960)提出了管理人决策(administrative-man)假设。他认为,个体在决策时并不完全受理性引导,也没有机会和实力作出完全理性的决策,只能做到部分理性即有限理性而已。

西蒙把人的决策过程分为三个阶段:第一阶段是搜索活动,主要是对环境进行搜索,确定决策的情境。第二个阶段是设计活动,主要是探讨、开发和分析可能发生的行为方案。第三阶段是选择活动,也就是进行实际的选择,从第二阶段开发出的可能行为方案中选择一种行为。

由于人的大脑容量远远达不到完全理性的要求,因此,个体只能在有限理性的范围内活动。他们不是抓住问题的所有复杂方面,而是建构简化的问题,然后,在简化问题的范围内进行相对理性的行为。人们满足于找到一个可以接受的或符合要求的问题解决方案，而不是一个最恰当的方案。满意解决决策模型刻画的正是这种决策过程。

满意决策（satisficing decision）是指个体在有限理性的前提下采取的决策。有限理性是指人们在以下受限的情况下作出"理性"判断，受限的情况有：人们只能获得与决策有关的部分信息；只能了解部分信息的价值，并在此基础上制订出可能的方案；决策者不可能完全理性且稳定地选择决策标准，不可能将所有的可行方案的所有未来结果的价值都认识清楚。

满意决策的过程是：首先对遇到的问题进行简化处理，使问题变得清晰而单一。然后，个体便开始寻求标准和备选方案。但是，他列出的标准可能远远不够详尽彻底。决策者会确定一个有限的列表，其中包括一些最为重要的项目和十分熟悉的内容。备选方案也主要包括一些明显的、易于实现的解决办法。一旦确定了这些有限的备选方案，决策者就开始考察它们。第一个达到了"足够好"标准的备选方案，就会使搜寻工作结束。可见，在满意决策基础上，最终的决策是一个符合要求的选择，而不是一个最恰当的选择。

（三）隐含偏好决策

隐含偏好决策（implicit favorite decision）是一种非常规决策，这种决策与满意决策相似，都是个体通过简化过程来解决复杂问题。但与满意决策不同的是个体在决策前就已确定一个隐含偏好的方案，整个决策过程，只是决策者在现实中检验或证明自己偏好方案的过程。

在隐含偏好决策过程中，面对某一问题，决策者已经隐含地确定了一个自己偏好的方案。但决策者并不因此而结束搜索工作。事实上，决策者有时并没有清楚地意识到自己确定了一个隐含偏好方案，他们还会继续寻找其他备选方案，只不过其余的过程都带上了偏见色彩。这一点十分重要，因为实际上决策者而后的比较仅仅是提供了一个客观的假象。接下来，证实性过程开始了。决策者建立了决策标准和权重，为了确保偏好模型的成功，在标准和权重的选择中出现了很多知觉和解释的失真。其他备选方案中的若干选项会在相互比较中削减为一个证实性方案。随后是代表性备选方案与隐含偏好候选方案的比较。即使隐含偏好方案是唯一可行的方案，决策者也会努力获得另一个可接受的方案作为证实候选方案。

（四）直觉决策

直觉决策（intuitive decision）是个体决策者在自己成功经验中提取精华，面对复杂决策问题在不同的情景下凭个人的直觉无意识的选择过程，是一种不经过复杂的逻辑操作而直接、迅速地感知事物的思维活动。过去，人们总认为依赖直觉进行决策是非理性的和缺乏效率的。其实，直觉的产生并非毫无根据，它建立在牢固的知识和丰富的经验基础上。它也不一定要脱离理性分析而独自运作，事实上，两者是相辅相成的。

适合直觉决策的情况一般有以下几种：①事实不足以明确指明前进的道路；②不确定性水平很高；③几乎没有先例存在；④难以科学预测变量；⑤事实有限；⑥当需要从几个差别不大的可行方案中选择一个；⑦分析性资料用途不大；⑧时间紧迫压力大。

由于理性分析更符合社会期望，人们常常把自己的直觉能力隐藏起来。事实上，组织生活中直觉决策所占的比例比我们目前了解的多得多。直觉决策模型有助于解释为什么我国民营企业在创业阶段的决策大多都属于直觉决策。必须说明的是，直觉决策的有效性取决于很多条件，在某些条件下直觉决策是有效的，但直觉决策并不总是有效的，有时会导致错误的决策，甚至是致命的。

四、决策与风险

由于个体差异，人们对同一问题可能会作出不同决策。个体的知觉、态度、价值观、人格等都会对决策产生影响。许多决策都包含着一些风险因素。对于管理者来说，聘用、提升、授权、兼并与合并、海外扩张、新产品开发及其他决策，都包含着风险。

个体在承担风险方面的意愿是不同的。有些人是风险规避型的，他们往往选择承担风险最小的方案，偏好熟悉的、确定的事情。另一些个体则属于风险爱好者，他们能够承受较大的潜在的决策损失，能够容忍较大的不确定性，因而更喜欢作出有风险的决策。

研究表明，女性比男性更厌恶风险；年龄大的、有经验的人比年轻人更厌恶风险；成功的管理者比不成功的管理者承担的风险要多。当然，对风险的承受程度不仅受个体倾向的影响，而且还受组织因素的影响。如在商业银行，制定贷款决策要求每天进行风险评估。

个体应对不确定性和风险的行为方式对组织有着重要的意义。许多人认为，不确定性会带来压力，这种压力给组织带来的负面影响之一，就是个体在压力下可能会作出错误决策。为鼓励员工及时有效作出决策，组织应向员工表明，在组织中什么样的冒险行为是可以接受的。

高层管理者面临着一项艰巨的任务，就是要对风险承担行为进行管理。限制基层管理者冒险，有可能压制他们的创造性和创新性。但是，如果高层管理者要鼓励冒险行为，他们就必须允许员工失败而且不必害怕遭受处罚。要做到这一点并不容易，首先得把失败看作是"启发性的试错"，其次要在组织内部建立起前后一致的对待风险的态度。

然而，个体承担风险时也可能给组织带来损失。例如，某位石油生产商认为，重新开发某个开采过的旧油田还有机会钻出石油来。他召集了一群投资者，向他们说明了这一设想，然后这些投资者共同向这项开采事业提供资金支持，开采到一定深度却什么也没有发现。生产商认为开采的深度还不够，就又去找投资者让他们继续增加资金投入。接着继续进行更深的开采，仍然是什么也没有发现。再次找到投资者提供更多的资金，以开挖得更深些。这种连续承诺向一项失败的行动方案投入资源的行为，被称为执着愚守（escalation of commitment）。

显然坚持一个错误的决策，对于组织来说是要付出成本的。组织可以通过几种方式来处理这种错误决策。一种方法是把项目的决策责任分离开来。比如前期的决策由一个人负责，后期的决策由另一人负责。另一种方法是，为作出了不良决策的人提供一种体面的退出方式，让他的形象不受威胁。有研究表明，由群体而不是个体来制定最初的投资决策，可以避免"执着愚守"。因为群体决策（后面将在第八章中阐述）的众多参与者分散了决策失败的责任和风险。这样，因为不会过多威胁到个体的形象，所以他们会撤销一个错误的决策。

总之，个体在制定决策时的理性是有限的。大多数决策都包含着相当大的风险，不同的个体对风险条件的反应不同。

复 习 题

1. 哪些因素影响社会知觉？举例说明导致社会知觉失真的几种障碍。
2. 什么是归因理论？它在解释组织行为方面有什么意义？
3. 态度和价值观是怎样形成的？二者分别对人的行为产生什么样的影响？
4. 为什么组织必须关注员工的工作满意度？
5. 区分终极价值观和工具价值观。这些价值观通常是稳定的，还是会随着时间而改变？
6. 管理者应如何关注员工的能力差异？
7. 为什么说个体制定决策是有限理性的？

即 测 即 练

延伸阅读 1

扫码阅读案例 1，思考并讨论以下问题。

1. 微软研究院不设 KPI，给予员工看似散漫自由的环境，却又是如何做到人尽其才、个人及团队创新？请结合本章理论知识加以分析。
2. 从微软案例中，你得到什么启示？

延伸阅读 2

阅读案例 2，思考并讨论以下问题。

试从邦贝尔用人案例分析员工能力特质，并谈谈个体决策的有限理性及风险性。

第三章
人格与情绪

本章学习目标

通过本章学习,你应该了解:
1. 什么是人格?决定个体人格的因素有哪些?
2. 工作类型、工作绩效与个体人格的关系。
3. 情绪不良的表现及原因。
4. 管理者应如何管理员工的情绪。
5. 压力的概念与工作压力的来源。
6. 个体如何管理自己的压力?组织如何管理员工的压力?

"宅男"同学的困惑

王×小学高年级时对flash制作感兴趣,考上重点中学以后,父母奖励其一台计算机。一次偶然的机会,王×向同学展示自己的作品,同学不屑一顾,并大谈时下流行的网络游戏。王×感觉自己对此知之甚少,于是开始接触各类游戏,以证明自己的全面发展。最初,父母以为儿子浏览不健康网页,很恼火,后来发现只是在玩游戏,心想男孩子喜欢玩电子游戏也很正常,便没有干涉。一段时间之后,王×便沉迷于网络游戏。半年后引起父母警觉,便控制其上网。开始时,父母管教尚有效,后来则不听父母管教,无节制上网,痴迷网络游戏,无心学习,成绩一落千丈。同时,王×与母亲展开了控制与反控制的斗争,母子矛盾不断升级,沉迷网络行为也越加严重,经常晚上待父母睡后偷偷上网,直至凌晨其母起床再悄悄去睡觉。后来发展到连父母也不回避,通宵上网,甚至不上学,吃饭也不愿离开计算机。其母趁其不在关掉计算机,王×回来后大发雷霆。一旦不能上网,则出现焦躁、不安、郁闷、发脾气等症状。

王×现在每次上网3个小时以上(多数时候是在父母强行禁止下停止上网),每周上网20个小时以上,以玩游戏为主,有时会通过QQ与其他玩家聊天交流。

王×性格较为开朗,与陌生人能较好相处,喜欢炫耀自己的长处(如游戏水平、游戏知识等)。虽然健谈,但谈话内容多集中在网络游戏方面。

上面这位同学的行为并不独特,每个人都受到自身人格特点的影响,工作中也会遇到来自各方面的压力。我们要了解的是,人格对于工作绩效会产生什么样的作用,情绪对工作和个人身心健康会带来什么影响,情绪是否应该释放,组织和个体应如何管理情绪和压力。

第一节 人格特征

管理的本质是"让别人把事情办成"。管理工作的特点便是要影响他人的行为,了解人格有助于管理者懂得他人的行为,进而预见并影响他人的行为,从而提高员工管理的有效性。

一、人格形成与发展的决定因素

人格(personality)又称个性,它是一个复杂而广泛的概念,不同的心理学家对人格的定义不同,有代表性的定义包括特质论(可观察的、长时间存在的行为模式),弗洛伊德的心理分析或心理动力学理论(行为的无意识因素),以及罗杰斯(Carl Rogers)和马斯洛的人本主义理论(自我实现和实现个人潜能的动力)。本书从组织行为学的角度,把人格定义为影响个体行为的、相对稳定的一系列个人的特征。对于人格的成因,尽管存在着争议,但一般认为人格的形成主要由以下几个因素决定(如图3-1所示):

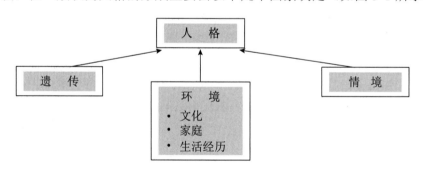

图3-1 人格形成的主要决定因素

(一)遗传

个体的人格特征可以根据染色体上基因的分子结构得到解释。每个人都有一组独特的基因,在此基础上生长出的中枢神经系统、内分泌系统和感官等,对人的行为有约束控制的作用。遗传是人格形成的一个决定性因素。有研究表明,同卵双胞胎出生时即被分开,在完全不同的环境下被抚养成人,结果发现他们仍然共有一些人格特质和职业偏好。一些特质如外向、冲动、灵活或害羞、畏惧、不安等在很大程度上是由内在的基因特点决定的。研究者还发现,50%～55%的人格特征来自遗传,30%的娱乐和业余兴趣特征来自于遗传。这说明一些人格特质是由与影响我们身高和肤色的基因编码相似的基因编码决定的。

（二）环境

许多行为学家相信，环境对人格的形成起着更大的作用。影响人格的环境因素包括社会文化背景、家庭环境、个人的经历特别是早年生活经历。

文化是指不同人群或他们所处社会组织的独特方式。生于某种特定文化中的个人，接受来自家庭和社会的价值观念以及普遍认可的行为规范。文化同时还界定了不同社会角色的规范。比如在美国，崇尚个性和独立，而在日本，合作及团队倾向备受推崇。文化决定了某一群体行为的相似性。生活在某一特定文化中的人们，往往有着共同的关于正统行为的标准，也会形成相同或相近的行为模式。在环境对人格形成和发展的影响中，值得关注的还有地域和组织环境的影响。如我国浙江温州地区，由于地理、文化和风俗的影响，温州人普遍具有吃苦耐劳、勤奋坚韧、敢于冒险的个性。

家庭环境对个人的性格有很大的影响，父母的为人处事及对生活的态度也会对子女的人格形成产生潜移默化的作用。一个生活在父母离异、家境贫寒环境中的孩子，性格多半比较孤僻内向，可能早熟，自理能力强。而一个生活在和睦、富裕家庭的孩子，往往比较外向，活泼开朗，但可能较为娇气、自理能力弱。而家庭的突然变故也会使一个人的性格发生变化。

环境对个体人格的影响，主要是指家庭、社会和个体周围人群的行为举止对一个人性格形成所造成的影响，在早期主要是家庭父母，以后是学校和朋友，再后来是组织环境。从特殊事件和经验的角度而言，每个人的人生是独一无二的，个体的这些不同经历是人格差异的又一重要原因。

遗传和环境对个体人格的影响应该说都很重要，不过侧重不同，对每一个人影响的程度也不一样。环境对人格的影响主要是一些外显行为的塑造，而遗传则建构了个体人格的基调。人格的发展、个人的总体潜能发挥则最终取决于如何调整自己以适应环境的要求。

（三）情境

一般来说，个体的人格是稳定的、持久的，但在不同的情境下会有所改变。情境是指在特定情况和环境下表现出的人格的"特殊性"，这种"特殊性"既有在平常环境条件下没有表现出的"潜在"人格，也有在特殊环境条件下表现出的一些"反常"举动。比如，一个平时柔弱温顺的女子，在关键时刻可能会表现得比男子更坚韧刚强；而一个平时巧舌如簧、大大咧咧的男子，在他喜欢的女孩面前，却可能显得语无伦次、手足无措。"情境似乎与其他影响行为的限制因素有本质的不同。在某些情境中，如教学、聘用面试，限制了许多行为；而另一些情境，如公园中野餐，则相对较少限制了行为"（西科莱斯特，Sechrest）。[①] 不同情境会使一个人的人格表现出不同的侧面，因此不能孤立地看待人格模式。

个体的人格是由先天的生物遗传和后天的环境影响、社会实践活动相互作用和融合的产物。但是，在人格的形成过程中，人并不是消极、被动地接受先天遗传和后天环境

---

① 转引自罗宾斯（Stephen. P. Robins）. 组织行为学 [M]. 7 版. 北京：中国人民大学出版社，1997：76.

的影响，而是在实践活动中与外界环境相互作用的过程中形成和发展自己的人格的。因此，在大体相同的环境中生活和成长的人，由于他们的实践活动及主观努力的倾向不同，会形成不同的人格。另一方面，也应看到，在同样社会环境生活和发展的人，由于他们的生活条件和实践活动有许多共同的东西，因此，他们的人格也会有相同或相似的方面。这就是人们人格上的共同性和典型性。

二、人格特质

早期的一些人格研究者认为，要想了解个体，必须将行为模式分解成一系列可以观察的特征。这些特征包括害羞、进取心、顺从、懒惰、雄心、忠诚、畏缩等，当一个人在不同情境下均表现出这些特征时，就称其为人格特质（personal traits）。根据特质理论（trait theory），将这些特质组合到一起就形成了个体的人格。特质理论的代表人物戈登·奥尔波特（G. Allport）认为，特质可以广泛、全面地引导行为保持一致性。目前，已有数千种特质被识别、命名和研究。这里主要介绍以下几种特质理论：

（一）卡特尔人格特质理论

雷蒙德·卡特尔（Raymond Cattel）经过长期的研究和大量的量化分析，找出 16 种根源特质，代表行为差异的基本属性。他又用低分特征和高分特征的两极性形容词组来形容每种特质，如表 3-1 所示。这 16 种特质是个体行为稳定而持久的原因。通过权衡这些人格特质与情境的关系可以预测在具体情境中个人的行为。

表 3-1　卡特尔的 16 种特质

低 分 特 征	高 分 特 征
缄默、孤独	乐群、外向
迟钝、学识浅薄	智慧、富有才识
情绪激动	情绪稳定
谦虚、顺从	好强、固执
严肃、谨慎	轻松、兴奋
权宜、敷衍	稳定、负责
畏缩、退却	冒险、敢为
理智、注重实际	敏感、感情用事
依赖、随和	怀疑、刚愎
现实、合乎成规	幻想、狂放不羁
天真、坦白直率	世故、精明能干
安详沉着、自信	忧虑抑郁、烦恼
保守、服从传统	自由、批评激进
依赖、随群附众	自主、当机立断
矛盾冲突、不明大体	知己知彼、自律严谨
心气平和	紧张困扰

（二）麦尔斯—布瑞格斯的人格类型指标

人格理论在组织中的一个应用就是荣格的方法及其测量工具：麦尔斯—布瑞格斯类型指标。瑞士心理学家卡尔·荣格认为，人们在本质上是不同的，但在本质上又是相似的。他把人分成外向型和内向型两种基本类型，又对感觉和知觉、思维和情感进行了区分。荣格指出，可以通过综合偏好来理解人类的相似性和差异性，并且认为，没有哪一种偏好一定比其他的好，差异性需要被理解甚至被赏识。不少人对人群中的个体差异性和荣格的理论感兴趣。迈布尔斯类型指标则使荣格的类型理论得到了实际应用。

麦尔斯—布瑞格斯（Myers-Briggs Type Indicator，MBTI）是一种由100个问题组成的人格测验，用以了解个体在一些特定情境中会有什么样的感觉和什么样的活动。近年来在美国应用很广泛，每年约有150万人接受这项测验。包括苹果电脑公司、美国电话电报公司、施乐公司、通用电气公司、3M等公司以及一些医院、教育机构和美国陆军都采用了这项测验。

MBTI把个体的人格划分为4个维度：外向型或内向型（E或I），感受型或直觉型（S或N），思考型或情感型（T或F），知觉型或判断型（P或J）。这4种维度可构成16种人格类型。（这与前述表3-1中卡特尔的16种特质不一样）例如INTJ型人爱幻想，具有创造性思想，并有很强的实现自己的想法和目标的愿望。他们的特征是怀疑、批判、独立、决断，甚至常常有些顽固。ESTJ型人组织能力强，重实务，喜好组织活动和管理事务，是典型的企业人士。ENTP型人则是思维型，思维敏捷，精通许多事务，适合应付有挑战性的问题，但忽视常规的例行事务。

目前，尚无有力证据证明MBTI是一项有效的人格测量工具。但MBTI在组织中还是得到了广泛运用。采用该测验主要是想使员工更充分地了解自己，也为使管理者了解员工的心理与行为。

（三）"大五"模型

与MBTI正好相反，"大五"模型是目前有代表性的人格理论。该理论认为，所有的人格特质都可以归为5个最基本的因子或维度，即"大五"（Big Five），或称"大五"模型。5个因子包括：外向性（extraversion）、随和性（agreeableness）、责任感（conscientiousness）、情绪的稳定性（emotional stability）和经验的开放性（openness to experience）。图3-2是对"大五"的具体描述。每个因子潜在地包括大量广泛的具体特征，即每个因子既是一连串相关的特征，又是一个统一体。例如，就随和程度而言，处于一个极端的某个个人也许会被说成是热情或合作，但是就这一要素的另一个极端而言，这个人可能被认为是冷漠或敌对的。

```
                              外向性
(合群、自信、好交际) ←─────────────────→ (保守、羞怯、安静)
                              随和性
(合作、热情、令人愉快的) ←─────────────────→ (冷漠、敌对、令人不愉快的)
                              责任感
(可靠、有组织性、工作努力) ←─────────────────→ (不可信赖、没有条理、懒惰)
                           情绪的稳定性
(冷静、自信、镇定) ←─────────────────→ (不安全、焦虑、消沉)
                           经验的开放性
(有创造力、有好奇心、有修养) ←─────────────────→ (缺乏想象、迟钝、兴趣狭窄)
```

图 3-2　大五模型 ①

（四）气质类型理论

古希腊名医希波克拉底（Hippocrates）根据他所提出来的"体液优势论"，将人的气质划分为4种类型：胆汁质、多血质、黏液质、抑郁质（如图 3-3 所示）。这一分类为后来巴甫洛夫关于"高级神经活动类型特点"的实验研究所证实（如表 3-2 所示）。

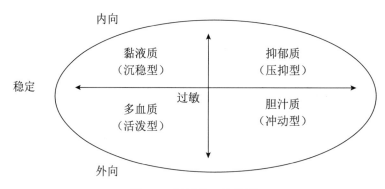

图 3-3　气质的 4 种类型

表 3-2　高级神经活动类型与气质类型

强度	神经系统的特性				气　质	
	平衡性	灵活性	特性组合的类型	气质类型	主要心理特征	
强	不平衡（兴奋占优势）		冲动型	胆汁质	精力充沛，情绪发生快而强，言语动作急速而难以自制，内心外露，率直、热情、易怒、急躁、果断	
		灵活	活泼型	多血质	活泼爱动，富于生气，情绪发生快而多变，表情丰富，思维、言语、动作敏捷，乐观、亲切、浮躁、轻率	
		不灵活	沉稳型	黏液质	沉着安静，情绪发生慢而弱，思维、言语、动作迟缓，内心少外露，坚毅、固执、忸怩、淡漠	

---

① 参考并转引自黛布拉·L. 纳尔逊（Debra L. Nelson），詹姆斯·坎贝尔·奎克（James Campbell Quick）. 组织行为学——基础、现实与挑战 [M]. 北京：中信出版社，2004：80.

续表

强度	神经系统的特性			气 质	
	平衡性	灵活性	特性组合的类型	气质类型	主要心理特征
弱	不平衡（抑制占优势）		压抑型	抑郁质	脆弱易倦，情绪发生慢而强，感情体验丰富但不外露，言语、动作细小无力，胆小、忸怩、孤僻

1. 胆汁质

胆汁质的人的神经类型属冲动型，在行为上表现出不均衡性。在情绪活动中，一般表现为暴躁、热情、开朗、刚强、直率、果断，但往往自制能力差；在实际行为特点方面，胆汁质的人表现出精力旺盛、反应迅速、行动敏捷、动作有力、勇敢坚定；胆汁质的人接受能力强，对知识理解快，但粗心大意，性急好动，考虑问题往往不够细致。

2. 多血质

多血质的人的神经类型属活泼型。这类人容易动感情，但情感体验不深刻、不稳定；有很高的灵活性，容易适应环境的变迁，善于与人交际；大多都机智、聪明、兴趣广泛、接受新事物快，但兴趣不够稳定，注意力容易转移，情绪两极性明显。

3. 黏液质

黏液质的人的神经类型属于沉稳型。这类人情绪不易激动，不喜欢交际，经常表现为心平气和、行动迟缓，但冷静、稳重、踏实，不论环境如何变化，都能保持平衡；善于自我克制，能严格遵守纪律；态度持重、耐心、坚毅，情绪和兴趣很稳定；但不够灵活，惰性较大，容易保守。

4. 抑郁质

抑郁质的人神经类型属于压抑型，具有高度的情绪易感性，对情感的体验深刻、有力、持久，但是这类人稳定的情感形成也很慢，情绪体验的方式较少。他们常常为一些微不足道的小事而动感情，在情绪上产生波动，但却很少外露；外表温柔、恬静，在行动上表现得非常迟缓，常常显得忸怩、腼腆、优柔寡断；不抛头露面，遇到困难或危险，惊惶失措、紧张恐惧。但是抑郁质的人对事物有较高的敏感性，思想敏锐、观察精细、谨慎小心，能观测到别人观察不到的东西，体验出别人难于体验的情感，因而有些心理学家把忧郁质人的这一特点称为艺术家气质。

以上 4 种基本气质类型的典型个体在同一处境中，举止、言行表现各不相同。例如，对于上司的批评都不服气，但表示的方式却大不相同。胆汁质的人马上暴跳如雷，与批评者争吵起来，甚至说些不三不四的话；多血质的人立刻明白问题出在什么地方，在接受对方批评的同时，又婉转幽默地进行了解释；黏液质的人则表面上不动声色，心里却生闷气；抑郁质的人情绪十分懊丧，夜不成寐，茶饭不香，思想负担沉重。

在现实生活中，典型气质类型的人很少，多数人介于各种类型之间。因此，国外一些心理学家把人们的先天性气质归纳成 A 型、B 型两种人，同时提出第三种人——C 型人。

A 型人又称"外向型人"，基本属于多血质和胆汁质综合类型。

B 型人又称"内向型人",基本属于黏液质和抑郁质综合类型。

C 型人又称"分裂质型人"。这种人思维能力很强,善于向别人学习,不拘泥于条条框框,创造性强,善于按照自己的标准行事,善于利用他人的奥妙感情做事,往往先思考后行动,或者思考不行动。这类人常常被评价为"很有独到见解",不过也往往被指责为"喜欢空想,不切实际"。

人的一些心理特点是后天形成的,与人们在实践中的经历有关,有的人获得成功,有的人遭失败,有的人成败相间。针对这三种人,心理学家又把后天心理特征分为三种:

P 型(positive)又称积极型、肯定型。这种人随着事业的成功,行动逐渐强化,活泼而有坚强的信念,做事光明正大,相当积极,不怕挫折,斗争性强。常被评价为"过分自信"。

N 型(negative)又称消极型、否定型。这种人与肯定型的人相反,常遇到的都是不愉快的事,因而行动越来越消极,渐渐地把自己关在小圈子里。沉默寡言,依赖性强,一切听众指挥,畏首缩尾,对社会活动不感兴趣,生活平淡,自卑感强,缺乏自信、自尊、自强意识,更无雄心、野心。

PN 型(positive negative)又称积极、消极折中型。这类人有成功和失败,其情绪出现愉快和苦闷的交替变化,行动稳定性差,某些行动往往变得无法收拾。常被评价"做事没有条理,草率慌张",有时易冒险,有时当逃兵。

▶ 新闻中的组织行为学

迪信通关注员工持续成长

中国最大的手机专业连锁企业迪信通,启动了"员工—爸妈健康关爱计划",首发活动在上海开展,向千余名员工发放了"动吖—家庭医生服务卡",现场员工在自己收获健康账户的同时,也获赠了两个亲情副账号,全家均可以享受 7×24 小时专业医生视频咨询服务,并在服务卡开通之日起,即可在动吖 App 学习先进的健康管理知识,接受运动、饮食、睡眠等全方位健康督促,此次活动让现场的员工对企业感恩满满。

员工的工作离不开家人的支持,对员工父母的关怀,可以让员工对迪信通产生归属感。随着商业竞争的白热化,员工关怀内容的品质感、价值感、文化属性不容忽视,迪信通无疑完成了一次成功的探索。

三、人格与行为

个体的人格与行为是相互联系的,人格特质是个体在不同情境下表现出的行为特征。人们往往关注与之交往的同事、朋友的人格品质,管理者更应尽可能了解员工的人格。人格特质有数千种之多,这里主要介绍与工作绩效有关的以下 6 种基本人格特质及其对个体和组织行为的影响。

（一）控制点

个体对内部（自己）控制和外部（情境或其他）控制的一般性信念，叫作控制点（locus of control）。如果一个人相信自己能主宰命运，控制发生在自己身上的事情，则称其控制点为内控型（internal）。相反，相信环境或其他人控制着自己命运的人，则称其控制点为外控型（external）。内控型的人被发现对工作有更高的满意度，更加适合管理职位，并且偏好参与型的管理方式。内控型的人相信努力工作会带来更好的绩效、获得更高的薪水。他们表现出的焦虑程度也比外控型的人要低。外控型的人认为重要的组织行为结果均是他们自己无法控制的；而内控型的人则把这些组织行为结果归因于自己的活动。如果自己所处的情境缺乏吸引力，内控型的人把责任归咎于自身。另外，内控型的人一般会离开自己感到不满意的工作。

研究控制点对组织有非常重要的意义。一般来说，内控型的人在工作上会干得更好，但这一结论在不同的工作中也存在着差异。内控型人在决策之前积极搜寻信息，对获得成功有强烈的动机，并倾向于控制自己的环境。而外控型人则更为顺从，更乐于遵循别人的指导。因此，内控型的人在复杂的工作中做得很好，包括绝大多数的管理和专业技能的工作，因为这些工作需要对复杂的信息进行加工和处理。另外，内控型的人也适合于要求创造性和独立性的工作活动。相反，外控型的人对于结构明确、规范清楚、只有严格遵从指示才会成功的工作来说，会做得很好。

（二）自尊

自尊（self-esteem）是个体对自我价值的一般性认识。自尊心强的人对自己有一个积极的认识。他们认识到自己有缺点，同时也有优点，并相信自己的优点比缺点更重要。自尊心弱的人对自己的看法是消极的。他们受到别人对自己看法的影响更强烈，恭维那些给他们积极评价的人，贬低那些给他们消极反馈的人。

一个人的自尊会影响其他多方面的态度，并对组织中的行为有重要影响。自尊心强的人表现更好，对他们的工作也更满意。在找工作时，他们会寻找那些职位高一些的工作。自尊心强的人组成的工作团队，比自尊心弱的人组成的团队更有可能获得成功。不过，过于强烈的自尊也并非是件好事，自尊心强的人在某些压力较大的情境中，会不切实际地夸大其词。

自尊也会受到情境的强烈影响。成功会增强自尊，失败则会降低自尊。一般而言，自尊是一个积极的特质，管理者应该给予员工合适的挑战和成功的机会，鼓励员工提高自尊。另一方面，由于自尊心弱的人对外界影响更为敏感，他们更倾向于按照自己认为正确的信念和行为行事。从这个意义上说，自尊心弱的人更注重取悦他人，很少站在不受欢迎的立场上，也更易于管理。

（三）自我监控

自我监控（self-monitoring）指的是个体根据外部情境因素而调整自己行为的能力。自我监控能力强的人在根据外部环境因素调整自己行为方面表现出相当强的适应性，他们对环境线索十分敏感，能根据不同情境采取不同行为，并能够使公开的角色与私人的自我表现出极大差异；而自我监控能力弱的人则易在各种情境下都表现出自己真实的性情和态度，因而在他们是谁以及他们做什么之间存在着高度的行为一致性。

有研究表明，自我监控能力强的人更易得到职业提升，因为他们通过满足别人的预期来完成工作任务。但由于他们灵活性高，随时准备跳槽，也许并不适合每一种工作和组织。① 自我监控能力强的人把自己的行为建立在他人或情境的线索上，因而，他们在管理中显示出更高水平的自我认识。作为管理者，他们能正确地评估自己在工作场所的行为。自我监控能力强的人比自我监控能力弱的人更乐于接受团队规范、组织文化和来自管理监控方面的反馈；而自我监控能力弱的人，则更执着于个体内部的行事方针。此外，自我监控能力强的人热心于参加各种工作团队，因为他们具有充当各种角色的灵活能力。

自我评价练习

自我监控水平测试

对下列每一个陈述，写出最符合你的情况的数字
0= 完全不符合　　1= 大部分不符合　　2= 有一些不符合
3= 有一些符合，但也有例外　　4= 大部分符合　　5= 完全符合
1. 在社交情境中，只要我觉得有必要，我有能力改变我的行为。
2. 我能从对方的眼神中读到他的真情实感。
3. 在人际交往中，我有能力控制交往方式，这取决于我希望给对方留下什么印象。
4. 在交谈时，我对对方面部表情中极微小的变化十分敏感。
5. 在理解别人的情感和动机方面，我的直觉能力非常强。
6. 当人们觉得一个笑话很庸俗无聊时，即使他们真的笑了，我也能辨别出来。
7. 当我发觉自己所扮演的形象并不见效时，我立即改变和调整它。
8. 我敢肯定，通过阅读听众的眼神，我能知道一些不一致的东西。
9. 我在改变自己的行为以适应不同的人和环境方面存在困难。
10. 我发现自己能够调整行为以适应任何环境的要求。
11. 如果有人欺骗我，我可以从他的面部表情中立刻觉察到。
12. 尽管事情可能对我有利，我还是很难伪装自己。
13. 只要我知道环境要求的是什么，我会很容易相应调整我的活动。

将9，12题反向计分，即5分计为1分，4分计为2分，以此类推。然后将所有题的分数加总。如果你的得分高于53分，则是一个高自我监控者。

---

① M.Kilduff and D.V. Day. Do Chameleons Get Ahead? The effects of Self-Monitoring on Managerial Careers[J]. Academy of Management Journal 1994（37）：1047-1060.

（四）积极/消极情感

关注自己、他人以及整个周围世界的积极方面的人，被认为具有积极情感（positive affect）。相反，那些看重自己、他人以及整个周围世界的消极方面的人，则具有消极情感（negative affect）。一般地，有积极情感的员工不会经常缺勤。有消极情感的人会感受到更多的工作压力。个人情感对工作团队也会有影响。消极的个人情感会导致消极的集体情感，从而使工作团队中合作行为减弱。

积极情感在工作场合无疑是一种财富。管理者可通过许多措施来提高积极情感，包括允许参与决策、创造愉快的工作环境等。当然，还需要更多地了解如何在工作场合激发积极情感。

（五）马基雅维里主义

马基雅维里主义（Machiavellianism）与权威主义密切相关。马基雅维里是16世纪意大利著名的政治学家，著有《君王论》一书，讲的是如何获得权力、维持权力及操纵权术，主张为了达到目的可以不择手段，目的最终会证明手段的正当性。高马基雅维里主义个体与低马基雅维里主义个体相比，十分讲究实用，对人保持着情感距离，相信结果能替手段辩护。"只要行得通，我就采用它。"这种做法与高马基雅维里主义观点相一致。高马基雅维里主义者会不会是好员工呢？这取决于工作的类型，以及你是否在评价绩效时考虑道德内涵。对于需要谈判技能的工作（如劳工谈判、签订合同）和由于工作成功带来实质效益的工作（如销售代理商），高马基雅维里主义者会十分成功。而对那些结果不能为手段辩护或工作绩效缺乏绝对标准的工作而言，很难预期高马基雅维里主义者会取得良好绩效。

（六）冒险性

人们的冒险意愿各不相同。这种接受或回避风险的倾向性，对个体行为和决策有较多的影响，并呈现出较大的差异性。一般说来，具有高冒险倾向的管理者比具有低冒险倾向的管理者决策更迅速，在作出选择时所需的信息量也更少。认识这些差异并且根据工作具体要求考虑冒险倾向性是很有意义的。比如，对于一名股票经纪人来说，高冒险倾向性可能会导致更高的工作业绩。这类工作通常需要迅速决策；相反，这种性格特质则可能成为一名从事会计或审计工作人员的主要障碍，最好安排低冒险倾向的人从事这种工作。

研究人格特质有助于了解组织中的人的行为。对个人来说，就是要有"自知之明"，知道自己适合干什么，不适合干什么，使人格与工作达到合理匹配。只有人格与职业相匹配时，才会产生更高的满意度和更低的流动率。对于管理者或领导者来说，就是要"知人善任"，对下属员工的人格有充分的了解，选更为合适的人去从事适合他的工作，以获取最佳工作效益和员工较高的满意度，使组织目标和个人发展有效结合起来。

需要注意的是，以上几种特质，仅仅影响组织中行为和绩效的一部分人格特征。通过了解员工的人格来预测他们的行为，并不完全有效。在预测行为时，另外一个需要考虑的因素是环境影响的强度。有些情境是强情境（strong situation），在这些情境中，个体人格因素的作用被压倒。这些情境给恰当的行为提供了线索。不同的个体对这些情境的理解基本一致，对这些情境下的恰当行为也有一致认同。如绩效评估会议，员工们都知道要听从于老板，并且在被要求时，才能发言。相反，一个弱情境可以有多种理解。在弱情境下，对于什么是恰当行为，它提供不了多少线索，也显示不出一个行为明显优于其他行为。此时，个体的人格因素就会产生更明显的影响力。组织所提供的一般是强情境和弱情境的结合。因此，在某些情境下，人格因素对行为的影响力会比另外一些情境下更强。

四、人格与工作的匹配

预测人的行为时，除了解一个人的人格特质，还需要结合情境因素。同样地，在人格特质与工作绩效之间的关系中还需考虑中间变量——工作要求，应该重视人格特征与工作要求的协调一致。在此方面心理学家约翰·霍兰德（John Holland）提出了人格—工作适应性理论（personality-job fit theory）。另外，随着管理者对人格的不断重视，组织行为学对"管理者职业风格"的研究也越来越深入。

（一）人格—工作适应性理论

霍兰德指出，员工对工作的满意度和流动的倾向性，取决于个体的人格特点与职业环境的匹配程度。他还划分了6种基本人格类型。其中每一种都有与其相适应的工作环境。如表3-3所示，表中对6种类型进行了分别描绘，列举了它们的人格特点以及与之匹配的职业范例。

表3-3 霍兰德的人格类型与职业范例

类 型	人格特点	职业范例
现实型：偏好需要技能、力量、协调性的体力活动	害羞、真诚、持久、稳定、顺从、实际	体力劳动者、机器操作工、飞行员、农民、司机、木工、工程技术人员等
研究型：偏好需要思考、组织和理解的活动	分析、创造、好奇、独立	物理学家、化学家、数学家、生物学家、经济学家等各类研究人员
社会型：偏好能够帮助和提高别人的活动	社会、友好、合作、理解	社会工作者、教师、临床心理学家、社交人员等
传统型：偏好规范、有序、清楚明确的活动	顺从、高效、实际、缺乏想象力、缺乏灵活性	会计、业务经理、银行出纳员、档案管理员、行政职员等
企业型：偏好那些能够影响他人和获得权力的言语活动	自信、进取、精力充沛、盛气凌人	法官、房地产经纪人、公共关系专家、小企业主
艺术型：偏好那些需要创造性表达的模糊且无规则可循的活动	富于想象力、无序、杂乱、理想、情绪化、不实际	诗人、艺术家、小说家、音乐家、雕刻家、剧作家、导演、室内装饰家等

霍兰德还开发了职业偏好测量表，并据此建构了六边形人格剖面图，如图3-4所示，将以上6种人格类型排序。一般来说，在六边形中相毗邻的人格和职业类型最为相似，

而成对角线的人格和职业则最不一致。例如，一个企业型的人最有可能选择企业型的职业，而传统型和社会型的人也可能有这一方面的倾向。但是一个研究型的人最不可能选择一种企业型的职业。这一模型的关键在于：①个体之间在人格方面存在着本质的差异；②工作具有不同的类型；③当工作环境与人格类型协调一致时，会产生更高的工作满意度和更低的离职率。

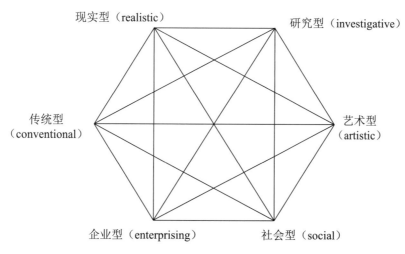

图 3-4　职业人格类型之间的关系

（二）管理者风格

行为科学家麦柯比（M. Maccoby）花了 6 年时间，对 12 家发展迅速的美国高科技公司中 250 位高层、中层和基层的男性管理干部，进行了深入的访问调查，有的甚至还采访了他们的家属，发现这种组织背景中的管理者职业风格大致可以分为 4 大类型：

1."工匠"型

这类管理者一般是技术专家，热爱自己专业，渴望发明创造，搞出新成果，有坚忍刻苦和努力钻研精神；但对行政性事务和职务无兴趣，对人际关系不敏感，不善于人际交往与处理矛盾；他们凡事总想求得最优化方案，不够现实，知识面窄。

2."斗士"型

麦柯比把这类管理者又分作两种。一种是"狮型斗士"，他们领袖欲很强，渴望权力，想建立自己势力的"王国"；干劲十足，闯劲大，敢冒风险，有魄力，但不能容忍别人分享他的权力，"一山不容二虎"，只能他说了算。另一种是"狐型斗士"，他们虽颇具野心，却无"狮型"的胆魄与能力，只好利用搞阴谋耍权术之类手段去试图攫取权力。

3."企业人"型

管理者中其实这类人最多。他们忠实可靠，循规蹈矩，严守组织的既定政策与计划，工作中兢兢业业，办事稳妥，是组织规章制度的最佳维护者；但墨守成规，保守怕变，革新性与进取心不高。

4. "赛手"型

这类管理者视人生为竞赛,渴望成为其中的优胜者;但他们不同于"斗士"之处是并不醉心于个人主宰,而只想当一个"胜利集体中的明星";他们善于团结和鼓舞别人,乐于提携下属;同时他们又具有强烈的进取心和成就动机。

以上是4种典型类型的管理者风格,多数人是兼具数种类型的特点,但是以不同强度组合。

第二节 情绪管理

一个人当遇有积极意义的事件,如得到上司的赞赏,分派做久已向往的工作,就会引发个体肯定性的愉悦情绪。而当遇到有消极作用的事件,如与客户洽谈业务不顺利,拿不到订单,就会引起消极的否定性的情绪,焦虑不安。而当他受到上司的鼓励、同事的指点,经过努力,拿到了第一份订单时,又会高兴得眉飞色舞,转向了积极的情绪。通常人们在工作和生活中会产生或转变各种各样的情绪。

一、情绪的功能

情绪(emotion)是个体与环境意义事件之间关系的反映。它不同于认识,而是以个体的愿望、需要、渴望、追求的目标等倾向为中介的一种心理活动状态。任何情绪的产生、维持或改变,均以主体与客体之间关系的改变为转移。

情绪在构成上有外显行为、内在体验和生理唤醒等多种成分。情绪的每次发生,都兼容生理和心理,本能和习得,自然和社会诸因素的交叠,表示人的精神状态;一种动态的心理体验和感受状态的活动过程。概括地说,它有以下几种功能:

(1)适应生存。服务于改善和完善个体的生存和生活条件。例如,快乐表示情况良好;痛苦表示情况不良,急需改善。悲伤和忧郁表示无奈和无助;愤怒表示行将反抗的主动倾向。

(2)激发心理活动和行为动机。例如,"情绪好时,万事顺;情绪坏时,万事糟。"情绪的作用在于能够放大内驱力的信号,从而更强有力地激发行动。例如,人在缺氧、缺水的情况下,会产生恐慌和急迫感,起着放大和增强内驱力信号的作用。合并为驱策人行动的强大动机。无论何时何种情况发生,恐惧均能使人退缩,厌恶必会躲避,愤怒使人发生攻击。兴趣必导致注意力的选择与集中,从而支配感知的方向和思维加工,支持对新、异事物的探索,对知识的渴求。

(3)情绪对个体的其他心理活动有组织作用。情绪是独立的心理过程,有自己的发生机制和操作规律,体现在:对活动的瓦解或促进两个方面。一般说来,正情绪起协调组织的作用;负性情绪起破坏、瓦解或阻断作用。

当人处在良好的情绪状态时,更易回忆那些带有愉快情绪色彩的材料。某些材料在某种情绪状态下被记忆,则在同样的情绪状态下易被回忆出来。这说明了情绪有干预记忆效果和记忆内容根据情绪性质进行归类的功能。

情绪的组织功能还表现在影响人的行为上。当人处于积极乐观的情绪状态时,倾向于注意事物美好的一面,态度和善、乐于助人,并勇挑重担;而消极情绪状态则使人产生悲观意识,失去希望与渴求,也更易产生攻击性。

有研究证明,情绪对认知活动的背景产生影响。过低或过高的愉快唤醒均不利于认知操作。对负面情绪而言,痛苦、恐惧的强度与操作效果呈现直线相关。情绪强度越大,操作效果越差,称之为叶克斯—道森定律(A. Welford, 1974: Yerkes-Dodson Law),如图3-5所示。愤怒情绪具有自信度较强的性质和指向于外的倾向,中等强度的愤怒一旦爆发出来,有可能使组织个体倾向于面对艰难任务,导致较好的操作效果。

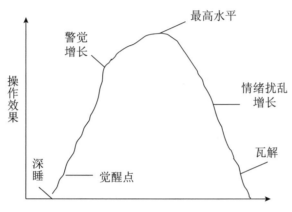

图3-5　情绪强度(唤醒水平)与操作效果

(4)情绪信息的传递是语言交际的重要补充,反映出人际之间的感情联结。有些思想不愿或不宜言传时,就能依靠表情来加以传递。例如,卓别林就是通过其幽默、惟妙惟肖的动作来表达其丰富的思想和信息,反映了生活在资本主义社会底层的民众的痛苦心声与对未来美好生活的向往和憧憬。中国人通常所说的"只可意会,不可言传",往往就是通过情绪的传递来表达某些言语之外的信息。

二、情绪理论

关于情绪心理的研究理论很多,学派林立,这里只介绍几个较典型的、与组织行为有关的理论:

(一)阿诺德的"评定—兴奋学说"

美国女心理学家阿诺德(M. Arnord)于20世纪50年代提出了情绪的评定—兴奋学说,强调情境的评估,而这种评估是在大脑皮层产生的,如在森林中见到熊会恐惧,而在动物园中见到关在笼子里的熊就不会害怕。因此,她认为:情绪产生于人对情境的认知和估价,通过评价来确定刺激情境对人的意义。她对情绪下了定义:情绪是对趋向知觉为有益的，离开知觉为有害的东西的一种体验的倾向，这种体验倾向被一种相应的接近或退避的生理变化的模式所伴随。

情境刺激作用于感官，产生神经冲动上传至丘脑，在丘脑更换神经元后再传到大脑皮层，在皮层上产生对情境的评估，评估对有机体有足够重要意义，皮层兴奋下行，激活丘脑系统，并影响自主神经系统而发生器官变化。这时外界变化的反馈信息又通过丘脑传到大脑皮层，并与皮层最初的估价相结合，纯粹的认识经验转化为情绪体验。

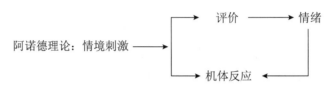

（二）沙赫特的"认知—激活理论"

美国心理学家沙赫特（S. Schchthe）提出了情绪受环境影响、生理唤醒和认知过程三种因素所制约，其中认知因素对情绪的产生起关键作用。沙赫特和另一位心理学家辛格（T Singer）于1962年设计了一项实验，用以证明上述三因素在情绪产生中的作用。

实验结果表明：生理唤醒是情绪激活的必要条件，但真正的情绪体验是由对唤醒状态赋予的"标记"决定的。这种"标记"的赋予是一种认知过程，个体运用过去经验中和当前环境的信息对自身唤醒状态作出合理的解释，正是这种解释决定着产生怎样的情绪，所以无论生理唤醒还是环境因素都不能单独地决定情绪，情绪发生的关键取决于认知因素。

沙赫特的实验和理论引起了相当大的反响，但也受到了批评，缺乏对实验的效度分析，实验设计复杂，后人难以重复得出相同的结果。但他的研究毕竟为情绪的认知理论提出了最早的实验依据，并对认知理论的发展起到了一定的推动作用。

（三）扬格的"不协调理论"和普里布朗的"信息加工理论"

代表人物（P. T. Young）在20世纪40—60年代形成了独特的关于情绪是"扰乱反应"的概念。把情绪定义为"感情的激烈扰乱"，认为情绪是一种对平衡状态的破坏。无论是快乐还是不快乐的情绪均如此。

普里布朗（K. Pribran）总结了大量生理学和神经生理学的研究成果，认为情绪的产生是以一种有组织的稳定性为基线，这个稳定的基线意味着在自主神经系统调节下内部过程的正常工作。当环境中一些不适宜的信息输入时，有机体内部活动便超越了这个基线，从而使有机体处于不协调状态而产生紊乱，此时就产生了情绪。

普里布朗还提出了"监视器"的概念，认为情绪是监视脑活动的一种机制，起着心理加工的作用；情绪过程就是当原来进行的加工程序受到阻断时，产生的替代性执行程序。对这个阻断过程的意识觉知，就是情绪的体验或感受。

扬格和普里布朗都强调情绪同其他心理过程之间的联系，认为情绪起源于对环境事件的知觉、记忆和经验。当人们在过去经验中建立起来的内部认知模式同当前输入的信息不一致时，就导致情绪的产生。此即不协调之含义。但是，不协调理论对那些在满足需要的背景下产生的愉快、恬静的心境却无法解释。

（四）汤姆金斯和伊扎德的"动机—分化理论"

前述理论都把情绪归结为其他心理活动的伴随现象或副产品，而 1960 年代汤姆金斯（S. Tomkins）和伊扎德（Carroll E. Izard）的动机—分化理论至今已成为很有影响的情绪理论之一。他们认为情绪具有动机性和适应性。

汤姆金斯认为，情绪就是动机。他否定了把动机归结为内驱力的看法，着重指出内驱力信号需要一种放大的媒介才能激发有机体去行动，而起这种放大作用的正是情绪过程；而且情绪是比内驱力更加灵活和强有力的驱动因素，它本身可以离开内驱力信号而起动机作用。

伊扎德提出，情绪是一种基本的动机系统。于是他从整个人格系统出发，建立了情绪—动机体系。他认为，人格具有以下 6 个子系统：内稳定、内驱力、情绪、知觉、认知和动作。人格系统组合成 4 种类型的动机结构：内驱力，情绪，情绪—认知相互作用，情绪—认知结构。在这个庞大的动机系统中，情绪是核心。无论是与内驱力相联系的情绪或是同知觉、认知相联系的情绪，抑或是蕴藏在人格结构中的情绪特质，都起着重要的作用。并进一步指出，情绪的主观成分——体验正是起动机作用的心理机构，各种情绪体验是驱策有机体采取行动的动机力量。

三、情绪管理

每个人都有情绪。情绪是人类自然属性和社会属性的交织。从人类的社会本质而言，情绪作为交际手段和活动动机，受社会规范的制约；从人类自然属性而言，它受大脑的低级中枢的支配，在一定程度上带有不可控性。同时，由于环境事件及其对人的意义的复杂性，以及情绪在种类和维量上的交织，致使情绪发生时的变异性很大，其产生的频度与强度均可不同。例如，愤怒恐惧导致紧张，挫折和痛苦导致压抑。个体情绪不良，如果不能及时调整，就会影响到工作甚至身体健康。组织中的情绪管理对工作绩效有着重大的影响。

（一）情绪适应不良及其成因

负面情绪具有一定的适应性功能，但若负面情绪发生过频和过强时，就会发生情绪之间、情绪与认知及人格适应性冲突，这时就会导致适应不良。情绪适应不良的规律有：①人的负担和经受能力超负荷，引起身体疾病；②人在经受能力上超负荷导致严重适应不良，以致影响到社会适应行为异常，从而可能导致心理疾病。

情绪之间的转化与合并，互相补充或加强，互相削弱或抑制，都在人的主观上产生复杂的体验。例如，痛苦被压抑可导致忧郁，愤怒与厌恶结合可产生敌意，痛苦的延续可转化为愤怒。

情绪的激活效应在一定程度上构成情绪的不可控性,因此,从一定意义上说,情绪有时是超理性的,情绪的过度激活、压抑、紧张所引起的身心疾病和情绪病变,有来自生理、遗传等原因,也可能有社会环境原因,还可能有认识上的以及情绪本身活动规律的原因。

1. 过度的心理应激

心理应激是包含着多种负性情绪的紧张状态,它可能以震惊、恐惧、愤怒等爆发形式出现,也可能以处于高唤醒水平的压抑的潜在形式而存在,它可以是短暂的,也可能是持久的。

一定程度的应激,即一定水平的心理紧张度,对人从事各种活动是必要的。但是,重大的打击,无论是天然的还是社会的,都会引起过度惊恐、忧愁或焦虑的应激状态。暴怒或剧烈的惊恐能给生命带来威胁。持久地忍受挫折和打击,经常处于紧张状态、高度激活水平,尤其是在高度应激而又压抑的情况下,将会对身体器官产生某些方面的不良影响,甚至引起疾病。如过度肌肉紧张导致肩部或颈部风湿痛或纤维组织炎症。长期的心理应激还能使某些器官发生物理性变化,例如,胸腺退化致使有机体免疫系统功能下降,是导致身体任何部位细胞异常增生而发生癌变的原因之一。

2. 抑郁

几乎每个人都有过抑郁的体验,因此,抑郁可属正常情绪范围,然而,在持久和严重的情况下,抑郁可能转化为病态情绪。一般说来,处于抑郁状态的人如能对自身遭遇作恰当的分析与认识,对自身行为的控制与调节符合社会常规,并有一定的自信与自尊,虽有忧郁体验但无异常行为,即属正常情绪反应。然而若抑郁状态使人对自身处境不能作出如实判断,并产生偏离社会常规的行为,如由于过度压力感而情绪低落或绝望,失去兴趣和责任感而不能正常工作,甚至产生回避社会和企图自杀等极端意念和行为,均属已转化为情绪异常。

3. 焦虑

焦虑也属负情绪。在某些情境中,恐惧、痛苦、愤怒、羞愧、内疚和兴趣等复合发生。当焦虑状态严重和持续存在时,就可能导致神经性焦虑的病理状态。经常感受焦虑者可能养成一种焦虑特质,其特点为脆弱性格。焦虑由危险或威胁的预感所诱发。个人遭遇利害冲突、灾难灾害、疾病困扰或竞争威胁与挑战时,预感到无力避免、无法应付的威胁时,恐惧就可能转化为焦虑。

焦虑状态对人的精神生活有严重影响。焦虑持续或频繁发生导致身体全面衰弱,食欲减退、睡眠不良和过度疲劳,恐惧、紧张和无助感加剧,注意力涣散,记忆力减退,思想慌乱,无所适从,易产生极端念头。有时对恐怖的预期还会导致易怒和暴躁,怨天尤人和厌烦。

情绪受到压抑,违反了情绪的本性,情绪需要释放与缓解。人们在感情上的联系、互相理解与宽容,彼此关怀与扶持,其所创造的心理环境是使人克服困难、进取和奉献的力量源泉。

（二）情绪管理

组织中的情绪管理有双重意义：管理者既要管理自己的情绪，也要管理员工的情绪，管理组织中人的情绪氛围。情绪虽不能立即降服于理智，但情绪总是能够降服于行动。行动可能是生理上的，也可能是心理上的。情绪能激励人，并有效地将消极的情绪变为积极的情绪；反之，情绪也能影响工作、产生隔阂，伤害别人。

1. 管理者的情绪影响与员工的沟通，影响工作效率和人际关系

在一个组织里，大多数工作都需要管理者与他人协作才能完成，特别需要处理和协调人与人之间关系。能否与他人很好地相处，也受管理者情绪的影响。当你情绪良好时，踌躇满志，办事得力，同时你也觉得其他人都讨人喜欢，工作认真，善于合作，为人正派。由于自我感觉良好，也就善于应付尴尬的处境,处理问题合情合理。此时，你变得善解人意，认为即使是最难相处的人也有他们的苦衷。知道如何区分恶劣情绪和真正的坏人。因此，在与人相处的过程中，要持乐观、建设性的态度。"我保持正常的情绪，他们也保持正常的情绪。"这种情绪氛围使人们彼此尊重，是一种有利于工作的积极态度。

然而，当你哪一天工作不顺利，或事情的发展令你失望时，就易出现其他的情绪状态。情绪坏时，常常考虑不周，不公正地批评别人及对待工作。我们有时对自己不满，却将不满发泄在工作、下属甚至机器上。当我们情绪激动时，常常不能自制，特别是如愤怒这类的坏心情最难应付。有时你可能会越想越生气，可能由此而失去理智。有位员工说："我出错时，经理就大发脾气，我就很害怕。结果，我越害怕就越出错。"

有时候，当员工做的事让你非常恼火时，与其大发雷霆，不如遏制住，深呼吸一下，控制住自己的情绪。如果此时你不能控制自己的情绪，员工与你的隔阂就易滋生。当你不得不批评员工的时候，也有必要抱着积极的态度，将积极向上的情绪表现出来，这对受批评的员工是非常重要的。员工可能接受批评，改正错误；也可能持对立态度，发生冲突。这取决于你处于什么样的情绪中。例如，一位员工显然有能力完成某项任务，但由于某种原因没有做好，你可以说："你前几个月一直做得很好，但是最近你在计算机上的失误上升了，这很让我失望。我可以知道这是为什么吗？"常言道："晓之以理，动之以情。"很多时候，员工并不是不接受批评本身，而是不接受批评的方式。

2. 在执行计划的过程中，管理者要善于自我激励

人们在执行计划的过程中，由于受到各种因素的干扰，而常使实践活动偏离原来的计划。为了保证目标的实现，就需要控制情绪。在控制过程中，我们的情绪也发挥着举足轻重的作用。一旦作了决定，就要贯彻始终。最成功的人往往不是最聪明的，而是凭着毅力、百折不挠的勇气和苦干精神，取得骄人业绩。对你计划中的发展方向，其他人可能很善于指出各种负面的因素，列举无数理由，以证明有些事会行不通，但就是不太善于给你打气。因此，往往要靠自己坚持。如果你对有些事情有足够的信念，便坚持下去，决不放弃。你就能克服所有不利因素，取得重大成就。

3. 管理者的情绪会触发员工的类似情绪，并有放大效应

情绪也在沟通中传达着某种信息，情绪影响着沟通效果。当人们在一定的情绪状态下，会把这些情绪带入传递的信息中去，使传递的信息变得情绪化，从而干扰原信息被正确地解码和接受。例如，人们在愤怒或喜悦的情况下，传递同样的中性信息时，接受者会把中性信息接收为不愉快信息，从而影响信息的理解和相应的决策。管理者要警惕，你的情绪会触发员工类似的情绪，就像一粒石子投入水中，波纹从水面的接触点扩散开去，所造成的影响可能超过你的想象。

4. 要创造一种宜于创新的情绪氛围，鼓励员工发牢骚

谁都不喜欢没完没了发牢骚的员工，但你是否知道鼓励员工合情合理地发牢骚有助于提高成效？美国某期刊指出，当你鼓励员工说出不满的时候，将产生两个很重要的结果：①公司能在不满愈演愈烈并爆发之前把问题解决掉；②能向员工表明，公司不仅愿意倾听员工的心声，而且还会在必要时采取措施。员工的情绪得到疏导，有助于公司内部和谐友善的员工关系。

采取一种适应于创新的情绪是十分必要的。由于科技的发展，社会经济活动空前活跃，市场需求瞬息万变，社会关系日益复杂，每位管理者，每天都会遇到新情况、新问题，都要求我们对具体问题作具体分析，采取积极的对策。若因循守旧，墨守成规，就无法应对实际问题的挑战。若我们保持积极乐观的情绪，就会产生更多的更有建设性的方法来处理新问题。

人是有感情的，因而难免会对各种事物产生各种各样的情绪。情绪和理性思维并不是根本对立的。情绪可能和理性思维发生关系，也可能不发生关系，可能是相互对立的，也可能是相互促进的。从这个意义上来说，关键并不是如何回避情绪，而是如何有效地控制它，使它有助于人类的思维活动及其他生存活动。实际上，情绪使我们的工作和生活丰富多彩，更耐人寻味，更有质量，如果没有了情绪，我们同时也会失去很多工作和生活的乐趣。

第三节 压力管理

现代社会节奏加快，竞争日益激烈，使人们普遍处在高压力的状态下。压力已经成为每一个现代人不得不面对的一个心理健康问题。虽说适度的压力是一种"生活的刺激剂"，但过度的压力则可能对一个人的健康、个人生活和工作业绩产生严重的消极影响。如组织中的高压力员工经常出现"容易疲劳、焦虑、担心、感觉沮丧、压抑、缺乏耐心"等身体症状。而这些高压力员工在面临压力时可能采取如回避、自责、幻想等消极的处理方法。消极的处理方法不仅无法缓解压力，更容易形成恶性循环。因此，压力管理就成为组织管理工作中的重要一环。

一、压力及工作压力的来源

个体在工作和生活中普遍感受到压力。压力（stress），或应激反应（stress response），是将特殊的身体或心理需求或二者强加于一个人身上的行为或情形的一个结

果或对其做出的一般性反应。换言之，压力是一个人面对需求时所体验到的抗争或逃避的一种无意识的准备状态。紧张性刺激（stressor）或需求，是指引发应激反应的人或事件。忧虑（distress）或紧张（strain），是指不利的心理、生理、行为和组织结果，它一般是压力导致的后果。

（一）关于压力的四种学说

应激反应是由哈佛大学著名心理学家沃尔特·B. 坎农（Walter B. Cannon）在 20 世纪早期提出来的。以后的研究者对压力的定义与坎农有所不同。为更全面理解什么是压力，这里主要介绍以下 4 种压力学说：

1. 内部平衡/医学学说

坎农是最早发现压力的医学生理学家，他将其称之为"紧急反应"或"军事反应"，并解释其来源于"战斗情绪"。他考察了人们在处于寒冷、缺氧、失血状态下表现出来的紧急备战，即搏斗、逃跑反应的机制。这个反应包含一个复杂的交互作用，是交感神经的唤醒与肾上腺分泌的激素之间的交互作用，以使有机体在面临压力时保持平衡。坎农认为，当外部环境的需求搅乱了一个人本来的稳态平衡时，压力就会产生。这种稳态平衡，即均衡，或称内部平衡（homeostasis）。坎农认为，人体有天生的防御机制，用来保持内部平衡。

2. 认知评价说

理查德·拉扎勒斯（Richard Lazarus）更关注压力的心理学方面。他不再强调反应的医学和生理学方面，而是强调它的心理认知方面。与坎农一样，拉扎勒斯把压力视为一个人与环境相互作用的结果。他强调个体在将人和事区分为有压力和没有压力的过程中的认知评价。个体在评价人和事时是各不相同的。对一个人有压力的人或事并不一定会对另一个形成压力。知觉和认知评价在决定什么是有压力的人或事方面非常重要，个体的组织地位能塑造这种知觉。例如，烦躁的上司更易给下属员工带来压力。拉扎勒斯还引入了问题导向的处理法和情绪导向的处理法。问题导向的处理法强调对紧张性刺激的管理，而情绪导向的处理法则强调对个体反应的管理。

3. 个体——环境匹配说

罗伯特·卡恩（Robert Kahn）关注的是压力的社会心理学方面。他的学说强调在个体的社会角色中模糊和冲突的期望是如何给该个体制造压力的。他将这个学说扩展到测量个体与环境的匹配程度上。当个体的技能和能力与角色期望相匹配时，就会出现良好的个体——环境匹配。这时，个体就没什么压力。当角色期望模糊和冲突时，或者当个体的技能与能力不能达到社会角色的要求时，就会产生压力。经历一段这样的压力之后，该个体就可能会体验到紧张状态，像抑郁状态的紧张等。

4. 精神分析说

哈里·莱文森（Harry Levinson）基于弗洛伊德的精神分析理论对压力进行了定义。莱文森认为是人格中的两个元素之间的相互作用导致了压力。其一是自我理想（ego-ideal），即一个人完美自我的化身。其二是自我意象（self-image），即这个人对自己的真正看法，它包括积极方面和消极方面。压力来自于理想化的自我（自我理想）与现实的自我意象之间的差异，这个差异越大，个体体验到的压力也越大。更普遍地说，精神分析理论可以帮助人们理解无意识人格因素作为个体内部压力来源的作用。

无论是被自我理想与自我意象之间的差异所激发，还是被社会角色所塑造，或是由认知评价暗示的威胁所引起，抑或平衡的缺乏所导致，应激反应的特点是一系列可预示的精神或者身体活动。应激反应在对一个人应对常见的紧急情况和取得高绩效方面非常有用。它并非天生不好，也并不一定具有破坏性。

（二）工作压力的来源

引起人们工作压力的原因是多种多样的。上述4种学说在定义压力时，分别强调了工作中对人的需求或者压力的来源。此外，组织还应对非工作方面的紧张性刺激加以注意，比如，来自个人家庭方面的或者非工作性质的活动的需求，外部经济和社会环境等，都为个人制造了各种各样的压力。导致工作压力的主要因素，如图3-6所示。

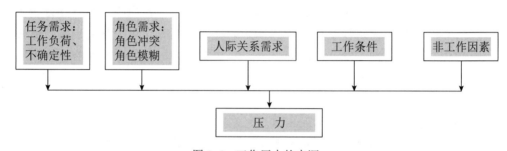

图3-6　工作压力的来源

1. 任务需求

对许多人来说，有太多的工作需要做而又没有足够的时间和资源去做它，人就会产生压力。当需要超出个体能力时，就存在角色过载，或工作超负荷。许多产生压力的工作可能最终处于角色过载状态中，研究普遍把工作超负荷或"工作太辛苦"视为一个主要的压力根源。而另一方面，无工作可做的环境也可能制造压力。当工作缺乏挑战时，管理者也可能屈尊做一些下属工作。这样可能减轻管理因无聊产生的压力，却又会增加对下属员工的压力，因为上司不断地监视或对他们的决策进行事后批评。

不确定性是导致压力的另一任务因素。现代经济环境下，竞争日益激烈，企业间的竞争带来了大范围的合并、收购和缩减规模，使得员工产生了巨大的不安全感。科技及科技创新也会导致变化和不安全感。尽管为了使生活和工作更轻松、更方便，但信息技术可能会带来矛盾的效果，它更有可能成为压力的制造者而不是压力的缓解者。

2. 角色需求

人们在工作中通常会遇到两类主要的角色压力：角色冲突和角色模糊。角色冲突是由对一个人的角色的不同期望或要求产生的。它可以是角色之间的冲突，如某员工有重要工作任务在身，同时却又知道孩子生病了，这时他就出现了工作角色与家庭角色的冲突；也可以是角色内容的冲突，如领导要求下属把工作做得又快又好，在某种程度上会被认为是制造角色冲突。角色模糊是对所分配的任务和责任不明确的情形。角色模糊可能源于不理解究竟什么是被期望的行为、不知道如何去做，或者不知道如果失败了会有什么后果。许多人都深受角色冲突与角色模糊之苦。

3. 人际关系需求

群体对组织中的人的行为有着巨大影响。与同事、下属和上司的良好工作关系和相互影响是组织生活的重要方面，它帮助人们实现个人和组织目标。当缺乏这些方面时，它们就会成为压力的来源。有研究表明，他人的侵犯，如被吵闹的同事打扰、嘟嘟作响的电话和在工作场所走动的他人，都是办公室员工的压力的来源。高级别的政治行为或"办公室政治"，也有可能造成对管理者和员工的压力。与同事的关系的性质可能影响员工对其他的紧张性刺激如何做出反应。换言之，人际关系能够既成为压力的来源又能成为帮助员工对紧张性刺激做出反应的社会支持。

4. 工作条件

极端的环境如温度极限、噪声过高、照明太强或太弱、辐射和空气污染、紧张的活动、危险的物品以及繁重的出差旅行任务会给工作中的人们带来压力。当这些环境紧张性刺激出现时，工作业绩会恶化。办公室工作也有其压力来源，嘈杂、拥挤的办公场所，如股票交易所，会给在其中工作的人造成压力。在计算机终端前工作也会有压力，尤其是在人机之间的环境不适应时，眼睛疲劳、脖子僵硬、手臂和手腕的问题都可能出现。办公室设计使用分区而不是整面墙的隔离也会制造压力感，这些装置给它们的使用者提供的个人隐私空间太小，而且对干扰也没有什么防控措施。

5. 非工作因素

非工作因素也会给人们带来压力。当然不是所有的员工都会受到与婚姻、子女或父母的家庭需求的影响。对于那些受影响的人来说，这些需求可能会导致难以应对的角色冲突或超负荷。例如，无法给孩子好的日托照顾，尤其会使那些双职工和单亲家庭产生压力感。工作和家庭之间的紧张关系可能引发为了获得生活的平衡而进行的斗争。另外，诸如失业、考试失败、失恋等创伤性事件，如果不能妥善处理，都可能导致压力。

▶ 新闻中的组织行为学

员工过劳死究竟是谁之过？

近年来，不时出现员工过劳死现象。2015年3月，深圳市某IT公司程序员张某，猝死于酒店的马桶上，年仅36岁。当天深夜1点钟，张某还发过最后一份工作邮件。根据张某的同事透露，为赶工程进度，他加班至早晨五六点是家常便饭，又要继续上班。在去世之前一天，他还跟母亲发过"太累了"的短信。

同年12月6日，一则洛阳市摄像师猝死的新闻刷满了朋友圈！在业外人士看，摄影师的工作内容应该比较轻松的，但有从业人员透露，摄影师工作强度非常人可以想象。每天六点钟起床开工，下午近四点完工，然而剪辑修片则是要熬夜花费大量时间精力的工作，两台手机24小时要处于开启状态，随时会有客户要安排工作，每天有种虚脱的感觉。

因为这样，一些摄影师年纪轻轻就患上各类疾病，像赵老师因工作强度过大仓促离世的不在少数。

2016年，一位阿里深圳员工发帖晒出病历称自己患有抑郁症，并称"要趁自己没疯好好走了"。根据帖中叙述，该员工因与同事沟通不顺引发言语冲突，导致其情绪崩溃，并被送至医院。其后由于觉得原岗位比较繁忙，压力较大，在自己的要求下转岗至另一部门。但在新部门又感觉缺乏专业知识，经常失眠、害怕和情绪失控。从网帖描述来看，该员工此前的岗位职责主要是与客户对接，接收客户投诉和解决客户问题，需要一定的心理适应和自我调整能力。

2017年年底一汽集团高管林某猝死的消息已经给年轻的打工者们敲响了警钟，两个月高强度工作是悲剧发生的直接诱因，此前牛车网也在事件发生之后采访过一汽的员工，经过核实，"在改革推行后，一汽员工的工作强度和压力有明显增加"，员工加班已成为常态。

近日，日本又传出企业员工过度劳累死亡的新闻，这在本身过劳死频发的日本引起了不小的震荡。此次事件当事人是在日本企业斯巴鲁群马制作所工作的男性员工，当年46岁，系自杀身亡。据悉，死者生前在公司经常受到上级的过分斥责，工作压力巨大，加上长时间加班等各种原因，产生了抑郁症，近期抑郁症病发而选择了自杀，近日被确认为因工死亡。据日本劳动监督署调查结果显示，死者在自杀身亡之前的一个月时间里，连续高强度加班，加班时长超105个小时。

二、压力导致的后果

工作压力有消极和积极作用。不过，对工作压力的关注往往集中在它的消极作用。

（一）压力对健康和工作绩效的积极作用

叶克斯—道森定律（Yerkes-Dodson law）指出：压力在一个最适宜的程度时会导致工作绩效提高。这就是俗话所说的"人没压力轻飘飘"。而超过这个适宜程度，再多的压力和激励只会对绩效产生有害的影响。因此，健康范围内的良性压力（eustress）是有益的，它可以通过激励一个人采取行动来提高绩效。只有在曲线的中间地带，压力才能产生出最大的绩效（如图3-7所示）。约瑟夫·麦格拉思（Joseph McGrath）曾经指出，在叶克斯—道森曲线中，超过中点以后会导致绩效下降，因为完成任务的困难程度提高了。应激反应的确会在短时间内提高瞬间的力量和动力，因此，为体育竞赛或其他事件中的高峰绩效提供了基础。

一些特定的压力性活动，包括有氧运动、举重训练以及柔韧性训练等，能促进健康并提高一个人应对压力性需求或情境的能力。坎农认为，应激反应可以帮助士兵更好地为战斗做好准备。在求生或战斗情绪中，压力给一个人提供了必要的推动力，使之能成功地应对情境。

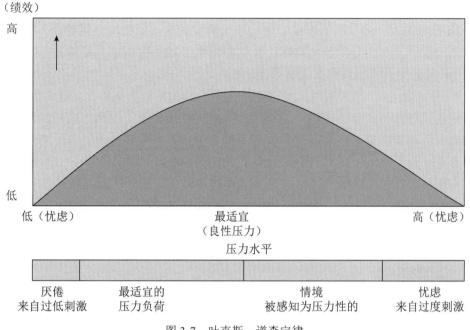

图 3-7　叶克斯—道森定律

（二）压力的消极作用

虽然应激反应并不一定是不好的或破坏性的，但过度的或长时间的压力则对人的生理、心理、行为乃至工作都会产生消极作用。

1. 对生理方面的影响

过度的工作压力或个人对工作的过于沉溺，都对身体健康有不利影响。首先，压力使人时常感到身体不适，经受工作压力的人易于患头痛、胃病、背痛和胸痛等。其次，压力对大病的诱发因素有重大影响。在重压下，人们更能感到心跳加快、血压升高、呼吸困难、肌肉紧张和胃肠功能紊乱，胆固醇量也会增加。而这些因素使人更易患上像心脏病之类的大病。研究表明，长期承受压力的人更易遭受重大疾病的侵扰，压力尤其成为溃疡、关节炎、吸毒、酗酒及心脏病的诱因。一些研究成果表明，承受较高压力的管理人员得心脏病的可能性是常人的两倍，遭受第二次心脏病打击的可能性是常人的五倍，得致命心脏病的可能性是经受较低压力管理人员的两倍。还有确凿证据表明，工作压力将缩短人的寿命。

2. 对心理方面的影响

压力对人的心理影响最主要是增加了人的忧虑。忧虑是一种不安或不祥的模糊感觉。人们也许并不能确切指出是什么妨碍了他们，但是，他们隐隐约约地感觉到易于受工作环境及他人或事件的伤害。他们更担心如何处理潜在威胁。压力也增加沮丧情绪。当人们的行为受到妨碍或要求得不到满足时，人就受到挫伤。个人对挫伤有如下几种反应：

（1）消极情绪。个人在工作中尽管一再努力，但还有可能遭受挫折，或者经常出差错，那么这个人就可能失望并对事物不热心。例如，有些较长时间失业的人员由于总是被拒之门外，遭受到极大的挫伤，以至于不再寻找工作而从劳动大军中退出来。

（2）敌视态度。持敌视态度的员工会攻击周围的人。如果员工对管理人员或同事持敌视态度，他们就会在会议上出难题；他们变得易于对一些小事大发雷霆，甚至还可能走得更远，无论对什么事或什么人都吹毛求疵。

（3）悲观情绪。当人们在工作中遭到挫折时，他们常常会伤心，可能变得悲观失望、缺乏自信心及自尊心，开始变得不爱社交，并感到更加孤独。比如，当一时没有赢得某种曾期望的特别奖励或承认时，他们就会觉得失望，把失败归咎于自身，感到自己对周围的事物无能为力。

绝大部分人偶尔会遭到严重的悲观失望情绪的打击。当他人对某人的工作评价不好时，或是工作申请信被退回或婚姻破裂时，此人就可能感到真正的悲观失望。一般说来，经过一段时间之后，人们会忘掉不幸，重新振作起来。然而，如果悲观情绪不能自行消退而是不断延续下去，就将会出现严重问题，甚至出现厌世情绪。

3. 对工作的影响

强烈的压力会在人们的行为上有明显的表现。在压力状态下常常表现出来的直接行为是食欲减退、失眠、过量吸烟和饮酒以及滥用药物甚至吸毒、交际困难等。从工作的角度看，压力与工作绩效、缺勤率、离职率以及决策失误等有着密切关系。

首先，如上述耶尔克斯—多德森定律指出，压力处于适度水平时，工作绩效会提高；但如果人们处于高度的压力状态时，工作绩效会急剧降低，甚至发生差错或事故。

其次，一些研究表明，压力与缺勤、离职有一定关系。缺勤和离职与对工作的不满有密切联系。一项研究以访谈方式测定了一家航空公司管理人员承受的压力程度，然后把压力的测量与工作满意感的测量加以对照，发现处于高度压力下的管理人员在工作性质、与同事的关系、群体的工作士气这三个方面的工作满意感都很低，这种不满导致了缺勤率与离职率的上升。

最后，压力也与决策失误有关。一些观察和研究表明，当人们处于强烈压力的状态时，会拖延或回避作出决策，常常忽视重要的信息，而且不愿收集有助于作出更好决策的新信息，在面临多种备选方案时犹豫不决，结果使决策质量受到影响，甚至产生失误。

总之，过度的压力对人的身体健康和行为都会产生消极作用，所以每一个组织都应采取有效的对策防止高压、重压及其不良后果的产生。

三、压力管理[①]

适当的压力有助于工作效率的提高，能激发员工的工作热情。然而，工作压力过重或时间过长，则对人的身心健康起负面影响。因此，组织和员工都需进行压力管理，即通过理解压力反应、发现压力源、运用处理的技巧，减少压力的副作用。

[①] 该部分参考唐·荷尔瑞格（Don Hellriegel），小约翰·W. 斯劳卡姆（John W. Slocum Jr），理查德·W. 渥德曼（Richard W. Woodman）. 组织行为学 [M]. 胡英坤，等译. 大连：东北财经大学出版社，2001：187-193.

（一）个体压力管理方法

个体的压力管理包括一些活动和行为，旨在消除或控制压力源和使个体更能抵制或能更好地处理压力。个体压力管理的第一步，包括发现影响个体生活的紧张性刺激。其次，个体需要决定如何处理这些紧张性刺激。具体来说，个人压力管理的现实方法如下：

（1）时间管理。工作超负荷和巨大的工作紧张性刺激，会导致时间压力和超时工作。时间管理技能可帮助员工们最有效果、最有效率地利用他们花在工作上的时间。一个好的时间管理者并不一定是那个做得最多的人，因为他们知道什么活动才能对他们的长期发展有最大的贡献。时间管理使一个人能够将超负荷的工作压力最小化，为工作和业余活动划分优先次序。组织和划分优先次序，也许是成功人士管理异常繁忙的活动时间表的两个最重要的时间管理技能。

（2）体育锻炼。锻炼身体，可增强压力承受能力。首先，有氧运动可以提高一个人对压力性活动的迅速反应能力。其次，柔韧性训练非常重要。因为应激反应伴随着肌肉收缩。应激反应的一个组成部分就是屈肌的收缩。柔韧性练习帮助人们伸展和放松这些肌肉组织，预防不必要的肌肉张力的蓄积。

（3）平衡饮食。饮食平衡在压力管理中也扮演了一个非直接的角色。例如，饮食中的高糖成分能激活应激反应，而高胆固醇食物则对血液的化学性质有不利影响。好的饮食习惯对一个人的全面健康很有帮助，使之不易受到忧虑的侵袭。

（4）业余活动，注意休息，应用放松方法。连续不断地努力奋斗是许多具有高成就需要的人的特点。业余活动给员工提供了一个休息和从紧张的活动中恢复的机会。业余时间可以用于自发行为、享受生活以及与生活中的其他人联系交往等，关键是要会享受乐趣。另外，还需要保证足够的休息时间以恢复体力和精神。

在感到压力时，放松普遍方法是：选择舒适的位置，闭上眼睛，放松肌肉，注意自己的呼吸，坚持一段时间，如 20 分钟左右。

（5）坦诚交谈。每个人在生活中都难免会经历创伤性的、充满压力或痛苦的事件。对这类事件的最有治疗作用的方法就是向另一个人倾诉。与别人讨论困难和烦恼并不容易，但却有益于健康。向他人倾诉并非是减小压力的唯一途径，有规律地在日记中如实记述也能起到同样的作用。

（6）专业帮助。坦白和坦诚交谈也可以通过专业帮助来实现。需要康复的人可以选择心理咨询、职业咨询、物理疗法、药物治疗、手术介入治疗以及其他可利用的治疗技术。对忧虑和紧张反应进行早期检查，并配合及时的专业治疗，在逆转持久性生理和心理损害方面是有帮助的。

有研究表明，成功的高级管理人员使用类似的方法处理压力收效明显。首先，他们努力平衡工作和家庭事务，有效利用休闲时间减轻压力。其次，他们善于管理时间和制定目标；最后，这些人在对压力的处理中引用了社会支持这一重要角色，即从家庭、朋友、同事和同行们的多元化网络中获得情绪支持和重要信息，当然，他们也给予他人支持。

（二）组织压力管理方案

组织压力管理关注的是员工的工作需求和减少工作忧虑的方案。如图 3-8 所示，组织进行的压力管理，目的是从三个方面减轻压力的消极作用：①发现并调节或消除压力源（或工作紧张性刺激）；②帮助员工调节他们对工作压力的知觉和了解；③帮助员工更有效地处理压力的后果。

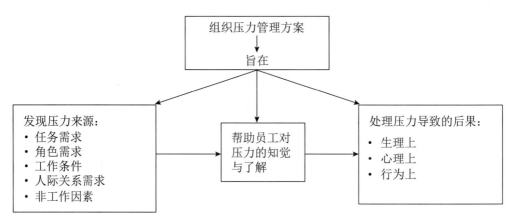

图 3-8 组织的压力管理方案

组织消除或调节工作紧张性刺激的压力管理方案，通常包括以下几方面：

（1）工作重新设计。工作重新设计的主要关注点是提高员工控制力，以降低忧虑和紧张。这是一种预防压力的管理策略，可以通过许多途径来实现。首先，通过提高工作决策范围来实现，如对工作顺序、时间安排、工具选择和使用顺序、工作小组的选择有更大的决策权；其次，减少工作场所的不确定性，提高可预测性。因为不确定性也是主要的紧张性刺激来源之一。

（2）减少角色冲突。角色冲突和角色模糊是造成工作压力的重要原因之一。因此，从组织的角度来看，应为管理人员和员工设置明确的、特定的、具有挑战性的工作目标，并且为目标完成的程度提供及时的信息反馈。明确的目标不仅对管理人员和员工具有激励作用，而且可以使他们清楚了解组织的期望、消除角色冲突，从而降低工作压力。同样，及时提供目标完成的反馈信息，也会使管理人员和员工更清楚地了解自己的实际工作绩效。而且也有助于减少角色冲突、减轻工作压力。

（3）社会支持系统。团队建设是一个在工作场所发展对员工支持性的社会关系的方法（这将在第八章讨论）。不过，团队建设从本质上说主要是任务导向的，而不是社会情感导向的。当然员工也可从非工作场所的私人关系中得到社会情感上的支持，但来自工作环境下的社会情感性支持也是很有必要的。社会支持系统可以通过许多途径得到提高，如同事或上下级之间的情感关怀和帮助、支持，信息的反馈，授予员工参与决策权等，从而形成良好的组织氛围，增强员工的归属感与集体感，有助于缓解员工的压力。

此外，还可进行组织结构重组，改变工作负荷，实行员工参与计划、员工健康计划等方案来达到压力管理目的。

组织对压力知觉、压力体验和压力结果等方面的压力管理措施包括团队建设、行为塑造、事业咨询、帮助员工处理精神衰竭、进行放松训练、提供身心健康等项目。在做此类工作时应注意：员工个别差异；项目应随压力源而改变；鼓励个体或群体积极参与项目的设计与修改；让员工一起处理压力；让员工的家庭成员也投入到压力减少项目来；正确评估项目效果。

复 习 题

1. 什么是麦尔斯—布瑞格斯人格类型指标？
2. 大五模型的各项因素是什么？
3. 气质有哪几种类型？霍兰德划分哪几种人格类型？
4. 什么是情绪和情绪智力？为什么情绪对于理解组织行为很重要？
5. 工作压力有没有积极的一面？你生活中的哪些压力因素是起积极作用的？

即 测 即 练

延 伸 阅 读

扫码阅读案例，思考并讨论以下问题。
1. 频繁跳槽的原因有哪些？
2. 你认为应如何减轻员工工作压力，如何引导员工的情绪管理？
3. 从以上案例，你得到什么启示？

第四章
激励与行为反应

本章学习目标

通过本章学习，你应该了解：
1. 什么是激励？区分内在激励与外在激励。
2. 需要、动机与行为的关系
3. 几种主要的激励理论及应用。
4. 高成就需要者的特点。

HB 公司的销售激励

HB 公司是我国南方一家大型生产销售型企业，由于近年类似企业数量的不断增多，竞争越来越激烈，HB 公司销售量不断下滑。

为了快速提升销售额，占领市场，HB 公司采取了销售人员收入与销售业绩挂钩的激励机制。销售人员的收入由基本工资和销售毛利提成两部分组成。销售人员即便没有实现销售额，基本工资也照拿，但这一部分额度比较小，一般在 700～1200 元，是销售人员的基本生活保障。销售人员的主要收入来源于销售毛利的提成，其计算公式为：（销售收入 - 销售成本 - 销售费用）× 提成比例。

销售能力强，业绩优秀的销售人员一个月能拿到 2 万～3 万元的提成。高额的提成奖励极大地刺激了销售人员的积极性，公司的销售额也迅速攀升，市场份额也急剧增长。同时，此方法也吸引了一大批优秀的销售人员加入到公司，并将销售业绩不理想的人员逐步淘汰出局。

然而，在公司业绩突飞猛进的同时，问题也随之产生了：HB 公司的销售费用率（销售费用相对于销售额的比例）越来越高，越来越难以控制……

管理的目的在于充分利用所拥有的资源，使组织高效能地运转，提高组织绩效，实现组织的既定目标。对于企业来说，就是要提高它的经济效益与社会效益，保证所提供产品或劳务的质量、工作效率、收益与增长速度。提高绩效的关键还在于对人的激励和管理，因为其他资源都需要依赖人的操作，才能发挥其功能，所以激励与行为的反应研究对组织管理就具有十分重要的意义。

第一节　需要与动机、激励

人的行为往往是由某种未满足的需要在一定的外界刺激作用下引发动机而产生的。在管理实践中，管理者要想通过激励使员工的行为符合组织目标的要求，首先要找出员工的需要是什么，在此基础上提供适当的刺激以引导员工的行为。

一、需要

需要（need）的本质是一种心理状态，是个体在某种重要而有用或必不可少的事物（目标）匮缺、丧失或被剥夺时内心的一种主观感受。像一切思想上、意识上的因素那样，需要总是客观要求的反映，是有其物质性、生理性的基础的。除了极少数需要是先天性、本能性的无意识的固有倾向外，大多数需要，尤其是在工作组织背景下的需要，是后天性的，是外界环境诱发的，是从实践中学习、领悟来的。因此，需要虽然是客观上存在的某种要求的反映，但并非完全消极被动，它是人与客观环境之间的积极相互作用和交往过程的产物。

需要可以按不同维度进行分类，以下两种分类法较为有意义：

1.按需要产生的根源分为初生性需要（原始性需要）和次生性需要（后天性需要）。

（1）原始性需要（primary needs），是指那些天然性的、生物性的、原始性的需要。这类需要反映了人们对于维持、延续与发展自己生命所必需的资源与客观条件的需求与欲望，它们的满足是通过利用对应的特定资源或获取一定的生活状态而实现。此类需要必须是本能性的，不是在后天环境中学习来的。最常见的人类的原始性需要有饥、渴、睡、眠、性、对痛苦的躲避、母性的爱与关怀等。应当指出，动物也具有这类需要，只是动物与人在满足这类需要的方式上有着本质的差异：动物只能依靠客观环境中现成的天然资源或条件来满足它们的这类需要；人则可以通过社会劳动去改造天然资源和条件，创造出新的资源和条件，从而满足自己的需要。

（2）后天性需要（secondary needs），是指那些社会性的、后天学来的需要，即人们在其社会交往与实践中，通过成功的喜悦和经验以及失败的痛苦和教训，逐渐领悟、建立和产生的需要。从根本上说，这类需要仍是以原始性需要为基础的；但它们不是与生俱来的，是人类在自己社会历史的发展过程中，通过社会实践、学习、体验、总结而养成的，是人类所独有的一类需要。属于这一类的需要很多，其中较重要的有成长的需要（即丰富自己的知识、能力和经验），成就的需要，友谊和温暖的需要，自主自尊的需要，实现抱负与价值的需要，获得人身安全与生活保障的需要，等等。这类需要被称为次生的，因为它们是由原始性需要衍生出来的。

尽管人的原始性需要更为根本，但就对组织行为的影响而言，最重要的仍是后天性需要。

2. 按需要获得满足的来源分为外在性需要和内在性需要。

（1）外在性需要。这类需要所指向的目标，是当事人自身所无法控制而由外界环境来支配的。换句话说，外在性需要是靠组织所掌握和分配的资源或奖酬即外在性激励来满足的。在外在性激励条件下，被激励者的注意力只在那些诱激他的外在性奖酬，这些奖酬操纵在组织的领导者手中，将根据对其工作绩效的考评情况发放。对被激励者来说，工作只是一种获取这些外在性奖酬的手段，只具有工具性；至于这些工作活动本身，他是不在乎、不关心也没有兴趣的；即使他卖力工作，也只是为了奖酬。

这里所提到的资源或奖酬是广义的，不能狭义理解为工资、奖金等物质性的资源。从这点出发，按资源的性质来区分，外在性需要又可进一步分为两小类：

①物质性需要。这类需要通常是指由工资、奖金、住房以及其他各种福利待遇等物质性的资源来满足的需要。物质性需要必须用物质性的资源来满足。这类资源的性质，首先在于它们是客观的、可以感知和测量的。此外，它们是消耗性的，分掉一些便少一些，因此是成本较高的。同时，由于组织掌握的这类资源通常都是总量有限的，它们的分配便常具竞争性，即有人分多了，有人就会分得少。物质性资源还有一个特点，就是它们都是通用性的、泛指性的，钱、房子等，谁都能用，不是只供特定的人享用的。

②社会情感性需要。这类需要通常要用友谊、温暖、特殊的亲密关系、信任、认可、表扬、尊重、荣誉等社会情感性的资源来满足，这类需要与物质性需要相比是较高层次的。

（2）内在性需要。这种需要不能靠外界组织所掌握和分配的资源直接满足，而依靠工作活动本身或工作任务完成时所提供的某些因素来满足。这些因素都是与工作有关的，它们都是抽象的、不可见的，要通过当事者自身的主观体验来汲取或获得。这说明，和外在性需要相反，内在性需要与工作密切相关，其满足或激励源存在于工作之中，此时工作本身具有激励性而不再是工具性的了。可见，所谓"内在性"，是指内在于工作之中，并非指内在于受激励者自身之内，"内在"与"外在"都是相对于工作而言的。内在性需要的满足取决于受激励者自身的体验、爱好与判断，内在性激励才是真正的工作激励；它不像外在性激励那样由组织控制的刺激物所牵引，而是由工作中的内在力量所推动。外在性激励在外在刺激消失时便会随之消退；内在性激励则不管环境如何变化，都能持续地坚韧地发挥作用。并且它基本上不另外增加成本，所以是很值得管理者重视、发掘和利用的有效激励手段。

二、动机

动机（motive）是在需要的刺激下直接导致个体产生行为的原因，促使该行为朝某一目标进行。动机本身不属于行为，它只是行为的原因。

（一）动机的来源

动机的产生主要有两个来源：内在条件需要和外在条件刺激。

1. 内在条件需要，是个体缺乏某种东西的程度。所缺乏的可以是个体内部维持生理作用的物质要素，也可以是社会环境中的心理要素，个体缺乏这些东西的时候，身心便失去平衡而产生紧张状态，感到不舒服。

2. 外在条件刺激，是个体身外诱因，它可以是物质的，也可以是精神的。外在条件不变时，个体对某一事物（目标）的动机强度与身体组织缺乏的程度直接相关。而内部条件一定时，则对事物（目标）的动机强度随外部因素的强弱而定。动机性行为经常是受到内外条件交互影响的结果。

动机产生的基本模式，如图 4-1 所示。

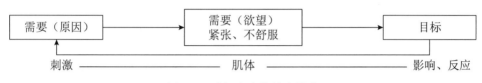

图 4-1 动机产生的基本模式

（二）动机的功能

动机在激励过程中具有以下一些功能：

1. 唤起行为的始动功能。一般来说，人们有了某种需要，当需要与能够满足它的具体目标相结合时，才能转化为动机，并在一定的外部条件下，按头脑中已经储存的模式去行动。动机是行为的真正起点，有动机才有行为。

2. 指向性功能。任何动机都指向某种事物，如食物、知识、工作等。某种事物动机一旦发挥作用，它就引导人的行为向着满足其需要的方向发展，使行为具有一定的强度和持久性。

3. 强化功能。强化可以是来自外在诱因产生的刺激；也可以是由内在性的需要所产生的行为后果。一个人的成功和失败的体验对他的行为有一定影响，可以起强化作用，使其活动能够顺利进行。在一般情况下，一个人在成功地完成某项工作之后，可以增强把工作做好的信心，希望下次工作能做得更好。

4. 调整功能。动机好比是汽车的发动机和方向盘，它既给行为以动力，起发动作用，又可以对行为的方向及时地进行调整。动机对人的行为的调整具体表现为：（1）建立在与人的直接利益有关的基础上的动机，如家庭观念、道德感等常常使人不自觉地、无意识地使其他动机服从于这种动机；（2）理想、信念等高级动机，可以使那些与自己的观念相矛盾的直接冲动服从于它提出的意图和目标。

三、需要、动机与行为的关系

（一）需要与动机

需要与动机是两个密不可分又不可相互等同的概念。需要是内心体验到的某种重要事物的匮缺或不足；动机则是一种信念和期望，一种行动的意图和驱动力，它推动人们为满足一定的需要而采取某种行动,表现出某种行为。需要是动机的源泉、基础和始发点,动机才是驱动人们去行动的直接动力和原因。有需要不一定有动机,需要只有与不同的目标相结合才会产生不同的动机,并在适当的外部条件下显现为外在的可见行为。例如,当某人体内缺乏足够的碳水化合物、蛋白质等物质时,他会感到饥饿,产生进食的需要。这时,如果他在家,而且家中有米面、菜等原料,他可能产生自己做饭的动机。如果这时在单位,可能产生去食堂或餐馆吃饭的动机。而如果某人被困在阴暗的矿井里,井下根本无食物可寻,这个人即使十分饥饿,也不会有寻找食物的动机,因为无谓的行动根本不可能解决他的需要。

从一定意义上讲,人是一种需要的动物,永远在不断出现的、未获满足的需要的推动下,去从事新的追求、活动、探索和创造。需要一经满足,便失去作为动机源泉的功能,动机活力即消失,行为也就终止了,新行为的产生需待新的需要的出现。需要的不满足才是激励的根源。

需要与动机对于激励既然如此重要,所以对它们的研究一直是管理理论工作者和实践工作者共同关心的热点。然而,需要与动机的研究却是十分艰巨而复杂的。这是因为:

1. 人的需要与动机是隐藏在人内心中的状态,看不见、摸不着,难以直接测量。

2. 人不是纯理性的,不像动物那样只服从于较单纯的理性规律。人是感情性的、能动的、有其心理活动的,他们的动机是复杂的,行为是多因的。因此同一动机对不同的人或同一人在不同的处境下,可能有不同的行为表现;反之,同一种行为方式也可能源于不同动机。

3. 动机的行为表现,不仅受本人的性格、气质、经历、兴趣等个性品质的影响,从而带有独特的个人特色,而且还受家庭、单位、社会、国家等众多环境性、文化性因素的影响。

因此,不能指望用简单化、一般化的答案来分析人的行为与动机。但它们虽如此复杂,却不是不可认识的;而且正因如此,对它们的研究才更有挑战性和吸引力,只是人们必须用应变的观点去做深入的、具体的分析而已。

(二)需要、动机与行为的关系

一般来说,当个体产生某种需要而又未得到满足时,会产生一种不安和紧张的心理状态。在遇到能够满足需要的目标时,这种紧张的心理状态就转化为动机,推动人们去从事某种活动,向目标前进。个体达到目标时,紧张的心理状就会消除,需要得到满足。这时,人又会产生新的需要。这是一个不断循环往复的过程,使人不断地向新的目标前进。这一过程可用如图4-2的模型表示出来。

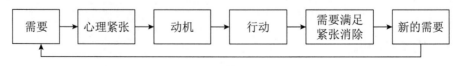

图 4-2 需要、动机、行为关系模型

人们的需要与动机千差万别。要想研究需要与动机，必须首先对它们进行合理的分类。如上所述，需要总源于某种资源的匮缺，而除了像缺氧那样极个别的例外以外，需要总会导致相应动机的产生。所以需要的分类以及与这些需要相关联的动机的分类是一致的。换言之，需要、动机可以按相同的标准进行分类，对需要的分类，也就是对相应动机的分类。

四、激励

"激励"一词源于古拉丁语"movere"，意为"促动"。许多学者对激励作了界定，一般认为，激励（incentive）是行动的一种导向和持续，即涉及人们为什么选择一种行动以及为什么即使在面对困难的情况下仍会持续其行动。罗宾斯认为"激励是去做某事的意愿，并以行为能力满足个人的某些需要的条件"。"需要"一词意味着使特定的结果具有吸引力的一种生理和心理上的缺乏。激励的基本过程如图4-3所示。

图 4-3　激励的基本过程

未满足的需要产生紧张的心理状态，紧张刺激个人内在的驱动力，这些驱动力产生寻求特定目标的行为。如果目标达到，则需要得以满足，紧张心态也就降低。员工受到激励后，就处于紧张状态。为了缓解紧张状态，他们就会忙于工作。紧张程度越高，越需要做更多的工作来缓解。

可见，对员工的激励是指通过满足个体的某些需要，调动个体提供高水平的努力以实现组织的目标。激励的实质在于通过有效的外在刺激来引发内在动机，达到激发潜能、发挥能力、努力工作、实现组织目标的目的。激励的对象是产生某种行为的个体或群体，目的在于引导该类行为的重复与强化，以期实现组织的目标。总之，激励是在个人需要和组织目标整合的基础上，形成强烈实现目标的意愿，并促使其付出努力行为的整个过程。

激励促进和推动生产力的提高。它有助于导引和构筑企业风格，规范员工工作行为，提高员工的工作效能感，不断改善员工工作生活质量，提高员工组织承诺度。激励的最终目标是提高员工和组织的绩效，促进员工成长，增强组织生存发展能力，提升组织外部形象，从而实现组织目标。

第二节　内容型激励理论

内容型激励理论着重研究激发动机的因素，由于其理论的内容基本上都是围绕着如何满足需要进行研究，故又称需要理论。研究与传播最广的4种内容型激励理论是：需要层次理论、双因素理论、ERG理论、成就需要理论。这些理论在研究领域和管理实践中都受到了高度重视。

一、需要层次理论

需要层次理论（hierarchy of needs theory）是美国心理学家马斯洛（A. Maslow）于1943年提出的。这一理论多年来流行甚广，影响深远。

（一）需要层次理论的基本内容

马斯洛认为，每个人都存在一定的内在价值。这种内在价值就是人的一些潜能或基本需要。人的需要应该得到满足，潜能要求得到实现，这是他的"自我实现"论的要点。马斯洛认为，在人类价值体系中有两类不同的需要，一类是生理需要或称低级需要，另一类是高级需要。他把人的需要按其产生的先后顺序分成五个等级。

1. 生理需要。这是人类为了生存而必不可少的最原始的需要，包括饥、渴、性和其他生理机能的需要。马斯洛认为，生理需要在人类各种需要中占有最强的优势。如果一个人为生理需要控制时，那么，其他的需要均会被推到次要的地位。例如，一个饥肠辘辘的人，只会想到如何觅食，而不会有兴趣于交响乐或学科研究。

2. 安全需要。人的生理需要基本得到满足后，就会产生新的需要，即安全的需要。人会产生要求安全与稳定的欲望、受保护的欲望等。马斯洛认为，对健康的成人来说，其安全需要能得到充分的满足，所以他们不再有任何安全需要作为他们活动的动机，但是在儿童与精神病患者身上，可以经常看到这种安全需要的表现。

3. 归属与爱的需要。上述需要获得满足后，人就会产生进一步的社会性的需要，即归属与爱的需要。归属的需要就是参加一定的组织，依附于某个团体等。爱的需要包括给予和接受爱，实质上也是一种归属。马斯洛认为，爱与性不是一个同义语，通常的性行为不仅为生理上的需要所决定，还受其他的需要所决定，而其中主要是爱与情感的需要。

4. 尊重的需要。人都希望自己有稳定的社会地位，有对名利的欲望，要求个人的能力和成就得到社会的承认等。尊重需要可以分为内部尊重和外部尊重。内部尊重是指一个人希望在各种不同情境中有实力、能胜任、充满信心、能独立自主，总之，内部尊重就是指人的自尊。外部尊重指一个人希望有地位、有威信、受到别人的尊敬、信赖和高度评价。马斯洛认为，尊重需要得到满足，能使人对自己充满信心，对社会满腔热情，体验到自己生活在世界上的用处和价值。但尊重需要一旦受到挫折，就会使人产生自卑感、软弱感、无能感，会使人失去生活的信心。

5. 自我实现（self-actualization）的需要。自我实现的需要是指实现个人的理想、抱负、发挥个人的能力于极限的需要，是实现人的自我价值和对于社会的价值意义的需要。也就是说，人必须做称职的工作，是什么样的角色就应该做什么样的事。演奏家必须演奏音乐，画家必须绘画，诗人必须写诗，这样才会使他们得到最大的满足。总之，自我实现的需要是实现自己潜力和继续自我发展的需要，是需要层次中最高级的需要。

马斯洛认为，上述五种需要是按次序逐级上升的。当下一级的需要获得基本满足之后，追求上一级的需要就成为驱动行为的动力。但这种需要层次逐级上升并不遵照"全"或"无"的定理，不是一种需要百分之百地满足后，下一种需要才出现。事实上，社会中大多数人在正常情况下，他们的每一种需要都是部分得到满足，部分却得不到满足，而且越是高级的需要，得到满足的程度也越小。应该注意的是，马斯洛所列举的需求各层次，绝不是一种刚性的结构。所谓层次，并没有截然的界限，层次与层次之间往往相互叠合，某一项需求的强度逐渐降低，则另一项需求也许将随之而上升。此外，可能有些人的需求始终维持在较低的层次上，而马斯洛提出的各项需求的先后顺序，也不一定适合于每一个人，即使两个行业相同的人，也并不见得有同样的需求。如图4-4所示，正说明了这种情况。

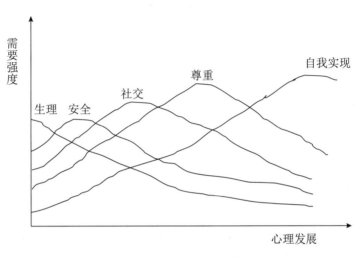

图4-4 需要层次与心理发展

人的需要千差万别，在实际管理中是难以一一识别与区分的。马斯洛的主要理论贡献在于，他以结构的观点和方法论，将人的千差万别的需要归结为五种基本需要，并且这些基本需要有其内在联系和相对重要性。正如马斯洛本人所言"人类的基本需要是一种有相对优势的层级结构。"如图4-5所示，与"人性假设"理论相对照。

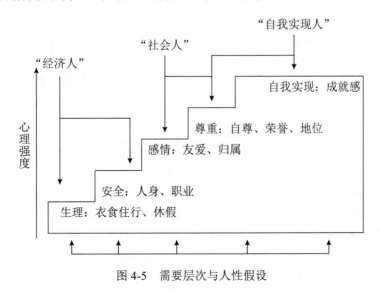

图4-5 需要层次与人性假设

（二）需要层次理论在管理中的应用

马斯洛的需要层次理论，其最大的意义在于它指出了人都有需求。作为管理者，为了激励下属，必须了解当前其下属要满足的主要是什么需求。但是，不论管理者采取的是怎样的途径，其措施总是以他对下属所持的假定及对需求与满足的假定为基础的。

1. 满足不同层次的需要。既然五个层次的需要是客观存在的，管理者的任务就在于找出相应的激励因素，采取相应的组织措施，来满足不同层次的需要，以引导和控制人的行为，实现组织目标。这种需要与相应的激励因素和组织措施的关系，如表 4-1 所示。

表 4-1 需要层次与相应的激励因素、组织措施

需 要 层 次	一般激励因素	组 织 措 施
自我实现	1. 成长 2. 成就 3. 提升	1. 有挑战性的工作 2. 创造性 3. 在组织中提升 4. 工作的成就
尊重	1. 承认 2. 地位 3. 自尊 4. 自重	1. 工作职称 2. 奖励增加 3. 同事和上级承认 4. 工作本身 5. 责任
归属与友爱	1. 志同道合 2. 友谊 3. 爱	1. 管理的质量 2. 和谐的工作群体 3. 同事的友谊
安全与保障	1. 安全 2. 保障 3. 胜任 4. 稳定	1. 安全工作条件 2. 外加的福利 3. 普遍增加薪水 4. 职业安全
生理	1. 空气 2. 食物 3. 住处 4. 性生活	1. 暖气和空气调节 2. 基本工资 3. 自动食堂 4. 工作条件

从表 4-1 中看到，要满足不同层次的需要，应找出一般激励因素并采用相应的组织措施。比如满足职工的生理需要，就采用适当加薪、改善劳动条件、创办各种福利事业等组织措施，以保证职工的基本生活条件，使他们的吃、穿、住和婚姻等问题得以基本解决。又比如，当自我实现需要占主导地位时，人们最富创造性与建设性的技巧就会融汇到他们的工作中去。为了满足这种需要，管理者就应认识到，无论哪种工作都会有着允许进行创新的领域，每个人都具有创造性，从而充分发挥人们的能力、技术和潜力，允许他们发展和使用具有创造性或革新精神的方法，以便为个人成长、成就和提升提供保证。

2. 满足不同人的需要。上述需要层次图 4-4 表示的仅是一般人的需要，实际上每个人的需要并不都是严格地按图上的顺序由低到高发展的。对管理者来说，了解这种情况十分重要，因为，有些人对社交的需要比尊重的需要更为重要；有些人对某些生理需要也许要求多些，金钱仅仅是激励他们的一种东西而已。

马斯洛的研究成果对管理者来说是很重要的。因为它表明，当某层次需要基本上得到满足时，激励作用就不能保持下去，为了激励个人就必须转移到满足其另一个层次的需要。然而对管理者来说，了解和把握到底什么是员工的真正需要而不是管理者主观所认为的员工的需要是非常重要的。总的来说，作为管理者，只有了解员工的需要，才能了解他们各自的行为动力，从而更有效地激励他们。

▶ 新闻中的组织行为学

激励让"华为"员工充满狼性

华为的成功，我们是有目共睹的。而任正非作为华为创始人，大家绝对没有想到，这么大的一个公司，任正非的股权只占了1.4%。华为公司待遇，在业界是被羡慕的，毫不夸张地说，在华为拿500万元的年薪一点也不奇怪。是什么，让员工可以得到如此丰厚的收入，又是什么，让员工甘愿为公司付出？

当初和任正非一起创业的老工程师已经可以得到年薪500万元的回报，这是一个非常棒的机制。任正非将自己的股权分配到了员工之中，不管老工程师也好，年轻的工程师也罢，他们都有股份，这也是华为重视人才，留住人才的原因。用任正非自己话说，我自己不留股份，自己就占一点，我让员工持股，每个人都是公司不可分割的一部分。就是这样的态度，任正非在华为非常受欢迎。公司业绩好，员工也会得到更好的回报，这也造就了华为铁军，成就了华为员工的狼性。

虽然在华为工作压力大，但是压力和收入是成正比的，对于华为的员工来说，他们不是在为华为打工，而是在为自己打工！

华为消费者部门负责人余承东近日表示，2018年消费者业务营收增长率高达50%左右，使该部门取代旗下电信业务成为营收最高的事业。华为2018年手机出货2.06亿台，因此让华为员工身价也跟着水涨船高，2019年员工分红金额也跟着大幅增加。

媒体报道，有位华为的员工在网络贴文表示，过完年来收工资、收加班费、收奖金、收分红，估计2月、3月、4月和5月，这4个月要收入近50万元人民币。

二、双因素理论

（一）双因素理论的基本内容

双因素理论（two-factor theory）是由美国心理学家赫茨伯格（F. Herzberg）提出的，此理论又叫"激励—保健理论"（motivation-hygiene），简称为"双因素理论"。1950年代后期，赫茨伯格在匹兹堡地区的11个工商业机构中，对200多个工程师、会计师进行访问。他设计了许多问题，比如"什么时候你对工作特别满意""什么时候你对工作特别不满意""满意和不满意的原因是什么"，等等，向一批会计师、工程师寻求看法。

根据对调查所获得大量资料的分析,他们发现员工感到不满意的因素与使员工感到满意的因素是不同的,前者往往是由外界的工作环境引起的,后者通常是由工作本身产生的。赫兹伯格把调查结果列成如图4-6所示的形式。

赫兹伯格从1 844个案例的调查中发现,造成员工非常不满的原因,主要是由于公司政策、行政管理、监督、与主管的关系、工作条件、与下级的关系、地位、安全等方面的因素处理不当。这些因素改善了,只能够消除员工的不满,还不能使员工变得非常满意,也不能激发其积极性,促进生产率的增长。赫兹伯格把这类因素称为"保健因素"(hygiene factor),意即只能防止疾病,不能医治疾病。另外,他又从1 753个案例的调查中发现,使员工感到非常满意的因素主要是工作富有成就感,工作成绩能得到社会承认,工作本身具有挑战性,负有重大的责任,在职业上能得到发展和成长等。这类因素的改善能够激励员工的积极性和热情,从而提高生产率。如果处理不好,也能引起员工不满,但影响不是很大。赫兹伯格把这一类因素称为"激励因素"(motivation factor)。他认为传统的满意—不满意的观点(即满意的对立面是不满意)是不正确的,满意的对立面应该是没有满意,不满意的对立面应该是没有不满意。

图 4-6　与传统观点相比较

因此,赫兹伯格认为只有靠激励因素来调动员工的工作积极性,才能提高生产率。而保健因素所起的作用是维持性的,处理得当即可消除不满。激励因素与保健因素的比较如表4-2所示。

表 4-2　激励因素与保健因素的比较

项　　目	激励因素	保健因素
起源	人类形成的趋向	动物生存的趋向
特征	性质上属于心理方面的长期满足 满足／没有满足 重视目标	性质上属于生理方面的短暂满足 不满足／没有不满足 重视任务
满足和不满足	工作性质:对个人来说主要是内部的工作本身 个人标准	工作条件:对个人来说主要是外部的工作环境 非人标准
显示出来的需要	成就 成长 责任 赏识	物质的 社交的 身份地位 方向、安全 经济的

（二）双因素理论在管理中的应用

双因素理论有一定的科学性，在实际工作中确实存在着这样的划分。管理者要充分注意保健因素，并利用激励因素去激发员工的工作热情。

1. 正确处理保健因素与激励因素的关系。首先，不应忽视保健因素，但又不能过分地注重于改善保健因素。双因素理论指出，满足员工保健因素，只能防止反激励，并没有构成激励。赫兹伯格通过研究还发现，保健因素的作用是一条递减曲线。当员工的薪资等报酬达到某种满意程度后，其作用就会下降，过了饱和点，还会适得其反。其次，要善于把保健因素转化为激励因素。保健因素和激励因素是可以转化的，不是一成不变的。例如，员工的工资、奖金，如果同其个人的工作绩效挂钩，就会产生激励作用，变为激励因素。如果两者没有联系，奖金发得再多，也构不成激励。一旦减少或停发，还会造成员工的不满。因此，有效的管理者，既要注意保健因素，以消除员工的不满，又要努力使保健因素转变为激励因素。

2. 区别内在激励和外在激励。双因素理论实际上是说明了对员工的激励，可分为内在激励和外在激励。内在激励，是从工作本身得到的某种满足，如对工作的爱好、兴趣、责任感、成就感等。这种满足能促使员工努力工作，积极进取。外在激励，是指外部的奖金或在工作以外获得的间接满足，如劳保、工资等。这种满足有一定的局限性，它只能发挥很少的激励作用。因为人除了物质需要以外，还有精神需要，而外在激励或保健因素难以满足人的精神需要。管理者若想持久而高效地激励员工，必须注重工作本身对员工的激励。第一，改进员工的工作内容，进行工作任务再设计，实行工作丰富化，从而使员工能从工作中感到成就、责任和成长。第二，对高层次的管理者来说，应简政放权，实施目标管理，减少过程控制，扩大中层管理者、员工的自主权和工作范围，并敢于给予他们富有挑战性工作任务，使他们的聪明才智得到充分发挥。第三，对员工的成就及时给予肯定、表扬，使他们感到自己受重视和信任。

三、ERG理论

美国耶鲁大学教授阿尔德弗（C. Alderfer）于1969年提出了一种新的需要层次理论。他把人的需要归纳为生存需要（Existence）、关系需要（Relation）和成长需要（Growth）。由于这三种需要的英文名称的第一个字母分别是E、R、G，因此被称为ERG理论。

（一）ERG 理论的基本内容

ERG 理论把人的基本需要设定为生存、关系和成长的需要。这三种需要与马斯洛提出的五种需要的对应关系如图 4-7 所示。

1. 生存需要（E）。这种需要是指维持人的生命存在的需要，相当于马斯洛的需要层次理论中的生理需要和安全需要。它们包括衣、食、住以及工作组织为使其得到这些因素而提供的手段，如报酬、福利和安全条件等。

2. 关系需要（R）。这是个对社交、人际关系和谐及相互新生的需要，相当于马斯洛需要层次理论中的社交需要和尊重需要。这种需要通过工作中或工作以外与其他人的接触和交往得到满足。

3. 成长需要（G）。这是个人要求得到提高和发展，取得自尊、自信、自主及充分发挥自己能力的需要。这相当于马斯洛需要层次理论中的自尊需要和自我需要。这种需要通过发展个人的潜力和才能而得到满足。

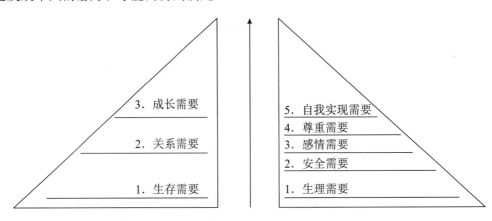

图 4-7　ERG 理论与需要层次理论对比

作为对马斯洛需要层次理论的拓展，ERG 理论认为：需要的满足既可以是"满足—前进"，也可以是"受挫—后退"，即较高层次未能满足时，有可能退而求其次（较低层次需要）。生存、关系、成长三种需要的内在联系如图 4-8 所示。

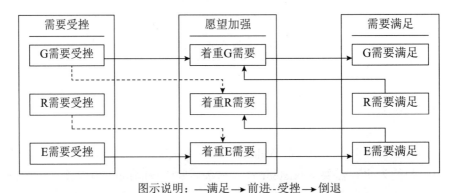

图示说明：——满足→前进 --受挫→倒退

图 4-8　生存、关系、成长三种需要的内在联系

ERG 理论揭示了以下规律：

（1）"愿望加强"律。各个层次的需要得到的满足越少，则这种需要就越大。满足生存需要的工资越低，人们越渴望得到更多的工资。位低境差常受歧视的人，得到他人尊重的需要最强烈，因而对他人的态度敏感。

（2）"满足前进"律。较低层次的需要得到越多的满足，则该需要的重要性就越差，满足高层次需要的渴望就越大。比如，人们生存需要的满足程度越高，渴望满足关系需要和成长需要的程度就越大。

（3）"受挫回归"律。当较高层次的需要遭受挫折，得不到满足时，人们就会退而求其次，对较低层次的需要的渴求就越大。例如，某人想通过承担挑战性的工作来满足其成长需要，但由于领导不信任等外部原因而不能如愿，那么他就会转而寻求一种能更好地满足其关系需要或生存需要的东西，以达到心理平衡。

（二）ERG 理论在管理中的应用

阿尔德弗的 ERG 理论修正了马斯洛理论的某些缺陷。首先，ERG 理论并不强调需要层次的顺序，这种理论指出，某种需要会在一定时间发生作用，而当这种需要得到基本满足后，可能上升为更高级的需要，也可能没有这种上升趋势。其次，该理论指出，当较高级的需要受到挫折，未能得到满足时，会产生倒退现象，而不是像马斯洛所指出的那样，继续努力去追求。再次，该理论认为人的需要有的是生来就有的，而有的则是通过后天学习产生的。因而，国外不少学者认为，ERG 理论或许比马斯洛的需要层次理论更切合实际。

应用 ERG 理论，主要是掌握个体需要的"满足前进"律和"受挫回归"律，以正确对待职工的个人需要，设法为职工提供能满足其高层次需要的环境和条件。如果忽视或压抑个体高层次的合理需要，就会使其倒退回追求低层次需要的进一步满足。

四、成就需要理论

美国哈佛大学教授麦克莱兰（D. C. Mc Clelland），从另一个侧面研究论述了人们高层次需要，并提出了他的成就需要理论（theory of needs for achievements）。

（一）成就需要理论的基本内容

麦克莱兰把人的高级需要设定为权力、合群和成就的需要，并以成就需要为主导。

1. 权力需要（need for Power）。这种需要是影响和控制他人的欲望。具有较高权力需要的人对影响和控制别人表现出很大的兴趣，这种人总是追求领导者的地位。他们常表现出喜欢争辩、健谈、直率而且头脑冷静；善于提出问题和要求，喜欢教训别人，乐于讲演。组织中管理者的权力可分为两种：

（1）个人权力。追求个人权力的人表现出来的特征是围绕个人需要行使权力，在工作中需要及时的反馈和倾向于自己亲自操作。

（2）职位权力。职位权力要求管理者与组织共同发展，自觉地接受约束，从体验行使权力的过程中得到一种满足。

2. 合群需要（need for Affiliation）。这是指建立友好和亲密的人际关系的欲望，具有高合群需要的人努力寻求友爱，喜欢合作性的而非竞争性的环境，渴望有高度相互理解的关系。注重合群需要的管理者容易因为讲究交情和义气而违背或不重视管理工作原则，从而会导致组织效率下降。

3. 成就需要（need for Achievement）。这种需要是追求卓越以实现目标的内驱力。具有高成就需要的人，对工作的成功有强烈的要求，他们乐于甚至热衷于挑战性的工作。

这种人喜欢长时间地工作，即使失败也不过分沮丧。一般来说，他们喜欢表现自己。

麦克莱兰对成就需要作了重点研究，提出这类人通常具有以下特点：①他们能够为解决问题承担责任，而不是将结果归于运气或其他的行为；②他们希望及时获得对自己绩效的反馈以便于判断自己是否需要改进；③他们具有适度的冒险性，中等难度的任务对他们最有挑战性。高成就者不是赌徒，他们不喜欢靠运气获得成功，他们逃避那些他们认为非常容易或非常困难的任务，他们想要克服困难，但希望成功或失败是由于他们自己的行为所致。当高成就需要者认为一项任务成功的可能性有50%时，他们的绩效最高。他们不喜欢偶然性很高的赌博，因为从偶然的成功中他们得不到任何成就满足感。同样，他们也不喜欢成功的概率过高，因为那样对他们的能力没有挑战性，他们喜欢设置需要经过一定努力才能实现的目标，所谓"跳一跳才能摘到桃子"，当成功和失败的可能性几乎相等时，是一个人从个人努力中获得成功感和满意感的最佳时机。高成就需要者在创造性活动中更容易获得成功，如经营自己的公司，在大组织中管理一个独立的部门和担任销售员。

（二）成就需要理论在管理中的应用

成就需要理论对于把握管理者的高层次需要具有积极意义。对于具有高成就需要的管理者，组织可以分配给他们具有挑战性和一定风险的工作任务，以满足他们的成就需要，激发他们的工作积极性。相反，如果将毫无挑战性的工作分配给他们，则会挫伤他们的积极性。而对于低成就需要的管理者，组织可以分配给他们一些例行的工作任务。

心理学家常常通过投射测验和问卷的方法来判断一个人是否是高成就需要者。事实证明一个人的成就需要是可以通过训练激发出来的。培训者指导个人根据成就、胜利和成功来思考问题，然后帮助他们学习如何通过寻求具有个人责任、反馈和适度的冒险性的环境并以高成就者的方式行动。所以，如果工作需要高成就需要者，管理者可以选拔具有高成就需要的人，也可通过成就培训来开发原有的下属员工。组织应尽可能创造有利条件，将他们培养和训练为具有高成就需要的人。

上述内容型激励理论虽然广为流传，但应注意的是这些理论基本上都是美国学者提出来的，事实上，不同文化背景中的人，其需要的内容和结构是不一样的。比如，美国管理者最关心的是成就、尊重及自我实现，但日本和希腊的管理者却更关心安全。在北欧的一些国家，社交需要被认为是最重要的。法国、日本和瑞典的研究者都不承认麦克莱兰的成就需要，因为那些国家的人的行为往往是群体导向而非个人导向。

第三节　过程型激励理论

过程型激励理论主要研究一个人的激励认知过程，以及这种认知过程是如何与其工作行为相关联的，包括期望理论、公平理论以及路径—目标理论（该理论将在第八章目标管理中介绍）。

一、期望理论

期望理论（expectancy theory）最早是由托尔曼（E. Tolman）和勒温（Kurt Lewin）提出的，但将期望理论用于说明工作激励问题是从弗隆（V. H. Vroom）开始的。1964年弗隆在其《工作与激励》一书中提出他的期望理论。它是一种通过考察人们的努力行为与其所获得的最终奖酬之间的因果关系，来说明激励过程并选择合适的行为目标以实现激励的理论。

人是决策者，要在各种可能的决策中选择最有利的行为。但人在智力上和认识备选方案的能力上又是有限的，因此人只能在备选方案的有利性和自己认识能力有限性的范围之内进行选择。工作激励的期望理论正是在这种假设的基础上提出的。

（一）期望理论的基本内容

弗隆的期望理论基于这样一个基本发现，激励取决于行为主体对目标的理解和重视程度。这一发现在管理中的应用尚不具备可操作性。为了解决这一问题，先是将上述基本发现分解为效价和期望，后又再加上关联性，从而形成一种可操作的过程模式。

1. 基本公式

$$激励 = 效价 \times 期望$$

记为：
$$M = V \cdot E$$

式中：激励（Motivation）——对行为动机的激发力度；

效价（Valence）——目标价值的主观估计，取值范围不限；

期望（Expectancy）——目标概率即实现可能性的主观估计，取值范围 0～1.0。

显然，若要提高激励水平，就要相应地提高效价和期望水平。由此得到启示：目标设置应是"所愿"（效价↑）又是"所能"（期望↑），即值得去做而又经过努力有可能做到。

2. 基本公式的扩展

上述基本公式再加上关联性（I）因素，则有下列公式：

$$激励 = 效价 \times 关联性 \times 期望$$

记为：
$$M = V \cdot I \cdot E$$

式中：关联性（Instrumentality）又称工具性，指工作绩效与所得报酬之间相关联系的主观估计，取值范围 –1～+1。

期望理论各因素之间的关系如图4-9所示。

以图4-9提示的关系内容为依据，将其数量化，可得到相应计算公式。

绩效取决于激励（M）与能力（A），故有

$$P = f(M, A) = M \cdot A$$

激励取决于一阶结果（完成任务的情况）的效价（V_j）与期望（E），故有

$$M = f(V_j, E) = V_j \cdot E$$

一阶结果的效价（V_j）取决于二阶结果（完成任务后的报酬）的效价（V_k）与一、

二阶结果之间的关联性（I_k），故有

$$V_j = f(V_k, I_k) = V_k \cdot I_k$$

以上各因素的综合效应为

$$P = f(M, A) = M \cdot A$$
$$M = f(V_j, E) = V_j \cdot E$$
$$M = f(V_j, V_k, E) = V_k \cdot I_k \cdot E$$

V_k　　　I_k　　　　　　V　　　E　　　M　　A　　P
Valence2　Instrumentality　Valence1　Expectancy　Motivation　Ability　Performance

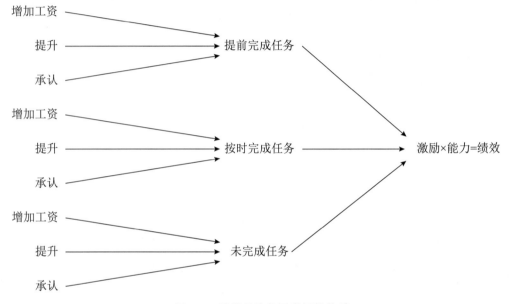

图 4-9　期望理论各因素间的关系

3. 扩展的期望理论模式

这一模式如图 4-10 所示，其要点列述如下（其中效价、期望和关联性前已说明）。

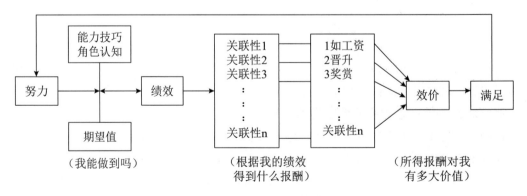

图 4-10　期望理论过程模式

一阶结果：指个人经过努力而取得的工作成就，是为了达到二阶结果所必须达到的最初结果。

二阶结果：与工作绩效相对应的报酬，如工资。

能力：个人能做什么，而不是指他愿意做什么。

选择：个人选择的特定行为目标。不同的选择会有不同的结果。

（二）期望理论在管理中的应用

期望理论的基础是自我利益，它认为每一员工都在寻求获得最大的自我满足。其核心是双向期望，管理者期望员工的行为，员工期望管理者的奖赏。期望理论的假定前提是管理者知道什么对员工最有吸引力。员工判断的依据是员工个人的知觉，与实际情况关系不大。不管实际情况如何，只要员工以自己的知觉确认自己经过努力工作就能达到所要求的绩效，达到绩效后就能得到具有吸引力的奖赏，他都会努力工作。因此，期望理论的关键是，正确识别个人目标和判断三种联系，即努力与绩效的联系、绩效与奖励的联系、奖励与个人目标的联系。

效价和期望值都是个人的一种主观判断。期望理论启示管理者要认识人的心理因素的影响作用。领导者在激励工作中就必须注意以下两个方面，一是，应当明确员工个体的需要，设法了解某项报酬对员工到底具有多大的吸引力，并尽可能加大这种吸引力；二是，要根据员工的能力合理地指派工作和设定目标，使其形成通过个人努力能达到预定结果的高期望值。管理者应确保每个员工都有能力和条件（时间和设备）得到这些结果，即尽力发现员工在技能和能力方面与工作需求之间的对称性。通常，要达到使工作的分配出现所希望的激励效果，应使工作的能力要求略高于执行者的实际能力。总之，管理者应使个人的努力程度和工作绩效与其所取得的报酬奖励的大小紧密结合起来。

二、公平理论

公平理论（equity theory）是美国行为学家亚当斯（Stancy J. Adams）于1967年在他的著作《奖酬不公平时对工作质量的影响》中提出来的。这一理论也称社会比较理论，认为人与人之间存在社会比较，且有就近比较的倾向。

（一）公平理论的基本内容

1. 亚当斯比较模式

亚当斯通过大量的研究发现：员工们对自己是否受到公平合理的待遇十分敏感。他们的工作动机，不仅受其所得报酬的绝对值的影响，更受其相对值的影响，也就是说每个人不仅关心自己收入的绝对值，更关心自己收入的相对值。这里的相对值，是指个体对其工作的付出与所得与他人的付出与所得进行比较，或者把自己当前的付出与所得与过去进行比较时的比值。通过比较，便产生公平或不公平感，用公式表示如下：

$$\text{公平（公平感）}：O_p/I_p = O_r/I_r$$

$$\text{不公平（吃亏感）}：O_p/I_p < O_r/I_r$$

$$\text{不公平（负疚感）}：O_p/I_p > O_r/I_r$$

I（input）代表投入，是指个人对自己或他人的努力、资历、知识、能力、经验、过去成绩、当前贡献的主观估计，也就是参与者认为自己所做出的值得或应该获取回报的贡献。人们在考虑自己总的投入量时，是把所有投入因素分别乘以相应的重要性加权，再相加起来的。用数学方式表示：

$$I=\sum_{k=1}^{n} W_k I_k$$

式中 I_k 是各投入因素的量，W_k 是相应的重要性加权系数。

O（outcome）代表所得结果，是指个人投入后所得到的奖酬，如地位、工资、奖金、福利待遇、晋升、表扬、赞赏、进修机会、有趣的挑战性工作等。

p 代表当事者，即进行比较的人。

r 代表参照者，即所选择的比较对象。

亚当斯公平理论的一个重要前提，是把所有的社会交往者视为一种广义的交换过程。在企业里，员工们以自己贡献的劳力和技能，交换到组织付给的奖酬。他们当然会把这些奖酬去和自己的贡献作比较，以直接判断此交换的公平性。不过，他们还常会找一个与自己的交换对象也发生交换关系的第三者，如同一组织的另一员工，去进行间接的比较。

在判断分配的公平性时，人们当然可选择其他人作为参照者。他也可以选择一个参照群体比较，这虽然不像前者那样明确具体，却是常被人选用的。这都属横向的人际性比较。

人们有时也会选择自己为参照者，但这指的是过去条件下的自己，如"我以前在那家公司时待遇如何"，这属于纵向的历史性比较；也可指在某一不是现实的假想条件下的自己，如"我要是去那家公司，待遇将会怎样"等。人们在比较时，往往会同时选择不止一名参照者。

当事者 p 通过与参照者 r 比较，感到自己的投入与所得之比与 r 的投入与所得之比相等，便认为公平，因而心情舒畅，努力工作。

当事者 p 感到自己的收付比例小于 r，于是产生吃亏感。这时，当事者往往采取下列方式以求恢复公平感：①采取相应对策，改变自己收付比例，如减少工作投入、降低工作质量与数量，或者要求增加收益，以达到平衡；②采取进一步行为，减少参照对象的收益或增加其投入，改变他的收付比例，以求平衡；③改变参照对象，即所谓"比上不足，比下有余"，获得认识上新的平衡；④发牢骚、泄怨气，甚至放弃、破坏工作，退出交换关系。

当事者的比值大于比较对象，也就是占了便宜时，也会感到内心不安，有一种负疚感。这时，当事者可能有三种表现方式：①受到激励，增加自己的投入或要求减少报酬，以减少负疚感；②通过认识歪曲或改变自己投入、收益因素，如重新估计自己的贡献，从而达到心理平衡；③把多得归结于运气好而回避心理不安。

亚当斯公式表明，一个人所获得的奖酬的绝对值，与他的积极性高低并无直接的必然的联系，真正影响人的工作积极性的是他所获得奖酬的相对值。也就是说，一个人的工作热情，并非只受"自己得到什么"影响，而往往要受到"别人得到什么"的影响。一旦有了不公平感，奖酬的绝对值乃至它的本身，对激励都不起作用。

2. 公平理论的新观点

从公平理论创立以来,就不断有新的理论和研究对它进行修正。其中一个重要的理论修正,是根据对公平的偏好,将组织成员分为三类:公平敏感者(equity sensitives),指喜欢公平比值与比较对象相同的人。仁慈者(benevolents),指喜欢公平比值低于比较对象的人,他们可以被看作是给予者。特权者(entitleds),指安于公平比值高于比较对象的人,这些人可以被看作是索取者。

研究表明,个体的组织地位会影响其自定的绩效期望。比如,在组织中提升两级职务但不加薪,与提升一级职务并适当加薪相比,可促使一个人设定更高的绩效期望。与此类似,降低两级职务但不减薪,与降低一级职务并适当减薪相比,可能会导致更低的绩效期望。这意味着在决定一个人的绩效期望方面,组织地位可能比报酬更重要。公平理论的局限性在于,它过分强调了报酬的作用,难以控制比较对象的选择,同时该理论在解释过高的报酬方面也存在困难。

(二)公平理论在管理中的应用

公平理论对组织管理的启示是非常重要的,它告诉管理者,工作任务以及组织的管理制度都有可能产生某种关于公平性的影响作用。而这种作用对仅仅起维持组织稳定性的管理人员来说,是不易觉察到的。员工提出加薪的要求,说明组织对他至少还有一定的吸引力,但当员工的离职率普遍上升时,说明组织已经使员工产生了强烈的不公平感,它需要引起管理者高度重视,因为它意味着除了组织的激励措施不当以外,更重要的是,组织的现行管理制度有缺陷。

公平理论的不足之处,在于员工本身对公平的判断是极其主观的,这种行为对管理者施加了比较大的压力,因为人们总是倾向于过高估计自我的付出,而过低估计自己所得到的报酬,而对他人的估计则刚好相反。因此,管理者在应用该理论时,应注意实际工作绩效与报酬之间的合理性,并注意留心对组织的知识吸收和积累有特别贡献的个别员工的心理平衡。

由于人们借以作比较的标准是由个人选定的,所以对公平与否的感觉实际上只是一种主观判断。人们对公平进行比较时,通常出现的一个情况是,个人会过高地估计自己所付出的投入和他人所得到的报酬,这样,个人就更容易感到不公平和不满足,鉴于公平的感觉常常产生于比较之中,目前有些企业在发放工资奖金时往往采取保密的"发红包"方式(实际很难保密),以避免员工在相互比较中产生不公平感。这是一种比较消极的对策。更积极的对策是,管理者对客观上确已存在的差别予以公开,同时向员工解释清楚差别的原因和管理者有意拉开差别的意图,从而使员工们对这种差别感到心悦诚服,以此引导更多的人朝着组织所希望的方向付出更多的努力。

第四节 激励机制的建立

激励机制是组织运行的动力机制,是解决如何调动人的积极性的问题。管理者应综合运用激励理论,采取合理的激励措施,建立有效的激励体系。

一、综合型激励模式

前述介绍了几种经典的激励理论,每一种理论论述了有关激励的某一方面内容。其实,这些理论是可以互补的。综合激励理论,试图将各种激励理论归纳起来,探讨激励的全过程。这里主要介绍一下波特(L. W. Porter)和劳勒(E. E. Lawer)提出来的综合激励模式,如图4-11所示。

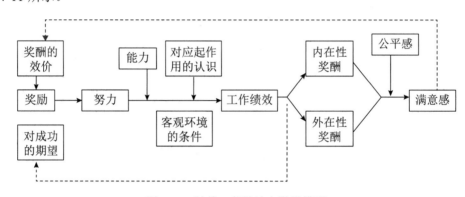

图 4-11　波特—劳勒综合激励模型

这一模式是以期望理论为基础的,它表明了:先有激励,激励导致努力,努力导致绩效,绩效导致满足。这一模式包括了以下主要变量:

1. 努力程度。不同的激励决定了一个人的努力程度、努力方向以及坚持努力的持续时间。而一个人每次行为的最终结果又会以反馈的形式影响个人对这种奖酬的估价(如图中虚线所示)。同时,第一次的工作绩效也会以反馈形式影响个人对成功的可能性的估计(如图中虚线所示)。

2. 工作绩效。工作绩效不仅取决于个人的努力程度,而且有赖于一个人的能力与素质,以及对自己所承担的角色应起作用的理解程度、客观条件。

3. 奖酬。奖酬包括内在性奖酬和外在性奖酬,它们和主观上感受的公平感一起影响个人的满意感。内在性奖酬更能带来真正的满足,并与工作绩效密切相关。此外,公平感也受到个人对工作绩效自我评价的影响。

4. 满足。满足是个人当实现某项预期目标时所体验到的满意感受。满足依赖于所获得奖酬同所期望获得结果的一致性。期望大于结果,产生失望;期望等于或小于结果,获得满足。

综合激励模式是把激励过程看成是外部刺激、个体内部条件、行为表现、行为结果的相互作用的统一过程。这就把行为主义激励论的外在激励和认知派激励论的内在激励综合在一起了。这一模式说明了个体工作定势与行为结果之间的相互关系,也明确说明了满足与绩效关系。

二、构建有效的激励系统

上述关于激励的各种理论,分别突出不同的激励环节。在管理实践中,孤立地看待和应用它们都是不完善的。实践中,激励和绩效之间并不是简单的因果关系。要使激励能产生预期的效果,就必须综合考虑各相关因素,在组织中形成有效的激励系统。

有效的激励系统应包括激励要素的组合、激励时机的选择、激励的效果等,所有这些因素都要受组织成员的个人、群体特征和组织文化的影响,如图4-12所示。当然,组织所处的环境将对整个激励系统产生影响,例如,员工在对待遇进行公平性判断时,就会考虑到组织所在的地区、行业的收入水平以及组织竞争对手的待遇情况,这些都是组织难以控制只能适应的环境因素。

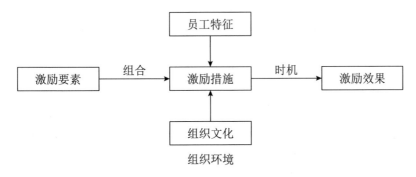

图4-12 组织激励系统

组织要采取各种方式有效地激励员工,首先应明确希望使员工受激励后表现出什么样的行为,即希望达到什么样的激励效果。尽管一名优秀的员工应有许多种行为表现,但主要可从以下5个方面来总结组织对员工的行为期望:①加入组织;②留在组织内;③按时上班;④工作积极努力;⑤多方展示其优秀品质。员工的前两种行为表明组织的有效激励措施使其对员工产生吸引力,让员工愿意成为组织的一员;后三种行为表明员工不仅愿意成为组织的一员,而且愿意为实现组织目标最大限度地贡献自己的知识、技能和努力,争取优质高产,并愿为组织利益承担职责范围外的工作,使组织运行更趋平衡,管理者的工作压力降低。

组织要想达到上述的激励效果,必须寻找需要、动机、诱因、行为等适当的激励要素,并将这些要素进行有机的组合,形成一系列的激励措施。组织中的激励要素有许多种,实际上,由于组织目标最终是要通过员工的行为来实现的,组织的每一项管理措施都要落实为员工的具体行为。因而,从广义上讲,组织的每一项管理措施都有可能影响员工的工作积极性,也就是都有可能成为激励要素。不能忽视的一点是,在管理实践中,组织有能力控制与改进的激励要素是很有限的，如图 4-13 所示。

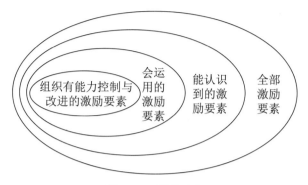

图 4-13　激励要素

组织中常用的激励措施有工作设计、考核方式、分配方式、奖励制度、目标体系、领导风格等。

组织中经常会有这样的现象：曾经对某位员工很有效的激励措施（如金钱激励）一段时间后再使用效果不明显或没有效果了，这说明组织要有效地实施激励措施必须合理选择激励时机。激励是通过一定方式满足员工尚未满足的需求，以此来影响员工的行为。根据内容型激励理论，人的需求是动态的，处于不断变化之中的，原有的需求满足以后，人的需求内容和结构发生变化，形成新的需求。如上述例子中的员工很可能在一段时间内由于生活的原因急需用钱，这时用金钱来激励他可以收到良好的效果。当他的用钱高峰过去，不再那么急需金钱，以职业发展为核心的激励措施可能对他更有作用。所以组织针对员工需求的激励措施应该是权变的，只有在适当的时机，与员工的需求、动机相吻合的激励措施才能产生最好的激励效果。

需要注意的是，所有的激励理论都是对一般情况而言的，而每个员工都有自己的特性，他们的需求、个性、期望、目标等个体变量各不相同。例如，有研究表明，知识型员工需求结构中列前四位的因素集资为：个体成长、工作自主、业务成就和金钱财富。这与非知识型员工的需求结构显然是不相同的。

没有适用于所有人的激励方式。领导者根据激励理论处理激励实务时，应该针对员工的不同特点采用不同的方法。积极的组织文化建设也可以起到持久的激励效果。

▶ 新闻中的组织行为学

美团 AI 技术提升外卖骑手配送能力

有这么一群人，为了让你吃上热腾腾的饭菜，午餐时间都顾不上吃饭和休息，持续坚守在工作岗位上，为了生活和梦想努力奋斗着！他们，每天穿梭在大街小巷，就为把热腾腾的美食亲手送到用户手中；他们，就是美团外卖骑手。

美团外卖骑手，是一个很"神奇"的职业，他们不仅能送外卖，能上山下水，能救人，能写字弹琴，多才多艺，还能成为央视纪录片的"主人公"。所以说，他们是一群非常特别的人。

前段时间，美团外卖骑手的人物故事，就登陆了央视"厉害了我的国"节目。节目上，美团外卖骑手表示，骑手这一份工作，给了他通过自己的努力，实现了自己的社会价值的机会，同时也能多挣点钱，实现在老家盖个新房的梦想。

随着数字化时代的到来，外卖市场近年来发展非常迅猛。对外卖物流系统而言，配送效率和用户体验至关重要。而实际配送过程是由配送员（骑手）最终完成的，因此，想要真正提升配送效率，不但要在智能调度系统（订单指派、路径规划、ETA）上下功夫，还要不断提升配送员的"附加"能力，让他们越送越"熟"，越送越"顺"，越送越"快"。以此为出发点，美团点评研发团队设计了骑手智能助手，全面提升骑手的各方面能力。

在AICon全球人工智能与机器学习技术大会上，美团点评配送人工智能方向负责人何仁清分享了《美团骑手智能助手的技术与实践》。讲解如何在使用环境复杂、用户群体多元化的情况下，以智能耳机和语音交互为载体，并通过大数据挖掘、机器学习、自然语言处理等技术，让智能助手具备复杂场景精准识别、服务智能推送、智能引导、全语音操作等能力。最终在智能、安全、便捷、精准等多个维度上，全面提升骑手配送能力，从而提升整个配送效率和用户体验。

三、常用的激励方法

对于管理者而言，激励下属员工没有一个简单易行、放之四海而皆准的行为指南，但还是有些常用的技巧和方法。从总体上来看，概括起来有以下几方面：

（一）认清个体差异

几乎所有的当代激励理论都认为每个员工都是一个独特的、不同于他人的个体，他们的需要、态度、个性及其他重要的个体变量各不相同。比如，期望理论对内控型人比外控型人预测得更准确。为什么？因为前者认为自己的生活在很大程度上由自己所掌握，这与期望理论中的自我利益假设是一致的。

（二）使人与职务相匹配

大量研究表明，将个体与职务进行合理匹配能够起到激励员工的作用。比如，高成就需要者应该从事小企业的独立经营工作，或在规模大的组织中从事相对独立的部门运作。但是，如果是在大型官僚组织中从事管理工作，候选人必须是高权力需要和低归属需要的个体。同样道理，不要让高成就需要者从事与其需要不一致的工作，当他们面对中度挑战水平的目标，并且具有自主性和可以获得信息反馈时，能够做得最好。但是，不是每位员工都会因工作的自主性、变化性和责任感而受到激励。这类工作只对高成就需要者具有很强的吸引力和激励作用。

（三）个别化奖励

由于每位员工的需要不同，因此，对某人有效的强化措施可能并不适合于其他人。

管理者应根据员工的差异对他们进行个别化的奖励，管理者能够支配的奖励措施包括加薪、晋升、授权、参与目标设定和决策的机会。

（四）奖励与绩效挂钩

管理者必须使奖励与绩效相统一，只有奖励因素而不是绩效才能对其他因素起到强化作用。主要的奖励如加薪、晋升应授予那些达到了特定目标的员工。管理者应当想办法增加奖励的透明度，如消除发薪的保密性，代之以公开员工的工资、奖金及加薪数额，这些措施将使奖励更加透明，更能激励员工。

（五）检查公平性系统

员工应当感到自己的付出与所得是对等的。具体而言，员工的经验、能力、努力等明显的付出项目应当在员工的收入、职责和其他所得方面体现出不同。但是，在公平性问题上，存在着众多的付出与所得的项目，而且员工对其重要性的认识也存在差异，因而这一问题十分复杂。比如，美国一项对比白领、蓝领员工的研究确定出将近20项付出与所得项目。研究表明，白领员工将工作质量、工作知识列在付出因素的首位，但蓝领员工却将这些因素列在付出因素的末位，他们认为最重要的付出因素是智力和个人对完成任务的投入，这两个要素对于白领员工的重要性程度却很低。在所得方面，也同样存在着差异，只不过差异不太显著。比如，蓝领员工将晋升放在很高的位置，而白领员工却将它的重要性排在第三位。这些差别意味着对某人具有公平感不一定对其他人也有公平感，所以理想的奖励系统应当能够分别评估每一项工作的投入，并相应给予合适的奖励。

复 习 题

1. 比较需要层次理论和 ERG 理论、双因素理论的相似性和差异性。
2. 描述麦克莱兰的三种需要及其与员工行为的关系。
3. 识别期望理论中的各项变量。
4. 你对公平理论如何理解？

即 测 即 练

延伸阅读 1

扫码阅读案例 1，思考并讨论以下问题。
1. 请结合有关激励理论，分析格力电器的激励体系所起到的作用。
2. 试分析格力电器对不同员工采取的激励措施，你如何看待这样的激励方法？

延伸阅读 2

扫码阅读案例 2，思考并讨论以下问题。
1. 比较格力电器公司与美国西南航空公司的激励机制。
2. 从美国西南航空公司的激励模式可得到什么启示？

第五章 群体心理与行为

本章学习目标

通过本章学习，你应该了解：

1. 什么是群体、正式群体和非正式群体？
2. 影响群体行为的主要因素有哪些？
3. 群体对个体行为的影响。
4. 凝聚力强的群体的利与弊。
5. 团队的基本类型。
6. 团队建设的一般途径。

预习案例

官渡之战的团队精神

官渡之战是汉末乃至中国史上有名的以少胜多的战役，也是曹操与袁绍争夺北方霸权的转折点。官渡一战之后，曹操终于一反之前对袁绍的劣势，为自己统一北方奠定了基础。

官渡之战中，曹操的实力明显不如人力物力上都占有绝对优势的袁绍，但他却以少击众、以劣势对优势并最终大获全胜，其取胜之道是值得后人很好地深思的。

曹操能接纳能人之言，取得最终的胜利，这全在于用人之道。荀攸、许攸皆是人才，献上计谋，有化险为夷之功；荀彧则具备长远的战略眼光，能够鼓励和帮助曹操在关键时期坚持战斗，这是更高层次的人才。由此观之，人才的妥善任用应该可说是"一计敌万人"。至于曹操，他是一个懂得运用人才的人才，能接纳他人之言，故袁绍兵多也不足为惧，正所谓兵不在多，在乎能否调遣。整个团队中他们都可以各尽其才，互相合作。

袁绍部队却内部不和，袁绍不懂用人之道与治家之道，总希望子承父业。他把自己的四个州分给了自己家族的四个人，就与他的小儿子住在一起。家业分割，使袁绍多了家族纷争的困扰，士气削弱。而袁绍死后袁家就分为两派，互相攻打，直到同归于尽。袁绍凭借"四世三公"的地位网罗的一大批人，大多虚有其表，有能耐的人又遭袁绍嫉妒、囚禁。

袁绍治军不严，否则，他的士兵在延津南面遇见曹军时怎么会为了些辎重而下马去拣？但曹操在治理军队方面非常严格，并且严于律己，赏罚分明，不像袁绍高兴就赏人，不高兴就杀人。

一个团队的胜利不仅需要一个好的领导，还需要团队中各个部门人员的配合，需要团队精神。一个人无论是做什么事,都要讲求团队精神。现在凡是有成就的人,都有一个配合的团队,即使是电子游戏光盘,也会被注明是某某团队开发的。官渡之战就体现出团队精诚合作的重要性。一个人要想要取得成功,必须要具备一颗坚强、顽强、勇敢、不屈服、自信、热情、团结的心,还要有自己的目标,就像曹操一样在危难时刻也能挺过来。只有拥有了这些,我们才能够知道自己该做什么,并靠自己或团队找到成功的方法,也不会半途而废,更不会永远认为自己就是一个一事无成的人,从而不去尝试。

社会是有组织的,组织是由群体构成的,而群体又是由个体组成的。因此,任何生存在社会中的人都不可能脱离群体而单独活动。在现代化大生产中,群体所发挥的作用愈来愈为人们所重视。所以,研究群体发展的内部规律,研究影响群体活动效率的因素等,已成为组织行为学研究的重要内容之一。这就要求管理者自觉掌握人的心理活动规律,改善对群体的管理,更好地培养员工的团体精神,使其形成一种凝聚力,以提高工作效率。

第一节 群体与群体关系

人只有在与他人发生的联系中才能表现自身的存在,现实中的个体为避免孤独而聚合为群体。人是社会性的,合群是人的天性。在群体中,个体的行为往往会受群体心理气氛、价值观念、行为规范的影响。

一、群体的内涵

到底什么是群体?F1赛场上的观众算不算群体?大街上看热闹的人群,电影院的观众,企业中的质量活动小组,大学里的课题组,何者是群体?何者又不是群体?这就需要先弄清群体的内涵。

(一)群体的概念

现实社会中的每一个人都是生活在各种群体中的,如家庭、学习或工作小组、班级、部门等。从现象上看,群体是两个或两个以上相互作用、相互联系的个体的组合。但并非任意集合起来的一些个体都可以称为群体(group)。群体是个体和条件的特殊组合,是建立在社会—工作关系与社会心理双重基础上的人群集合体。

群体一般具有以下特征:

(1)由一定数量的个体组成,各成员相互依存,在心理上能够彼此意识到其他成员的存在。

(2)群体的构成必须是由共同的活动需要为基础,这种共同的活动可能是短期的,也可能是长期的。随着共同活动的结束,群体的成员脱离原来的群体,又会加入一个新的群体。在这个共同的活动过程中,群体成员在行为方面和情感方面相互作用,相互影响。

群体的共同活动往往表现为有共同的目标和利益，群体成员具有群体意识和归属感。归属感是以成员感情联系为基础的，人们长期在一个群体中活动，自然会产生感情的联系，对一些问题有相同的理解和感受，容易培养共同的信念和态度，逐渐形成了集体意识，群体凝聚力就是集体意识的表现。

（3）群体成员间的关系比较稳定，有一定的群体结构。群体的结构有"正式"与"非正式"的区分。例如，一个处室有处长、副处长、科员等，这是由组织确定的工作角色，但是在实际的工作过程中，各个成员之间的相互作用不完全是按照这种正式的角色规范发生，而是有种种变化。因此，在正式群体结构中，难免有非正式群体结构的存在。

（4）群体有一套比较稳定的行为规范，这种规范在群体的发生、发展过程中形成，以确保群体行为有效地获取目标。这些规范有些是成文的，如群体规定的规章制度、工作标准等；有些规范是不成文的，如群体中约定俗成的行为模式。在规范的作用下，群体成员之间可以相互影响和制约。

（二）个体与群体的关系

心理学研究表明，人的活动是受动机和情景因素支配的，作为个体的人有其自身的行为动机和目标。但人又是社会的人，从一出生就生活在群体的环境中，其行为又必然受群体的影响。因而必须处理好个体行为和目标与群体行为和目标的关系。

1. 个人主义与集体主义

个人主义（individualism）和集体主义（collectivism）作为不同的文化价值观，对在群体中个体的认同感和群体运作方式会产生重要的影响。

个人主义意味着与群体相区分和隔离，在工作设计中强调个人目标，表现出对群体很少关心和感情依附。在宣扬个人主义的文化氛围里，员工根据他们自己的个人目标和自我利益行动。在一些国家，包括美国和加拿大，许多人都深信个人的重要和独一无二。在这些国家里，教育机构、政府部门、商业机构都反复强调他们是为服务个人目标和需要而存在。这种文化信念通常会因为超越组织中群体的影响力而引起不协调。

集体主义意味着个人是整个群体中的一员，个人目标从属于群体目标，注重整个群体的利益，个人与群体之间有强烈的情感纽带。集体主义产生了与以上个人主义相反的影响，团队精神成为文化价值观的一个自然延伸，蕴含丰富儒家文化的日本企业就非常注重集体主义精神。集体主义精神曾经为我国社会主义建设发挥了巨大作用，集体主义精神所激发的巨大能量为世人瞩目。

2. 个人目标和群体目标

在组织中，群体目标与个体目标一般是相容的，但二者也会发生冲突。

（1）目标冲突（goal conflicts）。在研究观察个体与群体目标冲突的过程中，人们归纳了目标冲突的以下几种表现：

①目标冲突的确存在着，必须加以考虑；
②目标冲突能转变为最大的能量，这种能量能对个体和他们的行为产生深远的影响；
③目标冲突既可以产生好的结果又可以产生坏的结果，并且在一定条件下可以相互转化。

（2）搭便车（free rider）对群体的影响。"搭便车"的概念是表现目标冲突的另一典型例子。所谓"搭便车"就是指群体成员从成员关系中获得了利益，却没有在产生这些利益的过程中承担相应的责任。这种现象在现实中大量存在，例如"吃大锅饭"的现象。

绝大多数群体成员都不喜欢搭便车者。搭便车者违背了公平原则，群体成员不想其他人付出较少努力而获得相同的报酬。搭便车者也违背了社会责任的标准以及交换或交易原则。如果群体中存在大量的搭便车者，群体将很难获得良好的绩效。

（三）群体的功能

群体是介于组织和个体之间的人群结合体，因而它具有重要的沟通与桥梁功能，主要体现在：

1. 组合功能。群体能够把个体力量组合成新的力量。由于群体是个体有条件的特殊组合，所以它能够把不同个体的知识、能力和资源等有机组合成一种新的集体的力量。尽管群体既可能产生好的结果，也可能产生不良的结果，但是当群体的组织与管理适当时，群体目标、群体行动、群体关系和群体意识与组织和个体的需求相统一时，就可以完成个体力量往往无法完成的重大而复杂的任务。

2. 分工协作功能。组织中的群体广义上包含正式组织的部门（正式群体），狭义上与正式部门有别，在实际应用中，人们则常常把部门与正式群体混用。群体的重要功能之一是对组织赋予的任务分解，分工到个体，并把个体所承担的任务和职责进行协同与合作，从而有效地完成组织所规定的任务和职责。显然，任何一个大的组织必须依靠群体的作用来把其整个任务和目标合理分工，逐层分配，落实给基层和个人去执行；必须依靠群体的作用来使不同的工作者，不同的工种或岗位密切合作，把个人或小集体的行为活动整合为有组织、有目标的整体性生产与工作活动，从而保证组织目标的实现。

3. 协调功能。世界上没有两片相同的树叶，也没有两个完全相同的人。不同的个体在个性、兴趣、价值观、态度、利益、立场、职业观等方面都有其不同的特点，会决定其不同的行为倾向、价值取向以及知识、能力、积极性的发挥。一个成熟的群体可能通过其群体意识、群体规范、群体任务、群体角色、群体关系等内容和手段来潜移默化地影响其成员，较好地协调组织、群体、个体之间的利益关系，较好地协调个体与个体、个体与群体以及个体与组织的矛盾冲突，从而促进成员的社会化水平，有助于个体在群体或社会中健康、舒心地工作和生活。

4. 平台或手段功能。群体既是组织达成其总体目标的平台或手段，也是个体解决问题的工具，是个体实现其个人目标的平台或手段。前者主要体现于群体对组织的分工协作、力量整合、利益与矛盾的协调与贡献上。后者则主要体现在群体可以增加个人交往面，可以给予个人权力和地位，可以提供给个人更多的资源，可以放大个人的能量和作为，从而实现个体在单独奋斗时，无法企及的个人目标或宏伟事业。

5. 满足成员需求的功能。群体对个人的主要功能是能满足其心理的需要，而这也正体现了个人加入群体的动机。群体成员的需求是多种多样的，其中有的可以通过工作得到满足，而有的则需要以群体内人际之间的相互作用、相互依存、相互交流而得到满足。例如，个体通过加入一个群体可减少独处时的不安全感，免于孤独、恐惧，会感到自己更有力量，从而满足心理上的完全需要；通过加入一个被别人认为是很重要的群体以得到别人承认，满足其尊重需要；群体能使其成员觉得自己活得很有价值，从而满足自我实现的需要；群体还可以满足其成员的社会需要。对许多人来说，这种工作中的人际相互作用是他们满足情感需要的最基本途径。另外，只有在群体活动中，个体才可能实现其权力需要。

二、群体的类型

根据不同的划分标准，可以将群体划分为以下几种类型。

（一）小群体和大群体

根据群体的规模，可以将群体划分为小群体（primary group）和大群体。有人把大群体称为"第二级群体"（secondary group），这类群体的成员关系比较松散，接触较少，成员之间以间接的方式通过组织机构、目标等发生联系。小群体的成员数目没有确切的规定，但它的一个重要特征是，成员之间能够直接的相互交往和沟通信息。

组织行为研究的重点是小群体，在小群体中存在着直接的互动关系。常见的小群体像学校的班级、教研室，工厂的班、组，部队的班、排，机关的科、室，体育代表队，各种不同单位的领导班子等。

（二）正式群体和非正式群体

根据群体的组织性可以将群体划分为正式群体（formal group）和非正式群体（informal group）。

1. 正式群体

它是按组织设计正式组织起来的群体，它有正式的规章制度，成员有固定的编制和组织形式，有明确的职责分工，有规定的权利和义务。在正式群体中，群体成员主要从事由组织所规定的活动，受到正规的奖惩制度的激励和约束，个体所表现的行为是趋向组织目标的。所以，正式群体又称为工作群体，正式群体最常见的有命令型群体和任务型群体。

（1）命令型群体（command group）。军队中的一名班长和他管辖的士兵就组成了一个命令型群体；一个营业部经理和他领导的几名营业员也构成了一个命令型群体。所以，命令型群体是由组织结构所规定，正式的命令与服从关系所维系的，由直接向某个上司报告工作的下属和该上司所组成，他们之间总是具有直接的上下级关系。

（2）任务型群体（task group）。任务群体是由组织结构和组织关系所决定的，那些为完成一项组织赋予的工作任务而在一起工作的人所组成。例如，一个项目经理部是一个任务型群体；一个由公司多个部门上、中、下各层人员组成的"危机处理小组"也是一个任务型群体。所有的命令型群体必然是任务群体，但任务型群体不一定是命令型群体。这是因为任务型群体可以由来自组织不同部门、不同层次的人员所组成，并非局限于直接的上、下级关系。任务型群体是工作群体的基本形式，它又可以按照群体成员之间的关系分为对抗群体、协力群体和互动群体。

①对抗群体又称为抵制性群体（counteracting group）。这种群体常常是由要通过谈判和协商来解决某种矛盾冲突的不同方面人员或不同利益主体的代表所组成。这种群体的成员所代表的相互冲突行为或利益取向不一的不同主体，拟借助抵制性群体来解决或调和某些矛盾冲突。企业的劳资谈判群体即是一种对抗性群体。

②协力群体也称共同行为群体（co-acting group）。这种群体的特点是其成员可以在短期内相对独立地开展工作。例如，一个保龄球队就是一个协力群体，球队的得分等于每个队员各自得分的总和。当个体的工作并不需要其他人合作或者并不互相干扰时，协力群体可能效率更高。但是，协力群体成员间依然彼此依存，只不过是在工作过程中"相对""短期"地减弱了相互依赖，如果长时间不存在相互依赖关系时，该任务群体就名存实亡或者不复存在。

③互动群体也称交互群体或相互作用性群体（interacting group）。这种群体的主要特点是：只有当群体的每位成员都完成其所分担的工作份额后，整个群体才能实现群体的目标。例如，一个科研课题项目小组，只有当每位课题成员承担的子课题工作完成后，群体目标——科研课题报告才能完成。互动群体一般包括工作班组、董事会、篮球队、委员会、咨询机构、公关小组等类似组织。

2. 非正式群体

非正式群体是指不为组织正式承认，也不是由正式组织的目标、任务和组织结构所决定的群体。非正式群体与正式群体相反，它的建立与组织分工、权力、责任、规范、规定等没有必然联系，而是组织中的人们在工作生活中为了某些需要而自然结成，成员之间的关系是松散的。由于组织成员除了通过工作满足某些需求之外，还有许多其他的个人需求通过与其他成员之间的非正式交往来满足，所以，任何组织内部都会存在各种类型的非正式群体。在竞争日益激烈、工作压力不断加剧的今天，组织必须重视和利用非正式群体对员工的积极作用，但也要正确引导和纠正对组织不利的小团体的行为，使其对整个组织目标的实现和员工的利益产生积极的影响。

按照形式、动机的不同，常见的非正式群体主要可分为友谊型群体、利益型群体和兴趣爱好型群体。

（1）友谊型群体（friendship group）。这类群体是为寻求友谊、情感的交流、归属感等目的而结成的。譬如，各种联谊会等。在我国，这种类型的非正式群体往往对满足人们的心理需要有很大的作用，对其工作本身也有重要的影响。

（2）利益型群体（interest group）。这种群体是由于人们对某类特定事物和利益共同关心，为了特定的目标共同活动而形成的群体。如在某企业中为了支持受到上级不公平对待或解雇的同事，一些具有相同背景和利益的员工自发组成一个群体进行声援。再如，企业中一些员工自发组成企业业余质量小组，经常在一起讨论如何改进产品质量、降低成本、提高效率，并向企业提出各种具体建议，从而得到组织的褒奖。

（3）兴趣爱好型群体（hobby group）。这种群体是由具有共同的业余爱好和兴趣的个人自行结成的群体，如各类棋、琴、书、画、唱小组等。这种群体可以丰富组织成员的生活，减缓工作压力。

非正式群体的主要特点是自发性、凝聚性、不稳定性和领袖人物的权威性。它一般有不成文的群体规范约束、影响着成员行为。违反者将受到该群体的排斥，甚至被抛弃和严厉惩罚。它有一条灵敏的信息沟通渠道，有较牢固的感情纽带，有很强的自卫性和排外性，有自然形成的权威性领袖人物，但具有相对的不稳定性。

非正式群体是一种客观存在。它对于组织和个体行为的作用和影响可能是积极的，也可能是消极的。管理者既不能回避、拒绝，也不能简单地把它看作为反面的"小团体"而加以禁止，更不能将其取缔。而是要创造条件，使非正式群体的目标与企业目标一致。如果引导得当，与正式组织协调起来，能成为促进组织目标完成的积极动力；反之，若处理不当，与正式组织发生矛盾，就会抵消正式组织的作用，阻碍组织目标的完成，成为一种阻力。由于非正式群体中领袖人物的态度在相当程度上能左右群体的态度，为此，要特别注意非正式群体的产生背景及其领袖人物的特点，有针对性地积极地做好转化工作。

（三）实属群体和参照群体

实属群体（membership）是个体实际归属的群体；参照群体（reference group）是个体在心理上希望成为的群体。个体往往把参照群体作为自己学习的榜样。参照群体不是个体实际归属的群体，它甚至可能是想像中的群体。研究参照群体有重要的实际意义。在我国的企业管理中，树立先进典型是管理工作的一条重要经验。但是，要使这条经验有更大效果，必须进一步研究如何使先进集体成为全体职工或多数职工的参照群体，即真正成为职工心目中努力达到的标准。有时树典型、树标兵的活动虽然表面上搞得轰轰烈烈，但实际效果不大。其中一个重要原因就是这些典型、标兵没有真正成为人们心目中的参照群体。个体各有个性，但在群体中由于受群体规范尤其是群体中其他成员的影响，往往会表现出不同于个体单独情景下的行为反应。这种反应是群体压力下的产物，也是个体借以适应环境的方式。

（四）创新群体

创新群体的产生背景是 20 世纪科技迅猛发展，市场瞬息万变。例如，1951 年日本市场上老产品占 93%，到 1961 年为 59%，而到了 20 世纪 90 年代，则不足 30%。环境的动态变化，迫使企业组织不断开发新产品、开拓新市场，解决新问题，以增强近期和远期的经营效果。但是，产品开发过程的复杂性却面临着组织结构科层化所带来的官僚主义倾向，对创新活动起着抑制作用。近几年来，许多企业建立了一种新的群体形式——创新群体（venter group）。美国通用电气、联合碳化、杜邦等大公司都设有这种群体。美国 3M 公司至少有 24 个创新群体在同时工作，它的 6 个事业部就是在创新群体的观念上发展起来的。通用面粉厂将创新概念列入公司组织结构中，成立创新部来负责这方面的工作。杜邦公司设有 30～50 个新产品开发小组。

创新群体是一种革新者汇集的小组，企业管理者赋予创新群体很大的自由，以摆脱对创新开发的种种束缚。创新群体具有以下特征：

（1）工作对准单一目标。

（2）成员来自各个职能领域中优秀的专家和管理人员，人数不多，由一个组长领导，该组长对企业最高层领导负责，群体成员享有充分的自主权。

（3）它是针对某一专题组建的临时性小组，任务一旦完成，小组立即解散，其成员或回到原来的职能部门，或转入新的创新群体。这个群体常成为新产品开发部门的核心。

（4）它是培训管理人员的良好基地。

然而，西方企业的管理实践表明，创新群体也存在不容忽视的负面影响。比如，它过分地集中了有才能的人员，所提出的设想有时缺乏商业价值。此外，当小组开发了一个新产品或一种新服务措施时，其成员脱离原来所属的企业，而自办小公司，给原来所属的企业造成无形资产损失。

（五）电子化群体[①]

电子化群体（electronic group）是指利用计算机系统，把群体成员联系起来的群体。它们的特色在于利用通过网络连接起来的个人电脑或工作站，创造出了一个信息技术的环境。这种网络既可以是在一个单独的房间里，也可以是在组织的内部网或者互联网上。这种群体可以采用各种不同的时间模式和实体模式来连接，如可以同时在一个单独的房间里召开会议，也可以在不同时间在多个地点召开会议。系统中的软件可以为商议解决问题的群体和决策群体提供支持。在单个房间里，一群人坐在电脑前，可以进行实体上的交往。而另一种模式让群体成员可以在多个办公室里，进行自己的工作，这种群体模式，其成员无法进行直接的实体上的交往。通常这种模式利用在各个办公室里为电子化群体所配备的电脑，通过互联网把群体成员联系在了一起。在这种模式中，人们可以散布在世界各地的任何地方。这种类型的群体也变成了虚拟组织中的一部分，它们通常也被称为虚拟群体或虚拟团队。

三、群体发展阶段

各种类型的群体都会经历一系列发展阶段，如经历方向确定、冲突和挑战、凝聚、迷惑、醒悟和承认接受等不同的阶段，要确切地指出群体发展到哪一个阶段是非常困难的。但是，管理者必须了解群体的不同发展阶段，了解一个群体如何从无效率、无效益的"萌芽"雏形状态开始，逐步发展演化到有效率、有效益的"完全成熟"状态，因为群体形成与发展的每一个阶段都关系着群体的建设质量，都会影响到群体的整体效用的发挥。

在群体和群体动态变化研究中，对群体发展的阶段是具有争议的。其中较为普遍接

---

① 该部分参考 Joseph E. Champoux. 组织行为学基本原则 [M]. 2 版. 清华大学出版社，2004，177.

受的是4阶段论(即相互接受、制定决策、激励与约束,以及控制与许可)[①]和5阶段论(形成、震荡、凝聚、执行任务、中止)[②]。而5阶段论似乎更有说服力而广为传播。因而这里介绍关于群体发展的5阶段论描述:

(一)形成阶段

群体形成阶段(forming stage)的一般特点是,群体的目的、结构、领导都不确定。群体成员各自摸索群体可以接受的行为规范,相互介绍、揭示自己的特性和能力。有时候这个过程进行较慢,群体成员还要相互讨论如何从事群体任务的初步设想。一般来说,当群体成员开始把自己看成是群体的一员时,这个阶段就完成了。

(二)震荡阶段

震荡阶段(storming stage)是群体内部冲突阶段(conflict stage)。群体成员接受了群体的存在,但对群体加给他们的约束,仍然不习惯而予以抵制。并且,对于谁可以控制这个群体,还存在争执。在相互竞争的非正式领导者之间,可能会爆发权力斗争。在关于群体应当怎样从事群体任务的问题上,也会发生冲突。这个阶段结束时,群体的领导层次就相对明确了。

(三)凝聚阶段

群体凝聚阶段(cohesion stage)(规范化,norming)之前,群体已经确定了自己的角色和角色关系。群体对不同成员的适当行为已经认同,成员之间也相互接受了对方,开始形成亲密关系,群体表现出一定的凝聚力。和前一阶段相比,这个阶段的冲突已经没有那么激烈了。即使有冲突,也较少集中在群体的社会结构,而更多地集中在履行群体任务的不同方式上。群体结构基本稳定下来,群体成员产生强烈的群体身份感和友谊关系,群体对于什么是正确的成员行为达成共识。

(四)执行任务阶段

在执行任务阶段(performing stage)(或称任务定位阶段,task orientation stage),群体成员之间开始相互喜欢对方,而且已经接受了群体的规范。群体成员已经选定了自己的目标,并设计安排了他们之间的劳动分工,明确了任务,并集中精力进行工作,完成群体任务。

(五)中止阶段

有些群体实现了自己的目标,完成了群体任务,就准备解散了,注意力放到群体的收尾工作,从而结束了群体的存在状态即进入中止或终止阶段(adjourning or termination

---

① 见黛布拉拉·L.纳尔逊(Debra L. Nelson),詹姆斯·坎贝尔·奎克(James Campbell Quick).组织行为学——基础、现实与挑战 [M]. 三版.北京:中信出版社,2004:276.
② 如罗宾斯(Stephen P. Robins).组织行为学 [M]. 7版.北京:中国人民大学出版社,1997:228.

stage）。有的群体则会重新确定自己的任务和成员资格，使群体又回到第一阶段，重新开始演化过程。在这个阶段，群体成员的反应差异很大，有的很乐观，沉浸在群体的成就中；有的则很悲观，惋惜在共同的工作群体中建立起的友谊关系，不能再像以前那样继续下去了。

职能型群体和有凝聚力的非正式群体到上述执行任务阶段即是最后一个阶段，并保持稳定状态。但是，在特定的条件下，这些群体也会重复前面各个阶段，经历重新发展的过程。如当新成员加入某个已经建立起来的群体的时候，群体的社会结构和组织从事自身任务的方式常常会发生一些变化。群体中既有成员，尤其是正式或非正式领导，会帮助新成员适应群体的规范。在这个适应过程中，群体行为和群体规范也会或多或少地发生变化，对于新来者都会起作用。

如图 5-1 所示的 5 阶段模型，许多解释者包含了这样的假设：随着群体从第 1 阶段发展到第 4 阶段，群体会变得越来越有效。虽然这种假设在一般意义上可能是成立的，但使群体有效的因素远比这 5 阶段所涉及的因素要复杂。在某些条件下，高水平的冲突可能会导致较高的群体绩效。所以，人们也可能会发现：群体在第 2 阶段的绩效超过了第 3 或第 4 阶段。同样，群体并不总是明确地从一个阶段发展到下一个阶段。事实上，有时几个阶段同时进行，比如震荡和执行任务就可能同时发生。群体甚至可能回归到前一阶段。因此，即使是这个模型的最强烈支持者也没有假设所有的群体都严格地按照 5 阶段发展，或者认为 4 阶段总是最可取的。

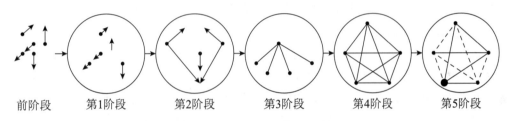

图 5-1　群体发展的 5 阶段模型

在理解与工作有关的行为时，5 阶段模型的另一个问题是它忽视了组织环境。例如，一项关于飞机驾驶员的研究发现，3 个陌生人被指定同时驾驶一架飞机飞行，他们在首次合作的 10 分钟内就成为高绩效的群体。促使这种群体高速发展的因素是环绕着飞机领航员的强烈的组织环境。这个环境提供了群体完成任务所需要的规则、任务的定义、信息和资源。他们不需要 5 阶段模型所预测的那些过程，如形成计划、分配角色、决定和分配资源、解决冲突、建立规范。

第二节　群体行为特性

为什么有些群体比另一些群体更容易成功？个体在群体中的行为与其处于独立情境下的行为反应往往不同。群体是如何影响个体，并把个体组合成群体行为的？这些就是本节所要探讨的群体行为特征问题。

一、制约群体有效性的因素

群体并不总是有效的,群体的外部环境条件、群体成员、群体结构都会对群体行为及其绩效产生重大影响。

(一)群体的外部环境条件

群体的外部环境条件是工作群体无法实际控制的影响群体行为的外界作用因素和条件。外部环境条件是群体行为的背景因素、边界条件和活动基础。由于任何群体都是其所依附的更大组织系统中的一个子系统,因而可以从群体所归属的组织解释中抽取出相应内容来解释群体的外部环境条件,以促进对群体行为的理解。

1. 组织战略。组织的整体战略一般是由组织中的中高级管理者制定,它规定着组织的目标和实现目标的方针与手段,影响着组织赋予工作群体的权力和职责,决定着组织分配给工作群体的任务和资源。比如,如果某公司通过出售或关闭其主要业务部门,来实现其紧缩战略,就会缩减其工作群体的资源,增加群体成员的焦虑感及引发群体内部冲突的可能性。

2. 权力结构。组织中的权力结构规定了谁向谁发布命令,谁向谁汇报工作,谁有权决策,谁执行,谁监督。这种结构通常决定着工作群体在组织权力结构体系中的位置,决定着群体的正式领导、群体成员与群体之间的正式关系。

3. 正式规范。组织通常会制定规则、程序、政策以及其他形式的规范来使员工的行为标准化。如麦当劳公司对填写菜单的格式、烹调汉堡和灌装饮料的方法都设有标准的工作程序,因此,麦当劳公司的工作群体自己制定独立的行为标准的余地是很有限的。组织对员工施加的正式规定越多,组织中工作群体成员的行为就越一致,就越容易预测。

4. 组织资源。有些组织规模较大,而且利润丰厚,资源丰富,它们的员工就可能拥有高质量的工具和设备来完成工作任务。而有些组织可能就没有这么幸运了。如果一个组织资源有限,那么它的工作群体所能拥有的资源当然也就比较有限。工作群体所能做的事情在很大程度上取决于其资源条件。资源是富裕还是短缺,对工作群体的行为有着巨大的影响。

5. 人员甄选过程。工作群体的成员首先是这个群体所属的组织的成员。比如,海尔公司一个降低成本任务小组的成员首先必须是海尔公司的员工。因此,组织在甄选员工的过程中所使用的标准,将决定其中工作群体成员的类型。

6. 绩效评估和奖酬体系。组织绩效测评体系和奖酬体系是影响组织内部各部门和每位员工的组织变量。群体作为更大组织的一部分,其绩效目标,成员的工作积极性和群体行为成效都会受到组织评估标准、评估方式、组织奖励的行为类型、奖励方式等考核——奖励体系的约束和奖励。

7. 组织文化。组织文化(将在后面第十一章详述)是一个组织在生存与发展过程中所形成的,并区别于其他组织,是该组织成员的共同价值观、基本信念、组织哲学、行为规范等的总和。组织文化规定着组织成员哪些行为是可以接受的,哪些行为是不可以接受的。员工在进入组织几个月之后,一般就能了解其所在组织的文化。如上班时该如何着装，组织的规章制度是否都应该严格地遵从，哪些类型的出格行为会使自己遇到麻烦，哪些则没有多大关系等诸如此类的东西。虽然许多组织存在亚文化——通常以工作群体为中心产生——从而存在组织正式规章制度之外的一些规则，但这类组织中仍然是由主文化向所有的组织成员表明，组织所重视的价值观是什么。如果工作群体的成员想得到组织的承认，就必须接受组织主文化所蕴含的价值标准。

8. 物理工作环境。物理工作环境主要是指工作群体成员工作地点的远近，工作场所的外观、设施、噪声、照明情况，工作群体领导和成员之间的沟通条件等群体运行的基本工作硬件，物理工作环境对群体行为也有其重要影响。

（二）群体成员

一个群体可能达到的绩效水平在很大程度上取决于群体成员个人给群体带来的资源。这里从成员个体能力、人格特质、需求与期望等方面资源来考察其对群体行为和绩效的影响。

1. 个体能力。个体完成工作，解决问题的能力各有高低，群体成员所拥有的与工作有关的能力和知识、智力水平是影响群体绩效的重要因素之一，可以用来部分地预测群体行为的有效性。事实证明，一个人如果拥有完成群体任务的重要能力时，他通常更愿意参加群体活动，对群体的贡献会更多，在群体中地位的上升空间更大，对工作的满意度会更高。群体成员的智力与工作任务相关的能力都与群体绩效有关，但相关度不高，这说明，其他因素，比如群体的规模，所从事的工作任务类型，群体领导的行为方式，群体内部的冲突水平，都对群体绩效具有一定影响。

2. 人格特质。大量研究探讨了人格特质与群体态度和群体行为之间的关系。一般认为，具有积极意义的人格特质对群体生产率、群体士气和群体凝聚力有积极的影响，这些人格特质主要包括善于社会、自我依赖、独立性强。相反，那些具有消极意义的特质，如独断、统治欲强、反传统性等，对群体生产率、群体士气、群体凝聚力有消极影响。这些人格特质通过影响群体成员在群体内部的相互作用方式，而影响到群体的绩效。

3. 需求与期望。不同群体可以为其成员提供不同的利益，满足个体的不同需要。个体对群体的需要价值取决于其价值观能动地作用于需要客体和需要手段。个体对群体可能满足自己需求的期望程度，将决定其加入群体的动因，影响其完成群体任务的积极性和主动性，从而影响群体的绩效水平。

当然群体成员的资源远不止以上三个方面，另外，如成员的态度、年龄、性别、工作经历、家庭状况等因素都会影响群体绩效。

（三）群体结构

群体结构（group structure）塑造群体成员的行为，使人们可以解释和预测群体本身的绩效和大部分群体成员的个体行为。群体结构主要变量有正式领导、群体规模、群体构成等因素。

1. 正式领导。几乎每个工作群体都有一个正式领导。他们的头衔可以是部门经理、项目领导、任务小组领导或委员会主席。群体领导对群体绩效具有巨大影响，将在后面第 8 章详述。

2. 群体规模。群体规模能够影响群体的整体行为，但其影响力取决于你所考察的变量。群体的规模可以从两个人直到 12～16 人，但许多人认为，12 个人可能是群体成员可以同时对其他各个成员做出反应和进行交往的上限。事实证明，小群体比大群体完成任务的速度要快，大群体在集思广益解决问题过程中比小群体有效，而 7 个人左右的小群体在执行生产性任务时更为有效。

有关群体规模的研究还有两个结论：①成员为奇数的群体似乎比成员为偶数的群体更受欢迎；②5 人或 7 人群体在执行任务时，比更大一些的群体或更小一些的群体，都更有效。群体成员为奇数，在投票时就能降低发生僵局的可能性。而且，由 5 人或 7 人组成的群体足以形成大多数，允许发表各种不同意见；而且又可以避免与大群体相联系的一些弊端，如少数人占据统治地位，发展小团体，禁止某些成员参与决策，在决策时拖延时间，等等。

3. 群体构成。群体构成即群体组成成分的构成，它是指在一个群体中各个成员所有的各项个体特征的分布和组成情况。根据群体组成成分的不同，群体的构成可以分成同质结构和异质结构两种类型。

异质结构群体也称异类群体，是指群体成员在性别、年龄、个性、专业、观点、能力、技能、视野、经历等个体特征方面存在显著不同的群体。这种群体更可能拥有多种能力和信息，在需要具备多种技术和知识的群体活动中，运行效率会更高。但是这种群体可能冲突较多，沟通相对困难，可能不太容易随机应变。一般认为，异质结构群体在完成复杂任务、创造性的任务、须并行完成的工作以及时间性不强的任务时效果较好，更为适宜。例如，企业中的新产品开发小组，大学里一些综合课题组，一些组织的领导班子、委员会，政府等组织中的决策机构、咨询委员会等一般多采用异质结构。

同质结构群体是指群体成员在性别、年龄、个性、专业、观点、能力、技能、视野、经历等个体特征方面都比较接近的群体。这种群体的特点与异质结构群体基本相反。一般认为，同质结构群体在完成简单任务、连续任务、合作性任务，以及要求速度快、工作时效性较高的任务时，效果较好，更为适应。例如，机械制造厂的车床组、钳工组、铣工组即是以同质结构来组建的群体。又比如，学校中的物理教研室、数学教研室、化学教研室，许多组织的工作班子、执行小组等采用的也是同质结构。

群体的构成成分对于预测成员的离职率来说可能是一个重要变量。比如，经历不同的人组成的群体中，由于群体成员之间沟通比较困难，因此，这种群体中的员工离职率较高。在这种群体中，冲突和权力之争一旦开始，就可能难以控制。冲突愈演愈烈，群体对其成员的吸引力就变得更小，离职的可能性就更大。在权力斗争中，失败者更容易自动辞职，或被迫辞职。当然如果同类者组成的群体成员之间的隔阂较深，离职率也会升高。如果他们进入组织的时间不一致，群体内部离职率也可能会升高。此外，人们还发现群体成员之间的社会背景差异、性别差异、教育水平差异等，也会因为造成群体成员之间的不平衡而促使某些员工离职。

差异本身也许不能预测群体成员离职率的高低，但一个群体内部存在巨大差异，就会导致群体成员离职率升高。在一个群体中，如果每个人都与其他人存在一定差异，他们就不会有很强的局外人之感。因此，群体成员在某些方面的差异大小，而不是他们在某些方面的水平高低，才是最重要的。

在实践中，到底是采用同质结构还是异质结构来组建群体，还须考虑组织和管理者的管理能力。一般而言，同质结构群体成员容易沟通，冲突较少；异质结构群体成员在很多方面差别较大，沟通上困难，容易发生冲突，处理这些潜在的沟通和冲突问题就需要正式领导具有相应的管理能力。否则，群体是很难取得良好绩效的。

总之，群体构成对群体的心理气氛、和谐程度、凝聚力和工作成效都会有较大的影响。组建工作群体时，应根据工作的性质、类型、特点、员工个体特征以及正式领导的组织管理能力等实际情景进行合理的人员搭配，从而优化结构，建设高效群体。

（四）群体任务

群体互动过程对群体绩效和群体成员满意度的影响，也受到群体从事的任务的影响，群体任务的复杂性和相互依赖性影响群体的有效性。

群体任务的因素主要是指确定群体任务的目标（或群体目标）、群体任务的类型、群体任务的结构和难度以及完成群体任务的方法等内容。群体任务可以简化为两类：简单任务和复杂任务。简单任务是指简单化、标准化的任务，复杂任务是指非常规化的新颖特殊任务。

群体和群体成员承担的工作任务越复杂，群体成员完成任务时的相互依赖性越强，群体就越需要在成员之间的方法讨论、信息交流、沟通协调、适当冲突等互动行为中获得收益，从而提高群体绩效。由于复杂任务的复杂性强、相互依赖度高并有着较高的不确定性，因此，群体在承担这类任务时需要较强的信息加工能力和成员互动能力，这又反过来加强了群体互动过程的重要性。群体和群体成员在承担简单工作任务时的情形，则可能相反。即使一个群体领导不力、沟通不良、交流不够、甚至冲突水平较高，如果是承担简单任务，对成员间相互依赖性要求不高时，群体绩效并不一定就是低劣的。

二、群体压力与从众行为

群体成员通常具有跟随群体的倾向。当一个人发觉自己的行为和意见与群体多数人不一致时，一般会感到心理紧张，产生一种心理压力，这就是群体压力（group stress）。这种压力促使人与群体主流的行为和意见趋于一致。人在群体中的这种要求与多数人一致的现象，称为从众行为或社会从众行为（conformity behavior）。

（一）从众行为产生的原因

从众行为的产生，一方面是源于马斯洛指出的人的"安全需要"。在群体中，标新立异或与众不同往往会使一般人担心由于背离群体的主流做法而丧失安全感，从而感到孤立、不安和不和谐。反之，当个人与群体保持一致时，就会有一种安全和舒服感。群体压力与正式的权威命令不同，它不一定是强制地影响个体的行为，而是由于多数人的意向在影响着个人的行为反应，个体在心理上往往难以违抗。因此，群体压力对人行为的影响，有时并不一定亚于权威命令。从众行为的产生另一方面也是因为个体其他方面的实际需要。譬如，一个人在工作或生活中所需要的大量信息，都是从别人那里得到的，离开了他人，个人几乎难以活动，这样就使人逐渐形成不自觉地依赖他人的心理，从而导致从众行为产生。还有，人要在工作和生活上有所成功，必须依赖于他人的努力和群体的力量。总之，个人生活在群体之中，任何一个群体、组织或整个社会都是一个合作系统。这就意味着，在一个群体中，个体在某些时间和场合都可能会做出某种程度的让步，不愿意犯众怒，甚至委曲求全。

从众行为的研究来自美国心理学家阿希（Salomon Asch）于1950年代所做的实验。他将几组大学生作为被试者，让他们对图5-2所示几条线的长短进行比较，判断图右边的ABC三条线中哪一条是真正的被试者，其他几个都是实验人员事先串通的合作者。实验用12套卡片，每套卡片有2张。每次给被试者看2张卡片（1套），看完后请他们一个个地指出右边卡片中的哪一条与左边卡片中的X线同长。根据事先对合作者的交代，开始几次实验让合作者做正确的反应，以后就故意一致地做出错误的反应，从右边卡片中选出错误的线段，在这种情况下看那一位真正被试者的选择和反应受其他人一致性错误影响的程度。阿希在1951年、1956年、1958年多次重复实验发现：当真正的被试者只遇到一个成员做出的错误回答时，他将坚持自己的正确意见；当组内做错误回答的人增加到两个人时，他就会感到群体压力，这时被试者接受错误判断的次数据统计达13.6%；当组内做错误回答的人增加到三个人时，被试者接受错误判断的次数比率达31.8%。

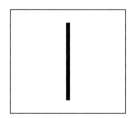 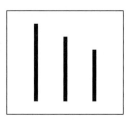

图5-2　阿希实验的卡片

阿希实验结果表明，群体规范能够给群体成员形成压力，迫使他们的反应趋向一致。人们都渴望成为群体的一员，而不愿意与众不同。

（二）从众行为的表现形式

继阿希实验后，一些心理学家进一步研究分析群体压力和从众行为问题。结果发现，不是所有的群体都能给予自己成员相同的从众压力。人们通常要参加多个群体，这些群体的规范各不相同甚至可能互相矛盾。所以，人们并非对所有参与群体的规范都予以接受，而是遵从自己认为是重要的群体的规范，这些群体可能是自己已经参与或希望今后参与的群体。例如，如果某一群体比较团结，意见一贯比较一致，个体了解群体中的其他人并感到他们对自己很重要，个体认为自己渴望成为这个群体的一员时，个体就容易顺从该群体压力而产生从众行为。又比如，当一个人具有的智力和能力较低，情绪稳定性差，自信心低，对他人依赖性强，对人际关系敏感性强等个体特征时，就容易产生从众行为。

事实上，从众行为有表面的和内心的两个层面。表面的行为可表现为从众或不从众，而内心的反应却有容纳与拒绝之分。对同一个人来说，内外两个层面的反应，并不一定都是协调一致的，它有以下4种情况：

1. 表面从众，内心也接受。这就是所谓的"口服心服"。这是群体与个体之间最理想的关系。当组织的目标与员工的期待一致时，即为这种状态。

2. 表面服从，内心却拒绝。这是一种权宜的从众或假从众，即"口服心不服"。

3. 表面不服从，内心却接受。领导内心同情、支持员工辛苦了一周后应休假一天，但上级领导不批准。这时，该领导不敢公开表示从众，而内心却认为员工的要求是合理的。

4. 表面不从众，内心也拒绝。这是心口一致的行为。比如一个革新者，面对一个故步自封，不求改革的群体，便可能采取这种态度。

（三）影响个体从众行为的因素

影响个体从众行为的因素主要包括个体特征、群体特征以及其他情境因素等。

1. 个体特征。人的从众行为倾向性在很大程度上取决于个体的特征。这些特征包括：①智力和能力的高低，智力低者更易于从众；②情绪的稳定性，焦虑且不稳定者易于从众；③自尊心强弱，自尊心弱的人易从众；④社会赞誉需要高低，社会赞誉需要高的人易从众；⑤对人际关系的敏感性，看重人际关系的人易从众；⑥态度与价值观，对社会评价和舆论敏感、重视道德与权威、墨守成规者易于从众；⑦对他人的依赖性，对他人依赖者易于接受别人的暗示而放弃己见；等等。

2. 群体特征。这方面的因素包括：①群体的作用，一个能够满足个体愿望和需要的群体，易使个体产生从众行为；②群体的组成，当群体内多数成员的地位、能力、经验高于个体时，个体容易产生从众行为；③群体的气氛，当群体不容忍个人主见、总是对从众的人有利时，这使得个体易于产生从众行为；④群体的凝聚力，群体的凝聚力越高，越容易使个体从众。

3. 其他情境因素。个体的从众行为还取决于其他情境因素。譬如，问题的性质，如果群体针对的问题本身复杂模糊、没有标准，则个体易于从众；个体对群体的依赖度，当个体非常依赖于群体来达到其需要和目标时，个体就会考虑群体的意见和需要；外界对群体的支持度，当整个组织对该群体非常认同和支持时，个体也容易产生从众行为等。

（四）从众行为的作用

从众行为的作用也有两重性，既有积极的一面，也有消极的一面。

1. 积极作用：从众行为的实质是通过群体来影响和改变个人的观念和行为。为此，无论先进或落后的群体都会影响到其成员的个人行为。例如，一名原来表现不好的新进员工，领导有意识地安排他到一个先进工作小组中去工作，那么，这名新员工有可能逐步改变其原来不好的行为。

2. 消极作用。从众行为的消极作用表现如下：

（1）束缚成员创造力的发挥。从众行为倾向于"舆论一致"，这种压力容易窒息成员的独创性。因为一个人如果不敢冲破"舆论一致"的束缚而深受其控制，便会"人云亦云"，扼制创造力的发挥。

（2）掩盖表面一致情况下强行通过或仓促作出的结论的不正确性。在作决策或决定时，千万不要被这种"表面一致"所迷惑，要细心观察，采取谨慎的态度。在决策过程中，要善于听取和分析反面的意见，提高运用反面意见的能力。因为任何一个决策，只有经过反复的争论，对正反两种意见作过全面的分析，才有可能作出比较正确的判断。

由此可见，个体在群体中从众行为的倾向性是个体与群体力量的对比结果。当个体的力量能抵抗群体压力时，则会按自己的真实意见行动；当个体的力量不足以抵抗群体压力时，则会表现出从众行为。

三、群体规范

群体对个体行为的影响，还表现在群体规范上。

（一）群体规范的含义

群体规范（group norms）是指群体为达到共同目标，在一定时期内成员相互作用而形成的、每个成员必须遵守的行为规范。

早在1930年代初，著名的霍桑实验已经注意到群体规范对群体及其成员行为的影响，霍桑实验发现，梅奥及其他人所认为的对生产中起作用的社会因素几乎没有对生产力产生任何作用。工人们已经建立了一套无法改变的群体规范。梅奥和其他人在报告中认为，如果工作群体中的人们在一起工作的时间非常长，那么，他们往往能够形成自己的行为规范和价值观念。他们研究中的其他证据也证明了这一点。梅奥认为，有效的管理目标应该是该组织能直接从其工作群体的行为规范和实践中获益。如果忽视这些观念，任其发展，它们就会与管理目标发生冲突。

在梅奥以后，人们对群体规范做了大量研究。研究者发现，就大部分群体而言，群体规范是无意识通过习惯的力量形成的，它们起源于群体成员对工作性质的构想和信念；起源于由经理人员向群体成员传递的有关群体成员是否负责的一种隐含期待；起源于群体成员工作的实际条件以及其他许多类似的因素。

当然，群体规范不可能详细具体规定每个成员的一举一动、一言一行，给出的只是一个基本的行为框架。群体规范可分为正式规范和非正式规范。前者是由正式文件明文规定的，如各种规章制度和守则等；后者是群体自发形成的，不成文的，如成员之间的沟通方式和态度，各种行为和风俗习惯等。但正式和非正式规范都有约束和指导成员行为的效力。成员的行为符合这个框架和标准，就会得到群体的认同。反之，当成员偏离或破坏这种规范时，就会引起群体的注意。轻者要受到教育和指责，群体还会运用各种纠正方法，使其回到规范的轨道上来；重者则要受到惩罚，甚至被排除出群体之外。这些都说明，群体规范是控制其成员有效的方法。

（二）群体规范的功能

群体规范对群体成员的行为有着重要影响，其功能主要表现在以下几方面：

1. 表现群体的核心价值观。通过这种方式，使群体成员能够具有一种强烈的"我们的群体是什么样的"意识，群体成员可以借此来指导自己的行动，并指导自己与群体外部人群的关系。群体规范也有助于清楚地界定该群体不做什么——可以辨别出哪些是该群体可以接受的行为，哪些是该群体不能接受的行为。

2. 增进内聚力，促进群体生存的作用。群体规范通过保护群体的特性，拒绝其成员的越轨行为，强化那些能够增加成功机会的规范，以致把群体成员的意见和行为协同起来，实现共同的目标。从而尽力减少其他群体和个人的干扰，防止"一盘散沙"，增强群体的整体性和内聚力，对群体起到维持作用。

3. 增加群体行为的可预测性。群体规范通过建立共同准则和行为基础来促进群体的平稳运行，降低人们预期行为中的不确定性，从而使群体和群体成员能够相互预测彼此的行为，简化群体的工作方式，并做出适当的反应而提高群体的效率。

4. 减少人际摩擦，改善人际关系。群体规范通过界定和引导群体成员间的适当行为，能减少成员中令人尴尬或难堪的人际关系问题，避免成员间对抗或者有可能威胁或破坏整个群体合作的事情发生。这样，群体成员就可以在一种相对"安全"的心理环境中进行工作。

▶ 新闻中的组织行为学

马斯克离任特斯拉董事长

2018年8月7日那天，在去机场的路上，马斯克（Elon Musk）发了一条似正经但又有点不太正经的推特，说"我考虑以420美元的价格将特斯拉私有化，并且资金已有保障。"

然而，这么大的决定，不但没跟管理团队和股东们商量，连掌管上市公司的美国证券交易委员会（SEC）也不知情。

就是这么一条推特，致使特斯拉股价迅速攀升了10.99%，市值逼近650亿美元。想必马斯克当时一定暗暗窃喜于自我影响力，还有对看空者的有力反击。因为这条推特，让常年做空特斯拉的资本家们瞬间损失了数亿美元。

但是，很快这就被证实为他自导自演的一出闹剧，而比闹剧更可怕的是，年近50岁的马斯克要对自己的行为付出惨痛的代价。

SEC指控马斯克，理由是其在这条推特中存在虚假和误导性信息，有操纵股价的嫌疑。为此，马斯克以及特斯拉公司不仅要面临2 000万美元的罚款，更严重的是，马斯克须在45天之内辞去特斯拉董事长一职，且三年内不得再次当选。不过，CEO的职位还是可以继续保留。

受此牵连,特斯拉股价一路暴跌了将近14%,市值蒸发约74亿美元。做空者倒是坐收了一天13亿美元的渔翁之利。

看,马斯克的一条推特,让特斯拉股价和市值跟着时而抬高、时而骤降,玩起了过山车。这不仅加剧了本身处于多年亏损并且还在不断扩大规模的特斯拉的负担,同时,股东们的利益也受到严重损害。不得不说,马斯克的这条推特有着牵一发而动全身的影响力。

马斯克的言行不仅影响着特斯拉的股价,更直接影响到他的管理团队和员工。在特斯拉 Model 3 加快生产交付,应对全球竞争以及加速扩张的关键节骨眼上,正是考验一个企业核心团队凝聚力的时候,但也正是这个时间,高管们却频繁离职。

特斯拉全球供应管理副总裁利亚姆奥康纳(Liam O'Connor)离职,这也是特斯拉最核心的高管之一,该高管于2015年3月从苹果公司加盟特斯拉。

2018年9月,特斯拉首席会计官和人力资源主管也相继离职;更令马斯克措手不及的是,据了解,负责全球财务的副总裁贾斯廷姆卡尼(Justin McAnear)也可能将于10月初离职,核心人物的缺失对特斯拉的影响不可估量。

高管纷纷离职与特斯拉长期以来的亏损和不稳定,以及马斯克本人近乎独裁的管理方式有直接关系,从特斯拉员工对媒体透露的一些细节就能略有了解。

比如说,个人助理请求加薪,马斯克让对方休息一段时间,以估量其不在职期间的重要性。几周后,助理得到的消息却是,"我不需要你了。"再比如,已经将近一年没有回过家的德国工程师想要请假看望即将生产的妻子,马斯克却说,"你想拯救世界,还是握着你老婆的手?"

类似的情况还有很多,这种有些不近人情的管理方式必然会削弱整个公司的凝聚力。

四、群体凝聚力

(一)群体凝聚力的内涵

在社会心理学中,群体凝聚力(group cohesiveness)是群体对成员的吸引力,它既包括群体对成员的吸引程度，又包括群体成员之间的相互吸引力。这种吸引力表现为成员在群体内团结活动和拒绝离开群体的向心力。吸引力达到一定程度，而且群体成员资格具有一定的价值时，我们就说这是一个具有高度凝聚力的群体。

凝聚力强的群体的一般特点为：群体成员之间的信息交流畅通频繁，气氛民主，关系和谐。群体成员有较强的归属感，参加群体活动的出席率较高。群体成员愿意更多地承担推动群体发展的责任和义务，关心群体，维护群体的权益，等等。

群体凝聚力与日常所说的群体团结性有类似之处，但也有区别。凝聚力主要是指群体内部的团结，而且可能出现排斥其他群体、与其他群体不团结的倾向。而我们所提倡的团结，往往既包括群体内部的团结，也包括与其他群体的团结和相互支持。

（二）影响群体凝聚力的主要因素

影响群体凝聚力高低的主要因素有：

1. 群体目标与目标的达成。如果群体的目标和利益与成员的目标和利益相一致，群体成员就会自觉承担义务，为群体目标而团结奋斗，因为这样做对个人切身利益有利。而达成群体目标的情况也会对其成员产生影响。例如，某群体在完成任务中达到所期望的高效率，会提高其成员的身份，成员会因为他是该群体的一员而感到自豪。成功地达成目标与凝聚力是相互关联的，达成目标会增强凝聚力，而有高凝聚力的群体又是达成目标的重要条件。但当群体的目标与组织的目标不一致时，凝聚力多半会产生有害的作用。

2. 群体成员的共同性。群体的成员若是具有相同的背景、共同的爱好和兴趣、共同的利益等，凝聚力就越大。其中，共同的利益和共同的目标是最为关键的因素，一个好的群体需要有一个众志一致的明确目标与利害关系。

3. 群体规模大小。群体之所以能存在，其必要条件之一是群体成员要相互交往和相互作用。群体规模小，则彼此作用与交往的机会多，容易凝聚。一个非常大的群体中，其成员之间彼此了解少或不了解，这个群体就不大可能有强的凝聚力。因此，在通常情况下，群体的大小与凝聚力成反比。

4. 群体与外部的关系。一般情况下，与外界比较隔离的群体凝聚力相对较高。国外一些行为科学家认为，为什么矿工最坚韧，其原因之一就是因为矿工是经常在一起且与外界比较隔离的。另外，群体存在外部压力时其凝聚力增强，因为外来的威胁会增强群体成员相互间合作的需要。但是，如果群体成员认为本群体无力应对外部攻击或认为只要放弃本群体就能终止外部攻击时，群体凝聚力可能降低。

5. 成员对群体的依赖。个人参加一个群体是因为他觉得群体是一个有助于满足其经济和社会心理需求的集体。一个群体对个体需求的满足程度越高，对个体的吸引力越大。

6. 群体的地位、声望和成功经验。一个群体如果具有一贯成功的表现，如果在组织中的级别、地位、声誉、知名度很高，就容易建立起良好的形象和合作精神来吸引和团结群体成员，其凝聚力就会很强。比如，著名大学的成功研究小组就是如此。

7. 成员之间的沟通。群体成员相互之间的沟通机会越多，信息越畅通，越容易相互理解支持，群体凝聚力越高。群体成员在一起的时间长短和物理距离远近都会影响彼此间的沟通,从而影响相互间的凝聚力。

8. 领导方式。领导方式和领导要求会影响领导的感召力和向心力,从而影响群体的凝聚力。成员信服、钦佩、拥护的领导会增加群体的凝聚力。

另外,群体凝聚力还与加入群体的程度、群体成员的性别构成和从前的成功经验等方面有关。

(三)群体凝聚力与生产率

群体生产率是由群体活动的效果和效率两个方面组成,如果一个群体能够成功完成任务,满足相关利益者的需要,就是有效果的;如果该群体还能以较低的成本做到这一点,就是有效率的。因此,群体生产率主要是衡量群体能否以较低的成本来实现它的目标,能否最为经济地完成群体的投入——产出转换过程的一个群体行为的因变量。在一般情况下,凝聚力强的群体比凝聚力弱的群体更有效,但是群体凝聚力的强弱与群体生产率的高低并不一定是正相关关系,它们之间的实际关系是复杂的,不能简单地断言,凝聚力高群体效率就一定会高。这是因为:一是群体凝聚力与群体生产率是相互影响的,凝聚力既是生产率的起因又是其结果,成功的群体绩效和体验会导致群体成员彼此间吸引力的增强;二是群体凝聚力对群体生产率的作用还要受到群体目标、态度、群体规模、群体规范等因素的影响。

社会心理学家沙赫特(Schachter)的实验,对于我们理解和分析凝聚力与生产率的关系有一定的启发意义。沙赫特等人在严格控制的条件下检验了群体凝聚力和对群体成员的诱导对于生产率的影响。实验的自变量是凝聚力和诱导,因变量是生产率。除了设立对照组进行对比以外,沙赫特等人把实验组分为4种条件,即高、低凝聚力和积极与消极的诱导,实验条件如图5-3所示。

群体凝聚力	高		低	
诱 积极	高凝聚力	积极诱导	低凝聚力	消极诱导
导 消极	高凝聚力	积极诱导	低凝聚力	消极诱导

图 5-3 群体凝聚力与诱导关系

凝聚力的高低由指导语控制。诱导则主要是以团体其他成员的名义写积极和消极的字条给被试者,其中积极的诱导要求增加生产,消极的诱导要求减慢完成任务的速度(限制生产)实验任务是制作棋盘。实验分两个阶段,前16分钟没有进行诱导,被试者只收到中性的字条,后16分钟每组都收到6次诱导的字条。实验结果如图5-4所示,在实验第二阶段(后16分钟),两种诱导产生明显不同的效应,极大地影响了凝聚力与生产率的关系。无论凝聚力高低,积极诱导都提高了生产率,而且高凝聚力组生产率相对升高,而消极诱导则明显降低了生产率,此时,高凝聚力组的生产率更低。

这个实验和其他一些研究都证明,群体凝聚力越高其成员就越遵循群体的规范和目标。群体规范也是决定群体凝聚力与生产率关系的重要因素。

然而，当群体的凝聚力过高、群体封闭或领导推行其所倾向的方案时，可能产生小团体意识。因为当一个群体的凝聚力过强时，从众行为会明显加强。人们在决策等群体活动过程中，群体不合理地、过分追求一致的现象和倾向即为小团体意识。当小团体意识发生时，群体成员更关心的是群体内部团结和友谊，而不是群体决策的质量。

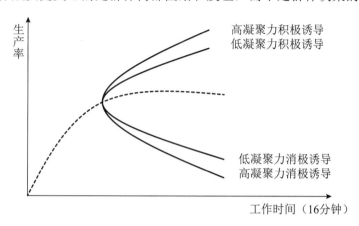

图 5-4　凝聚力与生产率关系

自我评价练习

群体凝聚力测试

根据你对所在群体或曾待过的群体的认识，回答下列问题。选择最能反映你的感受的答案。

1. 你是否认为你是群体的一部分？
5——的确是群体的一部分；
4——在大多数情况下如此；
3——在某些方面如此，但在其他方面则不是这样；
2——没有感觉到自己是群体的一部分；
1——从不与群体中的任何人一起工作。

2. 如果你有机会到另外一个群体从事相同的活动，而且你又能够得到相同的报酬（如果那是一个工作群体），你是否打算离开现在的群体？
1——非常想离开；
2——想要离开，而不愿意留下来；
3——对于我来说无所谓；
4——愿意留下来而不愿离开；
5——非常愿意留下来。

3. 与你熟悉的另一个群体相比较，你所在的群体在以下几个方面是什么样的情况？
● 人们相处的方式

- 人们相互支持的方式
- 人们在工作方面帮助他人的方式

5——大多数情况下比另一个群体要好；
3——大多数情况下一样；
1——大多数情况下不如另一个群体好

把你的回答汇总起来。如果你的得分为20分甚至更高，那么你的群体是一个高凝聚力的群体；得分在10～19分，群体凝聚力一般；得分为9分或以下，则群体凝聚力低。

第三节 团队建设

现在，许多组织都倡导建立团队，不少人也喜欢称自己的工作群体为团队。事实上，并不是任何工作群体都可以成为团队的。到底什么是团队？是不是把人们安排在一起工作，就把组织变成了以团队工作为基础的组织呢？

一、团队的概念

团队（team）是为满足创造性、灵活性和高水平绩效的新型组织的需求而设计出来的，是由少数为达到共同目标、具有互补技能、完整工作指标和方法并共同承担责任的人组成的群体。英国著名心理学家尼克·海伊斯（Nicky Hayes）认为，团队是一个使人想到了运动员在接力赛中的形象，想到了足球队员在球场踢球的形象。这些形象表明，不同的团队成员担任不同的角色，并且都对最终结果作出贡献。罗宾斯认为，工作团队通过其成员的共同努力能够产生积极协同作用，其团队成员努力的结果使团队的绩效水平远大于个体成员绩效的总和。他用图5-5对工作团队（work team）及工作群体（work group）进行了区别。

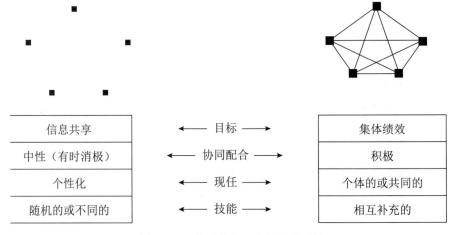

图5-5 工作群体与工作团队的对比

在前面章节中，我们把工作群体定义为：两个或两个以上相互作用和相互依赖的个体，为了实现某个特定目标而结合在一起。在工作群体中，成员通过相互作用、共享信息、作出决策，帮助每个成员更好地承担起自己的责任。工作群体中的成员不一定要参与到需要共同努力的集体工作中，由于日常管理和决策的权力仍在管理者手里，他们也不一定有机会这样做。因此，工作群体的绩效，仅仅是每个群体成员个人贡献的总和。同时，由于在工作群体中，不存在一种积极的协同，甚至因为冲突或沟通不足而使协作成本加大，所以群体的总体绩效水平常常反而会低于个人绩效之和。

工作团队则不同，虽然它同群体一样，也是为着一个特定的目标或任务而建立起来的，但从动机、价值取向和目标追求上看，组织成员的一致性远远高于其他类型的群体，当个体利益与团队利益发生冲突时，必须以团队利益为重。团队工作的宗旨是委托和授权，管理者不仅将任务同时也将责任授予团队，团队享有对自己承担的日常工作和任务决策的权力，同时也必须承担相应的责任，因此他们在协同的时候比通常的工作群体更主动更积极。团队成员在技能、经验和知识上具有互补性，因此，它通过其成员的共同努力能够产生"1+1>2"的作用，其团队成员努力的结果使团队的绩效水平远远高于个体成员绩效的总和。

由上述团队的含义可以看出，并非所有群体都需以团队形式来组建，团队建设会付出更多的成本，在一些群体中，个体要顺利完成任务并不需要依靠别的成员。例如，学校教师虽然同在一个单位，但同事之间相互依赖的机会极少，这种群体虽然从早到晚都在一个空间活动，但活动的性质决定了其相互依赖的程度低，而且这种群体的成果并不取决于成员要像团队那样协同配合，因此这个群体不必像团队那样共同工作。在决定是否该组建团队时，要考虑以下两点：①相互依赖程度如何，在此群体中，每个人的工作都和其他人的工作密切相关，而且其他人工作不出成果，他也不可能出成果，相互依赖的程度要求大家协同工作，个人的活动和行为必须同其他人密切配合，这里，团队的需要压倒一切，这种团队要想成功就必须按工作团队来运作；②要看团队的目标在多大程度上凌驾于各成员的个人目标，如果说个人目标比团队目标更有价值的话，组建团队就不合适。

二、团队的类型[①]

团队之所以被重视，是因为它有利于复杂任务的完成，能充分利用员工的智慧，激发员工的工作动机，而且它的适应环境的能力也比较强。根据团队的目标、功能和特点，可以将团队分为4种类型：问题解决型团队、自我管理型团队、多功能型团队和虚拟团队。

---

① 参考罗宾斯（Stephen P. Robins）. 组织行为学 [M]. 7版. 北京：中国人民大学出版社，1997：272-273，及 John R. Schermerhorn Jr、James G. Hunt、Richard N. Osborn. 组织行为学 [M]. 北京：清华大学出版社，2005：190-193.

(一)问题解决型团队

问题解决型团队(problem-solving team)是一种临时性团队,专注于其职责范围内的特殊问题,它会得到部分授权,用以实施自己的解决问题的方案,但权力不大,它不能从职能上重组工作或改变管理者角色。这些团队成员一般由来自某一具体部门的员工组成,他们定期聚集在一起,讨论如何提高产品质量、生产效率和改善工作环境等。如我们常见的企业质量小组、攻关小组,高校中的课题组等都属于这种类型。在问题解决型团队里,成员就如何改进工作程序和工作方法,各自承担的任务和分工互相交流看法或提出建议,但是这些团队几乎没有权力根据这些建议单方面采取行动。

20世纪80年代,应用最广的问题解决型团队之一是质量圈,这种工作团队由职责范围部分重叠的员工及主管人员组成,人数一般在8～10人。他们定期聚会,讨论所面临的质量问题,调查问题的原因,提出解决问题的建议,采取行之有效的行动。如惠普公司引入"质量团队"的工作方式后,在6个月内,这些团队就使整个公司的效率提高了50%。我国企业的生产车间、班组里的团队,大多属于这类问题解决型团队,即职工可对改进工艺流程以提高劳动生产率和产品质量等问题提出意见和建议。

但研究表明,并不是所有采取这种方式的企业情况都那么好,大多数小组在推动业绩提升方面并不像期望的那么明显。有专家认为,其原因可能是文化上的差异,如平等的观念、对待工作的态度、合作精神等。

(二)自我管理型团队

问题解决型团队存在时间通常比较短,在解决完某一特殊问题或完成某项特殊任务后,团队也就解散了。它在调动员工参与决策的积极性方面,尚嫌不足。这种欠缺促使企业努力创建新型团队,这种新型团队是真正独立自主的团队即自我管理型团队,它们不仅注意问题的解决,而且执行解决问题的方案,并对工作结果承担全部责任。

自我管理型团队(self-managed team)通常由10～15人组成,他们承担部分以前自己的上司所承担的一些责任,且仍然负责完成他们以前的责任和任务。但这类团队并不是一个没有管理的团队,相反,他们应该被认为是采用了某种不同管理方式的团队——由员工自己管理的团队。如图5-6所示,自我管理团队的成员就工作日程、分配任务、培训技能、评估绩效、挑选新人和控制质量等方面进行决策的过程。成员集体为团队的最终业绩成果负责。自我管理的团队代替了原先由监督者管理的传统团队形式。将自我管理的团队与传统的团队区分开来,使自我管理团队的成员承担了本来由经理或者一线监督者承担的责任。团队成员不是监督者,但是为诸如计划、工作安排、绩效评估和质量控制等问题共同负责。

自我管理团队的优点是,员工的工作弹性大,能更快速地适应技术的变化,从而提高工作质量,减少缺勤率和流动率,改善工作态度和工作——生活质量。但是这些结果都没有保证。与其他组织性变化类似,向自我管理团队的转变会遇到许多问题。工作结构和管理框架的改变对监督者和适应了传统团队形式的成员都有影响。简单说,有了自我管理的团队，就再也不需要一线的监督者了，如图 5-6 所示。传统结构最底层的监督者被自我管理的团队所替代，同时监督的责任交给了团队本身。

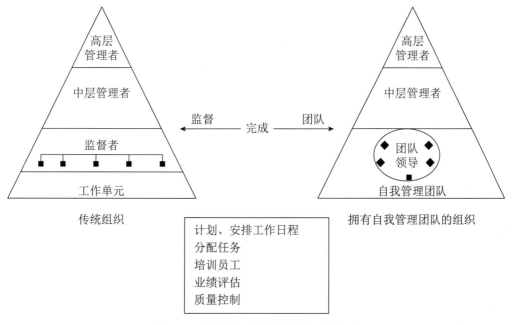

图 5-6　自我管理团队的组织和管理意义

对已经习惯了传统工作方式的人而言，新的基于团队的工作安排是富有挑战性的。管理者必须学会管理团队而不是个人。应该注意的是，自我管理团队并不是对所有的组织、所有情况和所有人都是适用的。这种方式有很大的潜力，但也需要恰当的环境与支持。在设计自我管理团队之前，组织应进行工作环境分析，以确定自我管理团队是否与一些组织因素保持一致：①企业对团队有明确和具体的要求，并赋予相应的权力和责任；②组织的价值观和目标与团队具有一致性，组织文化和领导的支持为团队运行提供了环境；③组织的资源、政策和训练保证团队具有竞争能力。成功地实现和使用自我管理团队通常取决于组织是否为这样的团队做好了准备。

（三）多功能型团队

多功能型团队（cross-functional team）是由来自不同部门、不同工作领域、具有不同技能和经验的员工组成的团队，他们走到一起的目的就是完成某项任务。它能够监督、改善涉及组织中不同部门的工作程序，使之标准化，并有效地提高工作效率。

这种团队通常采用跨越横向部门界线的形式。例如，在 20 世纪 60 年代，IBM 公司为了开发卓有成效的 360 系统，组织了一个大型的任务攻坚队，攻坚队员来自于公司的多个部门。任务攻坚队其实就是一个临时性的多功能团队。同样，由来自多个部门的员工组成的委员会是多功能团队的另一个例子。多功能团队的兴盛是在 20 世纪 80 年代末，当时所有主要的汽车制造公司，包括丰田、尼桑、本田、宝马、通用汽车、福特、克莱斯勒都采用了多功能团队来直接完成复杂的项目。

当今大型项目的开发和管理大多采用了多功能团队的方式。如我国新近研制的第三代、第四代移动通信技术，就是集中了全国多个科研单位、高校和企业的力量组成的项目组，在项目总负责人的组织下，由10多个单位的各方面专家组成多功能团队联合攻关，在较短的时间里取得技术上的突破，制定了我们自己的标准，打破了发达国家的垄断。

总之，多功能团队是一种有效的方式，它能使组织内甚至组织之间不同领域员工之间交换信息，激发产生新的观点，解决面临的问题，协调复杂的项目。当然，多功能团队的管理不是管理野餐会，在其形成的早期阶段往往要消耗大量的时间，因为团队成员需要学会处理复杂多样的工作任务。在成员之间，尤其是那些背景、经历和观点不同的成员之间，建立起信任并能真正合作也需要一定时间。

（四）虚拟团队

由于计算机和通信技术的飞速发展，使虚拟组织、虚拟团队越来越普遍。虚拟团队（virtual team），是指一群在不同地域的个人，通过一个或更多的项目上的多元化的信息技术进行合作。团队成员可能来自一个或多个组织。团队成员由计算机网络联系在一起，为了共同的目的和任务在一起工作。现实世界的商业或其他领域的团队现在应用大量的电子通信技术，使得人们可以以计算机为媒介，在地理位置非常遥远的地方同时工作。

各类商业软件的出现使得各类虚拟会议和决策制定过程更为便利。声频和视频数据技术的进步，更加支持了虚拟团队的发展。例如，福特汽车的设计就是由一个虚拟的设计工作室负责的，它通过电子手段将分布在全球的设计人员组合在一起。这些人员实际上是分属福特的7个设计中心。越来越多的航空公司，联合航空公司和德国汉莎航空公司正在整合他们的飞行业务，以便向乘客提供更方便和更经济的航线。对于顾客来说，他们好像面对的是一家航空公司。

虚拟团队就是在虚拟工作环境（通过数字或电子通信的方式）下，由进行实际工作的真实人组成。在这种虚拟环境下，同样可以完成信息共享、制定决策、执行任务等其他团队所能做到的全部工作。它在团队成员不能面对面协商情况下，提供了有效的工作方式，并且提高了工作效率，有效控制成本。但是当计算机成为虚拟团队成员间的联系手段时，团队的动态情况与传统面对面的情况有重大差别。尽管通信技术使得相隔很远的人能相互沟通，但成员间可能很少有"个人"的接触，这就使虚拟团队可能缺乏和谐，缺乏成员间的直接沟通。尽管以计算机为媒介可以更专注于事实和客观信息而不是情感的考虑，但在一定的社会背景下，它可能增加决策制定的风险。

与其他形式的团队合作类似，虚拟团队要取得高绩效，依赖于团队成员的贡献和努力以及组织的支持。面对面和虚拟团队合作可以结合起来，以实现最大化管理效益。当然，虚拟团队的顺利合作，良好的计算机配置和团队成员接受应有的培训、学会使用这些技术是基本条件。

▶ 新闻中的组织行为学

VIPKID 公司为外教老师提供在家办公机会

据腾讯科技报道，美国招聘网站 Flexjobs 通过对近 5 万家的公司调查和评估，对外发布了《2017 年最佳远程办公公司 TOP100 榜单》。榜单显示，VIPKID 被评为"全美最适合在家办公的公司"。2018 年 VIPKID 位列 100 强榜单第 3 名，成为中国企业出海杰出代表。

VIPKID 是全球最大的在线少儿英语教育机构，连接超过 6 万名北美外教和 50 余万中国家庭。通过互联网，VIPKID 不仅实现了中美教育资源的高效匹配，更是为数万名北美外教提供了就业机会。值得一提的是 VIPKID 的师资阵容全部是北美外教，且大部分毕业于名校，有着丰富教育经验。正是这样的优质外教才能保证为孩子提供良好的教学。

此前，VIPKID 被 FlexJobs 评选为在美雇主品牌第二名，以及《福布斯》评选的"全球最适合在家工作公司"前五名。据美国咨询公司盖洛普（Gallup）数据显示，约 43% 的美国人在 2016 年有在家办公的经历，但并非所有公司都能够提供员工远程办公的工作机会。有竞争力的薪酬体系以及高质量的培训管理体系，是 VIPKID 在 FlexJobs 一跃成为榜首的重要原因。

资料显示，每月有近 10 万的北美老师报名申请在 VIPKID 工作，在 Facebook 等社交平台上，有近 2 万条关于 VIPKID 的面试经历、教学技巧等分享视频。VIPKID 在在线少儿英语一直在快速奔跑，学生量的增长也必然带来供给端需求量的增加。截至 2016 年底，VIPKID 外教数量仅为 5 000 名，而截至目前，外教已有超过 3 万名。2017 年 8 月 31 日，VIPKID 曾宣布单日营收突破 6 500 万元，同年暑假，VIPKID 宣布 7 月单月收入突破 4 亿元，2017 年营收目标调高至 50 亿元。从 2013 年底开始选择少儿在线英语赛道开始创业到现在，已经过去了将近四年，在这四年里，VIPKID 一路发展到超过 10 万名学生。

三、团队的建设

团队建设（team building）指在企业管理中有计划、有目的、有步骤地组织团队，并对其成员进行训练、总结、提高的活动。企业通过团队建设可以迅速而有效地解决一些在岗位职责与工作标准中没有碰到过的新问题，推行一些正式规范中尚未列出的新工作方法，增加组织的凝聚力，提高组织成员的整体素质。

（一）团队形成的原因

团队的形成，从根本上讲，是源于人们对效率的不懈追求，对不断变化的环境的主动适应。

团队之所以能够产生更高的效率，主要有这样几个方面：一是团队成员的大力协同和技能、经验、知识的互补有助于组织更好地利用员工的才能。二是组织成员积极的参与能起到激励的作用。积极参与和强烈的认同感是工作团队的主要特征，团队能够促进员工参与决策，有助于管理人员增强组织的民主气氛，提高团队成员的工作热情和工作的积极性。三是共同的目标追求、及时充分的信息交流和良好的工作氛围有助于创新。当代社会几乎所有重要的发明、新思想、新技术的产生都依赖高绩效团队。如我国水稻基因测序工作和"神舟"六号的成功发射，之所以能在较短的时间里取得世界一流的创新成果，与他们都拥有一支高绩效的团队是分不开的。团队的广泛采用为组织创造了一种潜力，能够使组织在不增加投入的情况下，提高产出水平。

团队能有效提高组织运行效率，还因为在复杂多变的环境中，团队比传统的部门结构或其他固定的群体更灵活，反应更迅速，更能适应组织战略和组织目标的要求。从日本企业最初围绕提高产品质量和生产效率而形成质量小组，到各类企业为新产品研发而组建的跨部门的攻关团队，从杰克·韦尔奇为冲破传统企业的官僚组织，推动创新而倡导的"无边界组织"，到现在基于互联网和信息技术而出现的"虚拟团队"，越来越多的企业围绕工作团队重新组织工作流程。这样做的目的，是为减少组织层次，减少和消除官僚主义，发挥工作团队的灵活性，提高产品和服务质量，从而能够对急剧变化的环境和客户不断变化的需求做出及时响应，目的仍然是提高组织绩效。

（二）高绩效团队建设的条件

建设高绩效工作团队必须具备下列条件：

1. 授权和信息共享。团队之所以能有效运作，在很大程度上归功于团队内部成员享有充分自主的决策权，包括能够制定生产目标、自主雇用员工、评估绩效等。对于许多新上任的管理者来说，委派任务是最难的。无论什么时候把一项特殊任务交给一个员工，他们都会对这件事是否做得"合适"感到担心和焦虑。因此他们要不停地检查这项任务的进展情况，甚至把某件事接管过来。他们不懂得委托和授权是团队区别于一般工作群体的基本特征，团队必须能够为他们的行动承担风险和责任。但是充分而广泛的授权并不等于不需要领导和管理，管理者和员工必须在安全的、传统的工作与不明确的、需要付出更多努力、可能存在更多风险和更具挑战性的任务之间进行平衡。

同时，如果团队承担责任和决策风险，他们就需要得到关于组织总体运行的可靠信息。它也许需要获得专门资源，也许需要找出某个特殊程序是如何运行的，或者一种特殊的费用是如何得到的。要使团队的决策符合现实，就必须能够得到确切的信息。一个团队必须能将可能发生在自己组织里的进展和变革考虑在内，这也需要获得信息，团队需要的信息对管理者而言过去可能对其他人是不公开的。要掌握这些信息，团队就可能不可避免地开始向管理者提出问题，这又会揭示出更敏感、更详细的信息。因此，在组织中建立一个开放共享的信息系统，保证团队成员能自由地获得所需的信息，是保证团队有效性的基本条件。这对管理者也是一个考验，他可能失去对信息的垄断，而这历来是领导影响力的一部分。在团队发展的过程中，团队及其成员可能认识到自己在组织运作的某些方面也许同管理层一样重要，或者更重要。要建设高绩效团队，管理层就必须愿意接受和积极鼓励这种平等。

2. 团队规范以任务为核心。工作团队的价值观念与工作群体的价值观念差异很大。大多数人认为，每个人都有自己的工作，并且应该独立完成这一工作。与这一想法相反，一个团队的价值观是：团队有共同的任务，每个人的工作都直接对整个任务做出贡献。因此，每个人的工作都直接影响着其他人的工作。

团队规范一般来说是以任务为核心的，它鼓励那些高效的、全面工作的行为，制裁那些降低效率或质量的行为。它鼓励以任务为导向的互相交往，因此，帮助某人解决困难，或者与其他团队成员协商以找到解决问题的最佳方式等做法，被认为是正常的工作行为。团队规范还认为，只要有助于完成任务，任何行为都是有价值的。团队规范同群体规范一样，都会运用群体压力去规定成员的行为，但在内容上，团队规范特别倾向于以需要做的工作为核心，使成员的交往、信念和沟通成为确保团队出色完成任务的必要条件。团队是以任务为导向的，不存在目标含糊的团队。

3. 成员之间平等、信任、注重交流。团队强调共有的信息和整个团队在共同合作中形成共识。每个团队成员的贡献都是重要的，无论他们在组织中的正式地位如何。平等而有效的交流能够消除等级障碍，培养团队成员的归属感和自豪感。每个团队成员如果都能清楚正在发生的事情，就可以分享成功所带来的自豪，分担失败所带来的忧虑，并且愿意彼此帮助，或是在必要的时候投入更多的力量。

4. 团队应有三种技能。一个团队更可能看重具有不同技能的人的价值，认为他能够带来不同的视角、不同的专长而发挥着不同的作用。团队将不同特质的人结合在一起，并使他们互相协作，以便尽可能高效地完成团队的任务。乔·卡特森伯奇（Jon R.Katzenbach）和道格拉斯·K. 史密斯（Douglas K.Smith）通过研究强调，确保一个团队完成特殊任务必须具备三个方面的技能：①包括技术性或实用性专业知识在内的一系列技能。团队要完成的任务很可能需要某种专业知识，而且可能不只需要一种知识。因此，该团队就必须拥有这些方面的专家。②解决问题和作出决策的能力。团队不仅需要识别问题、评估方案，还要作出决定和采取最佳行动方式。团队中某些成员应具备这样的技能，至少要在解决问题的过程中学会这些技能。③处理人际关系的能力。团队中至少有一些成员擅长处理人际关系，发现冲突的苗头并及时防止人际冲突，这对团队是大有好处的。

5. 团队成员与角色的匹配。团队的成员具有不同的性格。在团队成员与工作的匹配上，如果员工的工作性质与其人格特点一致，其绩效水平就容易提高。就工作团队内的位置分配而言，也是如此。团队有不同的需求，挑选团队成员时，应该以员工的人格特点和个人偏好为基础。

罗宾斯认为，在团队中人们喜欢扮演 9 种潜在团队角色[①]，如表 5-1 所示。

表 5-1 9 种团队角色

角 色 名 称	角 色 作 用
创造者——革新者	产生创新思想
探索者——倡导者	倡导和拥护所产生的新思想

---

① 参见罗宾斯（Stephen P. Robins）. 组织行为学 [M]. 7 版 . 中国人民大学出版社，1997，275.

续表

角色名称	角色作用
评价者——开发者	分析决策方案
推动者——组织者	提供结构
总结者——生产者	提供指导并坚持到底
控制者——核查者	检查具体细节
支持者——维护者	处理外部冲突和矛盾
汇报者——建议者	寻求全面的信息
联络者	合作与综合

（1）创造者——革新者（creator-innovator）。一般来说，这种人富有想象力，善于提出新观点或新概念，他们独立性较强，喜欢自己安排工作时间，按照自己的方式、节奏进行工作。

（2）探索者——倡导者（explore-promoter）。他们乐意接受、支持新观念。在创造者——革新者提出新创意之后，他们擅长利用这些新创意，并寻求资源支持新创意。他们的主要弱点是，不一定总是有耐心和控制能力保证创意贯彻到每一个细节。

（3）评价者——开发者（assessor-developer）。他们具有很高的分析技能。在决策前，如果让他们去评估、分析几种不同方案的优劣，是再合适不过了。

（4）推动者——组织者（thruster-organizer）。他们喜欢制定操作程序，以使新创意转变为现实。他们会设定目标、制订计划、组织人力、建立各种规章制度，以保证按时完成任务。

（5）总结者——生产者（concluder-producer）。与推动者——组织者相似，他们也关心结果。但他们的着眼点主要在于：坚持必须按时完成任务，保证所有的承诺都能兑现。他们引以为傲的事情是：自己生产的产品合乎标准。

（6）控制者——核查者（controller-inspector）。这种人最关心的事情是规章制度的建立和贯彻执行。他们善于核查细节，并保证避免出现任何差错。他们希望核查所有事实和数据，希望保证"is 没有漏掉一点""ts 上的一横没有漏掉"。

（7）支持者——维护者（upholder-maintainer）。这种人做事有强烈的信念。他们在支持内部成员的同时，会积极地保护团队不受外来者的侵害。他们对团队而言非常重要，因为他们能够增强团队的稳定性。

（8）汇报者——建议者（reporter-adviser）。他们是很好的听众，而且不愿把自己的观点强加于人。他们在鼓励团队作决策之前充分搜集信息，在非草率决策方面，起着非常重要的作用。

（9）联络者（linker）。最后一种角色与其他角色有重叠，上述 8 种角色中的任何一种都可以扮演这种角色。联络者倾向于了解所有人的看法，他们是协调者，是调查研究者。他们不喜欢走极端，而是尽力在所有团队成员之间建立起合作关系。他们认识到，其他团队成员可以为提高团队绩效作出各种不同的贡献，他们会努力把人和活动整合在一起，尽管可能存在差异。

如果强迫人们去承担以上各种角色，大多数人能够承担得起任何一种角色，但人们非常愿意承担的角色通常只有二三种。管理人员有必要了解能够给团队带来贡献的个体优势，根据这一原则来选择团队成员，并使工作任务分配与团队成员偏好的风格相一致。通过把个人的偏好与团队的角色要求适当匹配，团队成员就可能和睦共处。开发这种框架的研究者认为，团队不成功的原因在于具有不同才能的人搭配不当，导致在某些领域的投入过多，而在另一些领域的投入相对不足。

6. 合理的团队规模。最佳的工作团队规模一般比较小。如果团队成员过多，他们就很难顺利开展工作，在相互交流时会遇到许多障碍，也难于在讨论问题时达成一致。一般说来，如果团队规模过大，就难以形成凝聚力、忠诚度和相互信赖感，而这些都是高绩效团队所必不可少的。所以，管理人员要塑造富有成效的团队，就应该把团队成员人数控制在12人之内。如果一个自然工作单位本身较大，而你又希望达到团队的效果，那么可以将工作群体划分为几个小的工作团队。

（三）团队建设的途径

团队形成可以有多种途径，但大致有4种：价值观途径、任务导向途径、人际关系途径、角色界定途径。

1. 价值观途径。无论是哪种类型的团队，拥有共同的价值观是其成员走到一起的主要原因。共同价值观的关键是团队成员对其正在从事的工作的整体立场，以及他们所采取的价值观，而不是组成团队的个人性格或者他们所担当的角色。通常所说的团队精神或团队文化的核心，是指团队全体成员就其价值观和目标达成的共识。通过确保团队中的每一个人都拥有共同的价值观，确保团队的工作目的反映这些价值观，团队成员就能够有效地工作，并且能够感知个人的行为是如何为团队的共同目标作出贡献的。共同的价值观体系的建立，有利于形成团队的凝聚力和向心力，提高员工的忠诚度，使员工的潜能充分发挥出来，使团队的全体成员自觉地认同必须担负的责任并愿意为此共同努力完成。

2. 任务导向途径。这是强调团队的任务以及每个团队成员能够对这项任务的完成所做贡献的独特方式。在这一途径中，重点不是关于人们是什么样子，而是关于人们所拥有的技能以及这些技能如何对整体做出贡献。任务导向是团队形成的最常见的形式。通过任务导向建立团队的一个重要前提是：团队执行的任务和希望达成的目标对团队成员来说是至高无上的——并且假定所有的团队成员都有这样的共识。任务为团队成员提出了聚集在一起的理由，提供了资源和环境，界定了每一个人在其中扮演的角色，也提供了相互交流信息的需要和场所。

3. 人际关系途径。良好的人际关系是团队形成的前提条件。它包括团队成员情感上的亲近，有彼此合作和沟通的愿望，他们相互信任、相互尊重并希望了解对方。如果团队成员兴趣和追求相同或相似，并且愿意互相倾听他人的意见和看法，都乐于从事现在正在干的事情，那么在工作中就会更主动地参与，更乐意与他人合作，在遇到困难时，也会更积极地承担责任，努力解决问题。反之，团队成员之间相互交流不畅，个人间的问题与冲突又不能及时妥善解决，那么团队就不可能顺利运行。当然，如果团队中至少有一些成员擅长处理人际关系，能够发现冲突苗头并及时避免冲突，这对团队的运行也是极为有利的。

4.角色界定途径。工作团队是一种特殊的工作群体。通过界定团队成员参与团队活动时以什么样的角色出现，明确每个人对自己的期望、整个群体的规范以及不同成员所分担的责任。团队成员应是根据任务需要精心配备的；每个人在技能上是互补的；每个成员都应清楚自己在团队中的位置、责任，以及团队中其他成员对他的期望。正是这一特点，使团队能够充分发挥每个人的特长，使之产生协同效应，使团队的绩效大于个体绩效之和。

复 习 题

1. 比较命令型、任务型、兴趣型、友谊型群体的异同。
2. 群体行为对个体行为的影响有哪些？
3. 群体凝聚力受哪些因素影响？如何增强群体凝聚力？
4. 群体决策有哪些方法？各有何优缺点？
5. 团队对工作绩效有何影响？
6. 什么是问题解决型团队？

即 测 即 练

延 伸 阅 读

扫码阅读案例，思考并讨论以下问题。
1. vivo 的销售团队建设具有什么特色？
2. 如果你是团队领导，你是否会进一步考虑采取措施来加强团队管理？

第六章
群体沟通与决策

本章学习目标

通过本章学习，你应该了解：
1. 沟通的性质、特征和功能。
2. 沟通的一般过程。
3. 沟通的几种方式和结构。
4. 沟通的障碍一般有哪些？如何克服这些障碍？

初涉职场的困惑

小贾是一位应届毕业生，初入职场，现在是某家公司销售部的一名员工，为人比较随和，不喜争执，和同事的关系处得都比较好。但是，前一段时间，不知道为什么，同一部门的小李处处和他过不去，对他的态度大有改变，这让小贾有所警觉。有时候小李还故意在别人面前指桑骂槐，对跟他合作的工作任务也都有意让小贾做得多，甚至还抢了小贾的好几个老客户。

起初，小贾觉得都是同事，没什么大不了的，忍一忍就算了。但是，看到小李如此嚣张，小贾一赌气，告到了经理那儿。经理把小李批评了一通，从此，小贾和小李成了冤家了。

小贾所遇到的事情是在工作中常常出现的一个问题。在一段时间里，同事小李对他的态度大有改变，这应该是让小贾有所警觉的，应该留心是不是哪里出了问题了。但是，小贾只是一味地忍让，这个忍让不是一个好办法，更重要的应该是多沟通。小贾应该考虑是不是小李有了一些什么想法，有了一些误会，才让他对自己的态度变得这么恶劣，他应该主动及时和小李进行真诚的沟通，比如问问小李，是不是自己什么地方做得不对，让他难堪了之类的。任何一个人都不喜欢与人结怨，也许他们之间的误会和矛盾在比较浅的时候就会通过及时的沟通而消失。但是结果是，小贾到了忍不下去的时候，才选择了告状。其实，找主管来说明一些事情，不能说方法不对，关键是怎么处理。但是，在这里小贾、部门主管、小李三人犯了一个共同的错误，那就是没有坚持"对事不对人"，主管做事也过于草率，没有起到应有的调节作用，他的一番批评反而加剧了二人之间的矛盾。正确的做法是应该把双方产生误会、矛盾的疙瘩解开，加强员工的沟通来处理这件事，这样做的结果肯定会好得多。

我们每一个人都应该学会主动地沟通，真诚地沟通，策略地沟通，如此一来就可以化解很多工作与生活中完全可以避免发生的误会和矛盾。

群体没有沟通就无法存在。沟通是群体以及组织生存和活动的基础，良好的沟通技能决定着管理质量、组织绩效和员工的士气。沟通不畅则可能引起群体内部甚至群体之间的冲突。对管理者而言，其责任并不是亲自干好每件具体工作，而是把大量的时间和精力用来沟通以广泛获取有用的信息，根据信息确立工作目标和方向，作出决策。美国的一些调查说明，企业管理人员在信息沟通方面要用掉工作时间的50%～90%，因此，信息沟通无论从工作效果和组织效率，或者从管理者所花费的时间看，都应高度重视。

第一节　沟通方式与沟通网络

沟通对于建立良好的人际关系非常重要。美国劳工部定义人际沟通的技能，其中包括阅读、接听、管理和解释信息，以及向客户提供服务。这些技能是在工作中成功履行职能所不可缺少的。了解沟通的一般规律及其特殊性，有助于人们提高信息沟通的有效性，从而提高组织的绩效。信息的沟通是循着一定的路径或渠道进行的。群体的信息沟通远远不只是通过某一种途径，而是由各种途径交互组成的沟通网络。

一、沟通的本质和特性

掌握沟通技能，首先要了解沟通的本质意义和特性。

（一）沟通的本质

沟通（communication）是指两个或多个信息传递主体之间传达思想和交流信息的过程。沟通不仅仅是意义的传递，还必须使意义被理解。在一个群体中，如果其中一名成员只会说德语，而其他成员都不懂德语，则这个说德语的人就不能被完全理解。无论多么伟大的思想，如果不传递给别人并被理解，都是毫无意义的。

完整的沟通过程必须包括信息的编码、信息的传递（从信息源发出信息到接收者）、编码信号的解码、信息的反馈（接收者感受到信息的传递，经解码赋予信息以意义，并受其影响而做出反应）。

（二）人际沟通的特性

沟通有不同的种类，最常见的有：

（1）个体自身的沟通（intrapersonal communication）即是发生在个体自身内部的沟通，包括思想、情感和个体看待自己的方式。如某人遇到一件很棘手的事情时，往往会反复权衡。这时他脑子里会不断地冒出一些想法，同时他自己又不断地对这些想法进行肯定或否定，直至想出最后的方案。

（2）人际沟通（interpersonal communication）是指两个或两个以上的人之间的沟通。如几个朋友之间交谈，每人都把自己的背景和经验融入谈话中，每个人都表现为信息的发送——接收者。

（3）小组沟通（small-group communication），通常是由于某个特定的目标，少数人员聚在一起为解决某个问题。小组沟通严格说来，也是人际沟通的一种，但比一般的人际沟通更复杂，它是由于某一特定目的聚到一起，所以信息的结构性更强。

（4）公共场合沟通（public communication）。在这种沟通中，发送——接收者（演说者）向听众发送某种信息（发表演说）。演说者通常传送一种高度结构化的信息，所利用的渠道与人际沟通和小组沟通相同，但信息反馈的机会受到限制。此外还有人机沟通（人与机器如计算机的沟通）。

群体沟通主要是指人际沟通和小组沟通，即群体成员之间传递思想和信息，并使其被理解。人际沟通（含小组沟通）有其特殊性：

1. 社会性

人是社会关系的总和，决定了人与人之间的沟通具有很强的社会特征。1959 年美国学者约翰·赖利（J.Larry）夫妇开发了以下模式来说明沟通与社会系统的关系，如图 6-1 所示。无论是发送者 C 在选择和制作信息，还是接收者 R 对信息的选择理解和反应，都受到各自所处群体的指导和制约。另外，沟通行为本身就是一种社会性行为，沟通双方不仅仅是交流信息，而且彼此交换内心状态，表达各自对同一事物的看法和思想感情。因而沟通主体的态度和行为一部分受群体内部成员间相互作用的影响，另一部分则受更大的社会系统（如社会风俗、传统、思想、价值观等）的影响。

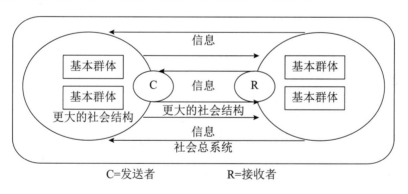

图 6-1 赖利夫妇模式

2. 选择性

人际沟通具有两方面的选择性：一方面是沟通发送者的选择性。他必须正确选择传递的归宿即接收者，才能达到预期的目的，只有对信息感兴趣的人才会接收沟通。同时，发讯者还必须正确选择沟通的内容、媒介、方式和时机；另一方面是接收者选择性。对于接收者而言，存在着选择性注意与选择性理解的问题。选择性注意是指接收者在可能的范围内喜欢选择那些与自己密切相关的信息，而不想接触与自己无关或者关系不大的信息。选择性理解是指接收者按照自己的感知、经验和经历来还原理解发讯者传递的意思，而无法将信息完全还原为发讯者意欲传递的意义，选择性理解的意义越接近传递意义，沟通效果越好。

3. 互动性

人际沟通是一个互动过程，人们只有通过不断传递信息和不断反馈，才能克服由于人们的知识背景和价值观差异带来的对相同事物的不同理解。

4. 符号性

沟通双方的任何信息交流只有在使用共同符号的条件下才能实现，即沟通过程的参加者都认识这些符号，并理解其所表示的意义。只有统一的意义体系才能保证沟通双方相互了解。

5. 干扰性

人是社会的动物，人际沟通中可能产生特殊的沟通障碍。这些障碍不仅是一般沟通中的渠道问题，而且还包括社会和心理的障碍。这些障碍使人际沟通变得更加复杂。

二、人际沟通模式

沟通是一种过程。如图 6-2 所示人际沟通模式，该模式包括 4 个要素：发送者、接收者、知觉屏蔽和信息。

发送者（communicator）是产生信息的人，也就是信息源。

接收者（receiver）是收到信息的人。接收者必须对消息加以解释和理解。

知觉屏蔽（perceptual screen）是人们与外界互动的窗户。发送者和接收者的知觉屏蔽，影响着信息的质量、准确性和清晰度。知觉屏蔽由参与沟通的每个人的个人因素所决定，如年龄、性别、价值观、信仰、过去的经历、文化背景和个体需求等。这些屏蔽的开放或封闭程度，严重地影响着信息的发送和接收。

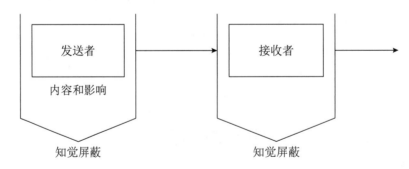

图 6-2　人际沟通的基本模式①

信息（information）包含着发送者试图引起接收者共鸣的思想和感情。信息包含两大成分。其一，是信息（内容）的思想或概念。它包含在借以显示信息所选择的语言、思想、符号和概念。其二，是信息（影响）的感觉或情感。它体现在发送者的强度、力量、行为和手势当中。这就使得信息在第一种成分基础上附加了如喜悦或生气、害怕或痛苦之类的情感因素，从而使信息更丰富、更明确。

---

① 参见黛布拉·L. 纳尔逊（Debra L. Nelson），詹姆斯·坎贝尔·奎克（James Campbell Quick）. 组织行为学——基础、现实与挑战 [M]. 北京：中信出版社，2004：243.

信息的传递，可以借助某种媒介来完成，如电话或面对面的交谈。每种信息内容的丰富程度不同，同时各种媒介的信息传递能力也不同。表 6-1 比较了不同媒介的信息丰富程度。

表 6-1 沟通媒介的信息丰富程度

媒　　介	信息丰富程度
面对面交谈	最丰富
电话	丰富
电子邮件	适中
私人信件	适中
个人笔记或备忘录	适中
正式的局面报告	低
传单或公告	低
正式的数字报告	最低

资料来源：E·A·Gerloff in Research in Organizational Behavior 6 1984：191-233，"information Richness：A New Approach to Managerial Behavior and Organizational Design" Richard L. Daft and R. H. Lengel. Reprinted by permission of JAI Press Inc.

在图 6-2 中，反馈环（feedback）不一定被采用。当接收者向信息的发送者做出反应时，才会发生反馈。

人际沟通是人与人之间的信息传递，即发送者把他所要传递的思想、意见、消息等通过某种方式（媒介）变成接收者所能理解的信息（语言、文字或其他符号）传送出去，经由一定的通路让接收者接收。接收者收到信息之后将信息译解，变成自己的观念，做出行动反馈给发送者，这就构成了一个完整的沟通过程。如图 6-3 所示，人际沟通过程可分以下 7 个步骤：

图 6-3 沟通过程[①]

第一步，信息源。发送者产生了某些观念、想法或事实，并且有了发送出去的意向。对一个有效沟通系统来说，这一步极为重要。一个不完整的意念或未经证实的事情，若被轻易地传送出去，可能会产生无法估计的差错。所以，要"三思而后行"。

第二步，编码。发送者将其观点、想法或所要表达的事实、要传递的信息编码转换为恰当的文字、图标或符号，力求准确完整地表达，不使信息失真。同时，确定信息的传递方式并根据传递方式对信息进行组织。

第三步，通道。发送者必须选择合适的传递时机和传递渠道，并尽量避免传递过程中的信息延误或曲解，减少传递过程中的各种障碍和干扰，使信息能顺利到达接收者并引起足够的注意。

---

① 参见罗宾斯（Stephen P. Robins）.组织行为学 [M]. 7 版 . 北京：中国人民大学出版社，1997：294.

第四步，接收。信息成功发送后，接下来要做的是接收。良好的沟通不仅需要发送者准确的编码和传递，还需要接收者能应用各种接收技巧，完整地接收信息。否则，信息就会丢失或曲解从而无法实现沟通的目标。

第五步，解码。信息被完整接收后，还必须进行解码，以便准确地理解它。解码是编码的逆过程，需要解码者能透过接收的文字、图标或其他符号，理解其内在含义。因此，成功的编码——解码过程首先要求发送者在编码时尽量根据接收者的解码技能，选取恰当的编码方式，同时还要求接收者不断学习，提高自己的解码水平。例如，大学教授在面对一群非专业的听众时，往往选用最平实易懂的词汇讲授专业问题。同时，听众为了能更好地理解这些内容，有时需要预先看看相关资料。

第六步，接收者。接收者根据他所解码破译的信息，采取各种不同的反应行为，决定是否接受它，是完全接受还是部分接受，是使用该信息还是置之不理，等等。影响接受的因素有：对信息准确性的感觉，信息传递者的权威和信誉，接收者对相关信息的了解等。

第七步，反馈是接收者告知发送者收到信息并做出有关反应。沟通是一个双向、互动的过程，而这正是源于反馈。发送者可以根据反馈的信息，对下一个信息的内容、编码方式等等做相应的调整以提高沟通的效率，达到沟通的目标。因此，成功的沟通需要接收者良好的反馈，也需要发送者能很好地理解反馈的信息。

三、沟通方式

沟通方式是多样化的，按不同标准，沟通方式可划分为不同类型。

（一）语言沟通与非语言沟通

根据沟通过程中所使用的符号系统的不同，可把沟通分为语言沟通（verbal communication）与非语言沟通（nonverbal communication）。

1. 语言沟通

语言沟通是使用语言符号系统的沟通，又包括口头沟通和书面沟通。

（1）口头沟通。这是最普通的人际沟通方式，如讨论、电话、面谈、会议等形式。人们借助口头语言的表达和交流，彼此传递着不同的信息、情感、思想和意志行为。口头沟通缩短了人际交流的距离，使沟通的双方处在同一的沟通状态中，在传递沟通内容的同时，及时反馈，增强了沟通的理解和接受过程。口头沟通也有其缺点：信息传递经过的人越多，被曲解的可能性越大。每个人都按自己的方式理解并解释传送信息，当信息的最终接收者收到时，信息的内容与它的本意可能大相径庭了。在一个组织中，当信息通过组织各层级传达时，信息非常容易就被曲解。

（2）书面沟通。书面沟通比口头沟通更规范、更正式。一般采用如书信、通知、文件、传真、电子邮件、组织刊物等形式。通常规范化的沟通内容总是以书面语言的形式在组织和群体中进行传递。书面沟通最重要的优点在于沟通的过程本身。与口头沟通相比，发送者在用词的选择上通常更谨慎；在用文字方式传达信息时，你必须更深入全面地思考你将要传达的内容。因而，书面沟通更全面、更有逻辑、也更清晰。

在沟通中，正式的信息交流一般使用语言沟通方式。

2. 非语言沟通

这是指借助非正式语言符号，即语言与文字以外的符号系统来进行的沟通。如交谈时的手势、神态、表情等。非语言沟通的主要作用有：辅助语言沟通，使其所要交流的信息更明白易懂，使沟通的效果更好；非语言的沟通能显示出一种真实性，特别是情感上的真实性。非语言沟通在沟通中占据重要地位，心理学中有著名的沟通"二八"定律，即语言沟通要传递交流中 20% 的信息，而非语言沟通要传递交流中 80% 的信息。

（二）正式沟通与非正式沟通

在组织和群体内部，沟通方式依其性质可分为正式沟通（formal communication）与非正式沟通（informal communication）。

1. 正式沟通

这是组织内规章制度所规定的沟通方式，是由组织的结构所建立的途径。按照沟通方向，正式沟通又可分为上行沟通、下行沟通和平行沟通。

（1）上行沟通，即组织中的下级向上层直至最高领导进行情况汇报的沟通。上行沟通中存在的困难较下行沟通更大。主要原因有：①由于地位差别，上级令人无法接近。例如，各部门的组织成员，就难以常与主管的领导接触。组织规模越大，中间层次越多，阻碍的程度就越大。下级的信息必须逐级上传，层层过滤，而达到最高层，也许就产生了很大的误差。②领导层的态度也可能产生影响。下层组织成员因有所顾虑，下情不愿上达，或有所保留。这时如果组织中的领导不善于听取下层的报告，或不善于安排时间充分与下层人员联系，上行沟通就会发生障碍。要做到有效的上行沟通，及时准确地了解组织基层的情况，就应该尽量消除上下级之间的地位隔阂及其所造成的心理障碍，引导、鼓励组织基层的成员及时、准确地与上级领导之间进行沟通。

（2）下行沟通，即组织中的上级对下级的信息沟通。它一般是组织中的命令、批示或通报的形式，通常是组织中的高层人员，通过各中间层次下达到基层组织成员个人。美国心理学家卡茨（D. Katz）和卡恩（R. L. Kahn）总结了下行沟通方式的大体的目的：传递工作指示；促使对工作及其他任务的关系的了解；向下级提供关于程序与实务的资料；向下级反馈其工作绩效；向职工阐明组织的目标，使职工增强其"任务感"；这种自上而下的沟通能够协调组织内各层级之间的关系，增强各层之间的联系。

但是，这种沟通易于造成上下级之间的距离加大，因而影响士气。而且，由于沟通具有明显的权力特征，反馈情况少，曲解、误解或搁置等因素比较多，所传送的信息会逐步减少或歪曲。尼柯斯（R. G. Nichols）曾经调查过 100 家工业企业的沟通效率，发现在逐级传递中，信息有如下损失，如表 6-2 所示。这种信息的损失随着沟通途径上的连接点数目的增多而增大。补救的办法是辅之以自下而上的沟通和减少组织层级。

表 6-2　组织各层沟通效率

层　　次	收到信息百分比
董事会	100
副总裁	63
高级经理	56
工厂主管	40
总领班	30
职工	20

（3）平行沟通，是指组织结构中处于同一层级或个人间的沟通。它是横向沟通，通常具有业务协调的作用。传统组织中的平行沟通必须通过上行、下行沟通来进行，而且对直接的平行沟通是严格控制的，这实际上是上级对下级的监督和控制。严格控制容易产生的弊病在于传递信息花费的时间多，出现错误和被曲解的可能性大，缺乏处理紧急情况所必需的灵活性。随着组织的发展，在大规模的组织以及机械化作业的企业组织中，直接的平行沟通很有必要，这是由科学技术的应用、组织内部各部门之间直接配合的需要和建立正规化的组织制度提供的可能性所决定的。根据希斯克（J. Hicks）的研究，在企业组织中，非机械化或机构化程度低，就会强调垂直沟通；中等程度的机械化则更注重于平行沟通；而具有高度自动化设备的组织又将再次注重垂直沟通，因为此时监督控制的需求增大了。

2. 非正式沟通

在组织中，除了正式沟通外，还存在大量的非正式沟通途径，主要用于传播一些非正式的信息，或不易公开的信息，如我们常说的"小道消息"。"小道消息"不一定都是不确切的信息，其中往往也有合乎事实的消息。

赫尔希（R. Horshey）曾对6家公司的30条小道消息做过分析研究，其中有9条确实，16条全无根据，5条有些根据但有歪曲。小道消息传播的途径都是非正式的，故而几乎不可能追查其来源。在每一个机构中，每一成员都可能在传播小道消息中扮演一个角色，有的是谣言制造者，有的是传播者，有的只听不传，有的夸大扩散。组织行为学家戴维斯（K. Davis）在1953年发表的《管理信息沟通和小道消息》一文中介绍了他在一个小公司里对67名管理人员进行的一次调查研究，他采用顺藤摸瓜的方法追索小道消息的来源，发现只有10%的人是"消息"的传播者。另外，两位心理学家也在政府机关做了同样的调查，发现传播小道消息的人也在10%左右，而且搞小广播的几乎是固定的那些人，绝大多数的人往往听了不传。

由于非正式沟通传送消息大都是口头的传播，故传播速度极快，也易于迅速消散，一般没有永久性结构和成员。小道消息有三个特点：它不受管理层控制；大多数员工认为它比高级管理层通过正式沟通渠道解决问题更可信、更可行；它在很大程度上有利于人们的自身利益。

企业中传播的小道消息，在一定条件下，如果管理人员运用得当也可能作为正式沟通的辅助。捷茨（RMHod-getts）认为，小道消息有时是组织成员的想像和忧虑心理的一条出路。因此，通过谣闻可以了解到成员的心理状态。戴维斯认为，产生小道消息有三个原因：对组织的信息不明；员工有不安全感；有抵触情绪。要消除小道消息的消极作用，从根本上讲，就要排除这些因素。改善的主要方法在于使正式信息渠道畅通，用正式消息驱除小道消息。

自我评价练习

你是一个好听众吗？

思考性聆听是一种可以锻炼和学习的技能。下面有10条技巧，可以帮助你成为一名好的听众。

1. 别说话。如果你的嘴巴一直不停，那你就无法听别人谈话。
2. 让讲话者感到轻松。打破沉默，让讲话者感到轻松。要微笑！
3. 向讲话者表示，你愿意听他讲。把你的工作放在一边。不要看你的手表。保持眼神的联系。
4. 除去干扰，关上门，不要接听电话。
5. 要投入，把自己放在讲话者的立场上。
6. 耐心，不是每个人都能以同样的速度改善消息。
7. 控制你的情绪，要能把握住自己。
8. 尽量避免。避免批评讲话者，否则只会扼杀这种沟通。
9. 提问题。要对讲话者的信息进行思考，要弄明白。
10. 别说话。到了这个阶段，你可能实在忍不住要说话了。但是，不要着急说，一定要确定讲话者已经讲完了。

回想一下在工作或学习中，你最近在与他人沟通方面所遇到的困难。按照这10个项目评价一下你当时的表现。你在哪些方面最需要改善？

四、沟通网络

在组织中，由各种沟通途径所组成的结构形式称为沟通网络（communication network）。信息沟通网络类型对信息沟通的有效性有很大的影响。沟通网络可分为正式沟通网络（formal networks）与非正式沟通网络（informal networks）。

（一）正式沟通网络

正式沟通网络是根据组织机构、规章制度来设计的，用以交流和传递与组织活动直接相关的信息的沟通途径。关于不同的正式沟通网络如何影响个体与群体的行为，以及各种形态的网络结构的优缺点，管理心理学家巴维拉斯（A. Bavelos）和列维特（Leavitt）在1948年曾对5种结构形式进行了实验比较。图6-4表示这5种信息沟通网络结构形式：轮式、Y式、链式、环式、全渠道式。在正式组织环境中，每一种网络形式相当于一定的组织结构形式。

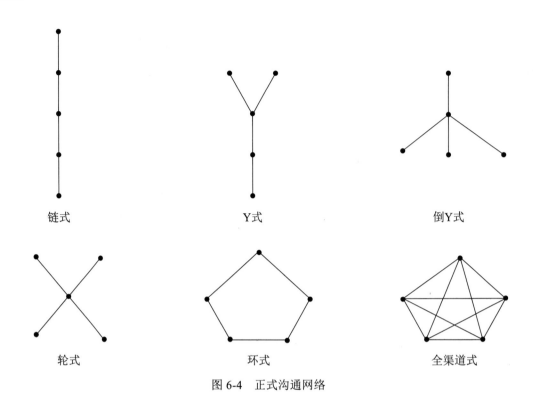

图 6-4　正式沟通网络

1. 链式沟通网络（chain model communication），属纵向沟通网络，表示一个有 5 个等级的组织体，信息逐级向上或向下传递，不能横向传递信息。成员只能与其相邻的成员交谈，处于链条两端的成员是最不利的，只能与一个邻居交谈。在这种形式中，传递信息的速度最快，解决简单问题的时效最高。但信息经层层传递与筛选，容易失真，各个信息传递者接受的信息差异很大，沟通面窄，每个成员满意度也有很大差距。

在这种组织沟通网络中，上下信息交流是采取主管领导和底层部属无直接联系，通过中间层进行联系的方法。如果一个组织系统过于庞大，需要实行分层授权管理，链式沟通网络是一种行之有效的方法。

2. Y 式沟通网络（Y model communication），是纵向沟通网络，表示 4 个层次的组织体，两个领导分别通过一个下级，如秘书或一个部门与下面的中、基层管理人员逐级传递信息。这种沟通网络适用于企业规模较大、管理水平不高的大、中型企业。

相似的还有一种倒 Y 型。这两种沟通网络的一个特点是作为"瓶颈"的这个人或这个部门一定要十分善于沟通，而且要忠诚可靠。因为处于这个地位的人可以获得最多的信息情报，因而往往会掌握真正的权力，容易成为核心人物，控制组织。这种形式集中化程度高，解决问题的速度快。但组织中成员的平均满意程度较低，易于造成信息曲解或失真，从而给组织带来不良影响。

3. 轮式沟通网络（wheel form communication），表示一个领导者与 4 个下级沟通，但 4 个下级之间没有直接沟通，属于控制型网络。其中只有处于中心地位的领导者了解全面情况，并向下级发出指示，4 个下级分别了解本部门的情况并向领导人汇报。在企业中，这种网络大体类似于一个主管领导直接管理几个部门的权威控制系统。

这种沟通网络的优点是：集中化程度高，解决问题的速度快，中心领导者的预测程度高。其缺点是：沟通渠道少，平行沟通不足，组织成员的满意程度低，不利于提高士气。将这种沟通网络引入组织机构中，容易滋长专制型的沟通网络。

4. 环式沟通网络（ring model communication），是一个封闭式控制结构。它表示组织内有着三个等级，第一级领导与第二级联系，第二级再分别与底层联系，低层工作人员可直接横向联系。这种网络形式允许成员与邻近的成员互相沟通，但与工作关系较远者无法沟通。

环式沟通的优点是：组织内民主气氛较浓，团体的成员具有一定的满意度，横向沟通一般使团体士气高昂。其缺点是：组织的集中化程度和领导人的预测程度较低，畅通渠道不多，沟通速度较慢，信息易于分散，往往难以形成中心。

如果在组织中需要创造出一种高昂的士气来实现组织目标，同时追求创新和协作，如组织中的决策机构、咨询机构、科研开发机构以及小规模独立工作群体，适于采用环式沟通。

5. 全渠道式沟通网络（all round channel communication）。在这类网络中，所有成员一律平等，可以自由地交换意见和信息，而不依靠中心人物来集中和传递信息，每个成员之间都有一定的联系，是一个开放式的系统。它表示一个民主气氛很浓的领导集体或部门，其成员之间总是互相交流情况，通过协商进行决策。在企业中，一个民主气氛很浓或合作精神很强的团体或委员会之类的组织机构一般都采用这种网络模式。一些非正式组织，如社交联谊会、信息交流会等交往场合，也基本适宜这种沟通网络。

全渠道式沟通的优点是每个成员之间可直接充分交流，没有限制；成员之间是平等的，可自由发表意见，因而满意程度高，成员之间满意度差距很小；组织内士气高昂，合作气氛浓厚，个体有主动性，可充分发挥创新精神；弥补了环式沟通难于迅速集中各方面信息的缺陷。缺点是：沟通渠道太多，易造成混乱；集中化和主管人员的预测程度均较低；信息传递费时，影响工作效率。

各种沟通网络都有其优点和缺点，应根据组织的工作性质与员工特点，选择不同的沟通形式，因为各种沟通形式对组织内群体行为的影响是有差异的，如表6-3所示。

表 6-3　不同形式的沟通网络对群体行为的影响

网络类型	解决问题速度	信息精确度	组织化程度	领导人的产生	士气	工作变化弹性
轮式	快	高	迅速、稳定	显著	低	慢
Y式、倒Y式	较快	较低	不一定	会易位	不一定	较快
链式	较快	较高	慢、稳定	较显著	低	慢
环式	慢	低	不易	不发生	高	快
全渠道式	最慢	最高	最慢、稳定	不发生	最高	最快

沟通网络代表一个组织的结构系统。一个组织要达到有效管理的目的，应该采取哪一种沟通网络，应视不同的情况而定。如果要求速度快，且易控制，则轮式沟通较好。

在企业中,信息传递的速度与控制往往比士气与创造性更被重视。同时,轮式沟通网络中处于中心地位者因获取信息情报的来源多,具有掌控全局的权力,有充分的自信与自主权和责任感,心理上也较满足。如果要求团体有高昂的士气,则环式沟通比较理想,不过在一个大的沟通组织中,所有的人员都平等获取各种情报信息是不可能的,也是不必要的。在高层组织与委员会之类的小团体中,可以运用环式沟通网络,如果组织非常庞大,需要分层授权管理,用链式沟通比较有效。如果一个主管的自身工作非常繁重,需要有人协调、筛选信息,则宜采用倒 Y 式的沟通网络。总之,应结合组织的具体情况,从而确定适当的沟通网络。

(二)非正式沟通网络

在群体内部和群体之间,正式沟通并不是唯一的沟通系统。在非正式系统中,信息通过小道消息的方式传递。非正式沟通渠道所组织的结构形式即非正式沟通网络,它不是由组织固定设置的,而是在组织成员进行非正式沟通中自然形成的。戴维斯把非正式沟通网络归纳为下列 4 种形态:单线式、辐射式、偶然式、集束式,如图 6-5 所示。

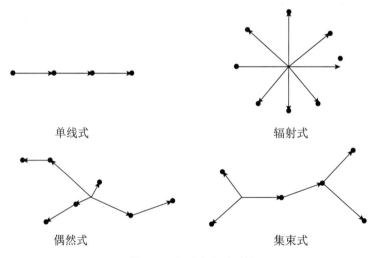

图 6-5 非正式沟通网络

1. 单线式沟通网络,以"一人传一人"为特征,最强调非正式沟通的保密性,信息按照最亲密的人际关系进行单线传递,最后终止于某个人,如果传递的时间足够长,往往使传递的信息成为一种不公开的秘密。

2. 辐射式沟通网络,以"一人传多人"为特征,沟通中有一个主要的信息源,他主动地将某些信息进行广泛的传播,以扩大信息的影响力。

3. 偶然式也称随机式沟通网络,它的传播以偶然的方式进行,传播的对象选择性较差。此外,还有一些"道听途说者"。

4. 集束式沟通网络,信息的传递以几个人为传递中心,这些中心人物有选择地将信息转达给他的朋友或相关的人。这是非正式系统中最普通的沟通形式。

人们常常认为小道消息来自于搬弄是非者的好奇心,其实,并非如此。小道消息往往是某种模棱两可的情境引起人们焦虑情绪的行为反应。如在大型组织中保密性和竞争性是司空见惯的,对诸如新上司的任命、办公室的重组、工作任务的重新安排这些事来说,都有利于小道消息的滋生和传播。如果人们的愿望和期待得不到满足或焦虑得不到缓解,那么,小道消息会一直传播下去。

由此可见,非正式沟通中的小道消息在任何群体或组织中都是重要的组成部分,值得我们认真了解。它表明了一些员工认为很重要的事情,管理者未必能详尽透彻地说明,反而激起了员工的焦虑感。因此,小道消息具有过滤和反馈双重机制,它使我们认识到,哪些事情员工认为是重要的。

非正式沟通不受组织机构的监督和限制,可以提供正式沟通中难以获得的某些信息,也可以获取人们的真实思想和意图。管理者应对非正式沟通网络加以正确的引导和利用,以补充正式沟通网络的不足。

第二节 有效沟通的障碍及其克服

沟通方面的困难会引发组织问题或降低组织的获利能力。另外,在组织的沟通过程中,对沟通进行有效的管理,能够克服沟通的某些障碍以及存在的某些问题。组织中的这些沟通障碍可能是临时的,而且是可以克服的。新技术的运用是现代管理的一大重要特征。基于现代电子技术和计算机技术,组织管理者可利用的沟通工具比以前更多了,如何理解和认识这些新技术的运用,也将会影响到沟通的成功和效果。

一、有效沟通的特征

有效沟通首先具有及时性特征。及时是指沟通双方要在尽可能短的时间里进行沟通,并使信息发生效用,主要有三方面的标准:①传送及时。在信息传递过程中,尽量减少中间环节,避免信息的过滤,使信息最快到达接收者手中。②反馈及时。接收者接收到信息后,应及时反馈,这有利于发信息者修正信息。③利用及时。信息具有较强的时效性,因而这要求双方及时利用信息,避免信息过期无效。

其次,有效沟通具有充分性。信息充分要求发送者在发出信息时要全面、适量,既不能以偏概全,也不能过量,而应该适量充分。

有效沟通还具有不失真的特征。信息不失真,才能充分反映发送者的意愿,接收者才能正确理解信息。按照不失真的信息采取行动,则能取得预期效果。失真的信息,往往会对接收者产生误导。

二、有效沟通的障碍

人们在信息沟通过程中,常会受到各种因素的影响和干扰,大量的障碍(barrier)

会延误或曲解有效的沟通。

（一）信息源的障碍

信息发送者要把自己的观念和想法传递给接收者，首先必须通过整理将其变成双方都能理解的信息，也就是说，把要传递的信息清楚地表达出来。然而现实中会存在一些障碍：

1. 发送者的表达能力。这是发送者通过口头或书面语言表示自己的思想、情感和消息的能力。在沟通中，信息发送者表达能力的强弱是能否实现有效沟通的关键。如果表达能力不佳，词不达意，口齿不清，或者字体模糊，使人难以了解发送者的意图。

2. 语义的差异。信息沟通所使用的主要信号是语言和文字。语言不是客观事物的实体，而是通过人的思维反映客观事物的符号，它与事物之间只存在间接的关系。加上客观事物及人的思想意识的复杂多变，使语言的表达范围和人使用语言的能力具有更大的局限性。有时，所用的语言和文字又是多义的，对不同的对象会产生不同的意思、不同的理解，从而引起误解错译。即使同样的词汇对不同的人来说含义也是不一样的。年龄、教育和文化背景是三个最主要因素，它们影响着一个人的语言风格以及他对词汇的理解。专家对同一语言的运用，明显不同于仅获得高中文凭的工厂员工。在大型组织中，成员分布的地域十分广泛，有些甚至来自不同地区，而每个地区的员工都使用该地特有的术语或习惯用语。即使员工们说同一种语言，但在语言的使用上也并不一致。在不同学科和不同专业领域之间，专业术语的不同也会产生一种语言上的障碍。如缩写词对专业内部的人士来说是非常有用的，它是一种快速的沟通方式。技术术语在专业人士之间可以精确地传递思想。但是，对于不熟悉这些用法的人来说，缩写词和技术术语只会造成理解上的困难。例如，对于专业的心理医生来说，忧郁有特定的含义，但是对于外行人来说，它的含义就要广泛得多。

3. 信息来源上的问题。组织中的沟通主要是下行沟通，就是说管理层通常是作为信息的发送者。管理者向下属发送信息时一般会对信息进行特殊处理。比如在传达某一信息时，管理者通常要把信息分解为不同的部分，然后根据下属的职位来传达相应的部分。这种处理方法本来是无可厚非的，但是管理者在应用这一方法时往往难以把握信息分解的度，从而影响接收者对信息的准确理解。一定程度的信息封锁曾经是保持管理者权威的一种有效手段，但是这种手段目前正受到越来越多的挑战，因为人们得到信息的渠道越来越多，沟通的网络越来越发达，管理者往往难以对信息进行有效的封锁。

4. 社会环境与知识经验的局限。当发送者把自己的观念翻译成信息时，他只是在自己的知识和经验范围内进行编译。同样，接收者也只能在他们自己的知识和经验内进行译解，理解对方传送来的信息的含义。如图6-6a所示，如果甲乙双方的知识经验范围有交叉区，这个交叉区就是双方的共同经验区（共通区）。这时信息就可以容易地被传送和接收。如果沟通双方有很大的共通区，则常常能够"心有灵犀一点通"：一方话还没说完，另一方已经明白了对方的意思。相反，如果双方没有共同经验区，如图6-6b所示，就无法沟通信息，接收者不能译解和理解发送过来的信息的含义。如让文科生去听专业性非常强的量子力学或生命科学的学术报告,就会很难理解,原因就在于文科生没有这方面的知识和经验。因此,信息沟通往往受到知识和经验的局限,只有存在共通区才能进行有效的信息沟通。

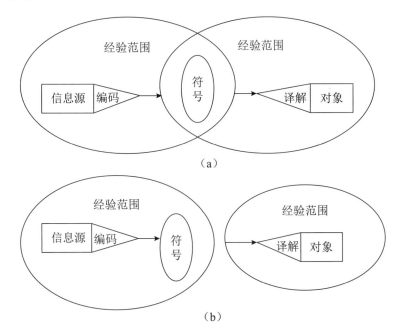

图 6-6 信息沟通所必需的经验共通区

(二)信息传递的障碍

在信息传递的过程中,也常常会出现障碍。

1. 时机不适。信息传递的时机会增加或减低信息沟通的价值,不合时机地发送的信息,对于接受者的理解将是一个难以克服的障碍。时间上的耽搁和拖延,会使信息过时而无用。

2. 媒介(渠道)选择不当。沟通媒介的选择,要依据具体条件下的有效性灵活应用,否则就会造成沟通的困难,或影响组织工作的绩效。一般而言,沟通内容越特殊,越难表述清楚,任务越紧迫,越需选用较丰富的媒介,如面谈、会见等。反之,内容越常见、简单,任务不迫切重要,越可以选择沟通能力较贫乏的媒介,如备忘录等。如果沟通渠道不对,沟通就不能顺利完成,因为接收者可能会接收不到信息,或接收不及时。解决媒介问题必须熟悉各种媒介在传送信息时的优缺点,根据要传送的具体内容选择最适合的渠道。

3. 漏失和错传。在传递中,信息内容漏失错传,都会造成沟通障碍。

4. 干扰。信息传递过程中若受到干扰,也会影响信息的准确传递。

(三)信息接收和理解的障碍

接收者接收到信息符号之后,要进行译解,以变成对信息的理解。在这一过程中经常出现的障碍有以下几种情况:

1. 知觉的选择性。选择性知觉是指在沟通过程中，接收者会根据自己的需要、动机、经验、背景及其他个人特点，有选择地去听信息。解码的时候，接收者还会把自己的兴趣和期望带入信息之中。如果一名面试主考在先前的女性求职者中看到有人把家庭置于事业之上，无论后来的求职者是否怀有这种想法，主考官就认为女性求职者都是这样的。因而并没有看到事实，而是对其所看到的东西进行解释，并称之为事实。

2. 信息过滤。接收者在接收信息时，有时会按照自己的需要对信息进行"过滤"。美国通用汽车公司前副总裁德洛里恩（J. Deloeran）曾说过："从下级接收者报上来的情况经过层层过滤，往往使上面接触不到实际情况。下级提供资料，往往是为了获得他们所希望的回答，或者是报喜不报忧，猜度领导需要什么，然后上报什么。"

图 6-7 反映了多层次组织的信息过滤。图中上面的箭头显示允许的理解差异的区域，表示在理解与阐述高层管理者的方针政策和思想时，允许在一定范围内有某些弹性。图中右边的箭头显示信息传播的方向。图中黑点表示多层次的人员在传播信息时对信息理解的正确度。当一个信息传送下来，每经过一个层次，都要产生新差异，最后就会脱离出允许的差异范围。

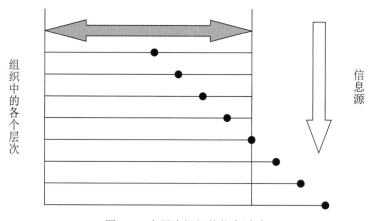

图 6-7　多层次组织的信息过滤

3. 接收者的理解差异和曲解。接收者往往会根据个人的立场和认识解释其所获得的信息。由于个人的社会环境、生活背景和思想愿望不同，人们对同一信息的理解将有所差异。即使是同一个人，由于其接受信息时的情绪状态不同，或者场合不同，也可能对同一信息有不同解释，因此，所采取的反应行动也会不相同。譬如，接收者可以出于个人的愿望、个人的目的而有意强调某一方面，忽略另一方面，或者曲解信息的本义。如果认为信息符合自己的价值观，就会高度重视，并完全接受；如果认为信息不符合自己的价值观，就会轻视信息，并排除信息。此外，还要判断信息是否有价值，心理学家哈维（Harvey）和克拉普（Clapp）以及史密斯（Smith）通过实验，得出下列结论：

（1）接收者从不太可信的来源得到一个比他原来期望好一些的坏消息，他对这来源会重视。

（2）如果这个消息同原来期望的一样坏，他对这个来源就不太重视。

（3）如果得来的消息比原来期望的更坏，他对这个来源就更不重视。

4.信息过量。在现代组织中，一些管理人员经常埋怨他们被淹没在大量的信息传递中，而对过量的信息采取了不予理睬而搁置起来的办法。美国一个大企业的一位经理人员估计，他每天要收到大约 600 页的计算机输出资料。这些资料详细记录了每条生产线的产量，各种原料的地址及操作中的其他各种指标。他只能找一间空的存储室来存放这些资料，最后转包给废品公司运走。

（四）组织障碍

组织自身内的一些因素也会束缚组织内成员之间的有效沟通，这主要有地位的障碍和结构的障碍。

1.地位的障碍。当某人在管理层中的地位大大高于另一个人时，就会产生沟通过程中的地位障碍。地位障碍是上下级之间进行有效沟通的最大障碍，它来源于对组织中地位差别的过分强调。例如，上级爱摆架子，爱发号施令，或者用办公室的高级设备来有意识地显示上级的职位权威等，这些都会使下级明显感到地位差别，从而加深了沟通中的鸿沟。

2.结构的障碍。由于组织内的结构设置不当，也会阻碍组织的有效沟通。例如，传递层次越多，失真的可能性就越大。有效沟通的主要特征之一就是不失真，信息失真，无论对上级还是下级的工作都会起到误导作用。另外，还有如机构重叠而造成沟通缓慢，各职能部门之间缺乏沟通，以及沟通渠道单一而造成信息不充分等，都影响组织内部的有效沟通。

（五）反馈不足

反馈是指接收者给发送者一个信息，告知信息已收到以及理解信息的程度。反馈不足可能产生问题：①发送者可能发出第二次信息。由于发送者没有收到反馈信息，他不知道接收者是否接收或理解了信息，因此，他往往会重复发送第一次信息，或询问是否收到了第一次信息。②接收者可能按不确定的信息行动。如果接收者对信息的理解正确，那么不会产生严重后果；一旦接收者对信息的理解错误，那么后果有可能不堪设想。

因为反馈很重要，所以，沟通者必须努力获得反馈，而接收者也必须经常反馈。尤其是对重要信息的沟通，一定要及时反馈。反馈的方法主要有以下几种：重复原来的信息、回答自己的理解或用表情或身体语言来反馈等。

▶ **新闻中的组织行为学**

写给家长的游戏指南

腾讯社会研究中心和《第九区》杂志推出了《玩得开心 玩得安心 写给家长的游戏指南》。2018 年 1 月 23 日下午，腾讯互娱、腾云、木果书架联合深圳报业集团读创客户端、西西弗书店，在北京、深圳两地同步举办了腾云下午茶游戏沙龙"有效沟通：青少年与游戏"，教育学、心理学、游戏专家与家长们相聚在一起，探讨如何与孩子有效沟通游戏话题，如何建立行之有效的游戏规则。选择好游戏，有益孩子身心健康。

深圳大学心理与社会学院王腊梅副教授和德国慕尼黑大学教育学、心理学博士高璇认为，不要一提到游戏就感觉是洪水猛兽，他们综合了牛津大学等国内外机构对游戏的研究报告，为听众系统阐述了游戏的益处，认为如果帮助孩子选择好的游戏，可以帮助培养孩子的认知能力、情感能力、动手能力和社交能力。心理专家们认为，孩子在通关游戏的过程中会经历很多挑战，获得一种艰难的乐趣，会知道经过艰难的练习能得到一定成果。而在游戏中，玩家需要在有限时间内解决难度逐步增大的谜题，这一过程提高了玩家做出决策的能力与速度，这是当今的雇主很看重的能力。

腾讯社会研究中心总监王晓冰介绍了与孩子正向沟通的心得："家长需要了解游戏是什么以及好的游戏是怎样的，帮助孩子识别正向、积极和有益的游戏。很多计算机、手机、软件，包括腾讯的成长守护平台都提供了一些技术方式可以帮助家长对孩子的上网或游戏行为进行监护，让孩子们玩得开心，玩得安心。这也是我们策划《写给家长的游戏指南》的初衷。"

三、克服沟通障碍的方法

在存在沟通障碍的情况下，管理者设法减少以上类似问题和障碍的发生，可采取以下对策，以实现有效沟通。

（一）发送者应做好准备

发送者在沟通前先澄清概念，沟通内容必须事先妥善计划，并明确沟通的目的。发送者还应系统地思考接收者可能做出的反应，即要综合考虑接收者的心理特征、知觉、信仰和价值观等。除此之外，发送者应该选择适当的沟通动机和适当的信息沟通量，沟通内容不宜太多，也不应太少。在计划沟通内容时，应尽可能取得他人的意见。与他人商议不仅可以获得更多的看法，而且能得到他人的支持。

（二）注意语言和文化因素

有时语言也可能成为沟通的障碍，管理者应谨慎用词，用语应该与他的听众相协调，把想表达的意思组织得更加清晰且容易理解。例如，一计算机软件部经理与编程人员交流时，会使用与行政部工作人员交流时区别较大的语言。

值得注意的是，体态语言比口头语言更能表达说话者的真实含义，应该注意自己的身体，以使它与你的语言一致并加以强化。有效的沟通者通常都会注意这一点。

进行沟通时，还应充分了解对方的文化背景，掌握文化对其基本价值观的影响，从而更好地理解对方对事物的看法和态度，以消除或降低沟通中的文化障碍。

（三）改善组织结构

为了改善沟通效果，组织应尽量减少组织的结构层次，消除不必要的管理层，同时还应避免机构的重叠，增加沟通渠道，加强部门之间的联系，以加快信息的沟通速度，保证信息的准确和充分。

（四）运用反馈

许多沟通问题主要是由于误解和不准确造成的。如果管理者确保反馈环节在沟通过程中使用，这些问题将较少发生。这些反馈包括口头的、书面的和非语言的。

如果一名管理者向信息接收者询问"你知道我说的意思吗？"，接收者的回答就是反馈。管理者可以问一系列有关该信息的问题，以判断信息是否被接收。更好的方法是，管理者可以要求接收者用自己的语言复述该信息，以了解信息是否被准确理解。

当然反馈并不仅仅通过语言来表达，有时动作更能表述真实意义。例如，一名销售经理向下属宣布下月所有销售人员需要完成的任务，某些销售员未达到目标就是一种典型的反馈。当你向一群人演讲时，你可以通过他们的目光或其他的非语言信息来确定他们是否接收到了你要传达的信息。即时反馈的优点或许可以解释为什么电视演员在有观众观看的舞台上表演时，比录制视频时表现更好。及时的欢呼声、鼓掌声或较高的落座率，都能向表演者传达观众是否喜欢表演的信息。

（五）利用小道消息

不能忽略小道消息。管理者要做的是，使用小道消息并且让它为你服务。小道消息能快速地传达信息，在决策最终制定之前，能验证不进行决策的后果。当管理者也是小道消息的一员时，小道消息是一个有效的反馈渠道。当然，在正式沟通的场合中，小道消息会破坏沟通的效果。为了减少这种潜在的破坏，管理者应正确利用正式渠道，以保证它传递的是员工需要的、相关的和准确的信息。

（六）利用新技术沟通

新技术的运用是现代管理的一大重要特征。目前，全球绝大多数组织都已经与互联网联通。基于现代电子技术和计算机技术，组织之间以及组织内部的信息和数据传递非常方便。如何理解和认识这些新技术的运用，将会影响到沟通的成功和效果。

过去，只有技术专家可以以计算机为媒介进行沟通。如今，计算机技术实际上已经影响到社会组织所有管理者及其员工。信息数据库已经非常普遍，只要轻轻点击一下，这些数据库就可以提供大量的信息。许多大学图书馆中所使用的系统是另外一种信息数据库。在这种数据库中，通过电子目录可以找到各种图书和期刊。

常用的电子沟通技术是传真机、汽车电话、电子信箱、语音邮件系统以及电子视频工具。这些沟通技术都具有即时性，消除了普通信件的时间耽搁。例如，利用传真机，发送信息的人可以非常迅速地传递事实、图表和说明。人们愿意选择电子邮件，还是面对面的沟通方式？研究表明，选择结果随决策的性质而变化。选择某种方式可能与所要沟通的内容和事件的复杂性有关。电子邮件有它的优势，也有它的局限性，在使用的时候一定要谨慎。对于进行国际沟通的用户来说，已经有一些设备能够在法语、德语、西班牙语和英语之间，对信息进行互译。

第三节 群体决策

管理就是决策，决策的好坏将在很大程度上影响整个企业或组织的成败。决策活动形形色色，分类标准不一。按照决策者或决策主体的众寡来分类，决策可以分为群体决策和个体决策。前述个体决策会受到决策者个人行为特征的重要影响。群体决策是一种十分重要十分普遍的决策方式，正式组织中越来越多的重要决策都是由群体、团队或委员会等集体形式作出的，其共性即是群体决策。因此，研究和认识群体决策的特点、行为现象和技术方法具有广泛的使用价值。

一、群体决策的特点

决策是行动的基础，没有决策就没有合乎理性的行动。决策是识别和解决问题的过程。群体决策（group decision）就是群体成员面对问题、共同参与和组织决策的过程。群体决策与个体决策不同，群体成员有各自的认知系统和价值观念，群体对内部成员的选择行为也有巨大影响。

（一）群体决策的优势与劣势

群体决策相对个体决策而言，既有优势，也有劣势。

1. 群体决策的优势

（1）能够获得更全面的信息和知识。群体决策参与者多，信息来源广，可以搜集更为丰富的资料数据，汇集和综合多个个体的知识等资源作为决策依据。

（2）通过集思广益，增加观点的多样性，能够给决策过程带来异质性，从而为多种方法和方案的拟定和讨论提供了机会，发挥集体智慧，更加客观、合理地作出决策。

（3）通过群体成员或其代表，按一定民主程度或议事规则，参与决策，可增加决策的合法性与管理性。当代许多国家和组织越来越重视权力分享和民主决策，许多不同文化背景的人们都认为群体决策的形式和过程即是民主的方法，符合他们的民主思想。

（4）提高决策的可接受性，许多决策在制定以后，由于人们不接受而半途而废。群体决策可以吸收那些将来执行决策或受到决策影响的个人（或其代表）参与到决策过程之中，通过传递和共享信息，参与制订方案和作出决策，参与者有机会表达自己的看法并受到重视，就会激励其接受决策，并鼓励别人接受决策，从而使决策获得更好的支持，提高其可执行性。

（5）更能承担风险。由于一些组织成员共同进行决策，决策的风险和责任分散，所以更可能作出风险较大的决策。如果是个人决策，则会由于个人必须单独承担后果以及对风险的厌恶而趋于保守。当然,这里并不排除个人由于缺乏对风险的认识,而具有更大的冒险性。

2. 群体决策的劣势

(1) 决策时间长,速度慢。由于群体决策一般需要其成员充分发表意见,对每一个意见都进行讨论,不同意见集中后才能形成决策。此过程不仅耗费时间,而且还可能在进行中转移话题、离题太远或不着边际,从而使一项决策议而不决,拖延时间,限制了相关人员在必要时做出快速反应的能力。

(2) 从众压力。如前所述,群体中存在着群体压力,群体成员因为希望被群体接受和重视的愿望而可能导致其从众行为。群体决策同样会出现个人屈服于群体压力现象。群体压力会迫使个体在群体决策时追求观点的统一。个人的创见往往与众不同,个人在决策时会由于群体的压力而放弃自己的不同意见,去附和主流意见。

(3) 少数人控制。群体决策可能会被一个权威型的成员或居主导地位的小团体所控制。群体中的负责人或少数人由于实际的权力、权威、手腕、资源等原因,控制着整个群体或操纵了群体决策过程。如果控制者的水平很低,就会十分消极地影响群体的运行效率。

(4) 折中性方案。群体决策时,由于各个成员常常对于某些问题会有不同的见解,为了取得集体一致的解决问题的办法和协议,经常需要采用某种妥协或折中性方案来使各方认可并执行,从而有可能放弃实际上最佳或最合理的决策。

(5) 责任不清。群体决策通常是集体讨论、集体决定(如表决通过)、集体负责。责任分散,个人责任不够明晰的决策则往往导致"有人拍板,无人负责"的后果。

(二) 群体决策与个体决策的比较

群体决策与个体决策相比,孰优孰劣,取决于它们被应用的环境、条件和问题,取决于衡量它们所采用的标准。

就效果而言,群体决策能提供更多选择、更富有创造性、更准确并且更有质量的最终决策,群体决策更加出色。但是个体决策比群体决策更有效率。由于群体决策需要花费大量时间和资源才能作出最终决策,其效率自然也就降低了。相比之下,当决策不是那么重要或者并不需要下属对决策成功不遗余力时,决策最好由个人制定。同样,当上级掌握了足够的信息,或者即使不咨询下属,下属也将对最终结果尽心尽力时,个体作出决策将是更佳的选择。群体决策与个体决策的比较,如表6-4所示。

表 6-4 群体决策与个体决策比较

对比项目	决策主体	
	个 体	群 体
速度	快	慢
正确性	较差	较好
创造性	较大,适于工作结构不明确、需要创新的工作	较小,适于任务结构明确,有固定程序的工作
风险性	视个人气质经历不同而不同	视群体成员特别是领导冒险倾向性不同而不同

在实践中，人们在作出是否要采用群体决策形式的决定之前，首先应权衡一下在解决所面临问题时，群体决策在决策效果上的优势能否大于它在决策效率上的损失。

二、群体的两种心理现象

群体决策中有两种心理现象，即群体思维和群体转移，受到组织行为学研究者们的高度重视。这两种心理现象是群体决策的副产品，它们可能潜在地影响群体决策的客观水准和质量效能。

（一）群体思维

群体思维（groupthink）是一种与群体规范有关的心理性症状，它主要是指由于群体的从众压力，使得群体中那些不寻常的、少数人的观点或者不受欢迎的观点，难以充分地表达出来，群体对其又不能作出客观评价的情况。群体思维也称小团体意识，为群体成员追求一致性的期望所导致的。经常有这样的情景，在会议、课堂上或者非正式群体中，某人原本想说出自己的看法和"高论"，但是当发现自己的意见和观点与处于控制地位的大多数人的观点不一致时，多半会修改或放弃自己的意见和观点。这是因为经验告诉我们，与群体保持一致比站在群体的对立面对我们更有利。这些现象说明，群体压力的作用，将对个体的心智效率、对事实的认识、道德判断造成障碍。

群体思维的症状主要有以下4个特征：①群体成员使任何反对他们所提假设的意见非法化；②群体成员对那些不时质疑群体共同观点的人施加压力，使其支持大多数人的观点；③那些持有怀疑或不同看法的人，往往通过保持沉默，甚至降低自己看法的重要性，来尽力避免与群体观点的不一致；④群体往往将成员的沉默解释为对大多数观点的支持。

以上这些症状，将导致在进行群体决策时存在很多局限性。群体思维将导致下面的情况出现：对问题的评估不完整；信息搜集不充分，处理信息时存在选择上的偏见；观点的发展有局限、对观点的评估不完整、不能正确评估所持观点的风险以及不能重新正确评价真实被否决的观点。

有关美国政府机构决策过程的研究表明，最终结果的不完善经常是以群体思维的症状为先导的。比如，1941年珍珠港事件，1950年美国发动朝鲜战争，20世纪60年代早期的猪罗湾事件和越南战争，20世纪70年代以失败告终的伊朗人质营救事件，以及航天飞船"挑战号"发射过程中作出的错误决策，等等。

预防和减轻群体思维影响的方法如下：①建立宽松和谐、民主的组织氛围，增大各抒己见、虚心倾听、集思广益的群体风气，增加群体的凝聚力；②改进群体领导者的行为，正式领导不可轻易表态，不可以权势压人接受自己观点，要鼓励以理服人，坚持原则，讲真话；③在群体充分讨论之前，避免"先入为主"，过早作出结论或提出有倾向性意见。应多方征询意见，充分酝酿，慎重决策，重大问题还应实行必要的复议；④管理者应该鼓励使用系统的决策流程，采用科学的决策方法来引导人们的思维活动，以促进建设性批评意见的形成，全面分析所有可能的最终决策。

（二）群体转移

群体转移（groupshift）也称群体决策的风险转移现象，是美国学者在本国背景下首先发现的。群体转移是指在群体决策时，群体成员在集体讨论、评价和选择方案，作出决定的过程中，倾向于夸大自己的最初立场或观点的决策心理现象。

群体的规范或压力导致群体的决策走向极端，变得更保守或更危险。事实证明，在比较群体决策和群体内部成员个人决策时，两者之间存在差异。在有些情况下，群体决策比个体决策更保守。更多情况下，群体决策更倾向于冒险。在群体讨论中，往往会出现这种现象，即群体讨论会使群体成员的观点朝着更极端的方向转移，这个方向是在讨论之前他们就已经偏离的方向。因此，保守的会更保守，激进的会更冒险。群体讨论会进一步夸张群体的最初观点。

事实上，群体转移可以看作是群体思维的一种特殊形式，群体的决策结果反映了在群体讨论过程中形成的占主导地位的决策规范。群体决策时变得更保守，还是更冒险，取决于在群体讨论之前占主导地位的群体规范。对于为什么会出现冒险转移现象，人们有多种解释。比如，有些人认为，群体讨论使群体成员之间变得更加熟悉，随着他们之间更加融洽相处，他们会变得更加勇敢和大胆。有些人认为，群体决策受到领袖或少数能够操纵群体的人的较大影响，而这些人的冒险或保守性会影响到群体转移倾向。还有的认为，群体成员的文化价值观也会影响群体转移的行为倾向。例如，美国社会崇尚冒险，所以其群体决策更富于进取性或冒险性。不过，最有道理的一种说法是，群体使责任分散化。群体决策使得任何一个人不用单独承担最后的决策后果。因为即使决策失误，也没有一个成员能够承担全部责任，因此群体决策会更冒险。

三、群体决策技术

在一般组织中，群体决策最常发生在面对面的互动群体（interacting group）之中。互动群体会对群体成员形成群体压力，迫使人们发生从众行为而遵从主流意见。这里介绍的头脑风暴法、德尔菲法、名义群体法以及电子会议法等群体决策技术，是一些能够减少传统的互动群体决策方法固有缺陷的有效方法。

（一）头脑风暴法

头脑风暴法亦称脑力激荡法（brainstorming），意思是克服互动群体中产生的妨碍创造性方案形成的从众压力。在典型的头脑风暴法讨论中，6～12人围坐在一张桌子旁，群体领导清楚明了地把问题解释清楚，让每个人都了解。然后在既定的时间内，大家畅所欲言，尽可能地想出各种各样解决问题的方案。在这段时间里，任何人都不得对发言者加以评论。无论是受到别人启发的观点或稀奇古怪的观点，不许任何人评论。所有观点都记录在案，直到最后允许成员来分析这些建议和方案。

这种方法被广泛地应用到许多需要大量的新方案来解决某一具体问题的场合。通过这种方法找到新的或异想天开的解决问题的方法。这种方法需要遵循以下规则：拒绝裁判性的思想和评价；欢迎随心所欲的观点，即思想越激进越好；强调产生想法的数量；寻求联合和改进。

但头脑风暴法只是创造新观点的一个过程，对产生新观点、新方法具有重要作用，事实上，接下来的两种方法更容易达成最后决策方案。

（二）德尔菲法

德尔菲法（Delphi Technique）（德尔菲是古希腊城市名，因有太阳神阿波罗神殿而出名）是20世纪40年代美国兰德公司设计的一种意见测验法。这是一种专家集体判断、预测的方法。在操作中，并不将专家们集合在一起面对面地发表意见，而是与群体成员进行匿名的通信联系，其实施过程是：建立特别小组作为主持机构，选定作为征询意见对象的专家名单，经过几轮的意见征询后，拟出征询的问题，然后将征询的问题书面送交各专家，让他们对所预测的问题进行推测，发表书面意见。这些意见集中到主持机构，进行归纳和分析，去伪存真。然后第二轮再送去一些征询调查表，要求他们进一步澄清自己的观点并说明自己的意见，或者将其他专家的意见（但不透露姓名）通知这些专家，让他们重新考虑自己的意见。每个专家在调查征询过程中，任何时候都可以更改修正自己原先的意见，不过修正时要说明修改的理由。这样反复多次，逐步集中，最后得出正确的结果，作出决策。这可以使每个人独立地、自由地进行思考，作出判断。

德尔菲法比面对面的群体决策可以作出更好的决策方案，是当前预测决策中用得较多的一种方法。但这种方法占用时间多，不能使参与决策人员通过互动而提出丰富多样的解决问题的方案来。

（三）名义群体法

与德尔菲法不同，名义群体法（nominal group technique）中参加的群体成员是面对面的、互相认识的，并且彼此进行交谈，像传统会议召开一样，群体成员都出席，群体成员首先进行个体决策，但对群体成员的讨论或人际沟通加以限制。具体方法如下：

在给出需要决策问题和告知名义群体的工作方法后，群体成员聚在一起，但在进行讨论之前，每个群体成员写下自己对于解决这个问题的看法和观点。一般7～10人，依次围坐。然后按下列步骤进行：

1. 5～10分钟以后，每个群体成员都要向群体中其他人阐明自己的一种观点，依次进行。每次表达一种观点，直到所表达的观点都被记录下来，通常使用记录纸或记录板。在所有的观点都记录下来后，记录员将每人的意见在大记事板上公布，但这时不进行任何讨论。

2. 群体开始讨论每个成员的观点，并进一步澄清和评价这些观点。表明支持还是不支持。

3. 每个成员按照大家对意见的投票情况，独自安静地对这些观点进行排序，再予以集中统计，排在第一位的意见就被认为是决策意见。

名义群体法的优点是有助于防止被能说会道但是没有真知灼见者操纵，防止自信心较低而表达不强的人的好主意不能得到发挥。允许成员正式地聚在一起，但是又不像互动群体那样限制个体的思想。

（四）电子会议法

电子会议法（electronic meeting）是把现代计算机网络技术与名义群体法等集体决策技术相结合的最新的群体决策方法。只要技术条件具备，采用这种方法其实非常简单。50人左右围坐在马蹄形的桌子旁，前面只有一台计算机终端。问题通过大屏幕呈现给参与者，要求他们把自己的意见输入计算机终端屏幕即可。个人的意见和投票都显示在会议室中的投影屏幕上。

电子会议的主要优势是匿名、可靠、迅速。与会者可以采取匿名的形式，把自己想表达的任何想法表达出来。参与者一旦把自己的想法输入键盘，所有的人都可以在屏幕上看到。与会者可以坦率地表现自己的真实态度，而不用担心受到惩罚。而且这种方法决策迅速，因为没有闲聊，讨论不会离开主题，大家在同一时间可以充分地相互交谈，而且不会打扰别人。

有些研究者认为，电子会议法比传统的面对面的会议快55%。但这种方法也有缺点。那些打字速度快的人，与口才好但打字速度慢的人相比，能够更好地表达自己的观点；想出最好建议的人也得不到应有的奖励；而且这样做得到的信息也不如面对面的沟通所能得到的信息丰富。但由于这种方法更适应现代化组织的管理决策，因而正被广泛采用。

复 习 题

1. 沟通具有哪些功能？
2. 请描述沟通的一般过程或模式。
3. 群体决策有哪些方法？各有何优缺点？

即 测 即 练

延 伸 阅 读

扫码阅读案例,思考并讨论以下问题。

1. Facebook 的组织沟通有何不同,对公司的发展有何意义?

2. 通过此案例,你认为应当如何处理群体决策与个人意见之间的关系?如何进行有效沟通?

第七章
冲突与谈判

本章学习目标

通过本章学习，你应该了解：
1. 冲突的含义、类型和特性。
2. 冲突产生的来源和一般过程。
3. 如何有效管理冲突？
4. 谈判的类型及基本技能。

日东电工苏州工厂爆发员工罢工

2018年1月7日，中国南方制造业重镇苏州，寒风凛冽，异常阴冷。也就是在这一天，世界五百强的日资巨头——日东电工苏州工厂宣布将于1月份停产，2月份开始解除合同。这一在高峰时近6 000多人的巨型工厂，将裁掉最后的1 000多名中方员工，正式退出中国市场，1 000多个家庭将在春节前失业，迎接史上最冷的冬天。

而根据网上论坛消息，日方早已组织中方课长以上管理层谈判，由于条件没有谈拢，才导致该消息被中方人员提前曝光。否则，日方的资产和设备会在春节期间全部转移，实现胜利大逃亡。而这种一夜搬空厂房和设备的方式，被称为"日资撤离模式"，曾经在2016年内多次上演，如今又开始重现。

2018年1月7日晚，日本企业日东电工苏州工厂爆发员工罢工、拉横幅抗议事件。据爆料称，现场有员工与前来维持秩序的警察发生冲突，有员工受伤。据悉，事件发生的原因是，日东电工在员工不知情的情况下，蓄意隐瞒员工，偷偷转移公司资产，原本计划过年放假搬走所有设备和资产，但被中国员工发现了。

根据日东电工内部曝光的资料显示，日东电工员工认为日东电工是"违法解散工厂"，存在着五大问题：

（1）蓄意隐瞒、欺骗员工会持续经营，实际预谋在春节长假期间搬空工厂；

（2）预谋转移公司资产；

（3）在公司盈利的前提下毫无理由地关闭工厂，并且没有提前30天通知；

（4）通过原材料价格的调整，将利润转移至日报总部；

（5）利用B品转卖逃避海关税金。

据悉，日东电工员工向公司提出"2N+1"的补偿方案，因为事件发生在春节前，他们要求补偿安置费过春节，此外，员工认为日东电工的做法完全违背日东电工公开公平的经营理念，要求公司公开向员工书面道歉，并对员工进行合理安置，在日东集团内安排工作。

在组织中，人们日常的工作是以相互交流和人际关系为基础的。因此，为了能够在紧张而又复杂的情况下顺利进行工作安排、执行工作任务，管理者必须具备良好的人际交往技能。在人际关系上经常进行交流可以减少冲突，化解不同意见和分歧，而这些意见和分歧常常会使人们陷入困境。在组织中，要成功管理，提高绩效，就需要正确地理解冲突和谈判的真正内涵，掌握冲突管理的方法和谈判技能。

第一节　冲突的性质

我们每个人都会遇到形形色色的冲突，个人、家庭、组织都要面对冲突，处理冲突，而若是作为组织管理者，更是如此。在组织中，个体与个体、个体与群体、群体与群体之间必然会发生这样或那样的交往和互动关系，在这些错综复杂的交往与互动过程中，人们会因各种各样的原因而产生意见分歧、争论、竞争和对抗，从而使彼此之间的关系出现不同程度、不同表现形式的紧张状态，这种紧张状态为交往和互动双方所意识到时，就会发生组织行为学称之为"冲突"的现象。冲突问题已成为组织行为学的一个重要研究领域。

一、冲突的基本概念

冲突（conflict）是一种广泛存在的社会现象，它不仅存在于正式组织的各项活动之中，而且存在于人类社会活动的各种形式、各个层面、各个领域和所有的行为主体之中。组织行为学主要研究广泛存在于组织各项活动之中的冲突，是作为组织活动的基本内容和基本形式之一，影响和制约着组织和组织成员的行为倾向和行为方式的冲突。

（一）冲突的定义

关于冲突的定义很多，下面是一些学者的有关定义：

Joseph E. Champoux 认为："冲突是指怀疑的或置疑的、对立的、不相容的行为、矛盾或对抗性的相互作用。"[1]

理查德·L. 达夫特（Richard L. Daft）和雷蒙德·A. 诺伊（Raymond A. Noe）认为："冲突是可感知的在两个或多个价值观、目标或需要之间的不相容性。"[2]

芬克（K.Fink）认为冲突是"在任何一个社会环境或过程中两个以上的统一体被至

---

[1] Joseph E. Champoux. 组织行为学 [M]. 北京：清华大学出版社，2004：195.
[2] 理查德·L. 达芙特（Richard L. Daft），雷蒙德·A. 诺伊（Raymond A. Noe）. 组织行为学 [M]. 北京：机械工业出版社，2004：324.

少一种形式的敌对心理关系或敌对互动所联结的现象"①。

托纳（Jonatham H. Torner）倾向于主张"冲突是两方之间公开与直接的互动，冲突中的每一方的行动都是旨在禁止对方达到目标"②。

罗宾斯把冲突定义为："一种过程，当一方感觉到另一方对自己关心的事情产生不利影响或将要产生不利影响时，这种过程就开始了。"③

综合诸多学者关于冲突的定义，本书对冲突给出如下定义：冲突是行为主体之间在目标、认知或情感上互不相容或相互排斥，从而产生心理上或行为上的矛盾。冲突的主体可以是组织、群体或个体；冲突是意见分歧外化的行为；冲突是一个过程，它是从个体与个体、个体与群体、个体与组织、群体与群体、群体与组织之间、组织与组织之间的相互关系和相互作用过程中发展而来，它反映了冲突主体之间交往的状况、背景和历史。

需要注意的是，冲突与竞争既有联系也有区别。一般而言，当组织中的个体或群体具有不相容的目标，但他们之间并不直接相互阻碍或干扰，这就是竞争。冲突是组织中的个体或群体具有不相容的目标，并直接相互阻碍或干扰。换言之，竞争可能引发冲突，也可能不引发冲突。

（二）冲突观念的演变

随着社会实践的发展，社会学家和管理学家对冲突的看法也发生变化，先后主要形成了三种观念：

1. 传统观念（traditional view）。20世纪40年代中期以前，大多数人认为冲突是消极的、不良的，是有害无益的。它常常被当作暴乱、破坏和非理性的代名词。人们认为冲突是功能失调的结果，导致冲突的原因有：沟通不良、人们之间缺乏坦诚和信任、管理者对员工的需要和抱负缺乏敏感性。这种观念认为所有的冲突都是不利的，是应该避免的。

当代大量的研究并没有给冲突的这一传统观念提供强有力的支持，相反有不少研究都驳斥了这种认为降低冲突水平会提高工作绩效的传统观点。尽管如此，现实中，冲突的传统观念依然大量存在，许多人仍抱有传统观念来看待和处理冲突问题。

2. 人际关系观念（human relations view）。1940—1970年，冲突的人际关系观念占据统治地位。这种观念认为，对于所有群体和组织来说，冲突都是与生俱来的。由于冲突无法避免，人际关系学派建议接纳冲突，使它的存在合理化。冲突不可能被彻底消除，有时它还会对群体的工作绩效产生有益作用。如果两名员工在采用哪个工作方法时发生冲突，管理层应该引导和鼓励这种冲突，以弄明白哪个员工的方法更佳。由于冲突既不好也不坏，因此，鼓励建设性冲突和解决破坏性冲突，使冲突保持在适度的水平，对管理者来说是非常重要的。

3. 相互作用观念（interactionist view）。这种观念风行于1980年以后，认为冲突可

---

① 陈维政，余凯成，黄培伦. 组织行为学高级教程 [M]. 北京：高等教育出版社，2004：286.
② 陈维政，余凯成，黄培伦. 组织行为学高级教程 [M]. 北京：高等教育出版社，2004：286.
③ 罗宾斯（Stephen P. Robbins）. 组织行为学 [M]. 10版. 北京：中国人民大学出版社，2007：388.

能是建设性的、积极的，应该鼓励适度的冲突。没有冲突，过分融洽、和平、安宁的组织或群体会缺乏生机、活力和创新精神。它鼓励管理者将冲突维持在适当的水平，刺激组织或群体的活力、生机和创新精神，使冲突成为促进组织变革，保持组织旺盛生命力的积极动力，从而提高组织绩效。

认为冲突都是好的或都是坏的看法显然并不恰当也不够成熟，冲突是好是坏取决于冲突的类型。

二、冲突的类型

对组织中冲突现象的分类，依据人们的不同视角，常见的有以下几种分类方法：

（一）依据冲突的内容分类

依据冲突的内容，可以把冲突分为以下几种类型：

1. 认知冲突（cognitive conflict），是指主体的建议、意见和想法等与他人或组织产生矛盾时而产生的冲突。比如，员工认为公司的业绩考评方式不够合理，而管理层认为这种考评方式是适用的，这时就产生认知冲突。

2. 目标冲突（goal conflict），是指冲突主体在目标结果追求上的不一致。例如，销售员为增加销售量而接受了小批量工艺复杂的产品订单，而生产部门则希望加工大批量工艺简单的产品订单，销售员与生产部门就可能因此而产生冲突。

3. 权力冲突（power conflict），一般发生在组织出现机构调整、职位空缺或权责不明时。例如，当某位经理退位或离职时，组织中会有多个人都认为自己可以接替这一位置时，就可能形成权力冲突。

4. 情绪冲突（emotional conflict），是指由于人与人之间因为生气、不信任、厌恶、害怕、怀恨和喜欢等感情而产生的交流困难。这种冲突会出现在不同的情境中，尤其是出现于合作共事者和直接上下级之间的关系中。

（二）依据冲突的作用分类

以冲突对组织所起作用或功能的性质不同，可将冲突分为两类：

1. 建设性冲突（constructive conflict），或称功能正常的冲突（functional conflict），是对个人、群体或组织提供创造性，带来积极性利益的冲突。它能够揭示组织深层次的问题以便于解决，使人们重新考虑原先所做的决定，以保证在行动中采取正确的方法。

2. 破坏性冲突（destructive conflict），或称功能失调的冲突（dysfunctional conflict），是对个人、群体或组织不利的冲突。它分散人们的精力，破坏群体凝聚力，加深人际冲突，在员工中形成消极的工作环境。例如，当两名员工由于情绪冲突而不能在一起合作，或群体之间因为目标不一致而不能共同行动时，破坏性冲突就产生了。

（三）依据冲突层面分类

依据冲突层面分类，组织中主要有4个层面的冲突：

1. 个体内部冲突（intrapersonal conflict），发生于个人内部，通常涉及某种形式的目标、认识或感情冲突。当一个人的行为将导致互相排斥的结果时，就会引发这种冲突。一般来说，个体内部冲突有三种形式：

（1）接近—接近型冲突，一个个体面对同时出现的两个具有吸引力的目标物而只能取其一，即为此类型冲突。如某员工在本公司中有一个极具价值的晋升机会，同时，在另一公司中又有一个极具吸引力的高薪工作机会，必须在这二者之间作出选择时，该员工自身会产生心理乃至行为上的矛盾。

（2）回避—回避型冲突，发生两个目标都没有吸引力而只能避开一个时的冲突。如财务经理在上司要求他做假账时，是违背职业道德服从但可能日后受到追究呢，还是离职而去？这是一种"两害相权"的冲突。

（3）接近—回避型冲突。该类型冲突存在于同一个目标既有正面特征，也有负面特征。如一份高薪的工作对于你非常吸引力，但同时沉重的工作压力可能让你无暇顾及家庭。

2. 个体之间的冲突，即人际冲突（interpersonal conflict），发生于两个人或多个人对问题、目标或行动产生不同的认识、态度、立场时。例如两名主考官对招聘一新员工的观点发生歧见时进行的争论。许多个体差异都会导致人们之间的冲突，包括人格、态度、价值观、理解力及前述第三章、第四章所论及的其他个体差异。

3. 群体之间的冲突（intergroup conflict），发生在组织中不同的群体或部门之间，如公司的销售部常与生产部发生冲突。群体间冲突可能对每个群体都会产生积极的影响，如提高群体的凝聚力，增加对工作任务的关注，以及提高对群体的忠诚度。当然，也存在负面的效果。冲突中的群体会产生一种"势不两立"的心理，相互间充满敌意，沟通明显减少。

4. 组织之间的冲突（interorganizational conflict），一般发生在同一市场中的竞争性组织之间，如同行业中各企业组织之间的竞争。但组织层面上的冲突是一个比市场更宽泛的概念。例如，消费者协会与公司之间的冲突，劳动监察队与公司雇用员工之间的分歧。

三、冲突的特性

冲突广泛存在于社会组织中，但它并不轻易被所有人觉察。从冲突的相互作用观念看，冲突既可能产生积极影响，也可能产生消极作用。由此可见，冲突既具客观性，又有主观知觉性，其作用又具有二重性。

1. 客观性。冲突的客观性是指冲突客观存在于现实社会中，是不可避免的一种组织现象。任何人、任何群体或组织都会遇到各种各样的冲突，它是任何社会主体无法逃避的客观现实。社会主体在与冲突的际遇互动中的区别，只是冲突的类型、程度和性质的差异。

2. 主观性。客观存在的各种各样的冲突必须经过人们自身去感知，内心去体验，还需要人去处理和解决。冲突归根到底是人与人之间的冲突，人们产生冲突的原因和管理冲突的方式不可避免要受其主观认知的影响。冲突一定会带有人的主观因素，要做到完全客观地处理冲突几乎是不可能的。在进行冲突管理时，我们应充分考虑到人的主观因素的影响。

3. 二重性。传统的观点认为，冲突既然意味着分歧和对抗，就必然会在组织和群体之间造成不和，破坏良好关系，影响组织目标的实现，极端的情况还会威胁组织的生存，因而所有的冲突都是破坏性的。这种观点提供了一种简单的方法来对待冲突，就是必须避免和减少冲突。现代观点认为，冲突对组织有些是属于破坏性的，也有一些则是建设性的，冲突具有二重性。适当的冲突能使组织保持旺盛的生命力，鼓励批评和不断创新。

如果冲突能提高决策的质量，激发革新与创造，调动群体成员的兴趣与好奇，提供问题公开、紧张解除的渠道，培养自我评估和变革的环境，那么，这种冲突就是建设性的。由于冲突允许"百家争鸣"，使得一些不同寻常的或由少数人提出的建议会在重要决策中权重增加，因此提高了决策质量。冲突还是集体决议的矫正办法，它不允许群体以消极的、不加考虑的方式赞同下面这些决策：建立在不堪一击的假设基础上的决策，未充分考虑其他意见的决策，以及各种有其他弊端的决策。冲突向现状提出挑战，并进一步产生了新想法，促使人们对群体目标和活动进行重新评估，提高了群体对变革的迅速反应力。

冲突对于组织、群体或个人既具有建设性、有益性，又有着产生积极影响的可能性，以此特性为主体的冲突即"建设性冲突"。另外，冲突又具有破坏性、有害性，有着产生消极影响的可能性，以此特性为主体的冲突即"破坏性冲突"。前者多是由于冲突各方目标和根本利害差别不大，但手段、方式等不同而引起的功能正常的冲突，它不仅不会危害而且会促进组织的根本利益和长远目标；后者则是由于冲突各方的目标和利益悬殊而引起的功能失调性冲突，会危及组织的根本利益和长远目标。

组织的两种截然不同的特性反映了冲突本身的对立统一性。冲突既可能给组织或其他主体带来正面效应，提高组织的工作绩效，促进组织发展，也可能给组织或其他冲突主体带来负面效应，降低组织工作绩效，阻碍甚至破坏组织生存与发展。因此，简单断言冲突的好与坏，未免失之武断。

越来越多的证据表明，群体活动的类型是决定冲突作用的重要变量。群体任务的非常规化程度越高，内部冲突具有建设性的可能性也越高。那些需要用创新方法处理问题的群体或组织（如从事研究、广告设计或其他专业技术活动的群体）比那些从事高度常规化工作的群体（如服装生产流水线的工作团队）更适宜激发一定程度的冲突，并从中得到更大的收益。

理查德·L.达夫特和雷蒙德·A.诺伊认为，组织冲突的程度直接关系到它对组织的影响是正面的还是负面的。中等程度的冲突能够刺激组织的创造性，对组织绩效有积极影响。过多或过少冲突都对组织具有破坏性。严重冲突将员工的责任感转移开来，并妨碍他们创造性地解决问题。而如果没有冲突或冲突过少也有负面影响，因为人们趋向于接受现有的组织环境条件，缺乏热情与兴趣去改变现状，从而错过组织提高的机会。组织冲突的程度如图 7-1 所示。冲突对于组织的利与弊如表 7-1 所示。

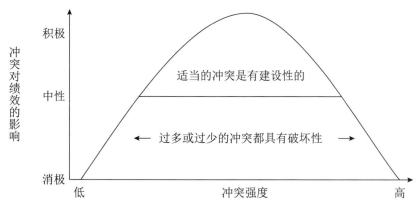

图 7-1　冲突的二重性：建设性冲突和破坏性冲突

表 7-1　冲突对于组织的利与弊[①]

	消极影响（均指高强度冲突）	积极影响
对成员心理的影响	带来损害，引起紧张、焦虑，使人消沉痛苦，增加人际敌意	使坚强者从幻觉中清醒，从陶醉中震惊，从不能战胜对方中看到自己弱点所在，发愤图强
对人际关系的影响	导致人与人之间的排斥、对立、威胁、攻击，使组织涣散，削弱凝聚力	"不打不成交"，使人加强对对方的注意，一旦发现对方的力量、智慧等令人敬畏的品质，就会增强相互间的吸引力，团体间的冲突促进各团体内成员一致对外，抑制内部冲突，增强凝聚力
对工作动机的影响	使成员情绪消极，心不在焉，不愿服从与之冲突的领导的指挥，不愿与相冲突的同事配合，破坏团结愉快的心理气氛	使成员发现与对方之间的不平衡，激起竞争、优胜、取得平衡的工作动机，振奋创新精神，发挥创造力
对工作协调的影响	导致人与人之间、团体与团体之间的互不配合，互相封锁，互相拆台，破坏组织的协调统一和工作效率	使人注意到以前没有注意到的不协调，发现对方的存在价值和需要，采取有利于各方的政策，加以协调，使有利于组织的各项工作均得以开展
对组织效率的影响	互相扯皮，互相攻击，转移对工作的注意力，政出多门，降低决策和工作效率，互争人、财、物，造成积压、浪费	反映出认识的不正确，方案的不完善，要求人全面地考虑问题，使决策更为周密
对组织生存、发展的影响	冲突达到一定程度后，双方互不关心对方的整体利益，有可能使组织在内乱中濒临解体	冲突迫使人通过互相妥协让步和互相制约监督，调节利益关系，使各方面在可能的条件下均得到满足，维持内部的相对平衡，使组织在新的基础上取得发展

[①] 参见陈维政，余凯成，黄培伦. 组织行为学高级教程 [M]. 北京：高等教育出版社，2004：289.

第二节 冲突管理

认识冲突的内涵和性质，是要对组织中的冲突进行有效的管理。1976年，美国管理者协会（AMA）赞助的一项调查显示，企业中执行总裁、副总裁和中层管理人员处理冲突问题的时间，分别占他们工作时间的18%、21%和26%。被调查人员普遍感到，冲突管理与计划、激励和决策一样成为企业管理中越来越重要的方面，冲突控制能力成为管理人员最重要的能力之一。而管理冲突首先要了解冲突的来源，找到产生冲突的原因，了解冲突发生的一般过程，把握冲突的强度，适当地利用冲突的建设性积极作用，防止和消除冲突的破坏性消极影响。

一、冲突来源

要理解和管理冲突，首先要找到冲突的来源。人们基于不同视角对冲突有着不同的认识与表述，下面简要介绍冲突来源的二种分类。

（一）杜布林的冲突来源分类[①]

著名行为学家安德鲁·丁·杜布林（Andrew J. Dubrin）运用系统的观点来观察冲突问题，列举了8个方面的冲突来源：

1. 人的个性。杜布林从弗洛伊德的心理学观点出发，认为人存在着潜在的攻击意识，并想寻找机会表现出来。这种潜在的攻击性，是冲突的根源之一。同时，人的个性的差异会造成冲突各方对相同问题的处理方式也不同，而这些差异性，也会造成冲突。

2. 有限资源的争夺。有用资源的稀缺性与资源需求主体的多元化，资源需求的无限性，所造成的个人、群体、组织三个层面的有限资源的争夺乃是导致冲突的普遍原因之一。由于不同的群体或组织在资金、原料、人员、设备、信息、时间等各种有用资源上必然存在不同程度的有限性，难以做到"按需分配"或完全公平的合理配置，所以源于资源争夺的冲突便在所难免。

3. 价值观和利益的冲突。不同的价值观和利益的不一致性也是冲突的根源。不同主体在组织活动过程中追求自身的目标和利益，必然抱有自己的价值观念，在错综复杂的交往与互动过程中，彼此间的利益也不可能协调一致，常常存在多种形式的分歧或对立，从而导致彼此间的冲突发生。价值观是一个人长期实践形成的，在一个短期的阶段是无法改变的，所以价值观的冲突也是长期存在的。老年员工和青年员工之间的冲突，有时就是由于价值观的不协调而引起的。员工之间待遇不公、培训机会和发展机会等问题引起的冲突则属于利益的冲突。

---

① 参见陈维政、余凯成、黄培伦. 组织行为学高级教程 [M]. 北京：高等教育出版社，2004：293.

4. 角色冲突。组织中的个人和群体在履行职责、承担任务、从事活动、表示形象时,常常不得不扮演两种或两种以上的相互矛盾或排斥的角色,这种角色矛盾会引发个人或群体的紧张状态,从而导致冲突发生。

5. 追逐权力。有些人权力欲很强,特别是某些管理者热衷于追逐权力,不能安分守己地去做好本职工作,喜欢越职、越级去处理事情,这样会造成对员工的多头领导和组织管理的混乱。这种情况下冲突在所难免。有时为了取得某项权力甚至攻击对方,抬高自己,打击别人,因而产生冲突。

6. 职责规定不清。职责规定不清意味着在一个组织或群体中,干什么、谁来干、如何干、干好干坏怎么定等类工作职责和权事不清,角色模糊,有利时人们可以揽为己任,争得好处;不利时人们也能推卸责任,保全自己,有占便宜的就会有吃亏的,自然会引起冲突。

7. 组织变动。组织出现的变化是多种多样的,引起或加剧冲突的是组织较大的变化或变革。如企业经营方向的变化、机构精简和合并使原来的平衡被打破,这时可能出现冲突。大公司兼并小公司,在接收的公司和被接收的公司之间常常存在着权力的斗争和其他方面的冲突现象。

8. 组织风气不佳。组织冲突的水平和性质与组织的风气密切相关。组织风气佳,则冲突程度一般情况下比较适中,且多为建设性冲突。组织风气不佳,这类组织通常人际关系庸俗化,组织的价值观混乱,没有严格的管理规章,管理者和员工都在为各自的利益而忙碌,在这种风气下,容易引起冲突,且冲突程度失控,多为破坏性冲突。组织风气还会有潜移默化的作用,在此影响下冲突有"传染性"。

(二)达夫特和诺伊的冲突来源分类[①]

关于冲突的来源,理查德·L. 达夫特和雷蒙德·A. 诺伊认为主要有价值观、目标、需求及理解的差异,如表 7-2 所示。

表 7-2 组织中冲突产生的来源

来源	产生的原因
价值观差异	文化差异、个体间差异、与角色有关的差异
目标差异	人格差异、任务或角色差异、资源稀缺
需求差异	人格差异、资源稀缺、权力不平衡
对价值观、目标或需求的知觉差异	关于角色、资源、任务的含糊不明确;知觉扭曲

1. 价值观差异。这方面和杜布林观点类似。价值观差异可能基于文化或个人差异。当组织将多样性的劳动力聚集在一起或经营全球性的商业活动时,价值观的差异特别明显。这种差异在大型群体和员工流动率很高的公司很可能出现。在一个员工流动率很高的公司里,个人用于学习和接受组织文化的时间原本就很少。不但员工个体之间产生冲突,

---

① 理查德·L. 达芙特(Richard L. Daft),雷蒙德·A. 诺伊(Raymond A. Noe). 组织行为学 [M]. 北京:机械工业出版社,2004:326.

员工与所在群体及组织之间也极易产生冲突。

2. 目标差异。如果个人或群体以不相容的方式定义他们的目标，那么，他们就会有目标差异。个人目标冲突如某图片设计师想保持其艺术自由的目标与他想通过处理各种业务活动来促使其获得职业成长的愿望之间的冲突。

除了个人目标，组织结构也能促成目标的不相容性。如果组织被严格地分为职能群体或部门，如市场、生产、采购和财务，那么群体成员可能在定义他们的目标时只考虑这些单一职能，而考虑不到共同的更大的目标。比如财务部门可能觉得一个模糊的营销计划有投资风险，从而与其保护并使组织的资本资源增值的目标不相容。

另外，组织和领导者提供奖励的方式会产生目标差异。如果一个人的奖励是以另一个人没得到为代价，那么，奖励机制就鼓励了人们在奖励竞争时产生冲突。

3. 需求差异。在一个群体或组织中，人们的需求往往不同或不相容。例如，在一个有高度归属需要的人领导的群体中，一个有高度成就需要的人就可能是冲突的来源。个人内心的需求也可能产生冲突。例如，接受升职可以满足加薪与职业发展的需求，但同时也要求对工作投入更多的时间和精力，这样就不能满足这个人的社会和自我实现的需要。组织也会导致需求差异。当组织建立了不合情理要求的时候，他们会与员工的个人需求相冲突。

4. 理解差异。对同一人或事物的理解差异也会产生冲突，冲突作为感知过程的结果而出现。交流不畅通可能会导致两个部门之间发生冲突。管理者的行为可能给员工传达一种想法，即员工们认为他不想听他们的观点，事实上管理者安静地观察并等待员工开始发表意见和表达他们的观点。当组织的政策不明确，也可能导致人们理解的差异，从而产生冲突。最后，当员工认为组织对工作的安排不切实际或不适当时，也会导致冲突。

除了上述冲突来源分类外，还可以从冲突形成的客观基础——组织中不同主体的相互依赖性，冲突形成的直接原因——个人、群体和组织彼此之间的差异性，冲突形成的推动力——群体和组织内在机制的不完善；以及不同层次冲突的特殊原因等多个角度来分类。认识和归纳冲突的来源，有助于更好地管理冲突。

二、冲突的过程

有效管理冲突还需要了解冲突的一般过程。在阐述组织冲突过程之前，先看一下冲突模式。国外许多学者从冲突过程性研究提出了冲突模式。

（一）冲突模式

行为科学家杜布林运用系统观点来观察和分析冲突，构建了由输入、干涉变量和输出三类要素组成的冲突系统分析模式，如图 7-2 所示。

杜布林关于冲突的系统分析模式的含义是：

（1）冲突启动于输入部分——冲突来源的种类、结构和强度等状况；

（2）再经过干涉变量——处理冲突手段的加工作用（恰当地处理或不恰当地处理）；

（3）最后产生了输出——冲突的结果（恰当处理冲突所导致的有益结果和不恰当处理冲突所导致的有害结果）；

（4）冲突的结果又会反馈作用到冲突的根源——冲突的输入，影响到新一轮的冲突。

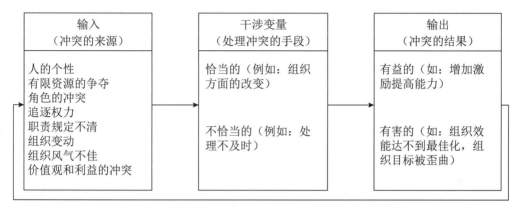

图 7-2　杜布林冲突系统模式①

美国另一位行为科学家庞地（Louis R. Pondy）从冲突的产生过程提出冲突模式，如图 7-3 所示。庞地认为，冲突在潜在阶段并不一定表现出来，而是要经过知觉和感受阶段，冲突才表现出来，冲突的结果有冲突极端化（好斗）和合作两种。与杜布林相似，庞地也认为冲突的结果取决于冲突解决的方法。

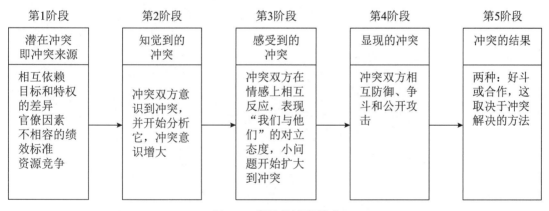

图 7-3　庞地的冲突模式

组织行为学家罗宾斯结合组织群体绩效，从冲突产生过程的四个阶段研究提出冲突模式，如图 7-4 所示。罗宾斯认为，冲突来源是冲突产生的前提条件，也是冲突潜在阶段；第 2 阶段是冲突的知觉和感受阶段；然后进入冲突及其解决阶段，即冲突行为阶段；冲突行为结果的最终表现是组织群体绩效的表现即绩效的提高或降低。

---

① 参见陈维政，余凯成，黄培伦. 组织行为学高级教程 [M]. 北京：高等教育出版社，2004：293.

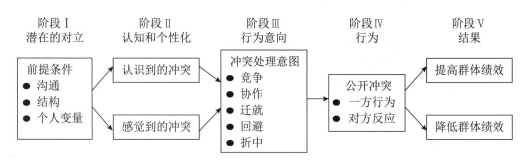

图 7-4 罗宾斯的冲突模式 [1]

以上几种冲突模式都是将冲突来源作为冲突产生的前提条件,将冲突解决方法的选择和采用作为导致冲突结果的关键因素,并都从冲突的积极方面和消极方面分析冲突结果。相比而言,杜布林的冲突系统模式更简明,罗宾斯与庞地的冲突模式有更多的相似之处,两者之主要的不同是罗宾斯对冲突结果的分析更明确和具体。这里主要结合在庞地的冲突模式及观点基础上发展而来的 Joseph 冲突互动模式,来具体分析冲突过程。

(二)冲突过程

庞地认为,组织中的冲突过程是一系列的冲突互动过程,这些互动过程会发生衰退、流逝和变化[2]。Joseph 在此基础上发展出冲突互动过程模式如图 7-5 所示,潜在冲突导致了冲突行为,互动过程是以冲突余波为结束的,而这种余波又把它与其后的冲突互动过程联系起来。

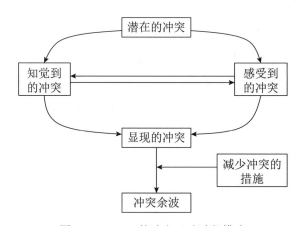

图 7-5 Joseph 的冲突互动过程模式

1. 潜在的冲突(latent conflict),是指个人、群体或组织中可能导致冲突行为的各种因素。这些因素就是冲突的前提条件,也是组织中冲突的一种潜力。虽然这些前提条件并非必然导致冲突,但是它们却聚集了冲突的根源,是冲突产生的必要条件。一旦这类冲突的前提条件积聚到位,或者说这些交互作用主体潜在的对立或不一致处理不当时,

---

[1] 罗宾斯(Stephen P. Robbins). 组织行为学 [M]. 7 版. 北京:中国人民大学出版社,1997:388.

[2] Joseph E. Champoux. 组织行为学 [M]. 北京:清华大学出版社,2004:198.

冲突的过程就会开始，互动主体之间潜在的冲突就会转化成显现的冲突。但潜在的冲突阶段可能会被组织成员忽视。

潜在冲突的形式如有限的预算或设备、专业技术和知识等稀缺资源，以及对于个人或群体来说不相容的目标等。潜在的冲突可能同时具有两种或两种以上的形式。

2. 知觉到的冲突（perceived conflict）。潜在的冲突因素出现后，并不一定就会被卷入冲突中的潜在主体所知觉。有两种情况可能限制了人们对于冲突的知觉。一种是人们可能会通过某种手段压制对冲突的注意，从而遮掩轻微的冲突。另一种情况是组织中存在着很多诱发冲突的条件，个体往往会把注意力只集中在他们所选择的条件上。前面第三章讲述到的知觉障碍都可用于说明知觉到的冲突。

需要注意的是，潜在冲突虽与知觉冲突之间存在一定联系，但两者之间并非始终存在严格的前后顺序。潜在冲突并不一定总会先于对冲突的知觉而出现。即使不存在潜在条件的时候，人们也可能会知觉到自己处于冲突之中。例如，同事们觉察到年轻女员工丹丹受到女上司张经理的排挤，但丹丹一副与上司相处甚欢的样子，同事都以为丹丹太单纯，什么都不懂。直到丹丹终于找到一个机会报复了女上司，同事才知觉其实她早就知觉到上司对她的暗中排挤。

3. 感受到的冲突（felt conflict），是冲突互动中的情感表现，比如感到紧张、生气、担忧或激动。有些冲突互动过程从不会进入到感受到的冲突这个阶段。比如说，有两个人意见不同，但是他们两个人都不会感受到对方的任何敌意。他们只是把争执当成一个需要解决的问题，而和他们个人本身无关。

而有些冲突互动过程则包含了强烈地感受到的冲突这个要素。双方之间的感觉变得紧张，恶语相向或互不"买账"。冲突的互动过程一旦发展到强烈地感受到的冲突，就比较难以管理了。各种情绪也影响了人们处理冲突的方式。

图7-5中给出的从知觉到的冲突到感受到的冲突的箭头表明，一旦主体双方知觉到的冲突条件出现，就会出现冲突人格化（冲突主体情绪或情感表现）的可能性。从感受到的冲突到知觉到的冲突的那个箭头表明，感受到的冲突也会带来知觉到的冲突。感受到的冲突包括了冲突互动中冲突主体各方对于对方所持的价值观和态度。高水平的信任和人际合作的价值倾向，可以带来较低的知觉到的冲突；对立的态度和价值观则会带来较高的知觉到的冲突。

4. 显现的冲突（manifest conflict），就是冲突互动中的各方之间的实际冲突。在此阶段的主体自觉或不自觉地采取了公开的冲突处理行为，此时的冲突行为往往带有刺激性、对立性和互动性，它可能是口头的、书面的或身体上的攻击。显现的口头冲突就是各种争论；显现的书面冲突就是通过备忘录或其他文档的交换，试图证明自己的论点正确或赢得争论；身体攻击是一种强烈的负面冲突行为，其意图是伤害对方。当然相互作用各方的不同类型和强度的行为表现，会导致不同强度和类型的冲突。

5. 冲突余波（conflict aftermath）。冲突的互动过程是以冲突余波为终点的。如果冲突互动过程可以把冲突解决得令冲突主体各方都满意的话，冲突余波就能够扫除新的互动过程的所有潜在冲突的可能性。而如果在冲突结束时，冲突的基础仍然存在的话，余波中就会存在着新的冲突互动过程的潜在冲突。例如,对稀缺资源分配问题的冲突,通常都是通过妥协的方式加以解决的。没有人能够完全获得自己所想要的东西;所以,余波中就包含了对于更多资源的潜在需求和欲望。由于在前一个互动过程的余波中留下了潜在冲突,稍后就可能会发生一个新的互动过程。

以上这些冲突过程是相互关联的,冲突互动过程中的各种相互关系,如图 7-6 所示。每个冲突互动过程都会通过冲突余波和潜在冲突之间的连接,和下一个互动过程联系起来。有效的冲突管理所面临的挑战就是要打破这种连接。为了长期有效地降低那些功能失调即产生破坏性作用的冲突,我们必须找出潜在冲突并把它们从冲突余波中消除掉。但是,有时候人们并不能彻底地消除某些冲突互动过程的余波。在这种情况下,冲突就会变成组织生活的一个方面。

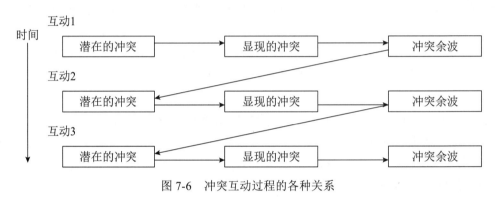

图 7-6 冲突互动过程的各种关系

▶ 新闻中的组织行为学

珠峰财险免去李某公司总裁职务

2018 年 1 月 17 日,珠峰财险发布了信息披露报告,称经董事会临时会议审议通过,免去李某公司总裁职务,由公司董事长陈某某临时代行总裁职责。

此前一封《告公司全体员工书》在坊间流传。该书以李某的名义写道:"2018 年 1 月 9 日,公司临时董事会在未通知我列席的情况,决议通过罢免本人珠峰保险总裁职务,对此我想和各位珠峰的伙伴们开诚布公地讲几句。"

3 500 字的告员工书分 5 个部分讲述了公司前总裁李某和董事长陈某某之间不和的细节,并解释了为何李某在临时董事会上被罢免。具体包括,董事长"破坏公司战略发展路径""越权插手经营层事务""扰乱经营秩序、包庇他人,视公司 2018 年发展如无物""不当行使职权,泄私愤罢免总裁职务"以及"其他违法违纪及不当行径"。

有接近珠峰财险的业内人士对记者表示,前总裁遭董事会罢免确有其事。公司董事会和管理层之间针对公司未来发展的分歧,也确实存在。1月上旬,珠峰财险召开质询会,对 2017 年一年的工作进行询问,前总裁李某进行了答辩,但是似乎并未扳回支持票。在随后召开的临时股东大会上,全体股东一致通过了罢免总裁的决定。

三、冲突管理模型

既然任何个人、群体和组织都无法避免冲突的存在和影响,而冲突有其建设性作用,也有其破坏性作用,因此应正视冲突并管理冲突。有效管理冲突,就是引导发挥冲突的建设性作用,抑制减少冲突的破坏性作用。

冲突管理模型有多种,应用最广的是托马斯(K. W. Thomas)的冲突管理二维模型,如图7-7所示。该模型中横坐标维度"对他人的关心"表示冲突主体在追求自身利益过程中与对方的合作程度,也就是其试图使他人的关心点得到满足的程度;纵坐标维度"对自己的关心"表示冲突主体在追求自己利益的过程中的武断程度,也就是其试图使自己的关心点得到满足或坚持己见的程度。托马斯以冲突主体的潜在行为意向为基础,定义了其冲突管理的二维模型,并组合形成了通用的竞争、回避、迁就、合作、妥协5种基本管理策略。

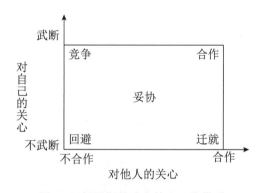

图7-7 托马斯的冲突管理二维模型

(一)竞争

竞争策略(competing strategy)又称为强制(dominating)策略,是一种"我赢你输"的冲突管理策略,结果是一方赢,一方输,形成"输—赢"局面。奉行这种策略者,往往只图满足自身目标和利益,却无视他方的目标和利益,常常通过权力、地位、资源、信息等优势向对方施加压力,迫使对方退让、放弃或失败来解决冲突问题。这种策略很少有解决冲突的最佳方法,但在应付危机或冲突双方实力悬殊时较为有效。

竞争策略的表现情形有:①创造胜败局势;②运用对抗,形成敌对争斗;③运用权力等优势达到自身的目的;④迫使对方认输。

竞争策略常常在以下几种情况下被采用:①冲突各方中有一方具有压倒性力量;②冲突发展在未来没有很大的利害关系;③冲突中获胜的成本很高,赢的"赌注"很大;④冲突一方独断专行,另一方则消极行事;⑤冲突各方的利益各自独立,几乎没有共赢或相容的部分;⑥冲突一方或多方坚持不合作立场。

(二)回避

回避策略(avoiding strategy)是既不考虑个人利益,也不考虑对方利益的冲突管理策略。奉行这一策略者无视双方之间的差异和矛盾对立，或者保持中立姿态，试图将自己置身事外，任凭事态自然发展，回避冲突的紧张和挫折，以"退避三舍""难得糊涂"的方式对待冲突问题，结果是双方都输，形成"输—输"或"双输"局面。当冲突双方依赖性很低时，回避可以避免冲突，减少消极后果。但当双方相互依赖时，回避冲突则可能影响工作，降低绩效，并可能会忽略某些重要的看法、意见和机会，招致对手的受挫、非议和影响冲突的解决。

回避策略的具体表现有：①忽略冲突并希望冲突消失；②将冲突问题不作为主要考虑对象，或者将其束之高阁；③以缓慢程序来抑制冲突；④采取保密手段以避免下面冲突；⑤以官僚的制度规则作为解决冲突的方式方法。

回避策略常在以下场合被使用：①问题很平常，或者更重要的问题急待解决；②冲突主体中没有一方有足够的力量去解决问题；③与冲突主体自身利益不相干或输赢价值很低；④冲突一方或多方不关心、不合作；⑤彼此缺少信任、沟通不良、过度情绪化等，不适合解决冲突。

（三）合作

合作策略（cooperating strategy）是充分考虑冲突双方的利益，但双方都做一定的让步，寻找一种双方都能接受的冲突管理策略。奉行这一策略者必须既关心自己利益的满足程度，又考虑他人利益的满足程度；尽可能地扩大合作利益，追求冲突解决的"赢—赢"或"双赢"局面。合作策略的基本观点是：冲突是双方不可避免的共同问题；冲突双方是平等的，应平等待遇；每一方都应积极理解对方的需求，以找到双方都满意的方案；双方应充分沟通，了解冲突情景。

合作策略的表现情形有：①解决问题的姿态；②正视分歧并进行思想和信息上的交流；③寻求整合性的解决方式；④寻找"双赢"局面；⑤把冲突问题看作一种挑战。

合作策略被采用的场合主要有：①冲突双方不参与权力斗争；②从长远看，双方有通过双赢的可能来解决争议并能互利互惠；③有充分的组织支持；④冲突双方都是独立的问题解决者，且各方权力均势或利益相互依赖。

（四）迁就

迁就策略（accommodating strategy）又称为克制策略或迎和策略，当事者主要考虑对方的利益要求，或屈从对方的意愿，压制或牺牲自己的利益及意愿，形成"输—赢"局面的冲突管理策略。采取迁就策略者要么旨在从长远角度出发换取对方的合作，要么是不得不屈从于对方的势力和意愿。

迁就策略的表现形式有：①退让或让步；②赞扬或恭维对方；③不指责、评论、贬低对方；④屈服和顺从；⑤愿意改进关系，提供帮助。

迁就策略常用场合有：①双方力量过于悬殊，希望以让步换取维持自身利益或在未来其他问题上的合作；②各自利益相互依赖性强，必须牺牲某些利益去维持下面关系；③缺乏使用其他策略处理冲突的能力；④和谐与稳定特别重要；⑤对冲突结果期望值低，采取消极或犹豫不决的态度。

（五）妥协

妥协策略（compromising strategy），是考虑冲突双方利益，但双方都做一定让步，寻找一种双方都能接受的冲突管理策略。妥协实质上是一种交易，双方的目标都是在现有条件下获取一定的利益，形成双方"不赢不输"的局面。妥协是一种被人们广泛使用的处理冲突方式，它反映了处理冲突问题的实利主义态度，有助于改善和保持冲突双方的和谐关系。尤其在促成双方一致的愿望时十分有效。冲突出现时，为避免僵局，双方可能会做一定让步，但不会一开始就这么做，以免给人以实力不强的印象，在讨价还价中失去主动性。

妥协策略的常见表现有：①谈判；②期盼成交和达成协议；③寻求满意的或可能接受的解决方法。

妥协策略常用场合有：①冲突双方彼此实力相当，从而导致互相排斥他方的目标；②目标重要，继续坚持己见会弊大于利；③暂时化解冲突，防止问题复杂化；④因时间紧迫而采取的权宜之计；⑤合作或竞争未成功时采取的策略。

自我评价练习

冲突处理风格问卷
当你与他人意见不一致时，你是否经常用下列方式？
经常　　　　有时　　　　很少

1. 我会进一步了解我们之间的不一致，而不是立即改变自己的看法或加给他人我的看法。
2. 坦诚地表明自己的不同意见，并欢迎对有关方面进一步讨论。
3. 我寻求一种双方共同满意的解决意见。
4. 我要确保自己的意见被倾听，而不能让别人不听我的意见就下结论。当然，我也会认真听取别人的意见。
5. 我采取折衷办法，而没有必要非去寻找完全满意的解决方法。
6. 我承认自己错了一半而不去深究我们的差异。
7. 我总是迁就别人。
8. 我希望自己只说出了真正想说的一部分。
9. 我完全放弃自己的看法，而不是改变别人的意见。
10. 我把有关这一问题的所有矛盾搁置在一旁暂不考虑。
11. 我很快就会同意别人的观点而不去争论。
12. 一旦对方对某一争论情感用事，我很快就会放弃。
13. 我试图战胜其他人。
14. 我不惜一切代价取得成功。
15. 对于一项好的建议，我从不退缩。

16. 我更愿意取胜，而不是进行妥协。

说明：先给全部选择打分：通常 5 分，有时 3 分，很少 1 分。然后计算每组总分，分组如下：

A 组：13—16 题

B 组：9—12 题

C 组：5—8 题

D 组：1—4 题

对每组进行分析。17 分以上，属于高程度；12~16 分，属于较高；8~11 分，属于较低；7 分以下，属于低程度。

A= 竞争；B= 迁就；C= 妥协；D= 合作

四、冲突管理的技术方法

冲突管理的方法有很多，这里从有效防止破坏性冲突（或功能失调的冲突），激发建设性冲突（或功能正常的冲突）方面，主要介绍几种冲突管理的常用技术方法。

（一）预防破坏性冲突的方法

管理冲突应以预防为主，预防对群体、组织以及个人的破坏性冲突或有害冲突为主，预防工作可以从实际出发，适当选用以下方法措施：

1. 合理选人，优化结构。即为了预防破坏性冲突，在组建群体或组织时，应当选择性格、素质、价值观、利益取向、人际关系等相匹配的人员，合理结构组织，切不可让格格不入的成员"搭配"，埋下破坏性冲突的根源。

2. 共同利益导向，把"蛋糕"做大。如前所述，冲突尤其是有害冲突的重要来源之一是由于冲突各方对于稀缺资源的争夺而造成的。所以在群体和组织管理中，要规划设计好大家的共同利益、共同目标和共同任务，决定各种分配时，把个体或各方的利益尽可能与共同利益捆在一起，努力做大"蛋糕"，各自才能获其所需，减少因有限资源争夺而导致的冲突。

3. 加强组织文化建设。一个组织或群体的冲突水平、冲突频率和冲突处理方式会受到其组织文化氛围的潜在影响。通过建设和推行理性看待冲突，崇尚合作，加强沟通等积极内容的组织文化和风气，培养员工正确处理冲突，控制有害冲突发生的精神和素质。

4. 信息共享，加强交流。通过建立健全组织内或组织间的信息沟通渠道，加强各种主体和各种形式的交流沟通，实行信息共享，增进人们之间的互识、互信和感情，可以有效降低由于人们的差异性，由于信息掌握程度不同或理解不同等原因引发的有害冲突。

5. 工作权、责、利界定清晰。有害冲突往往是由于个人、群体的工作责任、权力和利益等界限界定不清或配置不当，使得彼此在工作中发生争夺、对立或扯皮、推诿等行为而导致的。因此，在组织中应大力推行人力资源管理和科学合理的工作分析技术，把不同群体和岗位的工作目标、工作内容、职责范围、权利等科学地加以界定，使个人和群体的工作走向标准化、科学化，从而防范有害冲突的发生。

6. 强化整体观念，建立系统的考评体系。极端注重个人利益、小集团利益或本位主义思想，往往是导致有害冲突的原因。因此，在建立组织考评体系时，应强化全局和整体观念，谋求组织整体的最大利益，同时充分考虑个人、群体和组织三方面的绩效和利益，以便减少破坏性冲突的发生。

7. 实行工作轮换制。在组织内部，有计划地进行人员流动，这种做法使组织成员对其他部门的工作有更多的了解，可以提高人们换位思考能力，而且人员之间也有更多的私人接触，使个人的价值观、态度、目标可以和其他部门相渗透。这种观点和信息的交流真诚而准确，通过轮换来减少冲突的速度很慢，但对转变导致冲突的根本态度和感知而言，是有效的。

8. 加强教育培训，提高人际关系处理技能。不少破坏性冲突的产生与发展来源于当事人对潜在冲突或原本正常的问题解决不当，简单拙劣地处理了人际关系矛盾。因此，应适当对员工进行教育培训，以提高其处理人际关系矛盾的技能和方法。

（二）激发建设性冲突的方法

激发冲突相对来说是一项较新的课题，而且带有一定的反传统性。长期以来人们的注意力集中于如何解决冲突，减少冲突，抑制破坏性冲突，而对如何"激发冲突"，发展建设性冲突却缺少深入的研究。

管理冲突要使冲突保持在适当水平，使组织保持活力，发挥冲突的建设性作用。冲突水平过高时，要设法降低冲突；而冲突水平缺乏或过低时，则要激发冲突或加强冲突。表 7-3 帮助我们判断一个组织是否缺乏必要的冲突，若对表中的全部或多数问题回答是肯定的，则表明该组织需要激发冲突。

表 7-3 是否需要激发冲突

1. 你是否被"点头称是的人们"所包围
2. 你的部下害怕向你承认自己的无知与疑问吗
3. 决策者是否过于偏重折中方案以致忽略了价值观、长远目标或组织福利
4. 管理者是否认为，他们的最大乐趣是不惜代价维持组织的和平与合作效果
5. 决策者是否过分注重不伤害他人的感情
6. 决策者是否过分注重决策意见的一致
7. 管理者是否认为在奖励方面，得众望比能力和高绩效更重要
8. 员工是否对变革表现出异乎寻常的抵制
9. 是否缺乏新思想
10. 员工的离职率是否异常低

激发冲突的方法常见的有以下几种：

1. 改变组织文化。管理者可以试图培养出一种新的组织文化，容纳合理的冲突，对争论和异议持开放性态度，并给以规范。倡导敢于向现状挑战，倡议革新观念，敢于提出不同看法，进行独创性思考的组织文化，可以激发建设性冲突。

2. 重新构建组织。改革组织结构，重新组合工作群体，改变原有组织关系和规章制度，变革组织、群体和个人之间的互动和互相依赖关系等类组织变革，都会因为打破了组织原有平衡和利益格局而提高冲突水平。

3. 利用信息和信息沟通渠道来激发冲突。一般来说，具有威胁性或模棱两可的信息可以用来促进人们积极思维，减少漠然态度，提高冲突水平。有意识的恰当使用信息沟通渠道或沟通手段也是一种有效地激发冲突和控制冲突的方法。比如，某组织领导者通过非正式的沟通渠道散布"小道消息"，将人事任命、变革措施透露出去，听取反应。当群众的负面反应强烈，冲突水平过高时，即可正式否认或消除信息源；而若冲突水平适当，正面反应占主导时，则可正式推出任命或变革措施。

4. 利用"鲶鱼效应"激发冲突。管理者可以要求群体中的某个成员来充当"唱反调"（devil's advocate）的角色，让他故意对群体中居于主导地位的观点进行批评，或者要求群体中的每个人都给正在讨论中的备选方案挑刺，从而打破定向思维、从众效应，激发冲突。

5. 构建异质性群体。有些群体的成员具有特殊的背景、教育经历、专业技能、管理风格及价值观、态度，这种群体具有很高的冲突潜力。为了给问题找出创造性的解决方案，有时候有意地构建这种异质性群体，管理者可利用其冲突的建设性作用。在构建高冲突潜力的异质性群体方面，具有多元化劳动力的组织往往更具优势。

20世纪90年代以来，那些不支持、不鼓励不同意见的组织将无法生存下去。不少组织在激励员工挑战现有系统并开发新思想上采取了一系列措施。例如，惠普公司对持不同意见的人进行奖励，即使他们的想法最后未被管理层采纳。IBM公司有一个鼓励提出不同意见的正式系统。员工们可以通过这个系统向上司提出质疑，而不受处罚。如果意见仍得不到解决，该系统将提供第三方进行调解。又如皇家壳牌集团（Royal Dutch Inc.）、美国通用电气公司都在决策过程中引进了吹毛求疵的提意见者。成功地激发建设性冲突（或功能正常的冲突）的组织都有一个共同特点，他们奖励持异议者而惩罚冲突的回避者。

第三节 谈 判 技 能

上一节提到管理冲突的方法很多，谈判也是处理冲突问题的手段之一。冲突是谈判活动的主要领域，没有冲突，人们就没有必要进行大多数的讨价还价、协商沟通的谈判活动。在现实生活中，有一些谈判是正式而明显的，如两国之间因为贸易摩擦而进行的谈判，两家公司就合并条件所进行的谈判。另一些谈判却不那么正式而明显，如一个组织中上下级之间，同级之间的谈判，商店售货员与顾客之间的谈判等。事实上，现代社会的所有组织、群体和个人，为解决矛盾、处理冲突、界定交互关系，争取和保障自身利益，都或多或少地采取各种形式的谈判活动。

一、冲突管理中的谈判

谈判在冲突管理中有着重要地位,是解决冲突问题的有效方法之一。掌握谈判的技能,首先要了解谈判的基本含义。

(一)谈判的定义

关于谈判的定义很多。谈判是"双方或多方互换商品或服务并试图对他们的交换比率达成协议的过程";[①] 谈判是"当参与方具有不同意向时作出共同决策的过程";[②] 谈判是"冲突的当事人就他们在交换中愿意付出并接受什么进行说明的过程"[③]

综合诸多学者的定义,本书认为,谈判(negotiation)是冲突双方或多方就他们各自难以解决的问题,为达成一个可能协定的具体条款而展开磋商、讨论的过程。谈判是双方自愿的活动,任何一方都可以拒绝进入谈判或在任何时间退出谈判。谈判始于双方或一方希望改变现状、并认为必须达成某种双方均满意的协商后才能行动。谈判内容主要包括冲突各方对彼此争议的问题、关心的目标利益、利害关系的说教和影响对方工作,产生和评估各方能够接受的解决方案,以及协商和承诺对方案的执行工作等。

(二)谈判的目标和结果

谈判的目的在于,达成谈判各方对共同关切事项认可的最合理可行的协议或方案,谈判的成功在于各方建立前所未有的新关系,在于各方对达成协议的承诺。因此,谈判必须考虑到两个重要的目标:实质目标和关系目标。实质目标是指谈判各方旨在协商与谈判项目内容有关的结果,例如劳资双方谈判中达成工资水平提高的协定。关系目标则是指谈判中参与方表现都不错,没有形成僵局,并且一旦谈判结束,他们之间还能长期友好合作。例如,组织中员工的争议解决后能够更为有效地合作共事。

遗憾的是,现实中由于谈判各方都以实质目标和自己的利益为先,不少谈判结果损害了彼此的关系。而只有使实质问题得到解决,同时组织中冲突各方的工作关系得到维持甚至改善的谈判才是有效的谈判。有效谈判一般需符合三个标准:①谈判能够提供一个使冲突各方都满意的有效协定;②谈判是和谐的,能够加强而不是削弱良好的人际关系;③谈判是有效的,没有浪费不必要的时间。[④]

(三)影响谈判的因素

影响谈判有效性或成败的因素很多,本书把这些因素分为两大部分:外部因素和内

---

① 罗宾斯(Stephen P. Robbins). 组织行为学 [M]. 10 版. 北京:中国人民大学出版社,2007:398.
② Roger Fisher and William Ury. Getting to Yes:Negotiating Agreement Without Giving in[M]. New York:Penguin,1983.
③ 理查德·L. 达芙特(Richard L. Daft),雷蒙德·A. 诺伊(Raymond A. Noe),组织行为学 [M]. 北京:机械工业出版社,2004:336.
④ John R. Schermerhorn Jr.,James G. Hunt,Richard N. Osborn. 组织行为学 [M]. 8 版. 北京:清华大学出版社,2005:366.

部因素。其中内部因素又可分为个体因素和组织因素两类。

外部因素主要是指组织外部环境变化对谈判造成的影响,如市场上同种商品的供求关系变化,造成该产品价格的起伏,这就会对谈判的双方造成不同的影响。此外这类因素还有经济形势、政治形势、文化差异、技术水平等。

内部因素主要是指组织内部对谈判结果造成影响的因素。其中,个体因素包括谈判人员的思想素养、心理状态、知识技能情况、语言的运用能力和人际交往的能力等诸多方面。组织因素包括了谈判的分工、谈判人员的权力状况、谈判的前期准备情况、谈判中的策略应用情况、对谈判人员的激励指导和心理状态的调整等。

可见,进行谈判必须做好各方面的工作。充分理解各种因素对于谈判结果的影响,既要争取己方利益,更要追求能够取得谈判双方协商一致,成功和解的谈判结果。

二、谈判的类型

如前所述,一定程度的冲突在组织中是有益的。组织可以建立一种环境,刺激建设性的冲突并加以管理。谈判是解决冲突的有效方法之一。按照谈判的方式和结果不同,谈判有分配性谈判(distributive negotiation)和一体化谈判(integrative negotiation)两种类型。

(一)分配性谈判

分配性谈判,是一种零和博弈,即一方的所得是以另一方的所失为代价的,所以也称为赢—输谈判。它的本质是,谈判各方采取竞争性态度,对于一份既定利益或资源的分配进行协商,在谈判过程中关注的焦点是如何在有限资源分配过程中最大限度地扩大自己的收益。因为谈判一方尽力要赢,导致另一方的损失,所以分配性谈判双方将彼此视为有相反利益的竞争对手。通常买卖双方的讨价还价就是典型的分配性谈判。

尽管分配性谈判是以赢—输为基础的,它也可以导致双方都认可的结果。为了达到这个目的,每个谈判者都有自己谈判愿望范围(aspiration range)的目标点(target point)(或称期望的最高水平)和抵制点(resistance point)(或称可接受的最低结果)。人们通常会追求接近自己目标点的谈判结果,抵制或拒绝低于自己谈判底线(抵制点)的谈判结果。当谈判方案或一方出价可能导致另一方只能得到其抵触点以下的不利和解时,不利方往往宁愿中止谈判也不接受该方案或对方出价;如果谈判双方的希望范围相互交叠,双方就存在一段使彼此愿望均能实现的解决争端的范围或和解范围,谈判的目标定位在该区域时,成功的概率较大,如图 7-8 所示。

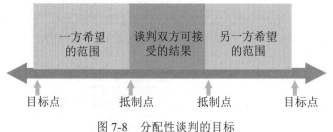

图 7-8 分配性谈判的目标

分配性谈判中，除非谈判者一方比另一方更强有力，否则议价结果通常是一种妥协。例如，美国 Delta 航空公司和航空飞行员协会曾就波音 767-400 飞行员的工资进行了谈判，公司原来提供的工资是 208 美元/小时，工会要求提高到 262 美元/小时。最后双方以 230 美元/小时达成协议。[①]

（二）一体化谈判

一体化谈判或称整合性谈判。这种谈判寻求双赢方法，即共同解决问题来获得使双方都受益的结果，所以又称双赢谈判。在这种谈判中，当事双方发现共同的问题，找出并评价备选方案，坦率地表达各自的偏好，最后达成一个双方都可能接受的解决办法。这时，双方都积极地去解决问题，表现出灵活性和信任。通过合作、互利，注重共同问题的解决，把"蛋糕"做得更大来求得赢—赢结果。

一般地，当其他方面情况相同时，一体化谈判比分配性谈判更可取，因为一体化谈判分配的是数量可变的资源，着力建构的是长期合作关系，使谈判双方相互融合或相互一致，追求双赢的结局，每一方在结束谈判后都具有胜利感。相反，分配性谈判则只建构短期关系，使谈判双方相互对立，为数量有限既定的资源的分配而"针锋相对"，总有一方要承担失败的后果，加剧彼此间的隔阂。例如，在 20 世纪上半期的美国，人们认为工会——管理者的关系主要是分配性的，即要么工会赢，要么管理者赢。随着商业环境的变化，员工持股的推行，管理者或雇用者的利益同时也可能是雇员股东的利益，因而，工会也越来越倾向于采取一体化谈判策略。

分配性谈判与一体化谈判的差别如表 7-4 所示。

表 7-4 分配性谈判与一体化谈判比较

特　征	分配性谈判	一体化谈判
资源或利益	分割定量资源	分配不定量资源
动机	赢—输	赢—赢
利益关系	彼此对立的短期关系	融合或相称的长期关系
解决方案	偏重于立场之争	偏重于互惠创意与建设性
沟通状况	相互掩饰或误导	相互沟通，理解个体和文化的差异
应用情景	当时间和其他资源限制难以使各方合作时	当时间充足以及需要一个创造性解决方案时

三、谈判技能

谈判的实质是在有利益冲突的各方之间寻找可行的解决途径。对于谈判者而言，获得自己的谈判目标就是谈判的成功。但从组织的角度看，成功的谈判意味着冲突结果不但帮助组织取得它的目标，并且通常还要冲突双方保持长期的工作关系和积极的处理未

---

① 参见 Delta Makes Offer to Pilots Set to Fly New Boeing Model[M]. http：//library.northernlight.com，January 5，2000.

来冲突的氛围。尽管一体化谈判对组织更为有利,但合作性的谈判需要时间和相当的创造性,才能使"利益蛋糕"做大,因此,在现实中分配性谈判仍大量存在于组织内外。无论是何种类型的谈判,成功谈判都需要掌握一些基本技能。

首先,谨慎的准备能提高谈判成功的可能性。谈判者应该提前收集,并充分了解己方所处位置。应该知道自己谈判的最终目标是想要什么,为什么它是可行的及如何完成目标。另外,谈判者要获得成功,还应该知己知彼,如对方的谈判风格、偏好和可能的立场,是采取竞争性还是合作性态度?

其次,谈判成员还应该建立谈判程序。每个人都应该清楚解决冲突的时间限制和冲突的内容。对于社会群体之间的冲突,程序应该包括由谁来参加谈判。清晰的程序能帮助谈判者集中于主要关心的问题上,并避免毫无结果的争论。

再次,在谈判过程中,谈判者应进行有效的沟通,了解对方的利益要求及关注的核心问题。突出这些利益和关注的焦点问题比只注意各方所表现出的立场更可能获得成功。不管是竞争性的分配性谈判,还是合作性的一体化谈判,都需要把握一定的技巧,表 7-5 展示了一些开展有效谈判的技巧。这些技巧强调要了解双方的利益,符合职业道德的行为,将注意力集中于主要目标而不是纠缠于琐碎。

表 7-5　成功谈判的技巧[①]

分配性谈判的技巧
1. 争取一个能够让双方都能赢得部分利益的解决方案。即使你要获得最大的利益,也要记住另一方的利益同样重要;
2. 多问一些问题以了解什么对另外一方非常重要。不要仅仅找到一个优势就开始攻击,要了解所有冲突涉及的资源和类型;
3. 使用客观标准和理性依据。通过推理而不是采取权力推动谈判,你能够获取一种长期关系;
4. 可能的话,让一些技巧熟练的人参与冲突的解决;
5. 要真实可靠,信守诺言;
6. 关注主要矛盾,不要在细节上争执过多;考虑另一方所认为重要的问题也是自己所要关注的重要问题;
7. 尊重另一方。
一体化谈判的技巧
1. 理解冲突所涉及的资源和类型,然后关注自己的目标和期望,设定具有一定高度的标准;
2. 设计一些备选计划,以防止没有获得所期望的结果;
3. 如果另一方极具竞争性,尝试让更具有竞争风格的成员代表你来竞争;
4. 如果为自己争取利益会感到自私不安,那就按照为其他人或事业争取利益的形式来思考。例如,为了谈判工资待遇,不是要考虑会给自己的工资提高多少,而是要考虑如何能够支撑你的家庭;
5. 告诉别人关于你的谈判,包括你的期望目标。当你拥有听众的时候,你会变得更加自信;
6. 当另一方提出一个难以令人相信的报价时,用真实合理的语言回答,并给出真实的理由。

最后,谈判结束,各方应该确定所达成的协议。在非正式谈判中,比如一场解决小争论的谈判,一方可能只是简单地陈述自己对协议的理解,以确认另一方对此有相同的理解。对于比较正式的谈判,比如对一名领导者更新的工作安排,对一个团队进行的政策修订,

---

① Based on G. Richard Shell, "Negotiator, Know Thyself", Inc., 1999:106-107 (excerpting G. Richard Shell, Bargaining for Advantage: Negotiation Strategies for Reasonable People, New York: Viking, 1999)

或工会——管理者谈判，商议的结果必须有书面陈述。特别当结果很复杂或必须向群体进行传达时，书面文件更便于人们日后回顾确认协议细节的记录，避免不必要的争议。

从组织的立场看，谈判者应该作出与组织目标相一致的结果。因此，组织应该奖励与其目标相一致的行为。当员工陷于冲突时，管理者和领导者应该帮助他们明确将组织目标包括在内的冲突。在实践中，组织应该采取措施促成一体化谈判，比如提供员工学习必要谈判技巧的机会，给予谈判双赢解决方法的时间等。

复 习 题

1. 什么是冲突？历史上冲突观念经历了哪些演变？
2. 举例说明什么是建设性冲突，什么是破坏性冲突。
3. 冲突的来源主要有哪些？
4. 描述冲突产生的一般过程。
5. 管理冲突主要有哪些策略和技术？
6. 什么是分配性谈判？什么是一体化谈判？
7. 谈判需要掌握哪些基本技能？

即 测 即 练

延伸阅读 1

扫码阅读案例 1，思考并讨论以下问题。
1. "空降兵"与可口可乐公司及其员工之间存在哪些冲突？
2. 如何有效解决"空降兵"的冲突问题？

延伸阅读 2

扫码阅读案例 1,思考并讨论以下问题。

从福耀玻璃在美国投资设厂遭遇的困惑分析跨国企业文化冲突对企业管理和发展有哪些影响?

第八章
领导者与领导行为

本章学习目标

通过本章学习,你应该了解:
1. 领导的含义,领导与管理的区别与联系。
2. 领导特质理论与领导行为理论的特点与不足。
3. 领导权变理论及其主要几种模型。
4. 领导理论的新发展。

中国经营双雄:任正非与张瑞敏

当今中国,华为和海尔无疑是最风光的企业之一;任正非和张瑞敏这两位老总,也是最有魅力的企业领导人。他们是很多人顶礼膜拜读的偶像。

任正非在媒体面前很低调,但在华为内部,却是百分之百的"语言强人"。他的《我的父亲母亲》《北国之春》《华为的冬天》《华为的红旗到底能打多久》等一系列企业散文,充满了浓烈的华为气息,潜移默化到华为员工的心中,使无数华为员工情不自禁地从"绵羊"变成"饿狼",张着尖牙利齿,向着猎物猛追、猛扑、猛咬,累死也不在乎。

相比任正非,张瑞敏却像"教父"。虽然他没有任正非那么大的"杀气",但对海尔员工的影响力却无所不在。他更多的是从道德和哲学的层面去教化员工,激励大家竭力将工作做到极致。比如他主导策划的著名的"海尔砸冰箱的故事""海尔洗土豆洗衣机的故事""海尔赛马不相马的故事",等等,都透着传统儒家强调的诚信、以人为本和哲学式的辩证。张瑞敏这种传统儒家的精神气质,归因于海尔是山东的企业,扎根齐鲁大地,他本身也是山东人,深受孔孟文化的熏陶,一方水土造就一方人。

华为、海尔取得了巨大成功,因此很多企业家都在学习两位老总的经营思想、方法,并且搬到自己的企业去用,但却"水土不服",收效甚微。

领导是一种重要而普遍的社会实践活动,自古以来就广泛存在于人类社会之中。大至国家、军队,小至企业、学校,凡由两人以上组成的集体,要开展有目的的活动,实现某种预期目标,都离不开领导。对于一个组织来说,领导的重要性是不言而喻的,他们对群体的稳定和绩效起着重要作用。人们常说,一个成功企业的背后一定有一个成功的企业家,领导人对组织的兴衰成败往往至关重要。现实生活中领导者由于各自能力、个性、领导风格等差异,他们的行为表现出很大差别,成败各不相同。

第一节 领导概述

一、领导的定义

关于领导（leadership）的定义很多，各国的管理学家、心理学家和组织行为学家都有不同的认识和表述。

布兰查德（Blanchard）认为，领导是一项程序，使人在选择目标及达成目标上，接受他人的指挥、引导和影响。

马克斯·韦伯（Marx Web）认为，有效的领导有一种能力，其具有的某种精神力量和个人特征，能够对许多人施加个人影响。

哈罗德·孔茨（Horald Koontz）则把领导定义为影响力，认为领导的本质就是被追随，即影响他人，使之心甘情愿、满怀热情地为实现群体目标而努力的艺术或过程。

彼得·德鲁克（Peter Druck）认为，有效的领导应能完成管理的职能，即计划、组织、指导和度量。

美国通用电气公司前 CEO 杰克·韦尔奇认为，领导是一种能将其想做的事或其发展设想形成一种远见，并能使其他人理解、采纳这种远见，以推动这种远见成为成功的现实。

对领导的定义还有更多。一般认为，领导的本质是一种影响过程，是领导者和被领导者（或追随者）及特定环境的相互作用的动态过程。它是领导者或领导集团运用权力、知识、才能和人格魅力去影响、组织、控制和指挥被领导的个人或群体去实现组织目标的过程。

领导可以是正式领导（formal leadership），即组织正式授权某位领导者对组织中其他成员的活动进行引领和指导；也可以是组织中的某个人并没有被正式授权，但通过他的影响力来引领和指导其他成员的行为的非正式领导（informal leadership）。

在英语中，"领导"（leadership）与"领导者"（leader）的区别是很明显的。在汉语的日常用语中，"领导"与"领导者"一般不加以区别，通常人们习惯地把领导人称之为"领导"，而把领导者的行为也称为"领导"。事实上，领导是领导者的行为，亦即领导是促使群体或个人共同努力，实现组织目标的过程；而致力于实现这个行动过程的人叫领导者，接受指引和影响的人就是被领导者。一个组织可以指定一个领导者或选出一个领导群体，但都不能指定或选出某种领导行为，因此，对领导行为的培养就显得非常重要了。

二、领导的实质与特点

领导是率领、引导和影响人们在一定的条件下实现某种目标的行动过程。

（一）领导的实质

任何领导活动，都是借助于他人来实现的，领导工作的绩效是通过被领导者活动的绩效而表现出来的。在组织中的各种要素和资源中，人是最重要最活跃的要素和资源，人的要素直接或间接地影响组织的效果，因此，调动人的积极性，发挥人的创造力，处理好人与人之间的关系，成为管理的核心问题，也是领导工作所要完成的任务。

领导的实质是影响力，是领导者通过自己的行为影响一个组织尽其所能地实现目标。卡茨（Kats）和卡恩（Kan）曾提出，"在组织中，领导的实质是除了对组织日常指示机械地服从之外的影响的扩大"。[①] 领导者并不是站在组织的后面推动和激励，而是要置身于组织之中学习和运用有关理论和方法以及沟通联络、激励等手段，对被领导者施加影响，使之适应环境的变化，促动人们前进，鼓舞人们为实现组织目标而努力。在领导行为中，管理艺术得到了充分发挥。可以说，领导行为使科学、技巧、艺术和人的属性在实现组织目标过程中有机地结合起来了。

（二）领导的特点

领导行为作为一种动态活动过程，具有以下特点：

1. 示范性。领导活动实质上是一种"投入"，其"产出"是被领导者个体、群体或组织的行为。领导结果的好坏虽然是由被领导者的行为效率来评定，其影响因素主要有动机、福利待遇、工作能力和工作条件，但领导者的行为却起着示范性作用，他是下属行为的楷模，无论他是否意识到，他的一举一动对被领导者的工作态度和行为都具有导向作用。

2. 激励性。人际关系学说认为，人们在组织中各自所处的地位决定了人们之间的感情和联系方式。领导者通过领导与被领导、控制与被控制、指挥与被指挥的关系实现领导。通过这些关系，可以激发每个人的积极性和创造性，使人力资源得到充分发挥，以实现组织的目标。

3. 互动性。现代社会，任何一个组织都是一个开放的社会技术系统，都处在特定的环境之中，而环境的变化常常会对人的心理和行为产生很大影响。领导者的行为不仅在于改变环境，还要适应环境的要求。对于被领导者来说，领导者的行为则是环境因素的重要组成部分。因此，领导这一动态过程实际上是领导者、被领导者及他们所处的环境3个因素所决定的复合函数，这个关系用公式表示为

$$领导 = f（领导者，被领导者，环境）$$

影响领导这个函数的变量，既包括以上三个因素，也包括这些因素之间的内在联系。领导的有效性既取决于领导人的人格素质、领导艺术，还取决于被领导者的素质和接受领导的程度，同时还取决于领导与环境条件相互制约和相互适应的状况。

领导者的工作在影响下属行为的同时，也必然不同程度地受到下属某些方面的影响，领导者的正确行为引起下属的积极反应，错误行为引起下属的消极反应，领导者通过一

[①] 转引自陈维政等.组织行为学高级教程[M].高等教育出版社，2004：314.

定的领导行为影响下属,并与下属分享影响,可谓影响的分割和共享。这就是领导作用的"互惠效应"。由于知觉效应的作用,领导作用的结果可能是正面的、积极的,也可能是负面的、消极的;对领导者的评价,也因而有好坏之分。

4.环境适应性。任何一个组织都处在特定的环境之中,而环境常常对人们的行为有很大的影响。领导行为发生的环境是一个受时间、空间限制而又具有成就导向的复杂的组织环境。领导的行为在于适应市场和外部环境的要求,并尽可能地改变组织内部的环境。对于被领导者来说,除了其他因素之外,领导行为也是一个重要的环境因素。

三、领导与管理的区别与联系

人们常常将领导与管理视为同义语,似乎管理者就是领导者,领导过程就是管理过程。实际上管理和领导是两个不同的概念,二者既有联系,又有区别。

管理学大师法约尔把领导与管理作了严格区分,赋予领导更广泛更抽象更一般的涵义。他认为,领导是保证技术职能、商业职能、财务职能、安全职能、会计职能、管理职能这六项职能得以贯彻的力量,而管理仅仅是这 6 项职能之一。

约翰·科特认为,领导与管理是组织中两个相互区别但又相互补充的行为体系。[①] 领导过程包括:为组织设定目标;通过沟通,把员工与目标联系起来;通过授权和满足人的基本需要,激励员工采取行动。领导者主要通过提出组织的愿景来确立前进的方向,通过把这种愿景与他人交流,并激励其他人克服障碍达到这一目标。例如,唐纳德·彼得森(Donald Peterson)在福特汽车公司推行的质量革命运动的领导就是成功的、有效的。领导相对于变革而言,主要处理变化的问题。而管理过程包括:计划和预算;组织与人事;控制与问题解决。管理过程减少了不确定性,增加了组织的稳定性。通用汽车公司经过早期几年的增长之后,艾尔弗雷德·P.斯隆(Alfred P. Sloan)对公司进行了整合和稳定化,就是一个优秀管理的例证。

由此可见,领导与管理是有区别的。领导活动是为社会组织的整体发展指引方向、确定目标、创造条件,促进组织全面发展的创造性社会行为。管理的主要职能是为社会的具体活动确定目标、选择方法、建立秩序、维持运转。领导是一种创新变革的力量,而管理是一种程序化的控制工作,这是领导与管理的最大区别。

领导与管理二者又是相互联系的,本书第一章就提到,每一位管理者都担负着管理的责任,又担任着领导者的角色。有效的领导可以带来有效的组织变革,优秀的管理可以控制组织及其情境的复杂性。成功的组织既需要有效的领导,也需要优秀的管理,二者建立一个能完成某项计划,并尽力保证任务顺利完成的关系网。

虽然管理和领导有很多相似之处,但随着现代社会的发展,组织的规模越来越大,面对的问题也越来越复杂,领导工作与管理工作越来越分离了。一方面管理越来越具体化和职业化,主要指为了达到组织的目标而采用合适的方法和手段,对有关的人、事、物、

---

① John. P. Kotter. What Leaders Really Do? [J]. Harvard Business Review, 1990(68): 103-111.

时间和信息进行计划、组织、指挥、协调和控制等一系列活动。另一方面，领导工作更需要超脱于具体的管理，以便从全局出发，用战略的眼光和头脑进行运筹谋划，致力于战略方针的决策和经营政策的制定。由此可见，管理者并不都是领导者，领导者也并不一定是管理者。沃伦·本尼斯（Warren Bennis，1989）列出了管理者与领导者的区别，如表 8-1 所示。

表 8-1 管理者与领导者的区别[①]

管 理 者	领 导 者
执行	创新
维持	开发
控制	鼓舞
关注短期	关注长期
询问怎么发生、什么时候发生	询问发生了什么，为什么发生
模仿	创造

第二节 传统领导理论

通过长期的管理实践，人们逐步认识到领导对企业发展的重大作用，不少学者开始重视领导理论的研究。20 世纪初，泰勒、法约尔等人开始总结领导活动某些方面的规律，但缺乏对领导活动一般规律的研究。第二次世界大战以后，管理科学的研究和应用快速发展，到 20 世纪 60 年代管理就成了世界各国重视和研究的中心课题，各种领导理论也随之诞生，从研究领导者的个性特征到研究领导行为，再到影响领导活动的情境因素。

一、领导特质理论

组织的成败，很大程度上取决于领导者的作用。早期的管理学研究十分重视对领导应具有的素质和个性的研究，认为领导者的素质是与生俱来的，他们总是具备一些与众不同的特点，如充满智慧、具有领袖的魅力、超群的记忆、过人的精力、明确的人生目标、坚韧不拔的勇气和毅力，正直和自信等。这一特质理论（trait theory）研究的出发点是：领导效率的高低主要取决于领导者的特质，那些成功的领导者也一定有某些共同点。只要找出成功的领导者应具备的特点，再考察某个组织中的领导者是否具备这些特点，就能断定他是不是一个优秀的领导者。我们可以列出古今中外一长串成功领导者的名字，如《荷马史诗》中的伊利亚特、英国前首相玛格丽特·撒切尔（Margret Thatcher）、美国通用电气前总裁杰克·韦尔奇、中国古代秦始皇、新中国开国领袖毛泽东等，都能找出他们身上表现出的许多与非领导者不同的特质。早在 20 世纪 30 年代，心理学家们就

---

① 参见理查德·哈格斯（Richard L. Hughes）等. 领导学[M]. 清华大学出版社，2004：9.

进行了大量的研究,希望发现领导者与非领导者在个性、社会、生理或智力因素方面的差异。

早期研究领导的代表人物吉赛利(Ghiselli,1963)提出了有效的领导者应具有的8种个性品质:语言才能、首创精神、督导能力、较高的自我评价、与员工关系密切、决断能力、兼备男性或女性优势、高度成熟等。另一代表人物斯托格蒂尔(Stogdill)则进一步扩大了特质的范围,如表8-2所示,总结了最受欢迎的领导的生理、社会和个人特性。

表8-2 领导者的一些个人特性[①]

个 性	生 理 特 性	社 会 背 景
● 机敏 ● 创意、创造性 ● 人格尊严、道德行为 ● 自信	● 行为 ● 精力	● 灵活性
智慧和能力	与工作相关的特性	社会特性
● 判断、决定 ● 知识 ● 语言感染力	● 以成就为驱动、成功的欲望 ● 有责任感 ● 追求目标的责任感 ● 以任务为导向	● 支持合作的能力 ● 合作性 ● 名声、威望 ● 社会能力、人际交流技巧 ● 社会参与能力 ● 机智、外交能力

领导学学者本尼斯和奥尼尔(John O. Neil)在其调查中发现人们将自信、想象力、和个人成功的不断努力列为成功领导者的首要的三个特性。但是,最近的研究表明,个体是否是高自我监控者,即在调节自己行为以适应不同环境方面具有很高的灵活性,也是一项重要因素,高自我监控者比低自我监控者更易于成为群体中的领导者。我国近年也开始进行对企业家素质的研究,认为在诸多的企业家特质中,社会适应性是起重要作用的特质。在我国,一大批成功的企业家,不是因为其具有高学历或高技术,而是因为其具有较好的社会适应性,包括诸如较好的社会洞察力、善于处理人际关系、对专业知识和管理知识较好的理解能力、在顺境和逆境中都能有较高抱负的意志力和确立奋斗目标时表现出的较好的变通性。

当今商业社会的领导者们还需要通过发展合作关系,尊重员工并使每个人发展智力资本来提升组织的能力。总之,大量的研究表明,具备某些特质确实能提高领导者成功的可能性,但没有一种特质是成功的保证。

现代领导理论认为,领导是一个动态过程,是一种发展变化的行为过程。领导者的特性和品质并非与生俱来的,而是在具体实践中逐渐形成的,是可以训练和培养造就的。特质理论之所以在解释领导行为方面不成功,我们认为至少有4个原因:①它忽视了下

---

① Bernard M. Bass. Stogdill's Handbook of Leadership,Rev. ed[M]. New York: The Free Press,1981:75-76. 转引自理查德·L. 达夫特(Richard L. Daft)和雷蒙德·A. 诺伊(Raymond A. Noe). 组织行为学[M]. 北京: 机械工业出版社,2004:279.

属的需要；②它没有指明各种特质之间的相对重要性；③它没有对因与果进行区分，例如是领导者的自信导致了成功，还是领导者的成功使其建立了自信？④它忽视了情境因素。这些方面的欠缺使得研究者的注意力转移到其他方向。因此，虽然特质理论在今天仍有一定影响，并在近年来有复苏的迹象，如各种媒体就常常信奉特质理论，但从20世纪40年代开始，特质理论就已不再占据主导地位了。20世纪40年代末至60年代中期，有关领导的研究着重于对领导者偏爱的行为风格的考察。

从实践来看，一个人的某些特点对于他能否成为一个有效的领导，确实具有相当重要的作用，这也正是特质理论的生命力所在。但企业领导者需要在加强自己的综合素养方面做出努力。

二、领导行为理论

由于特质理论无法对领导效力进行充分解释，20世纪40年代末，研究者开始把目光转向具体的领导者所表现出来的行为上，希望了解有效工作群体的领导者和无效的工作群体的领导者的行为差别。领导特质理论与行为理论（behavioral theory of leadership）在实践意义方面的差异，源于二者深层的理论假设不同：如果特质理论有效，领导从根本上说是天生造就的；相反，如果领导者具备一些具体的行为，则我们可以培养领导，即通过设计一些培训项目，把有效的领导者所具备的行为模式，植入那些愿意成为有效领导者的个体身上。这种思想显然前景更为光明，它意味着领导者的队伍可以不断壮大。通过培训，可以塑造出更多有效的领导者。

（一）领导风格论

美国依阿华大学的科特·勒温（Kurt Lewin，1938，1939）与其同事合作实验对领导行为进行研究，并提出了领导风格论（leadership pattern theory）。勒温的调查研究显示，领导风格要么是独裁式（autocratic leadership），要么是民主式（democratic leadership）。独裁领导者倾向于将权力集中，并通过正式职位、控制奖励和对下属的高压政策获取权力。民主领导者则将权力分配给其他人，鼓励参与，依靠下属员工的知识完成任务，并凭借下属的感激和尊敬提高影响力。当独裁领导当面监督工作时，由其指挥的群体才会好好表现，但是群体成员对这种封闭、独裁的领导风格极为不满，易滋生敌对情绪。由民主领导者指挥的群体则无论领导在与不在，其成员都表现很好。民主领导所使用的参与技巧和大众决策训练群体成员自我监督。民主领导的这些立足点，部分解释了为什么在当今越来越多的公司倾向于赋予员工权力。

由美国管理学家坦南鲍牧（R. Tannenbaum）和施密特（W. H. Schmidt）（1958）[①]后来的调查反映了员工不同程度的参与，并显示领导方式是多种多样的，领导者的行为是连续统一的。如图8-1所示领导权连续统一体模式，两端是独裁式领导和民主式领导，

---

① R. Tannenbaum and W. H. Schmidt. How to choose a leadership pattern[J]. Harvard Business Review 1958（36）：95-101.

中间则是领导权力同下属权力多种不同的结合方式。他们认为，不能准确认定哪种领导方式是正确的，哪种领导方式是错误的。领导者能根据环境调整适当的领导风格。例如，如果时间紧迫，或者下属需要很长时间才能学会作出有效的决策，领导通常采取独裁领导风格。当下属能很容易地学会决策所需要的技巧和知识时，民主式领导风格则更适合。而且，技巧差异越大，领导方法越独断，因为使下属能达到领导者的专业水平是很难的。

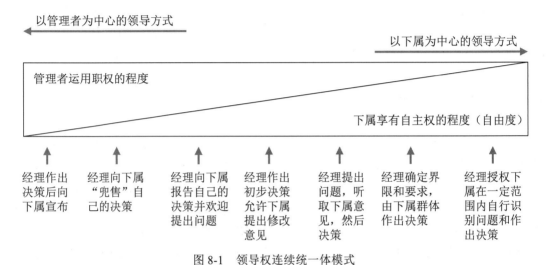

图 8-1 领导权连续统一体模式

美国比德曼（J. Peterman）公司以民主领导风格为主，其产品曾一度以罗曼蒂克的风格吸引着顾客，比如一双 J. P 靴子和异域情调的 T 恤引领崭新、刺激的生活。其创始人约翰·比德曼以自己的参与性领导风格和灵活、悠闲的公司文化为自豪。但是在 20 世纪 90 年代中期，当公司迅速成长的时候，问题开始出现了。最后，该公司破产，被保罗·哈利斯（Paul Harris）商店收购。有评论者认为约翰需要更独断的领导风格以作出快速、艰难的决策来适应公司的成长。那些曾经使员工们能在早期茁壮成长的自由制度在公司成长期间变成了新员工的负担，因为新员工并不能分享他们用以进行决策的思想和方法。①

我国的很多成功企业也都实行所谓"军事化"或"半军事化"管理，一些企业甚至对员工的衣着、走路等言行举止都有明确的规定。他们的决策和领导方式在相当的程度上是强硬和专制的，并且在一定阶段里是相当有效的。

（二）领导行为"四分图模式"

最全面而且研究最多的领导行为理论，来自于 20 世纪 40 年代末期的俄亥俄州立大学的研究。他们研究的目的是希望确定能促进组织和群体达到目标的领导行为。他们收

---

① John Peterman. the Rise and Fall of the J. Peterman Company[J]. Harvard Business Review，Sep-Oct，1999，59-66. 转引自理查德·L. 达夫特（Richard L. Daft）和雷蒙德·A. 诺伊（Raymond A. Noe）. 组织行为学 [M]. 北京：机械工业出版社，2004：281.

集了大量下属行为的描述,列出了 1 000 多个因素,并最终归纳和定义了领导的两个关键方面:结构维度和关怀维度。

结构维度(initiating structure)指的是在达成组织目标时,领导者更愿意界定和建构自己与下属的角色。这种类型的领导者强调通过计划、信息、交流、日程安排、工作分配及确定期限和给予指导等指明群体的方向。他们对行为给出明确的标准,要求下属服从。高结构维度的领导者对任务的关心程度远高于对组织中人际关系和谐的关心,希望通过指明方向和期望别人来使自己完成任务,要求员工保持一定的绩效标准,并强调工作的最后期限。

关怀维度(consideration)指领导者对下属的敏感程度,尊重他们的想法和感情,更愿意建立相互信任、相互交流的工作关系。这种类型的领导者乐于向员表达感激之情,并愿意仔细倾听下属的意见和问题,寻求下属的帮助,同时关心下属的生活、健康和工作满意程度。高关怀度的领导者特别重视群体关系的和谐及下属心理上的亲近。

以这些概念为基础进行的大量研究表明,在结构和关怀方面均高的领导者(高——高领导者)常常比其他三种类型的领导者(低结构、低关怀,或两者均低)更能使下属取得高工作绩效和高满意度。但是高——高风格并不总是产生积极效果。例如,当工人从事常规任务时,高结构特点的领导行为会导致高抱怨率、高缺勤率和高离职率,员工的工作满意水平也很低。还有研究发现,领导者的直接上级主管对其进行绩效评估的等级与关怀性呈负相关。总之,俄亥俄州立大学的研究结果发现:两种领导行为在一个领导者身上可能一致,也可能不一致,它们并不是相互矛盾、相互排斥的。领导者可以是单一的组织型或体贴型,也可以是两者的任意组合,具体组合方式用领导行为四分图表示,如图 8-2 所示。

图 8-2 领导行为四分图模式

在俄亥俄州立大学进行研究的同时,密歇根大学采用了不同的方法进行了相似的研究。他们直接将高效率和低效率的领导进行比较,确定了两类领导行为,即以员工为中心和以工作为中心。以员工为中心的领导者(employee-centered leader)重视人际关系,他们总会考虑到下属的需要,并承认个体间的差异。相反,以工作为中心的领导者(job-centered leader)更强调工作的技术或任务事项,主要关心的是群体任务的完成情况,并把群体成员视为达到目标的手段。

总体上，密歇根大学研究发现，最有效率的领导者是以员工为中心的。这些领导者经常和较高的团队生产力和下属中的高工作满意度联系在一起。

领导行为测验

美国俄亥俄州立大学的研究者，在调查研究了上千个领导行为因子的基础上，归纳出两类因素即结构维度（或任务取向）和关怀维度（或关系取向），编制出领导者行为的描述性问卷。其内容如下：

（一）结构维度15个题目

1. 对下级清楚地表述自己的态度；
2. 在本单位中能实施自己的新方案；
3. 以极严的手段抓管理工作；
4. 批评那些工作表现不好的下级；
5. 以不容他人质问的口气讲话；
6. 分配下级做规定的工作；
7. 坚持一定作业标准；
8. 做事有一定计划性；
9. 强调一定要在限期内完成工作；
10. 规定工作程度；
11. 要弄清楚是否所有的下级都了解其在团体中的地位；
12. 要求下级遵照标准化的规则和法令；
13. 让下级知道领导人对他们的要求是什么；
14. 关心和注意下级是否充分发挥其能力；
15. 注意下级工作是否协调。

（二）关怀维度的15个题目

1. 给下级以私人帮助；
2. 做一些使下级感到愉快的小事情；
3. 容易使下级了解自己；
4. 抽空听取下级的意见；
5. 信守诺言；
6. 关心下级个别人的福利；
7. 拒绝解释自己行为的原因；
8. 从来不会没有和下级商量而自行行动；
9. 缓慢地接受新的方案；
10. 以平等态度对待每一个下级员工；
11. 对现状愿意有所改变；
12. 平易近人；

13. 与下级谈话时，能使他们觉得轻松自然；
14. 对下级提的意见付诸实施；
15. 在推行重要事项之前，先取得下级的赞同。

评定方法：评定主体可以是上级、下级、同级，也可以是被评定对象自己。评分可用5级量表评定，"经常"为5分，"较多"为4分，"有时"为3分，"很少"为2分，"从未"为1分。经过综合评分比较，就能知道该领导者在群体成员的心目中是任务取向还是关系取向。

（三）管理方格论

在俄亥俄州立大学提出的领导行为四分图的基础上，美国得克萨斯大学两位管理心理学家布莱克（R. Blake）和穆顿（J. Mouton）提出了管理方格理论（managerial grid）。根据对人和对生产的关注两个维度，就像俄亥俄州立大学的关怀和结构空间以及密歇根大学以员工为中心和以工作为中心的领导关系空间，这个方格以鉴定领导行为等级为基础。

图8-3阐明了管理方格和其中5种主要管理风格。方格上的每条轴线都分为9个刻度，1表示低关注，9表示高关注。团队型管理（9.9），工作成就来自献身精神，在组织目的上利益一致，互相依存，从而导致信任和尊敬的关系。当重点被放在人身上而不是工作成果时，出现了乡村俱乐部型管理（1.9）。这种管理风格，注意人们建立友好的关系的需要，形成愉快的组织气氛，产生良好的工作效率。当经营效率是主要导向的时候，出现了顺从权威型管理（9.1）。这种管理风格，安排工作条件采用使人的因素干扰最小的方法来达到工作效率。中庸型管理（5.5）则兼顾必须完成的工作和人们有较高的士气来使适当的组织成绩成为可能，反映了对人和生产关注的中等程度。贫乏型管理（1.1）则缺少管理思想，管理者对人际关系和工作完成均付出较少努力。

布莱克和穆顿根据自己的研究得出结论，团队型（9.9）领导风格是最有效的，因为组织成员共同工作以完成任务。但遗憾的是，方格论只是为领导风格的概念化提供了框架，未能提供新信息以澄清领导方面的困惑。并且，也缺乏实质证据支持所有情境下团队型管理风格都是最有效的。不同的环境条件和不同的被领导者状况要求不同的领导方式。例如，对于研究单位来说，被领导者是知识型的研究人员，这些人员知识层次高，比较具有自己的想法和主见，他们的工作特点是创造性的工作，例外性很强，如果严格管理反而会影响其创造性，挫伤人们的自尊心。

应当指出，上述5种典型的领导方式仅仅是理论上的概括，都是一种极端的情况。在实际生活中，很难出现纯而又纯的与其相对应的典型领导方式。

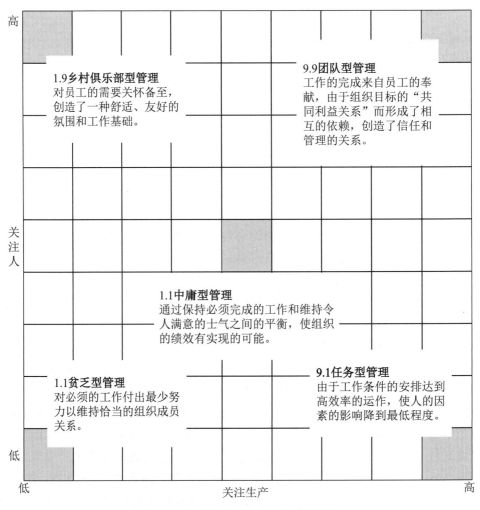

图 8-3 管理方格和其中 5 种管理风格

（四）领导系统模式

美国密歇根大学利克特（R. Likert）在 25 年的时间里，通过一系列问卷调查，对不同的管理类型和不同的领导行为类型进行了系统的研究，包括：控制手段、对雇员态度、激励的影响等方面，在此基础上在他的著作《人群组织：它的管理及价值》中提出了利克特领导系统模式。他将领导方式归结为 4 种系统模式，并对此作了进一步阐发：

1. 专制独裁式。领导者对他们的下属缺乏信心和信任，他们不喜欢与下属讨论工作上的事情，也很少在处理问题时接受下属的看法。领导者非常专制，决策权集中于最高层，所有的决定都由领导者作出，下属没有参与权，只有执行的义务。上下级很少交流，沟通只是采取自上而下的方式。激励也主要是采取惩罚的方法，下属对领导也心存戒备。

2. 温和独裁式。领导对下属有一定的信任和信心，有一定程度的自下而上的沟通，有时听取下属的建议和解决问题的方法，也向下属授予一定的决策权，但自己仍掌握最终控制权，重要决策权仍由高层领导者做出。采取奖赏与惩罚并用的激励方法，下属仍处在小心谨慎之中。很少有合作的团队精神。

3. 协商式。领导者较大程度地但不是完全地信任下属，他们仍然希望控制决策。下属可以相当自在地讨论工作上的问题，领导者通常会采纳下属的意见。上下级沟通较多，向下的沟通一般为下属接受，但向上的沟通通常还是领导想听到的信息，其他信息仍会受到限制。主要采取奖赏的方式来进行激励，有一定程度合作的团队精神。在制定总体决策和主要政策的同时，下属有一定的参与，并允许下属部门在一些具体问题上作决策。

4. 参与民主式。领导对下属在一切事务上都抱有充分的信心与责任，积极采纳下属的意见，上下级之间以及同事间有广泛的沟通交流，乐于授权，鼓励下属参与管理，有问题互相协商讨论。组织中充满合作的团队精神。下属充分参与决策，在控制方面有广泛的责任感，最高领导者最后做出决策。

利克特认为，一个组织的领导类型可以用8项特征来描述：①领导过程；②激励过程；③交流沟通过程；④相互作用过程；⑤决策过程；⑥目标设置过程；⑦控制过程；⑧绩效目标。鉴别和区分不同领导类型和方式的关键，是看下属参与决策的程度。利克特通过广泛的调查，发现应用第4种领导模式的主管人员都是取得最大成就的领导者，这种领导方式在设置和实现目标方面是最有效率的，通常也是最富有成果的。他还发现，实行参与民主式领导体制的企业，其生产效率要比一般企业高出10%～40%。他把这些主要归因于员工参与管理的程度，以及在实践中坚持相互支持的程度。据此，利克特大力提倡企业领导由专制独裁式、温和独裁式向协商式、民主参与式的转变。他认为，单纯依靠奖惩来调动职工积极性因素的管理方式已经过时了，只有依靠民主管理，从内心来调动积极性，才能充分发挥人们的潜力。他建议领导者真心诚意地而不是假心假意地让职员工参与管理。要看到员工的智慧，相信他们愿意做好工作。独裁式领导永远也不能达到民主管理体制所能达到的生产水平和对工作产生的满意感受。

▶ 新闻中的组织行为学

潘石屹：除了整售，商业物业其他模式已不复存在

潘石屹公开宣布整售北京光华路SOHO2、上海凌空SOHO两个项目。对于北京光华路SOHO2的出售，很多人表示非常不理解，甚至质疑SOHO中国的商业模式。

这个位于北京CBD光华路的SOHO2，整体出租率超过98%，办公租户以文化传媒、科技互联网、金融类为主，商业租户以展览展示类为主，也被看作是SOHO中国较为核心的物业资产。

潘石屹的解释有些云淡风轻，"做生意嘛，（就是）卖出一些，买进一些去赚钱。"这是潘石屹认为一个生意人秉持的最基础的原则——低价买入，高价售出。对潘石屹来说，他的衡量标准只有一个，就是租金回报率，租金回报率越低，相对售价就越高。

此时整体出售，恰好赶在北京商住政策调控的大背景下。潘石屹在回应《每日经济新闻》记者的话中颇有些无奈，"随着北京市的关于商业物业的文件出台，就标志着商业物业除了整售这一条路，其他的商业模式已经不存在了。就是一个大的政策环境已经

发生了变化,逼得我们只有一条路了,没有第二条路可以走。"

潘石屹告诉《每日经济新闻》记者,"从我心里面来说,永远不能够销售的,一个是外滩 SOHO,一个是望京 SOHO。外滩 SOHO 位置太重要了,望京 SOHO 太漂亮了,我很喜欢。"只要两个项目在,潘石屹说,他自己就是一个开发商。

"我们用两年的时间检验了 3Q 产品和商业模式以及管理体系,经过两年的实践,我们认为可以发展,我们也看到了市场。"过去两年,SOHO 3Q 已经做了 17 个中心,在潘石屹看来,3Q 项目已经非常成熟,未来,SOHO 3Q 要在 17 000 个座位的基础上,再加一个数量级发展。

自 2015 年开始,以毛大庆的优客工场、潘石屹的 SOHO 3Q 以及万科的云工坊为代表的联合办公模式开始不断壮大,如今已成为与当下"共享经济"不谋而合的产物。潘石屹透露,出售项目所获资金将主要用于 SOHO 3Q 业务拓展与分红。因为 3Q 是 SOHO 中国的新领域,未来估计两三年之后,3Q 将是公司最重要的增长点。

三、领导权变理论

随着对领导行为理论研究的深入,人们发现只是简单地考虑这两个变量,只从二者的相互影响关系出发,仍不能有效地解释领导的作用,对领导的研究必须包含第三个变量即环境。20 世纪 60 年代后,许多管理学家、心理学家提出了领导权变理论(contingency theories of leadership),主要探讨各种环境因素怎样影响领导者素质和行为,及其与领导成效的关系,认为在不同情境下需要不同的素质和行为,才能达到有效的领导。其中影响较大的有菲德勒的领导权变模型、途径—目标理论、领导参与模型、领导生命周期理论。

(一)菲德勒的领导权变模型

领导权变理论研究中,影响最大的是由美国华盛顿大学教授、心理学家和管理专家弗雷德·菲德勒(Fred E. Fiedler)提出的菲德勒权变领导模式(Fiedler contingency model of leadership)。

菲德勒认为,传统的领导行为理论只是对领导行为类型进行了研究,并就此提出存在适用于一切情境的"最佳"领导风格,这明显不符合领导工作的实际,不同的情境变量会造成不同的领导风格需求,各种领导风格只有在与其相对应的不同情境中才最有效。有效的群体绩效取决于以下两个因素的合理匹配:与下属相互作用的领导者风格;情境对领导者的控制和影响程度。领导者应首先摸清自己及下属的领导风格,并争取为自己或下属建立最适合各自风格的情境,以实现最佳的领导绩效,即让工作适应管理者。

对领导风格的考察,领导行为理论注重从"任务导向"与"关系导向"两个维度去测量,存在着许多不便。菲德勒经过研究,提出了"最不愿与之共事者"(LPC,least preferred co-worker)这种单一的风格诊断工具,如表 8-3 所示。LPC 问卷要求被测者首先想出并认定自己工作经历中遇到过的一个具体的人,可以是现在或以前的同事,但不必说出来。

然后利用 16 对极端相反的形容词去描述此人。两个相对立的形容词有一个 8 级评分标尺，除 1 与 8 方各自代表两极端外，中间还有 6 级过渡的分数级别。自我诊断者在这 16 对形容词间勾勒出最能准确描述其感受的，把这 16 项分数相加，即此人的 LPC 得分。LPC 不是包括一切方面，而是在工作中最难与之交往而把任务完成的人，他也许在看球、闲谈等方面还可以跟你谈得来，但是这些与完成工作无关，也就不在 LPC 的测量范围内。

菲德勒认为，在 LPC 问卷的回答基础上，可以判断出人们最基本的领导风格。他的前提是不论你怎样描述他人，这只能更多地说明你自己。如果以相对积极的词汇描述最难共事者（LPC 得分高），则表现了被测者重关系的风格，因为即使对一个自己认为是最难共事的人评价也不太坏，说明他必想到此人工作活动以外的其他表现。相反，如果被测者对最难共事者的描述比较消极即 LPC 得分低，则他可能只对此人的工作表现感兴趣，因而属任务取向型。LPC 总分高于 72（平均分 4.5 分）为高分，属关系型；低于 64（平均分为 3.8 分）为低分，属任务型；65~72 分的人难以确定。最近的研究表明，后者即不确定型灵活性较高，在不同情景范围内都干得不错。但是，学术界对于 LPC 究竟是什么，以及它是否真能单独地说明一个人领导行为的倾向性，一直存在着争议。

表 8-3 菲德勒 LPC 问卷

快 乐——	8	7	6	5	4	3	2	1	——不快乐
友 善——	8	7	6	5	4	3	2	1	——不友善
拒 绝——	1	2	3	4	5	6	7	8	——接 纳
有 益——	8	7	6	5	4	3	2	1	——无 益
不热情——	1	2	3	4	5	6	7	8	——热 情
紧 张——	1	2	3	4	5	6	7	8	——轻 松
疏 远——	1	2	3	4	5	6	7	8	——亲 密
冷 漠——	1	2	3	4	5	6	7	8	——热 心
合 作——	8	7	6	5	4	3	2	1	——不合作
助 人——	8	7	6	5	4	3	2	1	——敌 意
无 聊——	1	2	3	4	5	6	7	8	——有 趣
好 争——	1	2	3	4	5	6	7	8	——融 洽
自 信——	8	7	6	5	4	3	2	1	——犹 豫
高 效——	8	7	6	5	4	3	2	1	——低 效
郁 闷——	1	2	3	4	5	6	7	8	——开 朗
开 放——	8	7	6	5	4	3	2	1	——防 备

用 LPC 问卷对个体的基础领导风格进行评估之后，需要再对情境进行评估，并将领导者与情境进行匹配。菲德勒提出的决定领导方式有效性的环境因素主要有以下三个：

1. 上下级关系，指领导者受到下级爱戴、尊敬和信任以及下级情愿追随领导者的程度。程度越高，领导者的权力和影响力就越大。

2. 任务结构，即分配给下属任务的结构化程度，对工作任务规定的明确程度。任务明确、程序化程度高，工作的质量就比较容易控制，每个组织成员的工作职责也容易描述清楚。

3. 职位权力，即领导者拥有的权力变量，这是指领导者所处的职位能提供的权力和权威在多大程度上能使组织成员遵从他的指挥。一个具有明确的并且相当高的职位权力的领导者，比缺乏这种权力的领导者更容易得到他人的追随。

菲德勒模型的下一步，是根据这三项权变变量来评估情境：领导者与下属的关系或好或差，任务结构化或高或低，职位权力或强或弱。菲德勒还发现，这三个变量的重要性并不相同，对情境控制力影响最大的是上下级关系，它若不好，控制力就降低。次重要的是任务结构性，若它也偏低，则对情境的控制力将进一步削弱。职权大小最不重要，但若偏小，当然也不利。三项变量搭配组合成 8 种不同情境或类型。每个领导者都可以从中找到自己的位置，如图 8-4 所示。

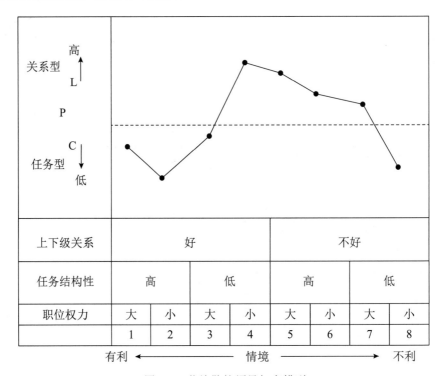

图 8-4 菲德勒的领导权变模型

通过个体的 LPC 分数并评估了三项权变因素之后，菲德勒模型指出，当二者相互匹配时，会达到最佳的领导效果。菲德勒研究了 1 200 个工作群体，对 8 种情境类型的每一种，均对比了关系导向型和任务型两种领导风格，他得出结论：在情境非常有利（情境 1，2，3）或非常不利（情境 7，8）的情况下，任务导向型领导比关系导向型领导更有效。而在中等情境下（情境 4，5，6），关系导向型领导有效。

如何将菲德勒的观点应用于实践呢？我们可以寻求领导者与情境之间的匹配。个体的 LPC 分数，决定了他最适合于何种情境类型，而情境类型则通过对三种情境变量（上下级之间的关系、任务结构、职位权力）的评估来确定。但要知道，按照菲德勒的观点，个体的领导风格是稳定不变的，因此提高领导者的有效性实际上只有两条途径：替换领导者以适应情境或改变情境以适应领导者。

菲德勒模型是领导权变理论中影响最大和应用范围最广的理论之一。大量研究对菲德勒模型的总体效度的考察，都支持这一模型。但该理论仍然存在着不少缺陷，比如LPC分数如何影响群体绩效没有给出一个清楚的说明；LPC问卷的逻辑实质尚未被很好地认识，一些研究指出回答者的LPC分数并不稳定；该模型忽视了LPC分数居中的领导者。另外，用来衡量情境状况的三项变量的意义不够清楚。有证据表明，还存在其他的情境变量，如领导人受训程度和经验就可以改变环境的顺利程度。

（二）路径—目标理论

加拿大多伦多大学教授伊万斯（M. Evans，1968）和豪斯（R. House，1971）把激发动机的期望理论和领导行为的四分图结合在一起，提出了路径—目标理论（path-goal theory），如图8-5所示。该理论的核心是，领导者的工作是帮助下属达到他们的目标，并提供必要的指导和支持，以确保他们各自的目标与群体或组织的目标相一致。领导者要阐明对下属工作任务的要求，帮助下属排除实现目标的障碍，使之能顺利达成目标，并在实现目标的过程中满足下属的需要和成长发展的机会。领导者在这两方面发挥的作用越大，越能提高下属对目标价值的认识，激发积极性。为了达到组织目标，领导者必须采用不同类型的领导行为以适应特殊环境的客观需要。

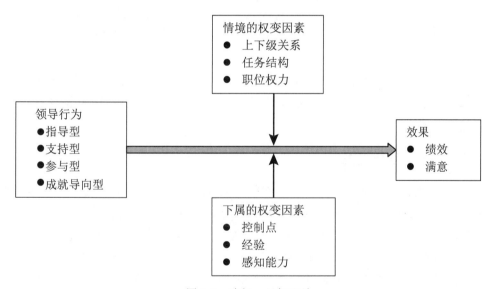

图8-5　路径—目标理论

通过实验，豪斯认为"高结构、高关怀"的组合不一定是有效的领导方式，还应补充环境因素。路径—目标理论归纳了以下4种领导方式：

1. 指导型（directive）：领导者让下属知道期望他们做什么、怎样做以及完成工作的时间安排，并对如何完成任务予以具体指导。这种领导类型与俄亥俄州立大学的结构维度十分相似。

2. 支持型（supportive）：领导者很友善，平易近人，关心下属的福利和个人需求，但对工作环境的好坏却很少关心，不太注意通过工作使人满意。这种领导类型相似于俄亥俄州立大学的关怀维度。

3. 参与型（participative）：领导者在作出决策时，注意与下属磋商，征求他们的意见，对达成目标的各种建议和意见采取非常认真的态度，尽量让下属参与决策和管理。

4. 成就导向型（achievement-oriented）：领导者通常树立具有挑战性的工作目标，相信并鼓励下属最大限度地发挥潜力，达到组织目标。这种类型的领导者强调出色的工作表现，不断制定新的目标，使下属经常处于被激励的状态。

路径—目标理论认为，没有一个在任何情况下都能引发下属员工的工作动机和满足感的领导模式。领导方式的选用，要同权变因素恰当地配合考虑。豪斯提出的权变因素有两个方面：

1. 下属员工的个性特点。当下属感到他的能力很低时，他则很可能接受指导型的领导；而当下属感到自己的能力很强时，指导型的领导对下属的满足感和工作动机就不会有积极的影响；当下属是内控型的人时，他认为自己的能力和意志能控制事物的发展，则较喜欢参与式的领导方式；否则，他会喜欢指令性的领导。另外，下属的特殊需求和动机也会影响他们对不同领导类型的接受和满意程度。

2. 情境即工作环境特点，其中包括上下级关系、任务结构、职位权力等。当任务结构模糊不清，下属无所适从时，他们希望有"高结构"型的领导，帮助他们作出明确的规定和安排，否则就会不满意。当面对常规性的工作，目标和达到目标的路径都很明确时，下属就喜欢"高关怀"型领导。因此，根据路径—目标理论，领导者必须分析下属面对的客观环境，选择一个适当的领导方式。

路径—目标理论的基本原则就是将领导行为与权变因素结合起来考虑，在研究组织中的领导行为的过程中，不仅要考虑不同的领导类型，而且要注意影响领导有效性的员工及情境权变因素。

（三）领导者参与模型

1973年，美国管理学家维克多·弗罗姆（Victor Vroom）和菲利普·耶顿（Philip Yetton）提出了领导者参与模型（leader participation model）。该模型将领导行为与下属参与决策联系在一起，认为有效的领导者应根据不同的情况让员工不同程度地参与决策，领导方式主要取决于下属参与决策的程度。由于认识任务结构的要求随常规活动和非常规活动而变化，研究者认为领导者的行为必须加以调整，以适应这些任务结构。弗罗姆和耶顿的模型是规范化的，它提供了不同的情境类型应遵循的一系列原则，以确定参与决策的类型和程度。这一复杂的决策树模型包含5种可供选择的领导风格和7项权变因素（可通过"是"或"否"选项进行判定）。

领导者参与模型认为，领导者抗议通过改变下属参与决策的程度体现自己的领导风格，根据下属参与决策的程度不同，把领导方式分为三类6种，即独裁专制型两种，协商型两种，群体决策型两种，如表8-4所示。6种领导风格分别适用于14种环境，如图8-6所示，图中虚线表示否，实线表示是。

表 8-4 领导方式的三类 6 种

类 型	领导风格（决策方式）	参与程度	代 码
独裁专制型（A）	1. 领导者运用手头现有的资料，自行解决问题做出决策 2. 领导者向下级取得必要资料，然后自行决定解决问题的方法。向下级索要资料时，可以说明情况，也可以不说明；在决策过程中，下级只向上级提供资料，不提供解决问题的方案	最低 较低	AI AII
协商型（C）	3. 以个别接触方式，让下级了解问题，听取他们的意见和建议，然后由领导做出决定；决定可以反映下级的意见，也可以不反映 4. 让下级集体了解问题，并听取集体的意见和建议，然后由领导做出决定；决定可以反映下属的意见，也可以不反映	较高 较高	CI CII
群体决策型（G）	5. 领导找个别下级研究问题，找出彼此都同意的解决方案 6. 让下级集体了解问题，并且与领导共同提出和评价可供选择的决策方案，努力就决策方案的选择达成一致；讨论过程中领导仅作为组织者而不用自己的思想去影响群体，并愿意接受和落实任何一个集体支持的方案	较低 最高	GI GII

A. 决策有质量要求吗？是否有某种决策方式比另一种更重要

B. 为作出高质量的决策，掌握了充分的信息吗？

C. 是不是结构性的工作问题？

D. 是不是只有下级所接受的决策才能有效地执行？

E. 如果我自行决策，是否肯定能为下属所接受？

F. 下属是否把解决工作问题所达到的组织目标视为自己的目标？

G. 下属间对于优选的决策是否会发生冲突？

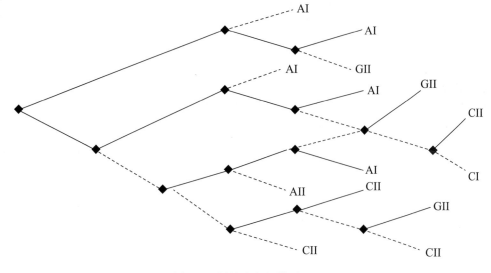

图 8-6 领导者参与模型

弗罗姆认为不存在对任何环境都适应的领导风格，各种不同领导者在进行决策时都应将精力集中在对环境特征、性质的认识上，以便更好地针对环境要求选择领导风格。他和亚瑟·加哥（Arthur Jago）后来重新修订了该模型，新模型包括了与过去相同的 5 种可供选择的领导风格，但将权变因素由 7 个扩展为 12 个，即补充了"下属是否拥有充分信息作出高质量决策""时间限制是否严格""把地域上分散的下属召集到一起的代价是否太高""在最短的时间内作出决策对你来说有多重要""是否愿意为下属的发展提供最大的机会"5个因素,并对各因素分别设5级量表评定。

领导者参与模型与菲德勒模型的区别是:菲德勒模型把领导者的领导风格是固定不变的,因而主张改变情境以配合领导者本身的特点;而领导者参与模型则认为领导者的行为并不是机械的,应根据环境的需要随时变动。

一些研究结果证明了决策树的正确性,但它也有不足:首先,该模型过于复杂,管理人员根据模型的参数确定决策模式比较困难;其次,该理论假定所有领导者的能力是相同的,其实不然。领导决策树模型只关注领导中决策,在这个限制的范围之内,模型的解释效力较强,可以帮助领导者提高决策质量。但是,考虑到领导习惯化的行为方式不同,某些领导方式可能难以实施。

▶ 新闻中的组织行为学

李彦宏的"君子"领导

某天,李彦宏参加了一个由产品副总监召集的讨论会。像往常一样,李彦宏在这次会上就像不存在——这个关于百度是否要进入一个新领域并进行投资的讨论会几乎在一种无序的情况下进行。产品副总监和其他被邀参会者各自陈述了对进入这个领域的看法,与会者自由发表意见及说明理由。

会议进行了将近两个小时,最后这场看似将要毫无结果的会议在一位百度副总裁拍板下决定"暂不进入该领域",尽管后来李彦宏又提出可以先和这个领域的某个不错的公司"合资"试试——但这个想法马上被一个在电话上参加会议的高管否定。他认为应该先合作一段时间,深入了解一下这个公司,如果有价值再投资,因此应该先"合作"。这是这次会议形成的最终决议。

这样的会议在百度司空见惯。在百度,讨论任何问题,即使是李彦宏的意见,也仅仅是"一己之见",而不是领导意见。在李彦宏讲话过程中,任何人都可以随时打断,发表自己的观点,或者提出质疑。在一些非绝对重要性的问题上,李彦宏的意见常常被否定。但这恰恰被认为非常符合李彦宏推崇的"百度不仅是李彦宏的,更是每一个百度人的"原则。李彦宏和百度的其他管理层也在尽量维护这种学长式的讨论氛围,刻意打破开会时从职位高的人开始发言的制造企业传统,努力减少高职位员工在公司决议上对普通员工的影响。

在他们看来,作为一家知识型公司,百度不应该像传统制造业那样进行家长式的领导;要尽量用网络式的组织形式去替代那些阶层式的组织;用民主参与替代简单命令;用团队作战去替代个人英雄主义。

(四)领导生命周期理论

领导生命周期理论(life cycle theory of leadership)是由卡曼(A. K. Karman)首先提出,后由赫西(Paul Hersey)和布兰查德(Kenneth Blanchard)发展的一种流传较广的领导

行为的情境理论。布兰查德认为，这一理论的特点是，成功的领导是通过针对下属的意愿和成熟程度选择正确的领导风格来获得的。

对下属成熟度的评估中，领导者必须考虑两个独立的因素：①能力，指个人或团队参与一个特定的任务或活动的知识、经历和技能；②个人意愿，指个人或团队有信心、赞成和努力完成一项特定任务的程度。卡曼也认为，"高工作、高关系"的领导风格并不经常有效，"低工作，低关系"的领导风格并不总是无效，要看下属的成熟程度而定。赫西和布兰查德将成熟度划分为4个等级：

（1）下属对执行某任务既无能力又缺乏意愿，因此他们既不能胜任工作又不能被信任。

（2）下属不能胜任但愿意承担必要的工作任务。他们有能力但暂时缺乏合适的技能。

（3）下属有能力但不愿听从领导的指示。

（4）下属既能胜任也愿意承担要他们做的工作。

领导的工作行为和关系行为与下属成熟度之间并非是一种直接关系，而是一种曲线关系，如图8-7所示。

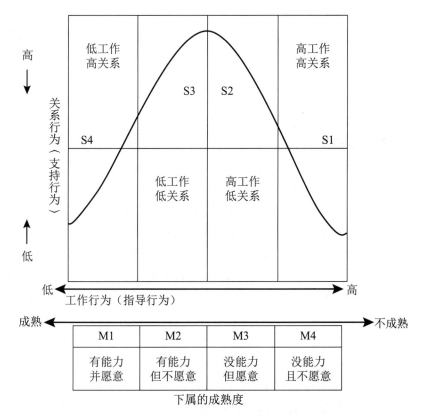

图8-7 领导生命周期理论曲线

图中横坐标表示以工作为主的工作行为，纵坐标表示以关心人为主的关系行为，第三个坐标是下属的成熟度。根据下属的"成熟"程度（从M1到M4），有4种不同的情况，这样成熟度、工作行为及关系行为间有一种曲线关系。赫西和布兰德对模式中每个部分都赋予特定的含义：

1. 工作行为：表示领导者用单向沟通向下属说明应该干什么，在何时、何地、用何种方法去完成。

2. 关系行为：表示领导者用双向沟通的方式，用心理的、培养社会感情的措施指导下属，并照顾职工的福利。

3. 有效的领导方式：表示领导方式能适应规定的环境，对各种特定的情境能做出正确的决定。

4. 无效的领导方式：指领导方式不能适应规定的环境，对于特定的情境不能提供正确的领导。

情境领导理论认为，随着从不成熟走向成熟，领导行为应按下列程序逐步推移：高工作与低关系→高工作与高关系→低工作与高关系→低工作与低关系。

图8-6中的4个象限代表4种领导方式：

第1象限（S1），命令型。这个象限是高工作低关系，适用于低成熟度的情况。下属既不愿意也不能够负担工作责任，这种成熟度低的下属，领导者可以采取单向沟通形式，明确地向下属规定任务和工作规程。

第2象限（S2），说服型。这个象限是高工作高关系，适用于下属较不成熟的情况。下属愿意担负起工作责任，但他们缺乏工作的技巧而不能胜任。这时领导者应以双向沟通的方式直接进行指导，同时从心理上增加他们的工作意愿和热情。

第3象限（S3），参与型。这个象限是低工作高关系，适用于下属比较成熟的情况。下属能够胜任工作，但他不满意领导者有过多的指示和约束。这时，领导者应该通过双向沟通和悉心倾听的方式和下属进行信息交流，支持下属发挥他们的能力。

第4象限（S4），授权型。这个象限是低工作低关系，适用于高度成熟下属的情况。下属具有较高的自信心、能力和很强烈的愿望来承担工作责任，这时，领导者可充分赋予下属权力，让下属"自行其是"，领导者只起监督的作用。

赫西和布兰查德还以父母与子女关系为例来说明这个理论。人在孩童时期，难以独立适应环境，因而父母必须为其安排一切，还要加以严格照料。在学龄以前，父母对待子女最适当的方式是高工作低关系。后来孩子逐渐长大，开始上学，父母也须为他们订立许多的规则，因为这个小孩尚未成熟到足以接受太多的责任。即使小孩开始成熟，父母也必须对其表示较多的信任与尊重，逐渐增加"关系"的分量，这时父母的行为特征是高工作高关系。继而孩子进入高中或大学，他会对自己的行为更多地负责。父母逐渐放松控制，但继续给予高度的感情上的支持。此阶段父母的行为特征是低工作高关系。最后年轻人开始工作，建立自己的家庭，并对自己的行为完全负责，对人际与感情上的需要也能自行控制。此阶段父母的最适当方式是低工作低关系。

此外，赫西和布兰查德认为，对于受过高等教育，同时又是情感成熟的人，领导者应采取低工作低关系的授权式领导方式，如高级科技人员、大学教授等。他们往往只希望"有限的社会感情上的支持"。在他们心目中，有效的领导者应该是允许他们自己决定如何工作，厌恶上级指手画脚、要求他们做这做那。

随着社会的进步，越来越多的人都有较高的教育水平和生活标准，同时也较成熟，随着成熟度的改变，对生理和安全方面的需要都放到较次要的地位，更多的是对归属和被认可、受人尊敬、发挥其才能的机会的要求。

第三节 领导理论的当代发展

在当今新的经济环境条件下，领导的作用更加不断凸显，特别是领导在应对环境变化和组织变革中的作用日趋明显。在电子化工作环境中，许多工作可以在工作场所以外的地方进行，这些人不像传统的员工那样与领导直接接触。这样，激励过程和手段、领导的策略和方法都必须改变。电子商务的出现造就了全新的领导者类型——e老板，他们关注速度、技术、高风险承担以及短时间内的高额利润。例如亚马逊公司总裁（CEO）杰夫·贝索斯就是这一类型的成功领导者。

越来越多的组织在使用电子化技术管理。例如，通用汽车创立了新型的零售营运系统 ROS（Retail Operating System），该系统模块包括关注组织发展、市场开拓、商务管理、销售运作、服务操作等信息，提供程序所需的资料以及满足客户期望的资源，以使通用汽车的各地区业务代表可以与不同的零售商保持密切的联系。

所有这些表明，需要对领导行为进行更深、更专业的认识和研究。当代领导理论的新发展似乎不再对抽象的理论架构感兴趣，而是更关注从成功经理身上总结他们的特点，更贴近管理实践。

一、领导的归因理论

前述第三章讨论知觉时指出，当一件事情发生时，人们总是试图把它归结为某种原因的结果。领导的归因理论（attribution theory of leadership）认为，领导对下属行为的判断是受到领导所认为的员工工作表现的原因影响的，同时，人们也倾向于将领导行为归结于某种原因。

领导的归因与其他员工的行为一样，决定了领导对员工的行为做出什么样的反应和采取什么样的领导行动。领导对行为原因的看法，作为情境分析的一部分，直接影响到领导采取的方式。例如，如果下属工作业绩不佳，是将其原因归结于个人的技能不足，还是归结于个人几乎不能控制的环境，结论不同会导致领导者与下属的人际关系不同。因为只有当领导将员工行为归结为个人内部原因时，他才会试图改变员工的行为。而领导判断员工行为原因时，依然是基于特殊性、一致性、一贯性这三个要素。

那些习惯于将员工不好的工作表现归结为内部原因的领导，常常采取惩罚性措施。而自认为对某问题不用负责的员工则会对这种惩罚性措施心怀敌意。将问题的原因归结为员工责任后，领导所给予的支持、指导和资源会趋于减少。所以，领导应学会更仔细、公平和系统地评价员工的工作表现，学会正确地分析员工表现一般的原因。

另外，运用归因理论的框架，研究者发现人们倾向于把领导者描述为具有这样一些特质，如智慧、随和的个性、很强的言语表达能力、进取心、理解力和勤奋。并且，人们发现高——高（即高结构——高关怀）领导者与人们对好领导具有哪些因素的归因相一致。也就是说，不论情境如何，人们都倾向于将高——高领导者知觉为最佳。在组织层面上，归因理论的框架说明了为什么人们在某些条件下使用领导来解释组织结果。这些组织绩效常常是极端的情况。当组织中的绩效极低或极高时，人们倾向于把它们归因于领导。例如在职业体育运动中，如果运动队成绩不佳，老板常常炒经理或教练的鱿鱼，而不是队员。而一般非常成功的企业，其总裁或最高领导者往往会引起人们关注和敬仰，尤其是引起媒体的关注。

领导归因理论有助于解释当组织遭受严重的财政危机时，首席执行官们的敏感性，无论他们是否与此事有关；它还说明为什么这些首席执行官都会因为极好的财政状况而赢得人们的好评，不管他们实际贡献的大小。

二、魅力型领导

早在20世纪20年代末，德国著名社会学家韦伯就提出了"魅力型领导"（charismatic leadership）概念。韦伯把社会中的权威分为三种类型：传统型、法理型、魅力型。他将魅力型领导描述为：该领导者展示了一项卓越的使命或行动过程，它们自身不能对潜在的下属产生影响，但是正因为下属认为他们的领导具有特殊的天赋，所以该项使命或行为才能够得以进行。在这个定义中，魅力型领导被描述为具有绝对人格力量的人，能够对其下属产生深远的影响。魅力型领导能够产生强烈的忠诚、激情及献身精神。下属们受其鼓舞，满怀激情地、义无反顾地服从领导者。领导者对下属的职业精神、积极性及表现都会产生深远影响。魅力型领导不仅可以用领导者与其下属的关系及其影响来衡量，而且这些领导者个人有其自身的性格特征和行为方式。富有魅力的领导的最明显特征是具有强烈的自信心，他们常常确信其信仰、理想和统治的正当性。

韦伯的思想在20世纪40年代末开始广泛传播于美国，并对学术界的研究产生了影响。一些研究者试图找到魅力型领导者的个性特点。以"路径—目标理论"而著名的豪斯确定了三项因素：极高的自信、支配力以及对自己信仰的坚定信念。本尼斯（1985）研究了90位美国最杰出和最成功的领导者，发现他们有4种共同的能力：令人折服的远见和目标意识；能清晰地表述这一目标，使下属明确理解；对这一目标的追求表现出一致性和全身心的投入；了解自己的实力并以此作为资本。不过，在此方面最新最全面的分析是由麦吉尔大学的康格（J. A. Conger）和坎南格（R. Kanugo）进行的。他们的结论是，魅力型领导人具有如下特点：他们有一个希望达到的理想目标；为此目标能够全身心地投入和奉献；反传统；非常固执而自信；是激进变革的代言人而不是传统现状的卫道士。表8-5总结了魅力型领导者的主要特点。

表 8-5　魅力型领导者的主要特点

1. 自信：魅力型领导者对他们的判断和能力充满信心
2. 远见：有理想的目标，认为未来定会比现状更美好，理想目标与现状相差越大，下属越有可能认为领导者有远见卓识
3. 清楚表述目标的能力：能够明确地陈述目标，使其他人都能明白，这种清晰的表达表明了对下属需要的了解，然后它可以成为一种激励的力量
4. 对目标的坚定信念：具有强烈的奉献精神，愿意从事高冒险性的工作，承受高代价。为了实现目标能够自我牺牲
5. 不循规蹈矩的行为：他们的行为被认为是新颖、反传统、反规范的。当获得成功时，这些行为令下属们惊诧而崇敬
6. 作为变革的代言人出现：他们被认为是激进变革的代言人而不是传统现状的卫道士
7. 环境敏感性：他们能够对需要进行变革的环境限制和资源进行切实可行的评估

康格和坎南格还把魅力看作一个归因现象，并且提出它会随着情境发生变化。提升魅力型领导的情境包括要求剧烈变革的危机或对现状非常不满的追随者。例如，在一所大学中进行的最新研究揭示了这样一种情境：一个魅力型的领导者可以成功地实施一项技术变革，但是同时要忍受较多政治的骚动这一技术变革的"副产品"。这表明魅力型领导的研究必须关注到领导者所处的情境、工作任务及其性质。

魅力型领导者常常被描绘为伟大的英雄，但如表 8-6 所示，现实生活中既存在魅力型领导者的道德特征，也存在与他们相联系的非道德特征。这一变革的观点被巴斯（B. M. Bass）采用，他提出魅力型领导确实只是更广泛基础的变革型领导的一个部分。

表 8-6　魅力型领导者的道德特征与非道德特征 [①]

道德特征领导者	非道德特征领导者
● 使用权力为他人服务	● 为个人利益或效果使用权力
● 使追随者的需要和志向与愿景结合	● 提升自己的个人愿景
● 从危机中思考和学习	● 指责批评或提出相反的观点
● 激励下属独立思考并且询问领导者的观点	● 要求自己的决定被无条件的接受
● 开放的，双向沟通	● 单向沟通
● 培训、发展并且支持下属；与他人分享见识	● 对追随者的需要感觉迟钝
● 依靠内在的道德标准去满足组织和社会的兴趣	● 依靠方便的、外部的道德标准满足自我兴趣

三、变革型与交易型领导

当组织改变了传统上只是被动地去应对巨大变革的挑战的方式，确认领导的魅力型特征就变得非常重要。前几年，IBM、通用汽车、联邦快递、柯达等公司都曾进行了首脑级领导者大更迭，主要原因就在于，这些领导者面对组织新环境不能领导他们的企业实现所必需的成功的变革。相反，百事和通用电气的 CEO 领导他们的公司进行了成功的

---

① based on Jane M. Howell and Bruce J. Avolio. the Ethics of Charismatic Leadership: Submission of Liberation？[J]. Academy of Management Executive，1992：45. 转引自弗雷德·鲁森斯. 组织行为学 [M]. 人民邮电出版社，2003：418.

变革。例如，杰克·韦尔奇把通用电气公司变革为适应新经济需要的组织。变革型领导理论成为这些 21 世纪新组织进步的重要发展的基础。

伯恩斯（J. M. Burns，1978）最初确立了两种类型的政治领导：交易型和变革型领导（transactional and transformational leadership）。更为传统的交易型领导包括领导者和追随者的交换关系，但是变革型领导是更多地基于领导者对于追随者的价值、信念和需要的提升。表 8-7 总结了交易型与变革型领导者的特征和方法。基于伯恩斯的研究发现，巴斯（B. M. Bass，1978）推论，在很多情况下，交易型领导是一种对平庸的规定，而变革型领导则会带来组织在面对革新和变化中的高绩效。

交易型领导者关心的是具体的领导事务，即领导的"硬"的一面。他们对下级的需要很敏感，也了解使他们需要获得满足的手段，因而他们可对下级指出，只要照其指示去实现指定的绩效目标，便能提供所需奖酬。大多数领导者属于此类型，其中有的人精明能干，行政能力突出，可表现出"结构"与"关怀"同时抓的"双高"型风格。不过这种领导一旦退位而无相同素质的继任者，该组织的领导效能便会显著下降。

变革型领导者虽然也并不忽略具体事务，但他们总是首先注意领导的"软"的一面，抓纲而张目，改造或创造组织文化与价值观。他们能鼓舞下级做出比原来期望更高的业绩。这种领导若离开组织，由于他们所塑造的文化价值观的持久指导作用，该组织还能较长期地正常运转下去。

表 8-7 交易型领导者与变革型领导者特征与方法

交易型领导者
1. 一致性的奖励：承诺为努力工作提供奖励，奖励良好的工作绩效，赏识成就
2. 差错管理（积极型）：观察和寻找对于准则和标准的背离，采取修正行动
3. 差错管理（消极型）：仅在标准没有满足时进行干涉
4. 放任：正式放弃责任，避免做出决策
变革型领导
1. 魅力：提供任务的愿景和知觉，潜移默化自豪感，获得尊敬和信任
2. 激励：持续的高期望，用简单的手段表达重要的意图，激励下属集体努力工作去实现组织目标
3. 智慧性刺激：刺激下属运用新的思考方式，质疑其信仰，并尝试创造性地去解决老的、熟悉的问题
4. 个性化关怀：给与个人关注，个性化地对待每名员工，并相应给以培训和建议

在巴斯之后，Noel M. Tichy 和 Mary Anne Devanna（1986）对大公司的首席执行官进行了面谈，发现有效的变革型领导者具有下列特征：把自己作为变革代言人；勇敢；价值驱动；终生的学习者；有应对复杂性、模糊性和不确定性的能力；有远见。最近的研究又重新界定了这些普遍特征。例如，在一个比较男性和女性销售经理的研究中，女性不受她们的群体成员关系所束缚，推行变革型和权变式的奖励模式，这与男性对照组有所不同。

我们不应认为交易型领导与变革型领导采取截然对立的方法处理问题。变革型领导是在交易型领导的基础上形成的，它导致比单纯的交易型领导的下属努力水平和绩效水平好得多。有相当多的证据支持变革型领导优于交易型领导。例如，在联邦快递公司中，那些被下属评估为更具变革型领导的管理者,被他们的直接上级主管评估为有更高成就的人和更应晋职的人。总之,变革型领导通常会带来下属的信任和满意。正是由于变革型领导者的激励的存在以及对领导者的信任和满意,才使得下属们表现出良好的组织行为。

四、学习型组织中的领导新方法

在新的经济环境下,创建学习型组织(将在第十章详述)成为一种趋势。而有远见的领导是公司转变为学习型组织的途径之一。为了提升企业的竞争能力,需要不断从各个方面学习新知识、新方法。在学习型组织中,领导者是"影响"而不是"凌驾"于其他人之上。为了能够影响他人,领导者以共享的愿景为基础建立合作关系,并塑造价值与团队以帮助实现该目标。在学习型组织中,领导者帮助员工纵观整个体系,推动团队工作,发动变革,并增强员工塑造未来的能力。其主要领导方法和技巧有服务型领导、通过授权进行领导及发展团队领导。

(一)服务型领导

服务型领导(servant leadership)被认为是倒置的领导权。服务型领导者将服务于他人的需要置于自我利益之上,帮助员工成长、发展,并在组织达到更高目标的同时为员工提供了在物质和感情方面有所收获的机会。员工的成绩是服务性领导者的主要目标。

服务型领导者通常会做对员工有益又适当的事情,即使所做的于他本人没有任何回报。另外,服务型领导者最大的优点就是倾听下属员工,充分理解员工所面对的问题,并肯定对他们的信心。服务型领导者尽力理解团体的意愿,并尽可能地进一步推动意愿的达成。这类领导者不会将自己的意愿强加于别人,而是通过理解别人来为组织工作做贡献。

服务型领导者通过实现他们的承诺、真心对待员工、放弃控制、关心员工的福利来建立组织信任关系。他们让所有员工分享信息并参与决策,进行决策时通常是考虑团体利益,而不是出于他们个人利益。通过相信下属并让下属自己作决策而使上下级之间的信任度增加。服务型领导者还促使其他人提高服务意识和责任感。捷克斯洛伐克的最后一任总统——瓦茨拉夫·哈维尔(Vaclev Havel)曾经说过:"人类世界的救星不在别处,恰恰是人的心灵,是人类反省的力量、人类的温顺和人类的责任感。"服务型领导者帮助他人发现人类精神的力量并接受他们的责任。这就需要一种分担他人痛苦和困难的宽阔胸怀和自愿性。这对于领导者自身的人格也是一种修炼。

商业领域中服务型领导者一个典型例子是鲍勃·汤普逊(Bob Thompson),他将自己的路建公司(Thompson-McCully)卖掉并将钱给了他的员工甚至退休工人。他要确定新的公司所有者会允许员工保留工作,鲍勃自己留下来运营公司。鲍勃的员工将他形容为一个非常有驱动力、要求很高、很公正、乐于倾听的好老板。

(二)通过授权进行领导

传统领导者认为员工应该被告知做什么、如何做和什么时候去做,他们相信严格的控制对于帮助每个人有效地工作是必需的。但是，尤其是在当今学习型组织中的领导者，他们一般学习分享权力而不是独享自己的权力。通过对下属员工授权进行领导也可以称为自我管理型领导（self-management leadership）、参与型领导或超级领导，这是一种重要的领导方式和领导趋势。自我管理型领导本质上意味着引导员工领导他们自己的行为。授权的领导者角色是：表现信任，展示愿景，清除阻碍绩效提高的障碍，为员工提供鼓励、激励和辅导。

这种领导方式使领导者以能使每个人成为领导者的方式来和下属分享权力和责任。领导者担当教练和顾问的角色，信任下属，鼓励和支持下属员工表现自己。

这种类型的领导者不会想控制员工行为，而是培养员工挑战自我，使员工更好地表现自己，并判断他们完成任务、达到目标的完美程度。领导者还要确保员工有他们完成任务所需的信息，并使员工理解其工作与达到组织未来愿景的密切关系。通过将个人工作与组织愿景的联系，员工就有了行动方向。自我管理型领导以为员工提供自治为转移。

率先迈进"授权浪潮"的国际知名公司有通用电气、英特尔、福特、斯堪的纳维亚航空集团等。另外，还有更多的公司在实施全面质量管理时把授权活动作为努力的一个方面。

尽管授权是当今组织的一大趋势，而且越来越多的情形都需要自我管理型领导模式，但如同其他领导风格一样，授权领导对有些情境有效，如精简机构、员工技能的提高、组织对继续培训的承诺、全面质量管理项目的实施、自我管理团队的引入，毫无疑问使得运用授权领导的情境数量增加，但并非对所有的情境都有效。授权还需考虑追随者情况。曾有人说过，成为优秀领导者的条件是有"一流的追随者"。

（三）发展团队领导

学习型组织中的领导者提出组织构架以支持使每个人参加到提高组织能力的目标中来。这就涉及自我指导的团队及团队领导（team leadership）问题。成功的团队始于自信并有作为的团队领导者。然而，对于那些习惯于在传统的、由管理人员做所有决策的、层级制组织中工作的人来说，他们需要心理和行为的转变。要成为有效的团队领导者，人们就必须做好改变自己的准备，打破传统习惯，并从以前曾指导他们行为的设想中跳出来。发展团队领导基本有以下5种方法：

1. 学会放松并承认无知。团队领导者不必要知道所有的事情，也不能总处于控制之中。为了做到有效管理，团队领导者摒弃在指挥与控制系统中奉行的"你若不知道，就不要问"的思想。有效的团队领导者通常敢于向员工提问，他们不害怕让人知道自己并不是对所有的事情都了如指掌，毫不隐瞒地承认自己的错误。

2. 关心团队成员。领导者为团队成员如何相互对待和如何对待顾客设定了基调。有效的团队领导将时间花在关心团队成员上，而不是总在考虑他们自己升职或加薪的机会。高层管理者期望团队领导将组织的需要向团队传达。同时，领导者也有责任将团队形需要向组织传达，使团队获得它所需要的支持以更好地完成工作，并拥护团队。

3.沟通。良好沟通技巧是团队领导的基础。沟通不仅要求人们学会如何清晰表达自己，而且更要学会倾听。有效的领导者提出的问题比他们所回答的要更多。通过提出适当的问题，领导者帮助团队成员解决问题并作决策。另外，领导者有责任帮助团队成员集中注意力于出现的问题，鼓励成员参与团队会议，集体讨论各种想法。所有这些都需要仔细地倾听。

4.学会真正分享权力。团队领导者不仅在语言上，而且在行为上要实行团队合作。这意味着分享权力、信息和责任。它要求领导者相信团队成员会做出他们能力范围内的最好决策。

5.认可价值观的重要性。建立团队意味着创造一个由共同的价值观和承诺凝聚在一起的团体。这是一种精神上的保证。为了促进团队合作，领导者使用仪式、故事、典礼和其他的象征性事物为团队成员创造意义，并给他们一种归属感。

复 习 题

1.阐述领导特质理论的优点和不足。
2.概述领导风格理论和管理方格理论。
3.描述领导权变理论的几种模型。
4.魅力型领导主要有哪些特点？

即 测 即 练

延 伸 阅 读

扫码阅读案例，思考并讨论下列问题。
1.郭广昌属什么类型的领导人，他主要采取哪种领导方式使复星成功发展？
2.从领导特质和领导风格看，郭广昌具有什么样的领导特点？

第九章
现代领导决策

本章学习目标

通过本章学习，你应该了解：
1. 领导决策的含义和领导决策理论。
2. 领导决策的几种技术和方法。
3. 领导决策心理。

手机界"西楚霸王"，收购华为不成，今反被联想150亿元收购

对于摩托罗拉，想必许多手机老用户还是有着很鲜明的记忆，作为当时的手机巨头，其品牌度可是不输三星和苹果，在最巅峰的时候更是欲凭借500亿元收购华为，而这个数字对于摩托罗拉来讲并不是很高，要知道那时候其一年的营业收入就超过了300亿美元，一年的手机销量更是达到了1亿多部，这样的战绩放到当下来讲也是非常厉害的，更何况是从前。

然而摩托罗拉之后为何要放弃500亿元收购华为呢？原来在2003年，华为当时在外商眼里还只是一家不知名的互联网科技公司，再加上摩托罗拉新换的领导对于华为并不看好，结果直接导致错过收购华为的机会，如今时过境迁，华为的成就大家也是看在眼里，先不说在5G技术上取得的傲人成绩，只是在高端手机市场上就占有自己的一席之地。

比较戏剧性的一幕是摩托罗拉收购华为不成，今反被联想150亿元所收购，这样的反差让人想到了这样一句话"今天你对我爱搭不理，明天我让你高攀不起"，如今华为和摩托罗拉的反差还是挺形象地诠释了这句话的内涵。其实说起来华为在2003年的时候，也算是最艰难的时期，一方面是内部李一男带走了华为一大半的核心团队人员；另一方面华为的国际化战略也一直非常坎坷，为此之后才有与摩托罗拉所谈500亿元的故事。

如今，两者的命运出现了很大的变化，华为逆袭成为了国内科技巨头，而摩托罗拉尽管作为曾经的"西楚霸王"，却成为了又一个诺基亚。

无论是在企业层面还是在国家层面，决策都不是件简单的事情。特大型企业如惠普有决策层，他们都是专家级企业决策人员，决策不是简单的拍脑袋想干什么就干什么，而私人企业几乎是企业主一个人说了算，一个人的信息知识水平和认识范围都非常有限，可能存在误区，从而导致决策失误。

决策是人的思维活动的一部分。从日常生活到企业的经营活动，从工程建设到政治

活动，都有着大大小小、各式各样的决策。领导和管理成功的关键就是明智的决策。尽管组织领导者几乎每天都要作出决策、解决各种问题，但大多数决策是微小的，而且人们的思维自然而然会作出决策，以至于许多组织领导人天天作出决策，却并未意识到决策的过程，不了解决策的特性。现代决策科学对个体决策、群体决策以及领导决策都有大量深入的研究，发展出不少科学的决策技术和方法。这些成果对组织的领导和管理都有着极大的意义。

第一节 领导决策的基本理论

决策是领导者众多活动中最频繁、最主要、最基本，同时也是影响最大的一种主体性活动。领导决策是一切决策中最高、最重要的决策，贯穿于领导活动的全过程，关系到领导工作全局的成败。

一、领导决策的含义与分类

前述第六章已讨论过，决策是一种判断，是在若干方案中对一个缺乏确定性的环境情景所做的选择。领导决策在科学原理上与其他任何决策都是一样的，但在一些具体的实质和特征上略有别于其他决策。这个区别其实仅在于决策主体及其行为影响、行为结果和行为责任上存在一些性质和程度的差异。决策主体就是领导主体、主要是领导者，决策影响和结果均事关组织系统全局，决策责任因决策结果涉及整个组织系统而比其他所有决策的责任都更大更重。

（一）领导决策的含义

什么是领导决策？领导决策（leader decision）往往表现为"决策"或"拍板"，是对组织未来工作实践的方向、目标和达到目标的方法、途径作出选择与决策的过程。领导者的作用和地位通常是通过决策体现出来的。决策受到情境的影响，要有明确的目标，要准备付诸实践，要从多种方案中进行选择。领导决策有两种形态：

1. 表现为权威过程形态的决策。决策就是领导主体作出倾向性决定的一系列具体操作过程，本质上集中体现为对未来行动的抉择。这是实施领导的第一步，也是领导运行的最关键环节。这个过程是领导主体对自身职能职责和现实问题做出职业性反应——定向、综合、有效地释放其素质能量的行为过程，即领导主体对其职能的具体履行过程。有人把这一职能活动归结为领导的运行职能。

2. 表现为权威结果形态的决策。这种决策是指领导主体为维持其自身和领导客体的良好存在、正常运作与理想发展，为维护其自身和领导客体的利益，为创造性地完成领导事业而达到群体或组织乃至社会提出的目标要求与准则，满足他们的合理愿望和需要，根据领导环境，考虑所有相关因素而最后在行动方案上作出的倾向性决定。

总之，决策是领导的开始，也是最实质的领导。它贯穿于整个领导过程中，一切领导活动都围绕它或随之而产生。最常规最重大的领导活动就是决策。领导决策通常成为群体或组织乃至社会的行动依据和指针，规划和指导着群体或组织乃至社会的具体行为，直接影响行为方向、行为内容和行为结果，直接造成群体或组织乃至社会的某种必然。这种必然是人为的、可控的、有强大主观因素参与而产生的现实结果，其影响具有根本性。

一个重大决策足以决定一个群体或组织乃至社会的命运。决策能够决定随后发生的领导行为，能够带来重大现实结果，事关全局利益，决定成败福祸，决定着领导主体所代表、所领导的群体或组织乃至整个社会的命运。它直接构成最重要的领导内容。可以说，没有决策就没有领导。

决策同主观因素最密切相关，比其他任何领导行为都更依赖于领导者素质。决策过程中领导者的思想素质、智力、能力素质起着最为关键的作用。这些领导者素质将直接决定决策的质量和水平。政治素质和道德素质在这个行为中表现得最为根本，直接决定决策的取向和性质；特别是在重大的决策中，如在国家层次或社会层次上的决策中所起的作用就更大。

（二）领导决策的分类

随着社会的发展和科学技术的进步，需要决策的问题越来越呈现出多样性。从不同角度看，决策可以分为众多类型，主要有以下几种：

1. 按决策地位，可分为战略决策和战术决策。战略决策又称为宏观决策，它是对一些重大问题的方向、目标、重点等所作的带有全局性的决策。它涉及的范围广、因素多、关系复杂、随机性大。例如，一国的经济、人口、科技教育等方面的决策都属于这种决策，一家公司的产品经营方向、投资项目等。战术决策又称微观决策，它是受战略决策制约的局部性决策，是实现战略决策的手段，是全局战略发展中某个方面或阶段的决策。战略决策和战术决策的目标是一致的，战略决策为战术决策提供方向和目标，战术决策是战略决策的具体实施，必须服从战略决策。

2. 按决策有无先例可循，可分为常规性和非常规性决策。常规性决策又称确定性决策，这种决策往往有章可依，有先例可循，对于需要进行决策的前提、条件、后果都有比较全面深入的了解，能制定出较好的方案，实施过程一般不会发生意外。非常规性决策又称不确定性决策，是过去没有出现过的、无先例的、无章可循的决策。在通常情况下，这类决策比较少，难度比较大，但具有开拓、创新的意义。领导者必须慎重行事，努力作好这类决策。在非常规性决策中，有一种称其为"风险性决策"。这是在一般情况下决策者难以达到某一目标时进行的决策。它可以打破常规，取得一般情况下难以取得的成绩，但也有风险，弄不好就会失败。例如，企业开发新的项目和新产品，到海外开拓市场，一般来说都存在不确定性、风险性，但是，如果成功却会获得巨大的利润。决策者进行这类决策时一定要慎重，要做到心中有数。在进行风险性决策时，决策者一定要认真防范各种可能发生的情况，谨慎而大胆地选择最有希望的行动方案，做好一切应变准备，运用具备的各种条件和手段，努力化险为夷。因此，决策者作这种决策时必须留有一定的回旋余地。

3. 按决策目标的多寡，可分为多目标决策和单目标决策。多目标决策是要同时解决多个相关问题的决策，它的活动是多个的，并且相互联系在一起，一般比较复杂，难度较大。例如一家化工厂的生产利润与环境保护和治理联系起来，就是多目标决策。单个目标决策是解决单一问题的决策，其活动目标只有一个，比较简单易行。从现代决策实践看，纯粹的单目标决策比较少，一般都是几个问题交错在一起。现代领导决策，已开始从单目标向多目标转变，这样可以获得更多的效益。

4. 按决策主体，可分为个人决策和集体决策。个人决策是由领导者一人作出的决策。集体决策则是由领导集体共同作出的决策。现实生活中比较普遍的是实行集体讨论和个人分工负责相结合的民主集中制。凡属带全局性的重大决策应当由集体研究决定，而不得个人独断专行。但是，组织中日常工作的具体事物或一般性问题应由分工负责的领导者决定。

5. 按决策过程的作用，可分为突破型决策和追踪型决策。突破型决策也称发展型决策，是促进事物性质突变或发展方向转折的决策。追踪型决策是指原决策在实施过程中，根据反馈情况必须进行调整或重新制定的决策。从领导实践看，追踪决策的存在是带有普遍性的。组织领导者只有自觉地进行追踪决策，才能保证决策的实施向着正确的方向健康发展。

二、领导决策理论概述

决策并不是现代社会的产物。在人类进入阶级社会以后，随着社会分工的发展和国家的产生，生产规模的扩大，社会问题的复杂，决策活动便出现了。在我国历史上，有许多高瞻远瞩，运筹帷幄之中，决胜千里之外的著名决策。例如，春秋战国时期发生的"齐鲁之战"，鲁国人曹刿帮助鲁庄公出谋划策，打败了齐国的戟获得了胜利。东汉末期，由于诸葛亮"隆中献策"，形成了魏、蜀、吴三国鼎立之势。明太祖朱元璋采纳谋士朱升"高筑墙、广积粮、缓称王"的建议，使明王朝得以巩固。这些古人治国安邦的经验，为我们提供了宝贵的精神财富。但是，这些决策主要是依靠决策者个人的经验、学识、才能、智慧和胆略，或依靠个别谋取臣术之士作出的，缺乏科学的理论指导，没有严格的科学决策程序，所以叫经验决策。

把决策理论和行为作为一门科学来研究，还是上个世纪初的事情。1930年代以后，随着企业管理和行政管理的发展，人们发现，在管理实践中，领导者的决策的作用是主要的、甚至是决定性的。因而，陆续有管理学家和领导学家开始把研究重点放到决策问题上，并逐步建立起现代决策科学。

最早把决策作为管理的主要功能进行研究的，是美国领导学家古立克（L. H. Gulich）。古立克在《组织理论》（1937）一书中，提出了决策是领导的主要功能的观点，并进行了论述。而奠定决策科学基本理论框架的是美国学者西蒙（Herbert A. Simon）。西蒙在《决策与行政组织》（1944）和《行政行为：组织中决策程序的研究》（1947）二本著作中，勾画出了现代决策理论的轮廓，并提出了一系列领导管理学的新概念。不但创立了现代管理的决策分支,而且形成了管理学的决策学科。在西蒙的决策理论提出之后,大批的学者加入决策研究的行列,把决策理论广泛引入管理学的各个领域,并创立了新的决策理论。国外决策理论较为有影响的主要有以下几种:

(一)西蒙的决策程序论

西蒙是决策理论学派的创始人之一,是美国卡内基—梅隆大学计算机科学与心理学教授。他的决策程序论是将行政组织视为决策程序,以"理性"概念为基础。他提出两种决策前提:一是价值前提,即指有关价值判断的问题,诸如组织所要达到的目标、管理效率的标准、公正和正义的准则以及个人和组织的价值观念等。另一种是事实前提,即指客观上存在的事物和现象。决策就是以各种不同的价值因素(主观因素)和事实因素(客观因素)为前提的。决策程序是根据不同的决策前提进行抉择的过程。西蒙认为,根据价值判断制定决策,这主要是各级领导组织中最高领导者的责任。他们根据自己的价值观念确立各自组织所要达到的目标。目标确立以后,领导组织的主要任务就是如何正确客观地选择达到目标的手段,这是属于理性活动的范畴,即完全根据对客观事实的分析,而不加入价值判断的因素。组织目标确立以后,领导组织还要按分工负责制确定不同层次的领导者的决策权限。

西蒙提出的"决策人"模式,认为决策遵循"满意"的原则,追求现实的理性,而不同于追求"绝对理性""最大化"原则的"经济人"模式。由于领导者能力有限(有限理性)或其他原因,在不能达到最优标准时,也应力争达到"足够好的"或"令人满意的"决策。

(二)拉斯韦尔的权力决策论

权力决策论在当代国外决策理论中占有特殊重要的地位,其代表作是《决策过程》和《权力与个性》。美国政治学家哈罗德·拉斯韦尔通过对决策与权力、决策与个性的研究,将精神分析方法和行为主义方法全面引入了领导学领域。拉斯韦尔认为,决策者一般都有追求权力的欲望,并且善于选择追求权力的机会。权力即为参与政策制定,它作为一种价值,在全部决策程序中始终起着重要的作用。拉斯韦尔的权力决策论既研究了权力的主体,即决策者和掌权者,也研究了权力的运用过程,即决策制定过程。这两方面的研究都具有开拓性,对当代西方领导决策理论研究产生了深远的影响。

(三)德鲁克的有效决策论

德鲁克的决策理论主要体现在其代表作《有效的管理者》(1966)一书中。他的有效决策论的中心论点是,领导者应该是有效的管理者,而有效的管理者应该进行有效的决策。德鲁克认为,有效的管理者并非对任何问题都作出决定,他们只对具有重大意义的问题进行决策。有效的管理者不应只重视"解决问题",更应该着眼于最高层次的观念性的认识,即正确决策的目标和内容,然后再确定决策所采取的原则。

德鲁克指出,有效的决策方法具有 5 个方面的要求:①要明确问题的实质是否属于常态，从而找出能够建立一种规则或原则的决策；②要找出解决问题所必须满足的条件，即"边界条件"；③先弄清什么是能够充分满足问题解决的正确方案，然后考虑为使方案得以接受所需的必要的妥协和让步；④要有保证决策得以实施的具体措施；⑤在执行决策的过程中，注意信息反馈以检查决策的正确性和有效性。

▶ 新闻中的组织行为学

招商银行完成全球首笔基于区块链技术跨境人民币同业清算业务

2017年12月，招商银行联手永隆银行、永隆深圳分行，成功实现了三方间使用区块链技术的跨境人民币汇款。这是全球首笔基于区块链技术的同业间跨境人民币清算业务，是招行在"网络化、数据化、智能化"为目标的金融科技战略指引下，利用FinTech驱动渠道优化和服务升级革命上落地的又一项金融科技成果。

区块链技术在金融领域的应用前景被广泛看好，尤其在跨境支付清算领域的实用性和适配度上都堪称最优，被誉为"最完美的跨境支付解决方案"，其清算流程安全、高效、快速，可以大幅提升客户体验。

12月18日，招商银行作为代理清算行，完成从香港永隆银行向永隆银行深圳分行的人民币头寸调拨业务。12月20日，三方又完成了以招商海通贸易有限公司为汇款人，前海蛇口自贸区内海通（深圳）贸易有限公司为收款人的跨境人民币汇款业务。业务的成功上线标志着区块链技术在该行进一步推向应用，而三方机构的参与意味着该方案已经具备同业间进行推广合作的基础。

"我们的这个平台将是业内首个开放式的平台，将深入贯彻我们同业合作共赢的理念。"招商银行同业客户部总经理李公正表示。"招行在区块链清算上探索了很长一段时间，本次项目上线，目标着眼于未来与同业在金融科技上的合作。区块链从一开始就是'多中心化'的，这意味着任何一家参与方在链上都同等重要，接入方越多，效果就越显著。"

招商银行总行信息技术部副总经理熊健东说："招行在区块链领域不断投入、持续探索，自主研发了包括可编辑区块链、基于零知识证明的隐私保护、互联网合约验证、联盟成员识别验证、可干预实时监管等大量创新技术。通过领先的技术基础解决了困扰区块链应用推广的重重障碍，形成自主可控的通用化区块链多方协作解决方案。"利用区块链技术"分布式记账"特点，资金清算信息在"链上"同步抵达、全体共享、实时更新，清算效率实现。

三、科学决策原理

领导工作的成效根本取决于决策的正确程度，取决于决策的科学水平。因此，从事领导和管理活动，就应抓住决策这一环节，保证决策的正确性和科学性，确保组织中领导活动顺利和成功。

（一）科学决策的含义与特征

在小生产的社会条件下，决策者可以依靠个别高明人士的锦囊妙计来作出正确的"经验决策"。科学决策（scientific decision）是相对于经验决策而言的。现代化大生产，单靠经验决策就远远不够了。现代组织的重大决策一般都涉及许多领域，不确定因素很多，变化大，任何领导都不可能是"万能全才"，不可能精通所有领域和专业。现代决策者要进行正确有效的决策，必须依靠各方面的专家学者，充分利用新的科学技术成果，进行科学决策。

科学决策有两层含义：一是指决策具有科学性；二是指决策具有真理性。决策的科学性指决策通过借助科学条件实现科学化的程度和效果以及由此形成的决策特性。这里所谓的科学条件主要是科学的决策体制、科学的决策程序、科学的决策原理和标准、科学的决策方法与技术、科学的决策思维，等等。这些条件直接构成科学决策的科学基础。决策在这个意义上的科学性其实是一种借助某种外在形式条件表现出来的纯科学性质。

决策的真理性是指具有更高层次科学内含的决策，即严格反映客观事物的真实面貌和发展规律，是从决策内容上确保决策科学性的实质性决策。这是决策的最高境界，以决策的科学手段为基础，着重于以确保内容科学为根本，以实事求是的原则作为保障。

上述两者的综合就是科学决策，其内核就是对于决策的科学保证。科学决策的概念决定了它具有以下特征：①严格实行科学的决策程序；②依靠现代科学技术，有完善的科学决策手段；③有完善的、科学的决策系统和领导体制；④依赖并取决于专业知识基础和深入的调查研究；⑤借助专家智囊直接运用决策技术，有坚实的科研力量作后盾和较大的民主性；⑥充分论证决策方案的可行性、可靠性和结果的可能性，权力参与程度趋弱；⑦在多种方案中择优决定一个执行方案，并保留一定的备用方案；⑧及时、准确地根据真实的情况修正和完善决策方案。

概括而言，科学决策是以决策条件为变量，以决策方案为因变量，通过科学体制、程序和手段确保决策条件和方案之间即决策变量与因变量之间建立一种科学的函数关系。这个关系要求保证决策问题和相关情况等决策条件与决策目标和决策内容等决策方案紧密相关和对应，能够根据决策条件的变化做出快速、及时、灵敏、正确的反应，及时修正和完善决策方案，确保决策的现实性、及时性、高效性、准确性、科学性。

现代科学的重大进步，尤其是系统论、信息论、控制论和运筹学等新学科的发展，以及电子计算机的出现和广泛应用，为科学决策提供了充分的物质基础。

（二）科学决策原则

科学决策原则是适用于整个科学决策活动的总规范，是所有决策者和决策参与者都必须共同遵守的基本准则。事实上，科学决策也是决策实践者和决策科学家们总结、研究出来的智慧结晶。它既包括总原则，也包括适合于科学决策环节的具体操作原则。这些原则主要有：

1. 信息齐全准确原则。准确而齐全的信息是科学决策的前提，是科学决策的依据和基础。决策的科学性取决于决策者掌握各种情报资料是否准确齐全。只有掌握了准确而又齐全的信息资料，并对它进行系统的筛选、归纳、整理和去粗取精、去伪存真、由此及彼、由表及里的加工制作，才可能制定出正确的决策方案。

2. 对比优选原则。运用系统科学的理论和方法，对各个预选方案的利弊作适当平衡组合，分析比较，利中取大，兴利除弊，化弊为利，从中选出最优方案或组成新方案。因此，从一定的意义上讲，决策就是从若干个方案中选择最优方案或综合成新方案并有效实施的过程。

3. 系统性原则。现代科学决策所要处理的问题比过去任何时候都复杂，彼此之间盘根错节，互为因果。如果孤立、静止、片面地看待它们，那么，就不能准确、全面、正确地认识和把握它们，也不能作出正确的决策。系统性本身是科学性的表现。因此，领导决策就必须做到系统全面，严谨规范。

4. 灵活性原则。领导决策事关重大，没有过硬的原则性保障必定会出现严重问题。然而，所作的决策、所处理的问题以及所依托的领导环境总是错综复杂、千变万化，每种情况都会有所不同。因而，领导主体在决策时不能只看其一不看其二，不能僵硬、绝对地看待事物，而应总揽全局，进行决策。这样才能在变化着的形势中找到有利的位置和角度，从容地采取措施，逐步地解决问题。领导决策不仅要有原则性，而且要有灵活性。

5. 创造性原则。由于领导性质本身就决定了必须以创造性为主要行为特征，所以整个领导工作都必须是、也必然是充满创造性的。作为领导工作的第一步，决策当然就要以创造性为最起码的准则。事实上，领导工作的创造性主要取决于决策的创造性和高度；领导工作的质量取决于决策中的创造性。因此创造性对于决策、对于整个领导工作来说，都是实质性的。这要求领导者在决策中必须摆脱各种落后观念和习惯势力以及偏见的束缚，勇于探索、开拓和创新。

6. 可行性原则。决策从开始构思到最后拿出具体方案，都是为了能够最好地解决实际问题、达到既定目标。如果所作决策是哗众取宠的，什么问题也解决不了，那就是偏离了决策的目的，丧失了决策的价值。而要切实管用，就必须有针对性和操作性，能够直接致变所要触及的领导客体，即方案中蕴涵着能解决问题的领导智慧力量。这也就是说，领导决策必须要切中要害、运作方便。

7. 时效性原则。这是指在决策中既要抢时间，又要争效率。它是直接关系到决策成果的重要原则。如果效率很低，遇事议而不决，拖延时间，贻误时机，就会造成重大的损失和失误。特别是在经济全球化、现代科学技术飞速发展的情况下，各个组织处在激烈的竞争中，一切都在迅速变化，因此，坚持时效原则更加重要。

8. 集团决策。现代决策的复杂性导致单个决策者难以胜任。因此，出现了决策者和决策研究者之间的分工与合作，以及从个人决策发展到集体决策的趋势。集团决策不是指简单的集体讨论，也不是少数服从多数的简单表决，而是由专家学者和管理工作者组成的智囊团，经过周密的调查、研究、对比、分析，提出有定量依据的、切实可行的方案。因此，集团决策原则也可以说是集体智慧的体现。

第二节 领导决策技术和方法

如上所述，早期的决策主要是一种经验型决策，其基本特征是谋断结合，决策者依靠个人或群体的经验、知识和魄力，运用大脑对事物进行判断，并作出相应的对策。随着社会发展日趋复杂化、系统化，原有的应用于小生产的决策方式行不通了。经验决策发展到了一整套有关决策程序、决策指导思想和决策技术及相关方法的完整的科学决策体系。

一、决策支持技术

近年来，计算机科学的理论与技术得到了长足的发展。将计算机技术运用到决策理论中，就出现了决策支持系统（decision support systems，DSS）。决策支持系统是根据管理学、运筹学、控制论提出的基本要求，以计算机和信息技术为主要手段，协助人们从事决策工作的一种具有智能作用的"人—机"网络。这种智能化网络在数字或图像处理、建模、测算和资料分析等方面，其效率和准确性大大高于人脑。由于计算机的设计是集中了大多数人的智慧，而且依赖于先进的物质技术，具有运算速度快、理性化、准确性高的特点，因而它作为一种决策的辅助技术，有着极大的优势。

计算机辅助决策系统大致可分为4个类型，包括电子数据处理系统（electronic data processing systems，EDP）、管理信息系统（management information systems，MIS）、决策支持系统（DSS）和专家系统（experts systems，ES）。其中决策支持系统和专家系统在决策中运用十分普遍。

（一）电子数据处理系统

从世界上第一台计算机诞生那天起，人们就开始运用计算机来处理一些问题，包括决策。真实计算机主要是用于数据处理，解决一些复杂或烦琐的计算问题。从20世纪50年代起，计算机开始用于企业管理，如财务分析系统。随后，大量的应用软件出现了，其中也包括一些可用于决策的软件，但总体来说，电子数据处理系统对决策的支持是不全面的，它更多地运用于单项事物的管理，并因其具有效率高、使用方便、费用低准确性强的优点，而广受欢迎。

（二）管理信息系统

随着计算机在数据处理领域应用的成功，20世纪六七十年代西方兴起了管理信息系统的研究与应用的热潮。我国20世纪70年代末80年代初也兴起对管理信息系统的研究。

管理信息系统是在数据处理系统的基础上，采用管理科学的方法和现代信息技术，对管理信息进行收集、存储、维护、加工、传递和利用，实现广泛的业务规划、管理运行、调控和预测的信息系统。如各大航空公司售机票问题，几乎全国各航空售票点都已联网，东方航公司售票点除了售本航空公司的机票，还可以售其他航空公司的机票。这就是管理信息系统提供的方便。

管理信息系统的功能主要有：①事务处理：任何组织都会有各种事务需要对数据进行处理。管理信息系统应具备传统的事务处理功能；②数据库的更新和维护：管理信息系统对当前状况的数据库操作，主要是根据事务活动的变化进行某些项目的添加、删除和修改。对于历史信息的数据库一般只有添加操作；③产生各类报表：管理信息系统应具有对数据库中的数据进行提炼，并以报表的形式呈给用户的功能；④查询处理有预先设置好的常规查询和应付某些特殊用途的查询，查询处理还涉及数据的安全保密问题；⑤用户与系统的交互作用：管理信息系统应有和用户交流信息的功能。用户可以通过选择某种方式使用管理信息系统或对系统进行提问以获取辅助决策信息。

（三）决策支持系统

决策支持系统是以信息技术为手段，为解决决策中的非结构化问题或半结构化问题，通过提供信息、修订模型、设计方案等，为决策者提供帮助。这里的非结构化问题是指没有预先确定决策规则、决策目标与条件不明的非确定型决策，而且是一种非程序化决策。半结构化问题是指对决策目标、规则、条件、后果的分析缺乏把握，但有一定的概率可供运用，也就是风险性决策。

和前两类辅助决策系统相比，决策支持系统对问题的描述和分析更加系统化，分析手段也更为先进，更有利于决策者明确目标、设计方案、方案比较和建立修订模型。决策支持系统包括对话子系统、数据子系统和模型子系统。

（四）专家系统

专家系统是集中了人工智能（artificial intelligence，AI）和知识工程的优点而发展建立起来的一种管理系统。它是一组智能的计算机程序，具有专业领域的权威性知识，用于解决现实中的困难问题，也被称为基于知识的系统（knowledge-based systems）。这种信息系统是在新形势下将专家的推理应用到决策或各种问题求解过程中，可以达到甚至超过某专门领域专家的表现水平。

专家系统的基本思想是简明的，即应用人工智能技术，将专家的知识转换并存储到计算机中，模拟专家进行知识推理和提建议，达到专家解决问题的能力。在现实生活中，每个人都具备解决某些问题的能力，甚至是很强的或解决涉及很多领域问题的能力，但不可能是万能的。受人脑生理机制和时间、空间的限制，人不可能掌握各个专业的所有知识，只能在自己所熟悉的领域发挥作用。而计算机具有足够的物质条件，可以集中远远超过人脑容量的知识，利用这些知识来支持决策工作，这就是专家系统的优势。

专家系统不是决策支持系统的替代品。更恰当地说，它是一种创立决策支持系统的技术。

二、领导决策方法

为了提高决策的科学性,领导者除了了解现代决策支持技术,还需要掌握科学的决策分析方法或定量分析方法。根据对决策问题的认知的不同,决策分析方法通常可分为以下几种模式:

(一)确定型决策分析

确定型决策(definite decision)是指只有一种肯定性的主观要求和客观条件,却有多种可供选择的方案。确定型决策应具备以下4个条件:①存在决策者希望达到的目标,或收益较大,或损失较小;②只存在一个确定的自然状态;③存在可供选择的两个或两个以上的行动方案;④不同方案在确定条件下的收益或损失可以计算出来。这4个条件都是明确的,领导者只须对各种方案结果进行比较就可以了。

例如,某公司采购一批原材料,质量同等的基础上,价格越低越好,若有几家公司可以提供同样规模、品质和服务的原料,这家企业当然决定向价格最低的那家供应商购买。

当然,确定型决策决非如此简单,它所解决的问题往往是一组条件都很明确的事物中去寻求较好的组合方案,如投资比例安排、人事编排、设备利用编排等。

(二)风险型决策分析

风险型决策(risk decision)亦称统计型决策或随机型决策。这种决策是依照一部分信息对未来可能发生的问题做出推理判断。有一定把握,但不可靠。也就是说,决策者可以承担各种方案可能出现的后果,以及各种后果发生的可能性(概率),但不能预见究竟出现何种后果。因此,决策者进行决策,要冒一定的风险。应用风险型决策分析时,被决策的问题应同时具备下列5个条件:①有决策者希望达到的明确目标;②存在可供选择的两个或两个以上的行动方案;③存在两种或两种以上变化不定的客观条件或自然状态;④可以计算出在不同条件下行动方案的损益值;⑤未来会出现哪种自然状态,决策人无法肯定,但各种自然状态出现的概率是决策人可以预先估计出来。

大多数决策都是风险型决策。当决策问题出现两种以上的自然状态,而且这些自然状态出现的概率是可以确定的,称之为风险型决策。由于它是建立在概率基础上的决策,所以是有一定风险的。风险决策大体可运用以下几种方法:

1. 期望值法

这是使用得比较多的一种分析方法。期望值法就是计算出每个行动方案的损益期望值,然后加以比较。如果决策目标是收益最大,则应选择期望值最大的行动方案;如果决策目标是费用支出或损失最小,则应选择期望值最小的行动方案。对于每个行动方案来说,损益期望值 E 的计算方法是:某方案 A 的损益期望值 E(A) 等于该方案多种自然状态的概率 P(QA) 与相应的损益值 Q(A) 的乘积之和。

例如,根据表9-1所列资料,求经销商销售何种产品可获较大利润。

表 9-1　　　　　　　　　　　　　　　　　　　　　　　　　　　　　　　　　单位：万元

产品	销售自然状态				期望利润
	春季	夏季	秋季	冬季	
A	80	60	70	90	74.5
B	80	90	50	70	63
C	100	70	60	50	72.5
概率 P（%）	30	25	25	20	

分别计算出表中三种产品的期望利润：

E（A）= 80×0.3+60×0.25+70×0.25+90×0.2 = 74.5

E（B）= 80×0.3+90×0.25+50×0.25+70×0.2 = 73

E（C）= 100×0.3+70×0.25+60×0.25+50×0.2 = 72.5

根据上述计算，可知生产 A 产品可获得收益最大。

2. 最大可能法

就是在风险型决策问题中选择一个概率最大，亦即出现的可能性最大的自然状态进行决策，其他概率较小的自然状态可以不管。通过这种方法，就把风险型决策分析变成了确定型决策分析。

上例中，在经销商预算销售的三种产品中，产品 C 在春季销售量的发生概率最大，达 30%。在其对应状态中，以利润收益 30 万元为最大，因此最佳销售方案选产品 C。

3. 决策树法

决策树法既是一种技术又是一种方法，较多地运用于风险决策中对可能结果的表述，其优点是简单明了，容易分清其中的过程及每种可能结果。

决策树法是用图形来描述决策结果，决策树的画法是从左向右，由简入繁，根据问题的层次构成一个树型图，对分析多阶段的决策问题十分有效，它能说明决策点可能发生的事件，并把各种可能结果全部表达出来，很直观。如图 9-1 所示，图中的方块是决策节点，由决策节点引出若干条直线，每条直线代表一个方案，称为决策枝。概率枝末端为每个方案在各状态下的收益值。

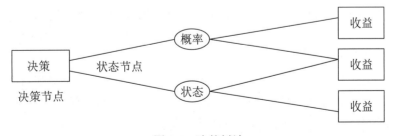

图 9-1　决策树法

根据决策树选择方案时，其决策过程是由右向左进行，即先根据收益值和概率枝的概率，计算各方案的收益期望值，标于状态节点旁，然后根据各个方案的结果进行决策。如果要舍去某方案，就在方案枝上画一个"+"号，表示剪去，最后在决策节点上留下一条树枝，就是最优方案。

运用决策树法进行决策的步骤是:

(1) 绘制树型图先仔细分析,确定哪些方案可供决策时选择,会发生哪些自然状态;

(2) 计算当期损益期望值,当遇到状态节点时,计算其各个概率分枝的期望值之和;

(3) 剪枝决策,通过决策剪枝最终剩下的方案就是要选的最佳方案。

(三) 不确定型决策分析

当决策者只能掌握各种方案可能出现的后果,而不能预知各种后果发生的概率,这时的决策分析就是不确定型的,它比风险型决策还要困难得多。因为它缺少风险型决策问题的第5个条件。可以说,不确定型决策(indefinite decision)是常见的决策模式中最困难和风险最大的一种。

上述经销商产品销售一例中,去掉自然状态发生的概率就构成了一个不确定型决策的问题。具体如表9-2所示。

表 9-2   单位: 万元

产品	销售自然状态			
	春季	夏季	秋季	冬季
A	80	60	70	90
B	80	90	50	70
C	100	70	60	50

不确定型决策问题,大多采取分析比较法,由于决策者的主客观因素不同,会采取多种不同、彼此差异很大的决策。通常使用的分析方法有乐观法、悲观法、后悔值法。以下结合上例作一简单介绍:

1. 乐观法,又称"大中取大法"。决策者运用这种分析方法时,对客观情况抱乐观态度,把事情估计得非常顺利,认为亏损多少无关紧要,以夺取最大收益为主要目的。这种方法留有余地较小,风险性比较大。

乐观法的应用步骤是: 首先找出每一个方案在各种自然状态下的最大收益值,然后对各方案的最大收益值加以比较,取其中的最大值,所对应的行动方案就是最优方案。如表9-2中,产品A销售的最大收益值为90万元,B最大收益值为90万元,C最大收益值为100万元。可见,100万元是所有最大收益值中的最大值,它所对应的方案是销售产品C。

2. 悲观法,也称"小中取大法"。决策者运用这种决策方法时,对客观情况持悲观态度,把事情估计得很不顺利,认为收益少一点无所谓,但必须以不遭受巨大亏损为主要原则。这是一种相对保险,有时显得比较保守的分析方法。

悲观法的应用步骤是,首先找出各个方案在各种自然状态下的最小收益值,然后对各方案的最小收益值加以比较,取其中的最大值,所对应的行动方案就是最优方案。上例中,产品A销售的最小收益值为60万元,B最小收益值为50万元,C最小收益值为50万元。可见,60万元是所有最小收益值中的最大值,它所对应的方案是销售产品A,即为最佳销售方案。

3. 后悔值法，也称"大中取小法"。这是以方案的后悔值或遗憾值大小来判断方案优劣的一种决策分析方法。当一种自然状态出现后，通过列表就能明显地显示出哪个方案是最优的，即收益值是最大的。如果决策者没有采取这个方案，而是采取了别的方案，这时决策者就会有后悔或遗憾的感觉。

后悔值的计算公式，是以估计与实际相比得到的机会损失作为后悔值，则后悔值就是指最大收益值与所采取方案的收益值之差，即

后悔值＝某自然状态下的最大收益值－该自然状态下所采取的方案的收益值

表 9-3　　　　　　　　　　　　　　　　　　　　　　　　　　　　　　　单位：万元

产品	销售自然状态				最大后悔值
	春季	夏季	秋季	冬季	
A	100-80=20	90-60=30	70-70=0	90-90=0	30
B	100-80=20	90-90=0	70-50=20	90-70=0	20
C	100-100=0	90-70=20	70-60=10	90-50=40	40

从表 9-3，可以看出，三种产品销售情况的最大后悔值分别为 30 万元、20 万元、40 万元，显然，20 万元是各方案最大后悔值中的最小值，它所对应的销售 B 产品的方案就是最佳方案。

上述分析表明，对同一个不确定型决策问题，采取不同的决策分析方法，所得到的结果可能完全不同。这主要是决策者对自然状态的认识和对风险的态度不同引起的，因而也就无法说明究竟哪种方法更好。这主要取决于决策者的素质、决策问题的性质、决策体制以及上级领导者和社会环境对风险的态度等。由此可见，不论使用何种科学计算方法，都不能保证在任何条件下都完全符合客观情况。在实际工作中，上述决策法可以单独使用，也可以综合使用。

第三节　领导决策心理

领导心理是指领导者个人在其生活经历的基础上，与领导活动的性质、任务、行为准则等方面的社会因素相协调、相融合而形成的特定的心理现象。人的意识作为人的一切自觉的认识、体验和意志等心理活动的总和，它不仅是自然界长期发展的产物，而且是社会的产物。

从社会历史发展的趋势来看，每一历史时期的社会政治、经济和文化发展水平，都制约着领导者的意识和心理机制的形成与发展，而领导心理对领导活动的能动作用，也会受到当时社会历史的约束。

一、传统的领导决策心理

传统的领导决策心理是指在过去的决策中一些常见的心理现象，受文化背景、社会

环境和现行体制的影响，传统的领导决策心理主要表现在以下几个方面：

（一）缺乏主体意识

决策是为了解决组织发展中的某些具体问题，是决策者对该组织今后发展的方向、目标的一种设计和选择，决策者应当为自己的组织发展负责，所以这种设计和选择必须是谨慎的、负责的，是权利和义务的统一。毫无疑问，决策者应对自己作出的决策负责。

但是，由于我国社会发展过程中经历了一个相当长的计划经济时期，而权力的高度集中是计划经济的另一种社会性特征，所以就造成了相当一部分决策是以上级的指令为准则，决策者普遍缺乏主体意识，一切按上级指令办事，而不考虑这类指令是否符合组织实际或是否能解决组织面临的问题。

（二）缺乏民主意识

决策民主化是现代决策理论的内容和本质要求之一，但在现实中，决策者缺乏决策的民主意识是非常普遍的一种社会现象。唯我独尊，一切由决策者说了算，制度和规则都不如决策者地位重要，甚至完全凭决策者个人的好恶决断，事实上，这类决策往往会给国民经济的发展造成严重的损失。

按照程度不同区分，决策者用专制的方式决策，其结果可以分成两类。一类是一种认识上的差异，总认为自己正确，这是一种形式错误但本质不算很严重的问题，充其量是"自以为是"，但决策所造成的失误往往不是由决策者个人负责的。另一类情况就比较严重了，决策者独揽大权是为了给自己或给与己相关的其他人攫取利益，属于典型的"以权谋私"。在许多情况下，决策者并不是不知道某个决策会造成某种后果，但为了私利而置国家或集体的利益于不顾。所以，这不完全是一个认识问题，也超出了心理范围，是决策者个人的素质问题。

决策中缺乏民主意识，必然会造成权力高度集中，个人说了算，制度形同虚设，倘若决策者另有所图，权力往往成为追逐利益的工具。

（三）缺乏理性意识

这是指一种经验型决策，决策者希望通过自身的体验和积累或依靠前人所留下的经验遗产来进行决策，这仍是相当多的决策者的决策心理。他们缺乏对理论、规则和技术的兴趣，过分地相信自己的经验和直觉，无暇顾及现代科技发展对决策带来的新变化，在心理上对理性的东西有一种抗拒情绪。究其原因，是与人长期处在小生产方式和由这种小生产方式所决定的思维方式有关。

崇尚经验，轻视理论，缺乏创新，这是经验型决策的共同特征。这类决策往往是对以往某个事物的重复，而重复得越多把握就越大。20世纪80年代，我国在一些重大工程建设中引用了国际上的"迪非克条约"来管理工程项目，即严格招投标制度。一些大型建筑公司凭经验仍以低价投标，他们"富有经验"地认为，只要用较低的价格把项目揽下，以后就可以采用"钓鱼"的办法从投资者手中源源不断地得到追加投资（传统上称"钓鱼工程")结果在严格的管理制度下无任何漏洞可钻,一些公司损失惨重,最多的一个项目损失几千万元。

当然,在决策中,决策者的经验仍然是有益的,但过多地依赖于经验而排斥理性,是要吃大亏的。

(四)缺乏规则意识

现代领导决策首先讲究的是科学化,它的表现方式是必须要在决策工作展开前首先设置一套完整的决策规则,包括规范决策过程,预先确定决策机制,明确决策主体和决策权的分割等。尽管我们也讨论到直觉决策的必要性和可能性,但对于大多数、特别是基层的常规性决策来讲,决策规则是必需的前提。

传统领导决策中缺乏规则意识,究其原因仍然与传统文化中的专制主义和等级观念有关,决策者过高地估计个人的决策能力,崇尚"一锤定音""当机立断"等艺术化效果,这种家长制作风和人治化倾向的教训必须记取。

二、领导决策的心理分析

领导者的决策心理受多方面因素的影响,其表现方式也是多种多样的,主要与以下几方面有关。

(一)决策质量与压力的关系

决策质量与决策者所受的压力有关,决策质量的高低是决策者、决策技术和决策程序所共同决定的。由于决策者对不同的决策事件所感受的压力是不同的,一般来说,决策事件越大,所涉及的范围越广,决策者的心理压力也越大。同时,要决策的事件越是重要,对决策者产生的压力也越重。例如,一个濒临倒闭的企业要决策是否贷款上一个新的项目,倘若成功,企业可起死回生,倘若失败,无疑雪上加霜;相反,一个企业新添置了一辆小车,要选择一名司机,这种决策压力就小得多。

按照决策学派所提出的理论,决策的质量不只取决于外界因素和决策者的决策水平,还取决于下属的认可程度。这种认可程度大体上有以下 4 种类型:

1. 低认可、高质量决策

这类决策与组织利益密切相关,但与下属个人利益无直接联系。这时候,由于认可程度低,决策者会感到较大的心理压力,甚至会产生退却的想法。

2. 高认可、低质量决策

这类决策与下属个人利益有关,但与组织大局无关。决策者心理压力较小,但不能由此而造成错觉,自以为是作了一个英明的决定,因为这种决策与总体利益关系不大。

3. 低认可、低质量决策

这类决策与组织和个人均无多大关系,一般来说,决策者作出这类决策时基本上无心理压力。

4. 高认可、高质量决策

这类决策既与组织利益有关，又与下属个人利益有关。如公布一项新的考核制度，由于这类决策涉及面广，决策者必须对此有足够的心理准备。

总体上说，决策者在决策时所感受的心理压力，从主观角度看，与决策者对自己的能力是否有信心，认为自己所作出的决策是否正确有关；从客观角度看，与决策者对决策后果的负责程度有关，如果缺少必要的权力支持，压力必然加大，如果不必为此承担责任，压力就相应减小。

（二）决策过程中的心理

决策过程中的心理，即不同阶段的决策心理。前述第六章关于理性决策过程有认识问题、认识决策的目标、收集与问题有关的信息、列出并评价各种行动方案、选出最佳行动方案、决策的实施、反馈7个步骤。实际上，综合起来主要有以下4个阶段，在不同的阶段决策者产生的心理也是不同的。这里从影响决策的4个阶段分析领导者的决策心理：

1. 目标阶段

这一阶段是为了确定一个正确的目标，决策者面临着大量而繁杂的信息，如何运用综合、抽象的方法来取舍，是十分重要的事，主要的心理准备有两个：

（1）是否具有全局观念。许多决策看起来在当前是很重要的，但恰恰缺少长远眼光；相反，有相当多的决策在眼前是看不到效益的，如果缺少全局观念和战略眼光就会舍弃。如中国发展足球运动，要从青少年抓起，但许多俱乐部是不愿意考虑这类决策的，他们往往看重眼前唾手可得的一些目标（冲击中超联赛），这反映了决策者的一种急功近利的浮躁心理。

（2）是否具有创新意识。缺乏创新意识，缺乏对创新的相应心理准备，喜欢用习惯的思维方式去处理问题，这是决策过程中常见的毛病。从心理角度讲，这是决策者缺少变化的心理机制，也反映了一种心理的老化现象，另外一个客观原因可能与决策者在过去的决策中遭受挫折有关。

2. 设计阶段

在这个阶段，方案的设计是由决策者参与或委托有关部门进行的，由于设计的要求和思路是受目标影响的，所以应该在这个框架下由决策部门独立完成。这里的常见问题是受决策者、特别是主要决策者的兴趣影响，使所设计的方案缺乏选择性。

这个阶段的问题多见于用人方面，本来决定由人事部门推荐一批可担任某项职务的候选人，并在此之中进行选拔，结果却是领导亲自考虑，以领导者个人的兴趣好恶决定了某个人选，使得用人决策流于形式，这是决策者必须注意避免的问题。

3. 选择阶段

这个阶段涉及选择的价值标准的确定和选择方法的设立，容易出现的问题有两个：一是决策者所坚持的价值标准与该项决策本身应有的价值标准不一致，如在用人问题上，提拔一名市场经理的选择标准应该是"具有市场开拓能力"，而决策者有时会用"是否服从指挥"作为标准。二是决策者所坚持的选择方式与组织预设的选择方式不一致。这两种情况均会导致决策者的心理冲突,当个人坚持的意见被否定之后,或者当主要决策者一意孤行,非要按自己的意愿办时,都会使整个决策团体产生一种消极心理,这对决策的质量是不利的。

4. 实施阶段

在实施阶段,决策者必须注意与下属保持沟通,使执行者能全面准确地领会决策的全部含义。在实施过程中,决策者必须对实施中出现的问题进行指导,甚至是不厌其烦地指导。同时,对下属的监督也必须注意心理效应,一些很好的决策就是在实施中走样的,造成无法达到预期目标,这类教训要记取。

值得注意的是,当出现了需要追踪决策的情况时,问题就比较复杂了。由于追踪决策涉及目标的变更,又是在非零起点上进行,还涉及价值标准的转换,所引起的心理反响特别大。此时,决策者必须具备过硬的心理承受力,急躁、灰心、怨天尤人、互相指责或推卸责任都是不可取的,因为这些表现恰恰相反是对追踪决策不利的,有时会促使决策者作出错上加错的决定,各级领导者要注意避免。

决策者的决策心理还有许多表现方式,如决策权分割得合理与否,决策中所承担的权力和责任,以及决策结果与自身利益的相关性问题,等等。可以肯定的是,决策者的素质与决策质量是有关系的,而决定的因素不仅仅是能力问题,还有心理问题,这也是通过上述分析得到的基本结论。

复 习 题

1. 什么是领导决策?
2. 请分别阐述程序决策论、权力决策论、有效决策论的基本观点。
3. 科学决策必须遵循哪些基本原则?
4. 举例说明什么是确定型决策分析法。
5. 风险型决策分析的问题需要具备哪些条件?
6. 什么是决策树法?请举例说明用决策树法进行决策的优点。

即 测 即 练

延 伸 阅 读

扫码阅读案例，思考并讨论下列问题。

1. 谷歌这样的互联网公司与传统大公司发展模式完全不同。"互联网和软件每时每刻都在变化。你无法精确规划产品，只能每天接收用户反馈并持续改进。进化速度越快，灵活度越高，你的产品就会越成功。"如何理解谷歌决策与传统决策模式的不同？其决策逻辑体现在哪里？

2. 为什么说谷歌公司高层管理者的"少作决策"是有效的？

第十章
组织结构与组织设计

本章学习目标

通过本章学习，你应该了解：
1. 组织结构的内容、作用和构成要素。
2. 组织结构有哪些类型？它们分别具有什么样的特点？
3. 组织设计的权变因素有哪些？
4. 现代"新组织"的基本特征及其与传统组织的差别。
5. 学习型组织的基本含义。

小米：探索转型时期的最佳组织结构

2013年初，小米手机调整内部组织架构，黎万强不再负责MIUI，专门负责电商业务线。

在本次内部组织结构调整之后，电商事业部、米聊及MIUI和小米手机将成为小米公司四大核心产品部门。

小米公司的产品相对单一，而且目前的手机市场变化极快，以往的一些大企业例如诺基亚、摩托罗拉等都因为企业过于庞大复杂，灵活性差而最终被市场所抛弃，所以小米公司采取了以产品部门化为主的动态网络型结构。

小米采取"互联网+"的扁平化组织，仅有非常扁平的三层组织架构。也就是以小米核心的合伙人团队，作为最高的一级管理层次。中间就是各个的主管，而最底下就是员工，由员工直接面对用户。这样的组织架构有利于减少管理层次，裁减冗员，使组织变得灵活敏捷，富有柔性和创造性，扁平化组织强调管理层次的简化、管理幅度的增加与分权，帮助企业对内外部环境的变化及时作出调整。

网络型组织结构极大地促进了企业经济效益实现质的飞跃：降低管理成本；提高管理效益。简化了机构和管理层次，实现了企业充分授权式的管理。但同时也存在一定缺点：网络型组织结构企业时刻关注市场动态，与市场环境保持密切联系。需要相当大的灵活性以对市场的变化做出迅速反应。小米摒弃了传统公司通过制度、流程来保持控制力的树状结构，小米的架构直面用户，是一种以人为核心的扁平化管理模式。雷军将权力下放给7位合伙人，类似于"地方自治"，合伙人拥有较大自主权，且不互相干预。

在完成上市这个阶段性目标后，已然变成巨头的小米进入了调整期。小米放缓了对量的追逐，暂时慢下脚步，修补这艘大船，让它变得更加坚固。小米也从此前的疯狂扩张，转入了相对保守的打法，既为应对市场的逆风，也为解决内部的问题：在管理上补课，在手机产品线上精简,在业务上解放小米品牌,冲击中高端市场,为此在中国市场半年未发红米新机。

2018年9月,小米宣布目前最大规模的组织调整,成立组织部和参谋部,自此拉开了调整的序幕。2017年12月,小米将销售与服务部改组为中国区。春节后,在小米手机部也成立了参谋部。最近两次调整涉及小米AIoT战略,先后成立了集团技术委员会和AIoT战略委员会。

组织是构成现代人类社会的基本单位,是人们共同劳动和社会生活的产物和载体。我们每个人都在一定的组织范畴内进行生活、工作、学习、娱乐等活动。组织是各种各样的,如学校、医院、政府机构、大大小小的企业。不同的组织具有不同的组织目标、组织结构和组织关系,对于组织成员的态度和行为产生重要影响。组织是管理活动中的关键环节,也是组织行为学一个十分重要的课题。

第一节 组织结构和基本模式

组织结构是具体的历史范畴。不同时期,不同的社会经济、文化环境产生不同的组织结构。组织结构的作用是使组织资源形成一个有机的整体,从而有效地发挥整体功能大于个体功能之和的优势。在组织中,对同样数量的人,采用不同的组织结构,形成不同的权责结构和协作关系,就可能产生完全不同的效果。

一、组织结构概念

组织结构(organizational structure)是关于组织在运作中涉及的目标、任务、权力、操作以及相互关系的结构系统。组织结构可以说是组织活动的一种形式或功能,也可以说是一个组织被分为几个有机部分。通常以组织图来表示。组织结构必须起到两点作用:一是它必须提供一个关于责任、报告关系和组合的框架;二是它必须提供一套联系和协调组织要素使其成为和谐整体的机制。

组织结构体系的主要内容包括:

(1)职能结构,就是指完成企业目标所需要的各项业务工作关系;

(2)层次结构,即各管理层次的构成,也称作组织的纵向结构;

(3)部门结构,是指每一管理层级上管理部门的构成,也称作组织的横向结构;

(4)职权结构,是指各层次、各部门在权利和责任方面的分工以及相互之间的关系。

组织结构是为达到组织目标和任务而设计的。影响组织结构的因素很多,其中,人们有意识的活动起着重要作用。这种在结构方面起作用的有意识的活动,就是组织结构设计。而在组织结构设计中,首要考虑的问题就是组织目标或任务。也就是说,在实现组织目标方面,组织结构起着重要的作用,它是实现组织目标的手段。

组织结构在调整个人行为方面起着重要作用。组织是由人组成的，而不同的人在个性方面会有差异，呈现为行为的多样性。如果这些人都按自己的行为行事，则组织就无法正常的运行。而组织结构对于组织原则和管理规范的设计，决定了组织成员的行为，保证了组织的存在和发展。组织结构还是行使权力、决策并进行其他组织活动的基本场所。在组织中，什么样的地位拥有什么样的权力。这些权力运行的基本途径和方向等，都是由组织结构决定的。

恰当地设计组织结构，对于实现组织目标、提高组织效率是十分重要的。通过组织结构可以把完成组织目标所需的人和事编排成便于管理的单位，又可以把组织内各个部门、各个岗位连接成为一个有机的整体，从而大大提高组织运行效率，降低组织管理成本，有利于组织目标的实现。

二、组织结构要素

组织结构由 6 个关键要素组成，即工作专门化、部门化、命令链、控制跨度、集权与分权、正规化，如表 10-1 所示。管理者在进行组织结构设计时，必须考虑这 6 个要素。

表 10-1 设计组织结构需回答的 6 个关键问题

关键问题	答案提供
1. 把人物分解成各自独立的工作应细化到什么程度？	工作专门化
2. 对工作进行分类的基础是什么？	部门化
3. 员工个人和工作群体向谁汇报工作？	命令链
4. 一位管理者可以有效地指导多少个员工？	控制跨度
5. 决策权应该放在哪一级？	集权与分权
6. 应该在多大程度上利用规章制度？	正规化

（一）工作专门化

工作专门化（work specialization）就是指为完成目标把任务和工作计划分成许多部分，通过分工使各项工作由专人来做。亚当·斯密（Adam Smith）在他的《国富论》（1776）就早已认识到了这种观念的重要性。斯密认为，一般来说，组织中分工程度越高，组织成员的工作越专门化，组织也就越有效率，创造的财富也就越多。20 世纪初，亨利·福特（Henry Ford）通过把工作分化成较小的、标准化的任务，使工人能够反复地进行同一操作。福特利用技能相对有限的员工，每 10 秒钟就生产出一辆汽车而富甲天下，享誉全球。福特的经验表明，让员工从事专门化的工作，他们的生产效率会提高。然而，对工作的持续分工也许会招致负面的效果。做例行而简单的工作需要很少的技能，因而员工容易厌烦和气馁，结果可能会出现低质量、低生产率、高流动率以及高旷工率。20 世纪七八十年代，许多美国行业如汽车、电子、钢铁等，都发生过这种情况，过度的分工往往和严格一致的工作规则混合在一起，这会大大削弱这些公司应对新技术和顾客需要的能力。而且，整合高度专业化的职能部门需要高昂的管理成本（堆积如山的报告，更多的管理者，更多的管理控制）。越来越多的证据表明，在某些领域，达到了这样一个顶点：由于工作专门化，人的非经济因素的影响（表现为厌烦情绪、疲劳感、压力感、低生产率、低质量、缺勤率上升、流动率上升等）超过了其经济性影响的优势。

（二）部门化

一旦通过工作专门化完成任务细分之后，就需要按照类别对其进行分组以使共同的工作可以进行协调。工作分类的基础是部门化（departmentalization）。部门化通常有以下7种方法：

1. 职能型部门化。这是根据活动的职能对工作活动分类进行部门化。制造业的经理通过把工程、会计、制造、人事、采购等方面的人员划分成共同的部门来组织其生产。职能型部门化适用于所有组织，主要优点在于把同类人员集中在一起，能够提高工作效率。

2. 过程型部门化。这是根据生产过程进行部门化。在生产过程中，由每个部门负责一个特定生产环节的工作。由于不同的环节需要不同的技术，因此这种部门化方法对于在生产过程中进行同类活动的归并提供了基础。

3. 产品型部门化。这是根据组织生产的产品类型进行部门化。例如，在某石油产品公司中，原油、润滑油和蜡制品、化工产品三大主要领域各置于一位副总裁管辖之下，在公司中与某特定产品有关的所有活动都由同一主管指挥。

4. 服务型部门化。这是根据组织提供的服务种类进行部门化。例如，某宾馆由餐饮部、客房部、文娱部、会议部、行政部组成，每个部门负责提供相应的服务。服务型部门化主要适用于服务行业企业。

5. 客户型部门化。这是根据顾客的类型进行部门化。例如，一家销售办公设备的公司可下设零售、批发、政府服务部。根据顾客类型来划分部门的理论假设是，每个部门的顾客存在共同的问题和要求，因此通过为他们分别配置有关工作人员，更好地满足他们的需要。

6. 地域型部门化。这是依据地域进行部门划分。例如不少大型公司在各省、区域甚至世界各地设置部门。如果一个公司的顾客分布地域较宽，这种部门化方法就有其独特的价值。

7. 混合型部门化。这是大型组织进行部门化时，综合利用上述各种方法，以取得较好的效果。例如，一家电子公司在进行部门化时，根据职能类型来组织其各分部，根据生产过程来组织其制造部门，把销售部门分为几个地区的工作单位，又在每个地区根据其服务类型分为若干个顾客小组。

部门划分的目的在于确定组织中各项任务的分配与责任的归属以求分工合理、职责分明，有效地达到组织的目标。

（三）命令链

命令链（chain of demand）是一种不间断的权力路线，从组织最高层扩展到最基层，明确谁向谁报告工作。它能够回答员工提出的这种问题："我有问题时，去找谁？"以及"我向谁负责？"

为了促进协作，每个管理职位在命令链中都有自己的位置，每位管理者为完成自己的职责任务，都要被授予一定的权威。就如前面所讲的统一指挥原则，一个人应该对一个上级，且只对这一个上级负责，统一指挥原则有利于保持职权链条的连续性。如果命令链的统一性遭到破坏，一个下属可能就不得不穷于应付多头领导和不同命令之间的冲突。

但随着计算机技术的发展和下属充分授权的潮流的冲击，命令链、统一性等概念的重要性已大大降低。

（四）控制跨度

控制跨度（span of control）是指直接向一名经理报告的员工人数。当控制跨度很宽时，组织最高层与最底层之间就存在相当少的层级。相反，当跨度很窄时，同样多的员工就要求有更多的层级。尽管对于一个经理能监督多少下属没有一个"正确"的数目，但是管理者和员工的能力、被监督的任务的相似性、规则和操作标准的范围都影响管理者的控制跨度。如果控制跨度过宽，由于主管人员没有足够的时间为下属提供必要的领导和支持，组织的绩效就会受到不良影响。

（五）集权与分权

集权（centralization）是指组织中的决策集中程度。一般来讲，如果组织的高层管理者不考虑或很少考虑基层人员的意见就决定组织的主要事宜，则这个组织的集权化程度较高。相反，基层人员参与决策程度越高，或他们能够自主地作出决策，组织的分权程度就越高。集权式与分权式组织在本质上是不同的。在分权式组织中，采取行动、解决问题的速度较快，更多的人为决策提供建议，这与使组织更加灵活和主动地做出反应的管理思想是一致的。

现代组织发展的趋势是从集权走向分权（decentralization），下属参与决策的程度越来越高，基层管理者的决策越来越重要。在环境变化日益显得捉摸不透的今天，越是基层的人员越接近客户和市场，让他们参与决策有利于企业适应飞速变化的环境。

（六）正规化

正规化（formalization）是指组织中的工作实行标准化的程度。如果一种工作的正规化程度较高，就意味着完成这项工作的人对工作内容、工作时间、工作手段没有多大自主权。在高度正规化的组织中，有明确的职务说明书，有复杂的组织规章制度，对于工作过程有详尽的规定。而正规化程度较低的工作，相对来说，工作执行者和日程安排就不是那么固定，员工对自己工作的处理权限就比较宽。因此正规化程度就越高，员工决定自己工作方式的权限就越小。

三、组织结构的基本模式

组织结构是由组织的目标和任务以及环境的情况所决定的，它是组织各部分之间的关系模式。组织结构模式涉及以下有三个主要因素：①组织结构决定了正式的报告关系，包括层级数和管理者的管理跨度；②组织结构确定了如何由个体合成部门，再由部门构成组织；③组织结构包含了一套系统，以保证跨部门的有效沟通、合作与整合。因此恰当地认识和设计组织结构，对于实现组织目标是十分重要的。组织结构千差万别，归纳起来主要有以下几种：

（一）U 型组织结构

U 型结构（united structure）产生于现代企业发展早期阶段，是现代企业最为基本的组织结构，又称为"一元结构"，其特点是管理层级的集中控制，是一种"集权式"管理的组织结构，如图 10-1 所示。常见的 U 型组织结构有以下三种形式：

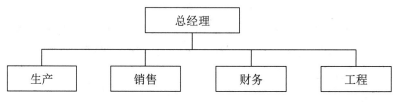

图 10-1　企业组织的 U 型结构

1. 直线制结构（line structure），是一种最简单的组织结构形式，是沿着命令链进行各种作业，每个人只向一个上级负责，必须绝对地服从这个上级的命令。其结构形式如图 10-2 所示。这种组织结构模式下，指挥权集中，决策迅速，容易贯彻到底，要求管理者应当是"全能式"的人物，特别是最高管理层。另外，这种结构简单灵活、职权明确，没有什么繁文缛节，适应于简单和动态的环境。在这样的环境下，直线制组织结构不仅能提高工作效率，而且也能降低管理费用。今天在规模小且生产过程简单的企业或单位，直线制结构仍大量存在。我国很多民营企业在创业初期都曾采用过这一组织形式。但这种结构比较脆弱，经不起打击。如果组织规模扩大了，管理任务繁重复杂了，领导者势必因经验、精力不及而顾此失彼，难以进行有效的管理。

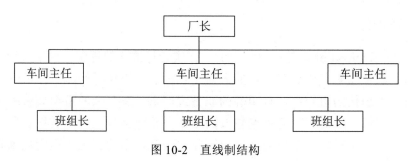

图 10-2　直线制结构

2. 职能制结构（functional structure），组织从下至上按照相同的职能将各种活动组合起来,如图 10-3 所示。现代企业中许多业务活动都需要有专门的知识和能力。通过将专业技能紧密联系的业务活动归类组合到一个单位内部,可以更有效地开发和使用技能,提高工作效率。

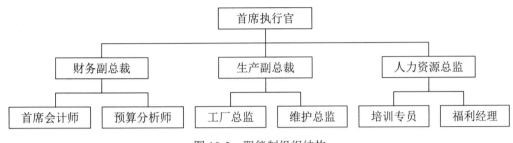

图 10-3　职能制组织结构

职能制结构最早由泰罗提出,他主张"在整个管理领域里,必须废除军队式的组织而代之以'职能式'的组织"。该结构的优势和劣势如表 10-2 所示。

表 10-2　职能制组织结构的优势和劣势[①]

优　势	劣　势
1. 促进职能部门内的规模经济 2. 促进深层次知识和技能提高 3. 促进组织实现职能目标 4. 一种或少数几种产品时最优	1. 对外界环境变化的反应较慢 2. 可能引起高层决策堆积、科层超负荷 3. 导致部门间缺少横向协调 4. 导致缺乏创新 5. 对组织目标的认识有限

职能制结构的最大优势在于它促进职能部门的规模经济。规模经济意味着所有员工被安排在一起,并共享设施。例如,在一家工厂生产所有产品,使该工厂可以获得最新机器设备。只准备一套设备而不是为每个产品线都提供独立的设备,这样将减少重复建设和浪费。职能式组织结构也鼓励员工技能的进一步提高。员工被安排从事一系列其部门内的职能活动。

职能式结构的主要劣势是对外界环境变化的反应太慢,而这种反应又需要跨部门的协调。纵向科层变得超载。决策堆积,高层管理者不能快速做出反应。职能式结构的其他缺点还有:由于协调少导致创新缓慢,每个员工对组织目标认识有限。

3. 直线职能制结构(line and function structure),它起源于 20 世纪初,是法约尔在一家法国煤矿担任总经理时所建立的组织结构形式,故又称之为"法约尔模型"。它是在"直线制"和"职能制"基础上,吸收了这两种组织结构的特点,克服了它们的缺点而逐渐形成和完善的,如图 10-4 所示。直线职能制结构模式的特点是在组织的第二级机构按不同职能实行专业分工,即整个管理系统被划分为两类,一类是按指令统一原则而设置的指挥系统,而另一类是按专业化原则设置职能系统。而在这其中,只有管理人员是直线领导的参谋,对下级部门提供职能支持,起到一种业务上的指导和服务作用,而不能进行直接指

---

① 参见理查德·L. 达夫特(Richard L. Daft). 组织理论与设计精要 [M]. 北京:机械工业出版社,2003:44.

挥和命令。这样既保证了组织的统一指挥和管理，又避免了多头领导和无人负责的现象。

直线职能制结构的优势和劣势见表 10-3。这种组织结构能较好地适应现代组织的要求，所以这种结构形式仍被普遍采用。

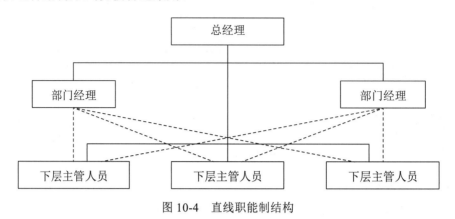

图 10-4　直线职能制结构

表 10-3　直线职能制组织结构的优势和劣势[①]

优　势	劣　势
1. 按职能部门划分，职责容易明确规定； 2. 每个管理人员都固定地归属于一个职能结构，有利于整个组织系统的长期稳定； 3. 部门实行专业分工，有利于提高工作效率； 4. 管理权力高度集中，便于高层管理者对整个组织的有效控制	1. 高度分工使各职能部门片面强调本部门工作的重要性，容易产生本位主义，造成部门间的摩擦，横向协调差； 2. 专业分工，不利于培养素质全面、能够熟悉全面情况的管理人才

（二）H 型组织结构

H 型组织结构（holding company form，H-form）即控股型组织结构，它严格讲起来并不是一个企业的组织结构形态，而是企业集团的组织形式。H 型公司持有子公司或分公司部分或全部股份，下属各子公司具有独立的法人资格，是相对独立的利润中心。控股公司作为母公司掌握子公司的控股权，子公司的重大决策基本上由控制了公司董事会的母公司决定，子公司的行为要受到母公司的规范与制约。H 型结构正是对作为经济组织实体的控股公司管理形态的抽象。H 型结构是实行公司内部分权的一种形式，与 U 型结构的集权形成鲜明对照。H 型组织结构中又包含了 U 型结构，构成控股公司的子公司往往是 U 型结构，如图 10-5 所示。

H 型组织结构的优点是：母公司与子公司在法律上彼此独立，相对降低了经营风险，子公司有较强的责任感和经营积极性。缺点是：由于母公司对子公司不能直接行使行政指挥权，只能通过股东会和董事会的决策来发挥对其子公司的间接影响作用，因此影响效果不明显且速度缓慢。

---

① 参见理查德·L. 达夫特（Richard L. Daft）. 组织理论与设计精要 [M]. 北京：机械工业出版社，2003：44.

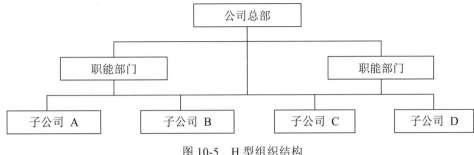

图 10-5　H 型组织结构

（三）M 型组织结构

M 型组织结构（multidivisional structure）亦称事业部制或多部门结构，是一种分部型组织，最早是由美国管理学家斯隆 20 世纪 20 年代提出。美国通用汽车公司率先采用 M 型组织结构，帮助企业顺利度过了 20 世纪 30 年代的经济危机，如图 10-6 所示。

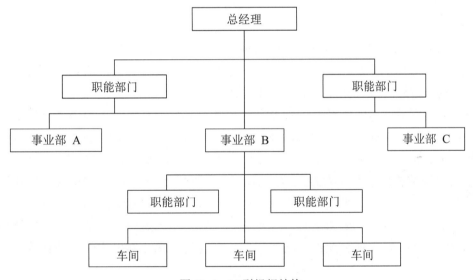

图 10-6　M 型组织结构

M 型结构是一种分权式结构，它是一种"集中政策、分散经营"的组织结构形式，即在集中指导下的分权管理形式，是集权化组织向分权化组织转化的一种改革。M 型结构的企业组织按照产品类别、地区或经营部门分别成立若干事业部。各事业部有相对独立的市场，相对独立的利益，相对独立的自主权，是总公司控制下的利润中心。事业部经理根据董事会领导下的总经理的指示进行工作，同时他又统一领导自己主管的事业部及其下设的生产、销售、财务等职能部门和辅助部门，还可以利用本公司的参谋部门。公司各参谋部门负责建立和调整全公司的政策和工作程序，对有关重大事项展开讨论并建议。总经理对董事会负责，并根据董事会决议负责全公司的全盘计划，对有关事项做出最终决定，对事业部经理实行监督。

M 型组织结构的优势和劣势如表 10-4 所示。这种组织结构模式在跨职能部门协调方面非常有效。当通过传统的纵向科层不再能够实现对组织的有效控制时，当目标是以适应和变革为导向时，这种结构更为有效。如通用电气、雀巢以及强生这类组织结构复杂的大型公司，都划分为一些较小的、自主经营的组织，以便于实现更佳的控制与协调。例如，强生公司的结构包含 180 个独立的运作单元，包括 McNeil 消费者产品、Tylenol 的制造者，Ortho Pharmaceuticals，该分部制造 Retin-A 和避孕药品，以及生产婴儿用品的公司。每个事业部都是一个具有独立经营资格的自主经营公司，并在强生公司总部指导下运作。

表 10-4　M 型组织结构的优势和劣势[①]

优　势	劣　势
1. 适应不稳定环境下的快速变化	1. 失去了职能部门内部的规模经济
2. 由于清晰的产品责任和联系环节从而实现顾客满意	2. 导致产品线之间缺乏协调
3. 跨职能的高度协调	3. 失去了深度竞争力和技术专门化
4. 使各分部适应不同的产品、地区和顾客	4. 产品线间的整合与标准化变得困难
5. 在多产品的大公司中效果最好	
6. 分权决策	

　　M 型组织结构的显著优势是，它能适应不稳定环境中的高速变化，并具有高度的产品形象。因为每种产品是一个独立的分部，顾客能够与确切的分部联系并提升满意度，部门间协调非常好。每种产品均能满足不同的消费者或地区的需求。M 型组织结构在下述组织中最为有效：该组织经营多种产品或服务，并拥有众多的人力资源以提供给各独立的职能单位。在诸如强生、百事、微软这样的公司内部，决策制定被推移到最低层级。每个事业部都很小，以便实现自主快速调整，对市场的变化做迅速的反应。

　　M 型组织结构的明显不足之处是组织失去了规模经济。例如，10 名工程师可能被分派到 5 个事业部；而在职能式结构中，50 名研究工程师可以共享同一设施。产品线之间相互分立，协调困难。诸如惠普、施乐等公司都拥有大量的事业部，在横向协调方面也确有不少问题。如软件事业部开发的程序可能与另一事业部出售的商务计算机是不匹配的。

（四）矩阵制组织结构

　　矩阵式组织结构（matrix structure），是按职能划分的部门和按项目或产品划分的小组结合组成的矩阵型结构，它有纵横两套管理系统，一套是纵向的职能系统，另一套是为了完成各项业务而组成的横向项目系统。业务职能矩阵结构如图 10-7 所示。这种组织结构的特点是，为了完成某一特别任务，由有关职能部门派人参加，以业务或产品为中心组织新的作业组织，力图做到条块结合，协调各部门活动，以保证完成任务，产品/地域矩阵结构如图 10-8 所示。

---

　　① 参见理查德·L. 达夫特（Richard L. Daft）. 组织理论与设计精要 [M]. 北京：机械工业出版社，2003：46.

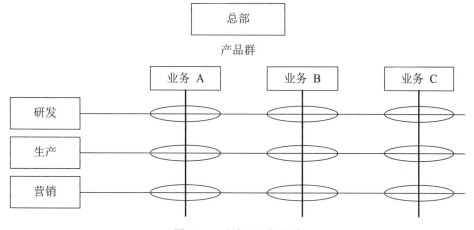

图 10-7　业务/职能矩阵

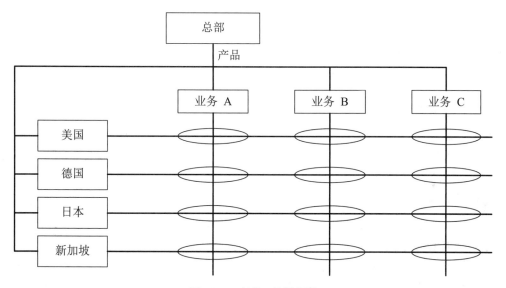

图 10-8　产品/地域矩阵

矩阵制横向系统的组织，一般是团结产品、工程项目或服务项目组成的专门项目小组或委员会，设立项目小组的总负责人，全面负责项目方案的综合工作。矩阵制纵向系统的组织是在职能部门经理领导下的各职能或技术科室，其派出人员在参加项目的有关规划任务时，接受项目负责人的领导。在设计、研究和产品等不同阶段，各有关职能部门不断派专业人员参加工作。任务完成后，部门派出人员就回到原单位再去执行别的任务。

矩阵制组织结构的优势和劣势如表 10-5 所示。当环境高度变化，而目标反映了双重要求时，比如同时拥有产品和职能目标，矩阵制结构是最佳选择。双重权力结构便于沟通与协调以适应快速的外界变化，并能实现产品主管和职能主管之间的平衡。矩阵制结构的主要优势就在于它能使组织满足来自环境变化的顾客的双重要求。人员、设备等资源可以在不同产品之间灵活分配，组织能够适应不断变化的外界要求。

表 10-5　矩阵制组织结构的优势和劣势[1]

优　势	劣　势
1. 获得适应顾客双重要求所必需的协作； 2. 实现产品间人力资源的灵活共享； 3. 适应不确定环境下复杂的决策和经常性变革； 4. 为职能和生产技能改进提供了机会； 5. 在拥有多种产品的中等组织中效果最佳	1. 导致员工卷入双重职权之中，使之沮丧或困惑； 2. 意味着员工需要良好的人际关系技能和全面的培训； 3. 耗费时间，包括经常性的会议和冲突解决会议； 4. 除非员工理解这种模式，并采用一种团队组织形式而非纵向的关系，否则将无效； 5. 需要很大精力来维持权力平衡

矩阵式结构的一个明显劣势在于，有些员工要面对双重职权领导，这可能会让员工感到困惑。他们需要出色的人际交往和解决冲突的技术，可能需要经过人际关系的培训。矩阵式结构常常使得管理者耗用大量时间来召开会议。如果管理者不能适应矩阵式结构所要求的信息与权力的共享，这种结构系统就无效。管理者进行决策时，必须相互协调合作，而不是依靠纵向的权力来进行决策。

▶ 新闻中的组织行为学

华为的组织结构变迁梳理：从集权到分权

华为一直奉行的是中央集权，但在此基础上进行层层有序的分权。这么多年以来，华为的副总裁林立，但每个副总裁的权限都受到了严格限制，互成掎角之势，颇有些鬼谷子的"飞钳"意味，但盘算下来倒还真没有什么"功高镇主"的，任正非的兵法权谋果然厉害。建立矩阵结构，实施有序分权在华为成立初期，由于员工数量不多，部门和生产线比较单一，产品的研发种类也比较集中，组织结构比较简单。在这段时间，华为一直采用的是在中小型企业比较普遍的直线式管理结构。

由任正非直接领导公司综合办公室，下属五个大的系统：中研总部、市场总部、制造系统、财经系统以及行政管理系统。主管人员在其管辖的范围内，有绝对的职权或完全的职权；各系统中任何一个部门的管理人员只对其直接下属有直接的管理权；同理，每个部门的员工的所有工作事宜也只能向自己的直接上级报告。这种简明迅捷的直线式组织结构，使得华为在创业初期迅速完成了其原始积累的任务，作为公司最高领导者的任正非对公司内部下达的命令和有关战略部署也更加容易贯彻。

然而伴随着华为高端路由器的研制成功及在农村市场上的成功销售，企业逐渐迈上了高速发展的道路，不但在产品领域开始从单一的交换机向其他数据通信产品及移动通信产品扩张，市场范围遍及全国的各省市，而且公司的员工数也呈几何倍数递增。在这种情况下，单纯的直线管理日益暴露出其缺点：在组织规模扩大的情况下，业务比较复杂，所有的管理职能都集中由一个人来承担。而当该"全能"管理者离职时，难以找到替代者，而导致部门间协调差。

任正非很快意识到这种管理上的弊端，认为华为的发展应该向市场靠拢，这种靠拢

---

[1] 参见理查德·L. 达夫特（Richard L. Daft）. 组织理论与设计精要 [M]. 北京：机械工业出版社，2003：51.

不仅要依靠先进的技术、可靠的质量，还必须用周到的服务去争取市场，在这种直线式管理的结构上进一步细分管理系统。在1998年，华为废除了以往部门结构管理这种权力主要集中在少数几个高层手中的管理模式，在大量学习和理解西方先进管理经验的情况下，结合自己的实际情况，转而引进事业部机制，以提高管理效率，创造更多新的增长点，"调动起每一个华为人的工作热情"。也就是按照企业所经营的事业，包括产品、地区、顾客（市场）等来划分部门，设立若干事业部。

（五）其他模式组织结构

1. 多维立体组织结构（multidimensional structure）是在二维矩阵组织的基础上发展起来的，实质上是M型结构中引入矩阵结构而构成的。这种组织结构采用三维形式即事业部、职能部门、地区或时间，这种形式克服了二维矩阵结构中组织活动受时间和地区限制的弊端，使组织能在不同时间、地点及时而准确地开展各种业务活动。例如美国的道—康宁化学工业公司于1967年在改组组织结构时，把原来的事业部改造成多维组织结构，该公司把事业部作为利润中心，把职能部门作为成本中心，把各个地区作为利润中心和成本中心，并制定长远的计划，随着时间的推移而不断地对组织进行调整，以适应变化的环境。

这种组织结构适应了跨国公司多元化经营的需要，并且在多变、复杂环境中具有较强的生存能力。但其存在着机构庞大、费用较高、协调困难的不足。

2. 动态网络结构（dynamic network），又称虚拟组织（virtual organization），是以市场模式组合代替传统纵向层级组织，以合同为纽带与其他组织进行经营活动的组织结构。虚拟组织是一种规模较小，但可以发挥主要商业职能的核心组织，它创造各种关系网，把公司基本职能交给比自己运作得更好、成本更低的外部组织，留下来的是组织的核心管理团体。公司同其他外部组织之间通常是一种契约关系，主管人员主要是通过计算机网络联系的方式，把大部分的时间用于协调和控制外部关系上。例如耐克公司就属于这种组织结构形式。耐克公司是世界上最大的运动鞋制造商，但是它自己却没有生产过一双鞋。耐克公司成立于1964年，它由美国俄勒冈大学的长跑运动员费尔·那特和他的教练员比尔·波曼创立。耐克公司发展特别迅速，到1994年，公司的年销售额已经达到38亿美元，产品打入世界81个国家的市场。但是耐克公司自己本身并不生产运动鞋，它将生产实行100%的分包。从耐克公司最初发迹到后来的快速增长，97%以上的运动鞋都是在发展中国家生产的。耐克采用合同承包的形式进行发包，然后公司将收购来的运动鞋在全世界进行独家销售。耐克总公司共雇佣了约9 000名员工，主要从事设计、开发、营销、管理等高附加值的活动。而设在不同国家的独立分包商却雇用了75 000名工人。耐克公司从这种经营模式中受益匪浅。其重要的原因就是，耐克公司自己已经掌握了关键的产品设计和专利等资源，而把其他基本职能分包给比自己运作得更好、成本更低的外部组织。

网络结构的特点是组织决策集中化程度很高，但部门化程度很低。其优点是灵活性强，缺点是公司总部对公司许多职能活动缺乏强有力的控制,员工的忠诚度较低。它比较适合需要很大灵活反应能和远距离跨国度跨地区开展的经营活动的企业。

3. 任务小组结构,是一种用来达成某种特定的明确规定的复杂任务的临时性结构。它近似于临时性矩阵组织,来自于组织各个部门的人员组成小组,一直工作到有关任务完成后,小组解散,组员回到原部门或进入新的小组,企业中的质量管理小组、产品设计小组、技术革新小组等即是这种组织形式。

4. 委员会结构,是为了一些综合项目和复杂工作的需要,或者为了弥补组织原有部门和权责划分上的疏漏与矛盾,将具有不同经验和背景的一些人组合起来,赋予特定权限,使之能够跨越职能界限,合理处理有关问题的一种组织形式。委员会结构的优势和劣势如表10-6所示。

表10-6 委员会制组织结构的优势和劣势

优 势	劣 势
1. 由专家或具有多种背景的人来参加,可作出合理又高质量的决策,弥补个人决策的不足; 2. 有利益关系的任何部门都可以参加,可提高对决策的信任度、支持度,增大对所做决策被采纳的可能性; 3. 由于权力分散,有利于防止独裁及专断; 4. 有助于传递和共享信息,委员之间对共同问题的讨论和交流,有利于交流信息及对信息作出不同解释,从而有利于澄清问题	1. 成员之间要达成共识需要花费时间较长,难以作出迅速而及时的决定; 2. 容易在时间、精力、费用等方面造成浪费,导致低效率; 3. 缺乏强有力的领导人,所以容易议而不决,还可能出现少数人的专制; 4. 除非员工理解这种模式,并采用一种团队组织形式而非纵向的关系,否则将无效

委员会分为临时性委员会和永久委员会两种。临时性委员会主要用于解决特定的问题而设立,有些类似于任务小组,但人数较多,权限层次也较多。永久性委员会主要用于处理常规性、综合性、多项职能交叉的问题和工作事务,由于委员会的成员一方面长期隶属于某一职能部门;另一方面又定期或不定期地参加委员会工作,行使委员的权限,十分有利于聚合各职能的资源来推动工作,用做协调和控制的手段。永久性委员会具有较高的稳定性和一致性。

需要注意的是,任务小组和委员会一般是作为其他正式组织结构的附加结构来加以设计的。

以上是常见的组织结构形模式。组织结构本身并不是目的,它是组织为了实现其目标而设置的一种手段。通过建立组织结构,一定的组织能够把完成目标所需要的人员和工作编排成可以管理的单位,然后通过组织关系把各个单位联系起来,形成一个统一的整体。因此,基本的组织结构形式可适合于任何类型组织。组织结构的模式是根据具体组织所处的内部环境和外部环境来确定的,并随着具体组织所处的内外环境的变化而发展。

第二节 组织设计

一、组织设计的概念

组织设计是对组织结构和组织活动的设计过程,把组织内的任务、权力和责任进行有效的组织协调,使组织保持灵活性和适应性,以实现组织目标的过程。一个健全的组织必然要求动态的组织设计。组织实际上是某种"再组织"(reorganization),因而组织设计是滚动式的持续规划过程。

组织设计的决策常常包括对多个因素的诊断,这些因素包括组织的文化、权力、政治行为以及工作设计等。组织设计代表了决策制定过程(包括战略、环境、科技、组织规范、组织文化因素)的结果。确切地说,组织设计将使信息流通,决策通畅,以满足消费者、供应商及代理商的需求;使各岗位、团队、部门以及分部权责分明;并在各岗位、团队、部门以及分部之间进行一种积极的协作。这样,公司就能对环境中的变化做出迅速反应。

有效的组织设计在提高组织活动绩效方面起着重大的作用。它能为组织活动提供明确的指令,有助于组织内部人员之间的合作,使组织活动更具有秩序性和预见性;有助于及时总结组织活动的成功经验和失败教训,从而形成合理的组织结构;有助于保持活动的连续性,有助于正确确定组织活动的范围及劳动的合理分工与协作,提高工作绩效。

二、组织设计的权变因素

组织设计(organizational design)的权变因素,通常可分为情境因素(或关联性因素)和结构性因素两大类,由于它们是考察描述组织特点和实施组织设计的基本维度,所以又称为组织设计的关联性维度和结构性维度。如图 10-9 所示。

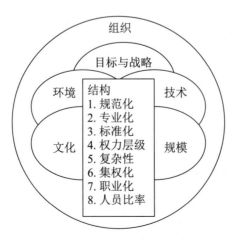

图 10-9 组织设计的影响因素

（一）情境因素

组织设计的情境因素包括图10-9中的文化、环境、目标与战略、技术、规模等因素。它们描述了影响和改变组织维度的环境或情境，反映了整个组织的特征，会对组织结构有明显影响，只有正确把握这些情境因素，才能合理地设计组织结构。

1. 组织目标和战略。组织设计必须服从组织战略和组织目标。组织的目标和战略是一个组织区别于其他组织的目的和竞争性因素，它们将决定组织的经营范围、战略业务单位、资源分配、行动计划以及员工、客户和竞争者之间的关系。为了生存与发展，不同组织会采取不同的组织目标和战略来争取竞争优势，不同战略有其相适合的组织结构和基础条件才能有效执行，而组织结构是一种载体和工具，应当为组织目标和战略服务，因其所需而动。

2. 组织环境。组织所处的环境是指组织外部可能影响组织绩效的多种结构和因素，主要包括政治、经济、法律、供应商、顾客、竞争者等。组织结构可以看作是组织的外部环境与内部各子系统之间的一种纽带。组织结构的设计与所处环境的不确定程度关系密切。环境的不确定性，使得处于环境中的组织必须根据环境条件相应地调整其组织结构的形式。例如，环境较为确定的组织与部门，可采取较为稳定的机械结构，而环境较不确定的组织与部门，则应采取有弹性的有机结构。

伯恩斯（Burnes）和斯托克（Stalk）曾对英国20家工业企业进行研究，考察不同外部环境条件对企业的组织结构模式与管理实践等方面的影响。通过对经理人员进行面谈和现场观察，他们发现处于急剧变动环境中的组织结构与处于比较稳定环境中的组织结构显著不同。他们把这两种组织结构称为"有机式组织"和"机械式组织"。机械式组织结构的特点是高度的复杂化、正规化和集中化。有机式组织结构的特点则是灵活，对变化的环境具有高度适应性；强调横向沟通而不是垂直沟通；重视技术专长与知识，而不是依靠职权；在管理方面，强调信息交流，而不是单纯地下达指令。

3. 技术条件。技术因素是指组织技术或组织运营的科技条件，乃是组织生产子系统或工作子系统的技术属性。技术因素对组织结构影响很大，如扁平化、远距离控制、减少中间层等。它包括用以改变组织从投入到产出过程中所使用的工具、技术知识和操作程序等。技术或科技水平的复杂化程度、先进性程度对组织的标准化程度、集权化程度、专业化程度、信息沟通方式等有着不同需求，必然影响到组织结构的设计。

4. 组织规模。由于组织是一个社会系统，通常以组织内的人数多少来反映组织的规模，至于组织的总资产、销售总额等指标虽然也被用来说明组织的大小，但它们难以反映作为社会系统组织的人员方面的规模。根据前述的组织管理跨度与管理层次原则，一个组织的规模——组织内人员的多少直接影响到组织内部分工，组织层级的多少以及管理跨度的大小，影响到组织结构的框架。

5. 组织文化。组织文化要素是指组织成员共享的价值观、规范、标准和信念等，在组织中起着维系与凝集成员的作用，常常与组织成员的承诺、效率以及对顾客的服务等有关。组织文化需要一定形式的组织结构相配合，方能发挥效用。比如，如果一个组织重视切合动荡环境的"适应文化",就需要降低组织的形式化、标准化和集权程度,构建弹性而宽松的组织结构。

(二)结构因素

组织设计的结构性因素亦如图10-9中方框内文字所示。结构性因素是指组织的内部特征,是衡量和比较组织的基础性因素,是设计组织的重要维度。结构性因素的把握与安排,直接决定了组织的具体结构。

1. 规范化,是指组织利用工作程序、工作描述、规章和政策手册等书面文件的程度。如果组织结构被描述为规范程度高,就是采用规则和程序来规定每一项工作的内容。这样的组织都有标准化操作程序、具体的指导以及明确的政策条文。

2. 专业化,又称专门化或工作专门化,是指将组织的任务分解成各自独立单个工作的细化程度。通过专门化,可以使组织成员专门从事特定专业的重复性工作,从而提高工作效率。如果专业化的程度高,那么每个员工只需从事组织工作的很小一部分,如果专业化程度低,员工从事工作的范围也就广。

3. 标准化,是组织中的工作实行标准化的程度,也就是指组织中类似工作活动以统一方式来执行的程度。工作标准化程度的高低与做该项工作的人对工作内容、工作时间、工作手段的自主权成反比。工作标准化有利于人们以同样的方式投入工作,能够保证稳定一致的产出结果。在标准化程度高的组织中,往往有着明确的工作说明书、繁杂的组织规章制度和详尽的工作安排,但员工决定自己工作方式的权力很小,往往无需考虑自己的行为选择。因此,组织设计时考虑此因素,重点是要解决应该在多大程度上利用规章制度的问题。

4. 权力层级,是描述组织中谁向谁报告以及每个管理者管理的跨度,命令链是从组织高层不间断地扩展到基层的权力路线,主要解决员工个体和工作群体"有问题,去找谁?""我向谁负责?"的问题。当组织规模一定时,管理跨度与组织层次成反比。管理的跨度较窄,其层级趋势就较多;管理跨度较宽,层级就较少。

5. 复杂性,指的是组织分化的程度——组织活动或子系统的数量,复杂性可以从横向、纵向和空间三个维度衡量。纵向的复杂性是指层级的数量;横向的复杂性是横向跨越组织的部门和工作的数量;空间复杂性是指地理位置等方面的数量。显然,组织复杂性的高低决定了其组织结构的复杂程度,影响其活动管理与人员协调的难易。

6. 集权化,是指组织中决策权集中的程度,也就是指有权作出决策的层级。当企业的经营决策和管理权集中在高层管理人员手中,中、下层人员很少参与决策,表明这种组织结构的集权程度较高;反之,如把其中相当部分决策权和管理权赋予较低的管理层次,基层人员能够自主地决定许多事情,表明该组织的分权化程度较高。集权和分权都是相对的,没有绝对的集权,也没有绝对的分权。通常可用投资决策权、产品销售权、日常开支的财务决策权、多大范围的物资采购权来衡量集权或分权程度。

集权化组织和分权化组织在组织结构、组织关系以及民主性、灵活性、效率等方面各有特点,适用不同的环境条件。

7. 职业化，是指员工为了掌握本职工作需接受正规教育和职业培训的程度。组织中的职业化特性一般通过员工的平均受教育年限来衡量。如果企业中的多数员工需要具有较高的文化程度，或是经过较长时间的职业培训才能熟练地从事企业中某项工作，则这个企业的职业化程度就比较高。

8. 人员比率，是指组织在不同部门和职能之间的人员配置情况。人员比率是以具体类别人员数量除以组织全体人员数量来衡量的，如生产一线人员比率、管理人员比率、专业技术人员比率等。

▶ 新闻中的组织行为学

家乐福裁员及发展数字化零售

"互联网+"时代下，线上线下一体化已成必然之势。法国零售业巨头家乐福近年来在全球秉承"多业态、多渠道、多平台"的可持续发展战略，在夯实线下业务的同时，也在持续加力扩充电商版图，实现数字化转型升级。近日，家乐福（中国）与国内领先的无界零售即时消费平台京东到家达成强强合作，年内将有近200家家乐福门店入驻京东到家。截至2018年9月底已有158家家乐福门店上线京东到家，覆盖全国31个主要城市。双方合力的"动能"显著，仅一个月，家乐福在京东到家上的线上销量涨势喜人，呈几何式增长，双方有信心继续保持高速增长。下一步，双方还将继续深入打通系统，加深全面合作，更好地服务于消费者。

2019年1月23日晚间，家乐福在官网发布"家乐福2022"转型计划，将集团发展目标定位为世界粮食转型的领导者。而在该集团发布的转型计划中，精简团队、涉足便利店、发力生鲜和自有品牌成为行业关注的焦点。

根据家乐福发布的内容显示，未来5年中，家乐福法国总部计划采取自愿离职方式进行裁员，裁员规模在2 400人，拟节省20亿欧元的成本。

在业务创新方面，家乐福表示，集团计划将在未来5年内开设2 000家便利店，目标是成为食品电商领域的领导者，进一步发挥品牌的力量。

在数字化改造上，家乐福将投入28亿欧元。在食品电商业务方面，计划到2022年食品电商营业额要达到50亿欧元。同时，该集团也将进一步提升食品品质，更加注重生鲜和有机食品。

2019年2月28日，家乐福集团公布2018年全年业绩，各项业务均表现良好。全年销售额较去年同比增1.4%，至850亿欧元，利润提升4.6%。2018年，中国区业务表现利好，带动大中华区利润大幅提升，较去年同比增长11倍达3.5亿人民币。

同时，家乐福积极与腾讯展开包括大数据、新业态等合作，不断推进智慧零售转型。半年多来，从全球首家智慧门店"Le Marché"开业，到参与戛纳创意节向世界展示零售新业态，到小程序电子商城的发展，家乐福中国正着眼长远，以全新的姿态面向中国消费者。

三、组织设计的思路

组织设计的思路一般是遵循"因事设岗，因岗设人，以人成事"的原则而进行的，也就是说，按照组织目标和任务的需要进行部门划分、组建机构、设立岗位，然后再按照岗位的需要选择合适的人员来担负责任、行使权力、落实工作。常见的组织设计思路有两种：

（一）自上而下的设计思路

自上而下的设计思路，即先要明确组织目标，根据组织目标来确定组织需要的基本职能，这是第一个层次的工作，比较宏观；然后再以对组织职能的细分和归类为依据，设计相应的组织部门机构，并把各部门机构的任务和功能分解，设置相关的具体职务，这是第二层次的工作；最后为各种职务设计必要的职位即工作岗位，确定编制即职位的数量，按照职位要求和编制数配置合适的人员，这是第三层次的工作。其中，职位是根据组织目标为个人规定的一组任务及相应的责任，职位即岗位，它是人与事有机结合的基本单元，职位与个人是一一匹配的；职务则包括了一组责任相似或相同的职位，它是同类职位的集合，也是职位的统称。自上而下的设计思路如图 10-10 所示。

（二）自下而上的思路

自下而上的思路多用于设计全新的组织。首先，在目标活动逐步分解基础上设计和确定组织内开展工作所需的职务类别和数量，分析任职人员应负的责任和素质要素，形成职务规范；其次，依据一定的原则和组织环境、资源等条件，根据各职务工作内容的性质和职务间关系，把各职务组合划分为组织的部门机构；再次，调整和平衡各部门、各职务的工作内容和数量，使前两步设计进一步合理化。最后，根据各部门工作的性质、内容和需要，设计整体组织结构和纵向、横向组织关系，规定各部门之间的权限、职责和义务关系，构成完整的组织结构网络。自下而上的设计思路如图 10-11 所示。

图 10-10　自上而下的设计思路　　　　图 10-11　自下而上的设计思路

四、组织设计的程序和内容

组织设计程序的运作是一个动态的、持续规划过程。组织设计的程序一般如下：

（一）组织基本因素分析

组织基本因素分析就是根据组织的任务、目标以及组织的外部环境和内部条件，确定进行组织设计的基本思路，规定一些组织设计的主要原则和主要维度，这些都是进行组织设计的基本依据。

如前所述，制约组织结构设计的因素主要包括关联性因素和结构性因素。在组织设计过程中，要对这些因素进行充分的了解和分析，特别是组织目标和组织的内外环境的分析。

组织目标是开展组织工作的出发点，组织目标及其保证体系是建立任何组织结构的依据，目标是组织自我设计和自我保持的出发点，也是衡量组织成败主要标志。

组织外部环境的变化对组织结构的有效性影响很大，可分为宏观环境和微观环境。微观环境主要由组织的竞争者、供应商、合作者、顾客、公众等直接影响因素所构成，宏观环境影响着微观因素，通过后者体现出对组织的强大制约力量。环境是不断变化的，在不同的环境状况下，组织结构设计特点应有所不同。一般而言，当外部环境比较稳定时，组织预测的可信度较高，组织结构可以体现较强的刚性，组织内的部门可划分得细一点，可用较为规范的手段实现部门之间的协作关系，组织权责关系的集权度可以高一点；当外部环境变化较大时，组织内部部门划分应适当粗一些，结构的弹性应大一些，适当分权以发挥员工所长，灵活地加强部门间的配合；当外部环境剧烈变化时，组织结构应更有弹性，可以通过加强信息传递，提高分权程度，建立临时性部门等更加灵活的方式来加强部门之间的协作，减少外部环境对组织的不利影响。

组织内部因素对组织结构的影响，主要体现在不同行业的组织在工作流程或生产工艺等特点上的不同会影响到组织结构的选择。

（二）明确和分解职能

组织的基本职能是组织系统在特定的环境中保持正常运转，保证组织生存和发展所必须具备的功能。例如，对于一个企业来说，它的基本职能可以按管理专业分工来划分，可以分为生产管理、技术管理、营销管理、人力资源管理、财务管理。每一类还可再进行细分，例如技术管理还可以分为设备管理、工艺管理等。

明确组织职能必须解决三个重要问题：①组织中应该具备哪些基本职能？凡是实现组织目标和战略任务所需要的职能，均不能遗漏，以便进一步确定承担各项职能的部门；同时，基本职能之间不能有重复，以避免在组织结构设计时出现两个或更多的部门承担同一职能，产生职责不清，互相推诿等问题，降低管理工作效率。②各种职能之间互相联系，相互制约的关系是怎样的？这个问题是部门设计科学的基础。因为紧密联系的职能应置于同一管理子系统内，不宜分开；相互制约的职能则不能由同一部门或子系统承担，必须分开。否则，就会影响企业组织的横向协调与监督控制，造成管理工作的混乱。③在各种职能中，什么是关键职能？这也是为组织结构的设置奠定基础，因为分工承担关键职能的部门应配置在组织结构的中心位置，其他部门的工作与之配合，以保证组织出色地履行职能。否则，各部门争当主角，形成了多个中心，就会妨碍组织目标的实现。

职能分解即对已确定的基本职能和关键职能逐级细分为各部门、各职位的职能，主要是按组织业务活动的性质与技能的相似性以及专业化原则，把组织的工作与活动进行分类。但过分强调职能专业化也会有副作用，在大型企业中，人们辅以产品、地区、顾客、项目等方式进行职能分解与部门设计。

（三）组织结构的框架设计

这是整个组织结构设计的主体，主要承担组织各种职能、各部门的协调、高效分工协作关系的设计工作。组织结构的框架设计是在上述组织纵向部门的层层划定，横向协调方式确定的基础上，统筹考虑组织权限与责任划分关系，寻找全面优化的分工协作的组织关系，结合现有的组织模式和组织实际，来合理地设计组织结构的总体框架。

组织结构框架设计的主要内容有：组织高层权责关系的形成和组织内各部门、各岗位的责权划分等。框架设计既可以采取从抽象的原则入手，划分管理层次、应设定的部门，最后确定职务和岗位这样自上而下的设计方法；也可以采用先确定岗位、职务，再向上组合成部门，最后根据管理幅度的要求确定管理层次的自下而上的设计方法。比较常用的是前一种方法。设计好的组织结构框架图应进行反复修改，综合平衡，最后形成组织结构的整体框架。

（四）职务分析

在分解目标、划分职能基础上，确定相应职能机构并设置职务，进而分析机构职务。职务分析又称为工作分析，是全面了解一项职务的管理活动，也是对该项职务的工作内容和职务规范的描述和研究过程，即制定职务说明和职务规范的系统过程。具体地讲，职务分析就是全面收集某一职务的有关信息，对该工作从6个方面开展调查研究：工作内容（what）、责任者（who）、工作岗位（where）、工作时间（when）、怎样操作（how）以及为何要这样做（why）等，然后再将该职务的任务要求进行书面描述，整理成文的过程。

（五）管理规范设计

应将管理规范设计看作是组织结构设计的继续。组织要明确各项管理业务的工作程序、应达到的要求以及应采取的相应管理方法等。管理规范体现组织对其成员的行为要求，起巩固和稳定组织结构的作用。人力资源管理制度是管理规范的重要内容。例如，应配备的人员知识和素质状况，员工的培训，绩效考核和薪酬管理制度等都将规范组织的人员配置，规范员工的工作态度和行为。需要特别注意的是，管理规范不能流于形式，成为"假、大、空"的摆设，也不能照搬照抄，不从本组织的实际出发来设计管理规范只会自欺欺人。

（六）组织文件

组织文件的作用在于表明组织原则，显示组织结构和组织关系，方便人们了解组织，维护组织并开发组织的资源。与组织设计有关的组织文件主要有组织图、组织手册以及标准工作规程等。

组织图是用图示的方法显示组织的层次、职务间联系、沟通关系、职能部门的指挥与协作关系。其中最常见的是组织结构图。它能以简明、标准、清楚的形式，显示复杂、抽象的组织结构和组织关系，因此组织和组织结构设计的成果多以组织图的方式来进行表达。

组织手册是用于说明组织宗旨和目标、组织机构、权责关系、职务规范、职责范围、管理规则、组织制度等组织基本事务的文件汇编。组织手册是促进组织成员了解、熟悉组织，明确职责，遵守组织制度，处理关系，加强自身组织化的重要工具，并为进一步研究组织问题，改进和完善组织提供了重要依据。

组织的标准工作规程主要是指组织正常运作时的各项工作标准，通常主要包括组织的工作或生产技术标准、工作或生产技术规程、定额标准以及各项管理标准等内容。

（七）反馈和修正

组织设计是一个动态过程，在组织结构运行的过程中，由于组织环境的不断变化、新情况的不断出现，会出现许多不足和不完善的地方。因此，在组织运行过程中，需要对组织结构进行必要的修正和完善，要将组织结构运行中的各种信息反馈到前述的各个环节中去，定期或不定期地对原有组织设计作出修正，使之不断完善，不断符合新情况。

对于现有组织而言，组织结构的设计还涉及新旧模式转换阶段。要让员工从心理上和行动上都抛弃旧模式接受新模式并不是一件容易的事。新旧模式的转换实际上是一场组织变革，面对的阻力是巨大的。有关组织变革的内容，将在第十二章详述。

第三节 传统组织与现代组织

一、传统组织结构的兴衰

传统组织（traditional organization）指的是工厂化时期的组织，它以分工为基础，以控制命令为核心。科层制组织、等级制组织、官僚化组织、直线制组织以及金字塔组织等，是从不同侧面对这些传统组织的描述或界定，反映的是同一个对象。

（一）传统组织结构的特点

上述直线制、职能制、直线职能制组织结构形式表现为集权式组织结构，是一种纵向管理、逐级负责、集中控制的机械模式，它在稳定的环境中易于发挥出高效（伯恩斯，2000），即它适合于比较平衡的环境、低素质的员工以及生产过程稳定的情况。集权式组织结构通常具有以下特征：

（1）明确的等级划分，自上而下的管理，决策由一个组织链和繁杂的程序，从最高层单向往下传达给员工。

（2）职能（功能）主义，严格的部门间相互独立及工作职能细分，每个部门及子部门划清界限，也为组织本身与其环境划分了一个明确的界限。

（3）严格的管理控制和集权化，最高层掌控计划、问题解决/执行、决策和指挥。

（4）管理规则过多，运作程序标准化。

20世纪20年代初美国企业界两位高级管理人员——杜邦和斯隆在对公司组织进行改组中不约而同地提出分权式组织结构，它包括事业部制、超事业部制、矩阵制等形式。这一时期的最大特点是，所有者与经营者的分离——现代企业制度的出现。这一时期，产品开始从单一性到多样化，组织面临的环境也日益复杂多样，分权成为必然趋势，这样就导致了分权式层级制度的出现。

此后，在U型组织、M型组织（事业部制）中设置各种横向联系手段，如临时性任务小组、矩阵制组织、多维组织诞生，组织结构向灵活性方向发展，组织权力向组织下层转移。传统组织的权力中心不再仅仅集中于上层的决策者，而且随着环境的日益动荡，决策者的经验可能不再奏效，其原有能力无法对不断变化的环境作出正确、及时的决策；它需要组织内员工的共同参与，因而决策权呈现向下移动的趋势。企业组织的绝大部分信息也不再集中于组织的最高层，而是为整个组织员工所共享，这就削弱了高层管理者对信息的垄断权。分权制相对集权制组织结构形式，强调适应环境，对市场变化反应更迅速。

无论是集权制组织结构（U型组织）还是分权制组织结构（事业部制、矩阵制、多维立体制等组织结构模式）都没有突破层级制的特征，都只是传统组织的不同发展形式。

传统组织结构是人类历史上一项伟大的组织创新，它通过组织劳动分工、制定管理规程以及制定工作程序或工作规则，从而使组织内各类人员为一个共同目标努力。传统组织创造了一种制度，这种制度能够有效管理大量投资、劳动分工和大规模机构化生产。它的组织力量推动了钢铁、化工和汽车工业初期的快速发展。例如，这种制度使美国电话电报公司（AT&T）能够通过为每种任务提供详尽的政策性手册，建立一个拥有一级管理者的通信网络，从而成为一个大型联合组织；IBM公司则是在传统组织框架下加入"以顾客为中心"的观念，从而保持了在计算机行业的领先地位。总之，在过去的一个世纪里，传统组织在制造业零售业和服务业等领域，占据了主导地位，使社会面貌发生了显著变化，甚至许多非营利组织也采用传统组织结构模式。

传统组织作为一次伟大的组织创新，为人类社会发展作出巨大贡献是不容置疑的。但是，随着时代的发展和社会进步，昔日带来巨大成功的模式今天却正在成为某种束缚，传统组织受到越来越多的质疑。

（二）传统组织设计的前提

传统组织设计主要有以下几个前提：

（1）组织中的人是理性的"经济人"。"经济人"（economic man）又称"实利人"或"唯利人"。这种假设最早由英国经济学家亚当·斯密（Adam Smith）提出。他认为人的行为动机根源于经济诱因，人都要争取最大的经济利益，工作就是为了取得经济报酬。传统组织中的参与者都被设计成具有完全理性的工具，而他们唯一的目的就是自身利益最大化。从马克斯·韦伯的有关论述中可以看出，传统组织是为获得效率（他所说的效率是统治者的命令权力得到执行的程度）目标而设计的"最合理"的统治方式，而这种统治方式是通过建立森严的正式制度来保证的。在这种森严的正式制度中，每个成员都是"行尸走肉"，他们只是献身于各自职位的"机器人"，或者只是组织机械上的一个零件，是完全理性的经济人。在韦伯所处的时代，机器大工业技术与理性的经济人以及严密的制度等要素的有效组合，共同构成了一部精致、合理的"机器"，其本质是通过无所不包的正式制度来管制组织成员，从而确保最高统治者的权力意志能得到准确无误的贯彻执行。

（2）环境是稳定的。传统组织是在稳定环境中诞生的，它只是在生产技术发展到相对稳定的时期才能够得到发展。实际上，传统组织是建立在机器大工业技术基础之上的，这种工具技术的本质是一种机械技术，即其目标是单一的，功能是预定的，操作是高度程序化的。这种技术通常是比较稳定的。传统组织的产生与运作，正是以与这一技术相匹配为前提的。在技术相对稳定的条件下，或者说没有革命性技术变革的情况下，传统组织的存在与发展就成为一种必然。所以，本尼斯说，传统组织是在它的早期——工业革命那种高度竞争、稳定不变的环境中兴旺起来的。一个金字塔式的权威机构把权力集中在几个人手里，这种权力布局在过去和现在都适合解决常规的问题。

环境的稳定性不仅体现在技术方面，还体现在市场和产品的生命周期上。市场环境早期的稳定性和产品生命周期之长，从福特公司生产 T 型车的历史中可见一斑。福特公司于 1908 年推出了质优价低的 T 型汽车，它代表了在稳定市场环境中标准化大规模生产的开始，直到 1927 年黑色 T 型车被停产，这种单一的标准化汽车产品在市场整整风光了 20 年。

（3）市场需求是稳定的和可预测的。需求稳定意味着没有不可预测的需求水平上升或下降的趋势，即使存在升降，速度也很慢，也可以认为是稳定的，因为是一种缓慢的渐变的过程，这是传统组织实施大规模生产的理想环境。只要某一产品的市场需求是稳定的和可预测的，那么该产品的生产水平、开发周期以及生命周期也同样是稳定的和可预测的。

作为 18 世纪到 19 世纪工业革命的产物，在传统组织所处的市场环境中，人们的需求是相对单一的、明显的。生产性组织的目标就是如何满足人们的需要，组织的核心是生产的规模与效率。或者说，传统组织结构是在一个稳定的环境中，为生产效率而组织的。

传统组织有其自身的存在环境和条件，是人类组织历史上的一次重大的组织创新。应该说，传统组织结构是面对那些稳定的、可预测的、相对均一的环境的最好的组织形式，它在处理日常性的、重复发生的事件上，效率的确很高。即使存在激烈竞争，只要环境相对稳定，它就能将人类的活动纳入常规体系，而且处于组织顶层的管理者也总是能够借助集权机制使组织适应环境的变化，从而能够使组织有效维持和发展。

然而，随着时代的发展和环境的变化，传统组织所赖以存在的基本假设正在发生着改变，组织设计的基本原则也受到理论和现实的挑战。知识经济时代的到来，计算机和网络技术的发展为已经成熟化的全球化工厂和市场注入了一些新变量，传统的工厂化组织模式进入人类生活以来所面临的最严峻的挑战。

（三）传统组织结构面临的挑战

当前组织的运行环境正在发生着剧烈的变化，集中表现为知识经济的出现、信息技术的发展、经济的全球化趋势以及市场环境的深刻变化。在外部环境发生剧变的同时，组织内部原有的规则与程序也正在发生相应的变化。

1. 知识经济的到来

联合国经济合作与发展组织（OECD）在1996年度报告中提出知识经济概念，对它的定义是：知识经济是以知识为基础，直接依赖知识和信息的生产、分配和应用的经济。同时还认为，其成员国经济中的50%以上都是由知识驱动的。

知识经济正使技术进步在国家经济增长中的贡献率不断地提高，如在发达国家的经济增长中，技术进步的贡献率由20世纪五六十年代的40%～50%，增长到20世纪七八十年代的60%～70%，到信息高速公路建立和广泛应用后，技术贡献率将达90%。一个国家创造知识的速度和利用新知识的能力，将决定该国在国际市场中的地位。美国从20世纪80年代起迈向知识经济时代，近几年来发展速度加快。美国在信息技术产业领域比日本领先10年，比西欧国家领先程度更高。自1993年以来，在美国的工业增长中，约45%是由高技术的迅速发展带动的，高技术产业在美国GDP增长中的贡献率为27%。

目前，各国都在调整科技发展战略和政策，进行各种科技研究与开发，开展更合理的教育计划，如日本的"科技立国"、美国的"建设信息高速公路，振兴美国经济"等，以及中国的"科教兴国"战略，目的都为使本国在知识经济时代的竞争中处于有利地位。

在新的以知识为基础的经济时代，要有与之相适应的组织结构模式。组织已不能再通过用低技能、低工资的员工和不断重复的工作来实现组织经济的增长，应该意识到组织的发展越来越依靠知识。而为了适应知识经济带来的挑战，组织必须进行组织管理创新，为企业创新和经济上的快速发展提供制度与机制上的保障。

2. 信息技术的发展

现代信息技术的应用已经深入到经济生活中的各个角落。信息时代的来临不仅带来高速发展的信息产业，而且将对传统的组织管理产生重大影响。经济学家熊彼特（Joseph Schumpeter）指出，现代历史的第一次浪潮（1780—1840年）送来了蒸汽机，推动了工业革命；接下来是铁路（1840—1890年）、电力（1890—1930年）、廉价石油和机动车（1930—1980年）。而现在第五次浪潮正在为信息技术所掀起，且技术突破的影响较以往更迅速。

信息技术不仅可以应用于经济世界的每一部分，还可以影响组织的每一项职能。例如，信息技术不仅可以改进一辆汽车的生产绩效，更可影响设计、工程、制造和服务各个环节。在汽车的销售领域更是如此，据估计，在美国约有一半以上的汽车销售受到互联网的影响，客户可以从网上直接向制造商提出要求。

信息技术的发展与广泛应用极大地改变了传统的组织运作方式，使得通信速度大大加快，信息产业和服务的价格大为降低，从而降低了组织的交易成本，企业的边界进一步扩大。组织几乎可以轻而易举地在全球范围内进行生产要素的组合,实现资源的优化配置,使生产成本大幅度降低。

信息技术提高了组织新产品研究开发的效率。先进的传感技术和控制技术方便了从物到人和从人到物的信息流动。各种各样的计算机辅助设计系统使研究开发人员摆脱了大量的案头工作,从而可以方便快捷地将自己的设想转变为他人或机器可以接受的信息。通过互联网还可以在全球范围内临时组成虚拟化研究与开发组织,极大地提高了跨国公司的技术创新能力。

信息技术使企业能够实现全球范围内的规模经济。由于信息技术的发展和广泛应用,促使生产部门的最小生产规模不断缩小,通过加强全球范围内的协调,对于在一个国家或地区的市场需求很小的产品,跨国公司能够将世界各地的市场集中起来,在全球范围内获得规模经济。

新的技术、新的生产组织与经营环境必然带来新的组织管理方式以及新的管理问题。信息技术的推动正引发传统组织的变迁。

3. 经济全球化

20世纪90年代以来,世界贸易组织(WTO)、国际货币基金组织(IMF)等国际机构协调作用的加强,以及信息技术日新月异和国际互联网络的迅速扩展,使企业积极从事跨国界的生产和经营,实施全球范围内最佳资源配置和生产要素组合,世界经济因而日益呈现出全球化的趋势。

信息技术的发展,电子商务的日益普及,带来了巨大的全球化市场。国际贸易量在迅速增加,有些国家国际贸易量甚至超出了国内贸易量。许多知名公司或进行跨国直接投资,如美孚、花旗、吉列、惠普等公司几乎拥有美国以外的一半海外资产,或更多的销售额来自海外市场,如以上这些大公司,再如可口可乐、柯达、宝洁等。

在经济全球化发展的同时,贸易自由化和投资自由化得到迅速发展,各国政府竞相采取优惠政策吸引外资,贸易和投资壁垒大幅削减,企业在国际间转移商品、劳务和资本变得空前便利。全球一体化的步伐加快,程度更高。经济的全球化,许多公司雇用来自不同文化不同国家的员工,文化的差异对于这些组织的管理和组织结构都会产生极大影响。

全球化使得每一个公司,无论大小,在其本土就可能面临着国际性的竞争,因而也需要具有国际竞争力。今天的管理者及其组织正应付着经济全球化带来的不断增强的相互依存,产品、服务、资本和人力资源等正以令人眩目的速度跨出国界。面对这种不断增强的相互依存性,很多企业,如IBM、福特等公司,都在调整其组织管理方式,使其能够不断适应全球化的要求。

4. 市场环境的深刻变化

企业所处的市场环境的深刻变化,对于传统组织的发展是一种严峻的挑战。而市场环境的变化主要体现在:

(1)市场变化莫测和竞争的加剧。传统组织的存在的一个前提假设就是市场需求是稳定的、可预测的,但由于市场变化加速,市场需求越来越难以预测,同时随着信息技术的发展,市场竞争程度也大大加剧,这要求组织必须能够根据竞争变化及时进行调整。

在这种情况下，组织结构的调整要以能适应市场需求变化为前提和基础，使传统组织结构能够对市场变化做出快速、灵活的反应。

（2）顾客需求多样化和个性化。技术发展带来产品的多样化，使顾客拥有了更多的产品选择余地。竞争的加剧，市场的不断细分，更进一步促进了产品的多样化发展。企业只有完全直接地面对不同个性化需求的市场和顾客，才能赢得竞争优势。企业经营的中心要从传统的低成本高效益转向顾客需求的满足；从产品观念转向顾客观念，必须能够对顾客的要求及时做出反应。

二、组织的新发展[①]

现代组织理论认为，组织等级结构形成的根本原因是有效管理幅度的限制，即当组织规模扩大到一定程度时，必须通过增加管理层次来保证有效的领导。

传统组织结构的共同特点是经营决策权集中于高层管理者和各职能部门管理者手中，以纵向命令控制为主来协调整个组织的行为，信息传递缓慢，灵活性差，横向协调不利。随着组织规模的扩大，组织集权的"副作用"的影响愈加深入，对有效的组织职能进行控制和影响开始变得困难。

彼得·德鲁克指出，现代企业产生以来，组织的概念和结构已经经历了两次大的演变，第一次是1895—1905年，演变的结果是所有权与管理权的分离，管理成为管理者自己权利范围内的工作和任务。第二次演变发生在20世纪20年代，出现了现代企业集团的"命令——控制型"组织。特点是分散化经营、集中化控制，世界大多数企业至今仍是这种组织模式。现在已进入第三阶段演变，即从部门和职能式的"命令——控制"型组织向知识和专家式的以信息为基础的"新组织"过渡。[②]（由于还处在演变的初期，有的教材或论著称这种"新组织"为未来组织）

现代"新组织"有6个复杂的、相互影响的特征：等级制的弱化、组织关系网络化、组织结构扁平化、组织边界柔性化、组织多元化以及经营全球化。

（一）等级制的弱化

传统组织的一个基本特征就是其官僚层级制度，具体表现为一种等级明显的组织结构形式。每个职位都有具体的工作，超过自己分内的工作就是越权；上级不适当地干涉下级分管的事情。一般来说，层级越多，组织内部的信息传递就越慢，信息的失真就越严重，组织对环境变化的反应速度就越慢，组织运作效率就越低。

在未来社会中，网络技术的发展已经迫使每个组织在互联网络上生存和发展。互联网具有无比强大的威力和作用，网络的优点在于信息共享和数据通信，互联网的几种主

---

① 该部分参考德博拉·安可纳（Deborah Ancona）、托马斯·A. 科奇安（Thomas A. Kochan）等. 组织行为与过程——企业永续经营的管理法则 [M]. 北京：中信出版社，2003.

② 参见彼得·德鲁克. 新组织的到来 [J]. 选自小詹姆斯·I. 卡什等. 创建信息时代的组织 [M]. 大连：东北财经出版社，2000：99-107.

要服务无不体现这一优点,互联网的运用将极大地改变组织的面貌。组织利用内部的网络,把组织内部的所有信息连接起来,这样组织成员可以找到任何地方的信息,将这些信息从神秘的数据库中取出,变成人人都可运用的资料。内部网络的运用打破了公司内部信息和行政壁垒,使组织成员在平等的基础上进行对话和交流。网络组织不能完全取代传统组织中的等级制度,但会在一定程度上弱化这种等级制。

(二)组织关系网络化

长期以来,管理理论与实践就强调在管理中分清个人权力和责任的需要,在不确定、易变的环境中保护组织核心活动的需要。相反,"新"模式认为,组织是建立在个人、群体和组织内部子单位之间的相互依存上;当然还有与周边环境的相互关系。"新"模式的界限是"可渗透的"或"半渗透的",可以让人和信息在其中非常频繁地活动。

在组织内部,网络化具体表现为以下几个具体的特征:

(1)强调团队而不是个人的工作是各个活动领域中的基本活动单位。

(2)运用团队的交叉功能,把组织内不同部门、不同层面的人聚集到一起。

(3)创造更广泛的、跨部门和跨职能的、横向的信息分享和合作。

在组织与环境的关系中,这意味着:

(1)与供应商建立紧密的关系,而不是通过库存和疏远性的合同及控制系统去缓冲其不当行为。

(2)把员工安排在直接与某些客户接触的职能部门,如生产部门和研发部门,而并非依赖专门的跨界部门如市场营销部或客户服务部去协调客户与组织中负责开发和生产产品、提供服务的部门之间的关系。

(3)与主要的利益相关者,如地方社区群体或政府机构建立联盟;或者与工会建立联盟,一起工作而非对立或防御。

(4)与其他公司建立同盟和合作性网络,让另一公司成为一个"3C"公司,即同时是竞争者(competitor)、顾客(customer)和合作者(collaborator)。

网络化的典型组织形式通常称为"虚拟公司",一般通过先进的通信技术把雇员、供应商和客户联结起来。有许多复杂因素促使人们日益认识到网络化的重要性,其中包括:

(1)新的通信和信息技术大大增加了跨越长距离和跨越正式组织界限去接触人和组织单位的可能性范围。

(2)迅速对顾客需要做出反应以适应不断变化的环境和创新需求的竞争性需要。专门化的个人工作和专业知识不再提供创造价值所需要的知识的整合。

(3)为开发和向顾客传递价值,需要日益复杂和多样的资源。公司必须尽可能有效果和有效率地利用外部资源。

(4)通过在易变性的根源(顾客、供应商、管理者)与最直接受其影响的组织部门之间建立网络,就能更有效果和更有效率地对付环境的易变性。

（三）组织结构扁平化

组织结构简单化的核心在于尽量减少组织结构的中间层次，使任务下达、信息传递速度加快，从而保证决策与管理的有效执行，使组织变得灵活、敏捷，提高组织效率和效能。

人们对有关 21 世纪的组织达成了广泛的共识：公司比旧模式精干，管理层次少得多。当然这种等级体系的扁平化并不是简单地减少管理层次，它要求扁平化组织（horizontal organization）授权给操作层的员工，把制定决策的权利下放到公司的"最前线"。这样负责执行决策任务的组织单元同时有了作出决策的权力，至少是参与制定决策的机会与权力。等级体系扁平化既有可能，又有必要，原因如下：

（1）组织需要更迅速和更灵活地对市场和技术方面的变革做出反应，并使其成员持续地改进操作，从而消除某种高耸的控制导向的等级制组织所带来的迟缓。

（2）信息技术方面的变化消除了对中上层经理层次的需要，这些层次的主要任务一直集中在组织和传递信息上。取消中层使组织能更快地进行监督活动，并相应地做出调整。

（3）在一个竞争激烈、资源稀缺的时代，组织面临着削减开支和提高生产率及绩效的强大压力。

（四）组织边界柔性化

柔性是一个多维的概念：它要求组织具有灵活性与多面性，预示着稳定性、持续的优势和能力能够随时间与环境的变化而变化。柔性是与变化、革新等联系在一起的，它给企业提供了对所面临的内外部环境变化的应变能力。实际上，它所指的正是组织适应变化的能力和特性。

很多组织发现，依赖过去的官僚组织模式，如制定完善但是僵化的条例、常规惯例和结构等来达到组织的成功越来越困难。"按照规则办事"的突出优势是可预测性、可控性和公平性。然而，如今公司越来越注重对企业员工、客户及其利益相关者（即那些与组织存在利害关系的人如股东等）的多样化需求灵活地做出反应，产品寿命缩短，更新换代更加频繁。组织必须对这种快速变化作出反应，改进系统来激励改革、创新，而不是视变化为一种障碍。柔性化还包括"临时性的"或"应急性的"雇员。柔性组织能够灵活地根据外部环境的变化，适时对组织结构、人员配置做出调整。柔性化的需要受到以下几个因素的驱动：

（1）强化竞争，按照客户的需求制定新产品和服务的能力将日益成为竞争优势的源泉。

（2）日益多元化的劳动力的需求伴随着人们生活差异化的需求而增加。

（3）日益复杂和不可预测的外部环境使组织之间越来越相互依赖，组织之间具有了某种网络关系。

（五）组织多元化

新模式的前三个特征突出了新组织的多元化特征。一方面，新组织需要适应组织内的多元化的观点和方法、职业发展途径、激励体系、人员和政策；另一方面，组织还需对日益多元化的组织外部利益相关者做出相应的反应。组织的新模式呈现的是一系列多元化的可能出现的职业轨道，包括兼职工作（part-time）、在家工作（即员工通过计算机在家工作），人们可以根据自己的兴趣、家庭状况以及提高公司退出的标准来选择不同的方式。新模式包括在公司工作但和公司没有传统联系的员工，如全职人员或公司聘用的非在职的顾问。它对各种具有不同背景的人开放并为其提供途径。

现今的组织注重多元化的原因有：

（1）劳动力正在日益多样化，越来越多的女性参加工作、种族与国际的巨大差异、越来越多的人在他们生命的不同时期进入和离开组织。

（2）更加需要解决问题的革新性和创新性方法，这些方法被看作是得益于多元化的方法和观点。

（3）有些组织具有不同的系统和文化，有些顾客具有多种需要，扁平化、柔性化和网络化组织与上述组织和顾客紧密相连。要在这种环境中有效地发挥作用，组织不但要认识到和容忍多元化的存在，而且还要意识到它的重要性，并对其予以重视。

（六）经营全球化

以往有许多公司是国际化，但非全球化。因为虽然它们在许多国家经营，但它们在每个国家的经营相互孤立，不同国家的组织之间没有丝毫的相互依赖和相互作用。"全球化"指的是不同国家的组织之间能相互作用和影响。"新"组织的网络化特征，越来越多地贯穿于各个组织边界。在网络系统中，有些是公司内部网络，如公司通过在国外设立自己的销售办公室或工厂来扩张公司；其他的网络系统是外部的，如公司与国外客户和供应商制定国际间的联系，通过出口或与外国公司的商业联盟，为其部门和子系统寻找低成本资源以此降低成本来扩张自己的市场等。

强调新组织全球化日益增长的重要性的主要原因有：

（1）国际运输和通讯成本的极大降低，使得在一个地方生产的产品和配件在许多地方以具有竞争力的价格卖出，如日本和德国的车在全世界销售。

（2）发达工业国家和新兴的工业化社会（包括劳动力教育水平、技术和经营能力、通信以及运输基本设施）之间日益均衡化。这种均衡化增加了获得和应用新产品或过程技术的公司数目。

（3）市场"全球化"，因为正在使用的标准在国家与国家之间变得更加相似，而且"消费阶段"在许多国家中变得更大和更趋向于国际市场。尽管许多市场仍然保持着地方性和区别性，但其他市场已日益为许多公司提供越来越多的扩大市场的机会，这些公司仅需对其产品或服务做少许裁剪就可以了。

（4）国家间在成本结构上的差异性依然存在，这样那些试图降低其成本的公司就能为支持性活动或者为生产找到潜力高而成本低的地点。

（5）通过跨国界学习，特别是通过为主导市场和技术中心构建网络来提高公司潜在的能力。以前，公司通过开拓其在自己国家市场上发展起来的能力来进行国际性的扩张。而现在，一些欧美、日本公司和新兴工业国家的"新"跨国公司，为了增强（而不是去开拓）

它们的竞争优势，都在向最发达的市场发展。如日本和欧洲的药品公司进入美国以获得最新的生物技术，美国公司在日本建立子公司以充分发展其技术，韩国三星将个人计算机总部设在美国加利福尼亚。

事实上，没有任何现实的组织体现了新组织的全部特色，而且，通常来讲，"理想模式"并不"理想"，即不是天生优良的或令人满意的。韦伯的"旧"官僚模式也是适应当时的环境而形成的。只有在分析当今的组织变革趋势时，新组织模式才可能有效，如表10-7所示对比列示了新旧组织模式的特征。

表10-7 新旧组织模式的特征对比

旧 模 式	新 模 式
● 个人的职位/工作是组织的基本单位	● 团队是组织的基本单位
● 与环境的关系是由专门的"跨界者"处理	● 与环境结成紧密的网络
● 信息纵向流动	● 信息横向和纵向流动
● 决策向下传递，信息向上流动	● 决策在信息基础上做出
● 垂直型（管理层次多）	● 扁平化（管理层次少）
● 强调组织结构	● 强调过程
● 强调规则和标准程序	● 强调结果和产出
● 固定工时	● 工作日灵活，兼职很常见
● 职业道路和上升性、直线性	● 职业发展路径的横向性、灵活性
● 标准化的评价和奖励制度	● 按客户定制的评价和奖励制度
● 强烈期望单一文化的同类行为	● 观点和行为的多元化
● 种族意向	● 全球/国际化思维
● 专门的国际经理人员	● 任何水平的边界交叉人员
● 本土价值链	● 跨国界价值链
● 在某一国家的特定环境	● 全球化的环境

新组织的这些特征涉及个体管理者角色和职业、组织以及其所在环境的联系、所需要的各种能力的变化。例如，公司在要求员工高度奉献和付出努力的同时，也对公司提出采取灵活的工作奖励方式的要求，这需要我们重新思考个体与组织之间的关系。在一个扁平化、网络化的组织环境里，管理者不能依靠正式的职位权威完成他们的目标，而必须和其他员工协商以建立彼此的信任感，并跨越他们所安排的角色的界限来工作。如表10-8所示列示了新组织中采取行动的工作构架。

表10-8 新组织中采取行动的工作构架

组织特性	需采取的有效行动		
	个人技能	组织特征	环境管理
● 网络化	● 团队工作	● 团队结构	● 发展联盟
● 扁平化	● 协商	● 形成激励系统	● 边界管理
● 柔性化	● 多任务	● 劳动力管理	● 学习型
● 多元化	● 倾听、投入感情	● 冲突解决系统	● 协调利益相关者关系
● 全球化	● 跨文化交流	● 跨界整合	● 响应本土

自我评价练习

官僚化倾向测试

请回答下面的问题,用"非常同意"或"非常反对",标出符合你的情况的选择。

1. 我认为工作中的稳定性很重要。
2. 我可预测性强的组织。
3. 对我来说,最好的工作是未来不确定的工作。
4. 在政府机构工作是件美差。
5. 规则、政策和程序使我有挫折感。
6. 我愿意在一个员工超过 85 000 人的跨国企业工作。
7. 做自己的老板对我来说风险太大,我不愿意这样做。
8. 在接受一份工作之前,我希望能见到准确的工作说明书。
9. 我更愿意做一个自由的房屋粉刷工,而不是汽车配件商店的员工。
10. 决定薪资和晋升时,资历同绩效一样重要。
11. 如果在一家处于同行业最成功的公司中工作,我会感到自豪。
12. 如果让我选择,我宁愿去做一个年薪 40 000 美元的小公司的副总裁,而不是年薪 45 000 美元的大公司职员。
13. 我认为戴上标有号码的员工工卡有降低身份的感觉。
14. 公司中的停车位置应基于个人在公司中的职位来分配。
15. 如果一个会计为大型组织工作,他就不可能成为一个真正的专业人员。
16. 在接受一份工作前,我希望知道公司的员工福利待遇是不是特别优厚。
17. 如果一个公司不制定清晰明了的规章制度,它可能就无法取得成功。
18. 对我来说,工作时间、假期安排按部就班比工作刺激更为重要。
19. 对不同职位的人应予以不同的尊敬程度。
20. 规章制度早晚要被抛弃。

请根据下面的答案给你对每一题的选择打分,相符的得 1 分。

1. 非常同意	11. 非常同意
2. 非常同意	12. 非常反对
3. 非常反对	13. 非常反对
4. 非常同意	14. 非常同意
5. 非常反对	15. 非常反对
6. 非常反对	16. 非常同意
7. 非常同意	17. 非常反对
8. 非常同意	18. 非常同意
9. 非常反对	19. 非常同意
10. 非常同意	20. 非常反对

15 分以上表明你喜欢在官僚机构中做事;5 分以下则表明你在官僚机构,尤其是在大型官僚机构中会受到挫折。

三、组织设计的新形式

传统组织面临的挑战是以信息技术为基础的知识经济和全球化的挑战。组织设计是选择和进行结构性配置的过程，一个合适的组织设计的选择是综合了几个因素而作出的，这包括组织规模、环境、战略、文化及技术等因素。现代组织设计必须充分考虑信息技术这一权变因素的影响和战略意义。信息技术广泛应用于各类组织，管理者们正在试图以全新的方式来设计他们的组织：

1. 学习型组织

随着信息革命和知识经济时代进程的加快，学术界和企业界都将关注的焦点转向组织如何适应新的知识经济环境，从而保持和增强自身的竞争能力以及延长组织的寿命。在这样的背景下，学习型组织这一概念也越来越受到人们的重视。人们发展比竞争对手学习和变化得更快的是许多组织唯一持久的竞争优势。

这是一种以"地方为主"的扁平的网状组织结构，这里所说的"地方为主"是指尽最大可能将决策权向组织结构的下层移动，让最基层单位拥有充分的自主权，并对产生的结果负责。不同于传统的金字塔式结构，这种扁平式结构中，中间相隔层次极少。这样能够保证上下级之间不断沟通，下级能直接体会到上级的决策思想，上级也能亲自了解到下级的动态，迅速准确地掌握第一手资料。采用这样的组织结构是新的知识经济环境对学习型组织的本质要求。（学习组织具体概念与特征，将在后面详细讨论）。

2. 基于业务流程再造的组织

组织横向结构的转变通常与业务流程再造密切相关。而业务流程再造是一种涉及业务流程彻底再设计的跨职能管理过程，它将导致组织结构、文化、信息技术的同时变更，并在客户服务、质量、成本、速度等方面引起绩效的重大改善。

迈克尔·哈默（Michael Hammer）和詹姆斯·钱皮（James A. Champy）的著作《公司再造：企业革命的宣言书》（1993）的出版，业务流程再造在管理学界和企业界引起强烈反响并形成热潮。组织的再造工程在本质上意味着：采用全新的流程管理方式，抛弃所有有关现在如何工作的概念；着眼于如何更好地设计工作以取得更好的绩效。其思想在于消除工作流程中的死角和时滞。再造流程的特征主要体现在：首先，它以流程为中心组织工作。流程再造后将不再以劳动分工为基础组织工作，而是以流程为中心组织工作；其次，以顾客为出发点。传统的供求关系正在发生深刻的变化，顾客的需求越来越趋于多元化，企业的任务正在从以满足顾客需求为导向开发、创造顾客潜在需求为主转变；最后，多项工作融为一体，把原来一些不同的工作、任务整体化并压缩成一项工作并由一个人完成，是再造后的业务流程所具有的一个最基本的特点。

业务流程再造成是对传统组织结构的一个创新。把工作分解成若干个简单任务，并把每一种任务分派给专门人员去做的传统做法，对于组织结构的设计影响很大。而今，这种做法或思路开始出现转变，整个组织结构应转向以流程为基础进行设计。以流程为基础的再造工程在组织结构、文化、信息系统方面带来了一些根本变化：

（1）组织结构。由于再造工程要审查跨职能团队的工作流程，因此总是引起向更为横向式结构的转变。例如，百事可乐公司将其职能式、层级式的组织转变为一种围绕顾客服务而设计的组织，7个管理层级减少至4个。组织结构更为扁平化，管理层级减少，撤除了一些检查或是重复工作的职位，并放宽了总部地区一级的集中控制。再造工程表明随着对工作转变的设计，组织从纵向到横向的发展，这种工作转变是由注重职能向注重流程的转变。

（2）文化。当公司扁平化，更多的权利转向下层时，公司文化便发生了变化。低层的员工被授予决策权，并对绩效的改进负有责任。信任和对过失的宽容成为核心文化价值观。在通用电气公司前总裁杰克·韦尔奇看来，改变体制和结构只是"硬件"上的变化，以企业文化为核心的"软件"再造才是实施流程管理的可靠保证。

（3）信息系统。在传统组织结构的公司中，信息系统一般将职能部门的人员联系起来。但是随着工作流程向过程而不是向职能的转变，信息系统也需要跨越部门边界。例如，吉列公司（Gillette）进行再造，将其采购过程时间从12~15天减少到1~2天。信息系统进行了重新设计，以使接受采购的顾客服务代表能够迅速从他的个人电脑或工作站中获得顾客资料。

但是流程再造也存在不足之处。主要是其成本高，耗时多，而且常常是一件痛苦的事情。因为流程再造不仅仅是一种工作和组织结构的再设计，它实质上是一种企业文化的再造。经过流程再造后的企业组织，人们原来熟悉的那套行为方式和人际关系都会发生巨大变化，因而在文化观念及行为上都会产生很大的冲击。所以，应该认识到流程再造是一个长期工程，要求在思维方式和组织系统各部分都有重大的转变。

（4）动态网络组织设计。20世纪90年代以来，一个重要的趋势是：一些公司决定只限于从事自身擅长的活动，而将剩余的部分交由外包组织和企业来处理。这种网络化组织，特别是在一些快速发展的行业，如服装业或电子行业，甚为兴盛。

动态网络组织结构以自由市场模式组合替代传统的纵向层级组织。公司自身保留关键活动，对其他职能，如销售、会计、制造等进行资源外取，由一个小的总部协调或代理。在多数情况下，这些分立的组织通过电子手段与总部保持联系。

四、学习型组织

"学习型组织"（learning organization）被广为关注是在1990年美国麻省理工学院彼得·圣吉教授的著作《第五项修炼：学习型组织的艺术与实务》出版后。这之后，在企业界和管理思想界，推广和研究学习型组织的热潮迅速风靡全球。我国的联想集团就是创建学习型组织的一个典范。

（一）学习型组织的含义

虽然学习型组织受到了越来越多的组织的关注，但是人们对学习型组织的理解还没有达成共识。有些学者从知识的角度来认识学习型组织。例如，加尔文认为学习型组织是一个能熟练地创造、获取和传递知识，同时能善于修正自身的行为，以适应新的知识和见解的组织。彼得·圣吉则是从另一个角度阐述学习型组织。他认为学习型组织的战略目标是提高学习的速度、能力和才能，通过建立愿景并能够发现、尝试和改进组织的思维模式，并因此而改变他们的行为的组织才是最成功的学习型组织。事实上，他关注的是如何塑造学习型组织。

在新的经济背景下，组织要持续发展，必须增强组织的整体能力，提高整体素质。未来优秀的组织将是能够设法使组织内部各个层面的员工全身心投入并有能力不断学习的组织，即学习型组织。学习型组织充分体现了知识经济时代对组织管理模式变化的要求，代表着现代新组织的发展趋势。

（二）学习型组织的本质与特征

学习型组织是一种新的管理理念，它一般具有以下5个方面的特征：

（1）有一个人人赞同并共享的构想；

（2）员工抛弃了解决问题和工作的陈规陋习；

（3）员工把组织过程、活动、功能以及与环境的相互作用作为一个相互关系的系统中的一部分；

（4）员工可以跨越组织内部水平与垂直边界，彼此之间相互坦诚交流，而不用担心因此受到批评与惩罚；

（5）员工抛弃个人和部门利益、为实现组织中共享的构想而通力合作。

很显然，学习型组织的最根本特征是学习。虽然所有组织都有意或无意地在学习，但是学习对于学习型组织具有特别的意义。

1. 学习型组织强调"终身学习"。在学习型组织中，组织成员均应养成终身学习的习惯。正是这种贯穿组织生命始终的学习观念，使组织可以针对外部挑战和机会，根据自己拥有的资源和能力，通过周密计划的学习过程来弥补自身的不足，建立独特的核心专长进而形成竞争优势。

2. 学习型组织强调"全员学习"。不论你处于组织的决策层、管理层还是操作基层，作为员工你都要全身心投入学习。组织内部有良好的学习气氛促使其成员在工作中不断学习。对于组织的核心或骨干成员，他们对组织的发展和价值创造起着关键的作用，因而更需要学习。

3. 学习型组织强调"全过程学习"。也就是说，学习必须贯穿于组织运行的整个过程之中。组织运行每一个阶段都需要学习。

4. 学习型组织强调"团队学习"。虽然学习型组织也重视个人学习和个人智力的开发，但是它更强调组织成员的合作学习和团队或组织智力的开发。个人始终都在学习，并不表示组织也在学习。在某种意义上说，个人学习与组织学习是无关的。学者普遍认为，团队是学习型组织的基本构成单位，团队学习是学习型组织的基本学习方式。当然，所有的学习都是在员工个体的头脑中发生的。这样，组织就需要认真分析个人学习如何转化为团队和组织所有。

学习型组织与传统的"命令—控制"型组织是两种截然不同的管理范式。学习型组织是全球化竞争和高度不确定性的环境催生的管理理念及组织形态，它通过在员工充分掌握知识基础上增加员工自主权而提高组织适应能力；传统的"命令—控制"范式适应环境较为稳定，以追求有形资源的有效利用和规模经济为目标的管理范式。所以，学习型组织的本质是区别于传统"命令—控制"型组织的基本特质。

从学习型组织的产生背景及含义，可以抽象出学习型组织的概念模型，如图 10-12 所示。从该模型图可知，学习型组织的本质在于，通过不断获取外界信息和知识使组织具有较强的环境适应能力。换言之，如何处理信息和创造知识，组织可以根据自身特点如行业、所处的发展阶段等，采用不同的组织学习模型，表现为不同的学习行为，但它们的出发点和目的都是相同的，就是使组织具有较强的适应能力。因此，可以更概括地把学习型组织定义为具有较强适应力的组织。

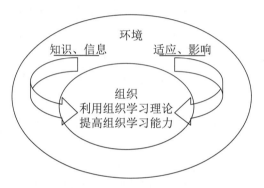

图 10-12　学习型组织的概念模型

（三）学习型组织的组织结构

组织结构是组织战略、组织目标实现的重要保证。学习型组织在结构上要满足它促进信息交流，鼓励员工学习，适应组织发展的要求。圣吉概括了学习型组织和传统组织之间的差异，如表 10-9 所示。这些差异帮助阐明了为什么学习型组织变得越来越重要以及为什么越来越多的企业现在正在努力发展创造性学习的环境。

表 10-9　传统组织与学习型组织比较

作　　用	传 统 组 织	学 习 型 组 织
● 决定整体方向	高级管理层提供愿景	共享的愿景从许多地方出现，但高级管理层对这个愿景的存在及培养负责
● 表达及执行想法	高级管理层决定要做什么，组织的其余部门去实现这个想法	想法的表达和执行发生在组织的所有层级上
● 组织思想的性质	每个人对自己的工作负责，焦点是发展个人的竞争力	员工理解自己的工作，也理解他们的工作与其他人的工作发生交互作用并影响其他人的方式
● 解决冲突	冲突通过使用权力和层级影响得到解决	冲突通过共同学习和整个组织的员工的不同观点的综合得到解决
● 领导与动机	领导的角色是建立组织的愿景，提供适当的奖赏与惩罚，以及维持全部员工活动的控制	领导的角色是通过授权和超凡的领导能力在整个组织内建立一个共享的愿景，授权给员工，激发参与，以及鼓励有效的决策制定

典型的学习型组织是一种以"地方为主"的扁平的网状组织结构，如图10-13所示。这里，"地方为主"是指尽最大可能将决策权向组织结构的下层移动，让最下层单位拥有充分的自主权，并对产生的结果负责。不同于传统的金字塔式结构，在"地方为主"的扁平式结构中，从最高的决策层到最低的操作层，中间相隔层次极少。借助现代信息技术，增大一级主管的管理幅度，减少管理层次，缩短信息在组织内的流动周期，使决策及时、正确，从而增强组织的适应能力。采取这样的组织结构是知识经济对学习型组织的本质要求。

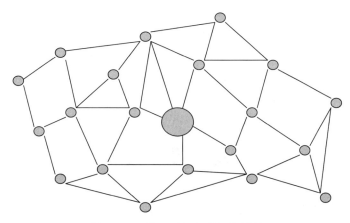

图10-13　学习型组织的组织结构

学习型组织在结构上具有较强的弹性。学习型组织以团队为基础的横向结构代替传统层级制的纵向结构。团队一般是以项目负责制为特点，团队是根据项目特点所需人员性格、知识特长、信息来源等选取合适的成员构成特定的集体，团队成员伴随项目的全过程，该项目结束后，原有成员又重新组成新的项目团队。团队的形成使组织内的界限模糊化，有利于知识和信息的流动。另外，组织的虚拟化也增加了组织的弹性。虚拟组织使每个组织专心致志发展自己的核心能力，根据项目需要灵活地与其他组织合作，增强了组织的适应能力。

在向学习型组织迈进的过程中，美国通用电气公司将突破点放在变革其组织结构上。前任总裁韦尔奇刚上任后，曾对通用组织结构实施精简（削减人数达30%）、扁平化（等级层次平均减少4个）、弹性化（适应外部变化、有弹性的灵活组织）等三项措施，使通用电气恢复生机和活力。

以"地方为主"的扁平的组织结构极大地利用授权，强调自主管理。自主管理使组织成员能边工作边学习，使工作和学习紧密结合。通过自主管理，组织成员自己发现工作中的问题，自己选择伙伴组成团队，自己选定改革进取的目标，自己进行现状调查，自己分析原因，自己制定对策，自己组织实施，自己检查效果，自己评定总结。组织成员在自主管理的过程中，能以开放求实的心态互相切磋，不断学习新知识，不断进行创新。

另外，在"地方为主"的扁平式网状结构中，传统的领导者角色发生了根本的变化。领导者将是设计师、仆人和教师，而不是传统组织中的"发号施令"者。领导者的设计工作是一个对组织要素进行整合的过程，他不只是设计组织的结构和组织政策、策略，更重要的是设计组织发展的基本理念。领导者的仆人角色表现为他对实现愿景的使命感，他自觉地接受愿景的召唤。领导者作为教师的首要任务是界定真实情况，协助人们对真实情况进行正确、深刻的把握，提高他们对组织系统的了解能力，促进每个人的学习。

与传统的组织结构相比，以"地方为主"的扁平式网状组织结构对员工素质的要求明显提高了，首先，它要求员工具备广泛的知识面和交际语言能力。在这种组织结构中，人们不必受命令链的束缚而能够直接与他人接触，员工需要花费大量时间与其他团队或个人相互作用。这样，员工需要广泛的知识面和交际语言能力来发展和维持这些纵向和横向关系。其次，它注重员工的合作精神。在这样的结构下，员工之间必须保持默契，进行有效的协调，通过相互之间的密切合作来共同学习和解决问题。最后，在这种结构下，信息在组织内上下左右畅通无阻，这样一方面使信息传递快速、失真减少；另一方面也要求员工有能力来有效地使用这些信息。

复 习 题

1. 什么是事业部制组织结构？它具有什么特点？
2. 矩阵制组织结构具有哪些优缺点？
3. 阐明工作设计的结构因素。
4. 阐述学习型组织的特征及学习型组织结构。

即 测 即 练

延伸阅读 1

扫码阅读案例 1，思考并讨论下列问题。
1. 原有腾讯的组织架构模式是怎么样的？为什么要做组织结构的调整？

2. 调整后的组织架构有什么优势？可能存在什么缺陷？
3. 请你判断腾讯可能的未来组织架构调整趋势？

延伸阅读 2

扫码阅读案例 2，思考并讨论下列问题。
1. 创建学习型组织对顺丰的发展有哪些影响？
2. 你认为，顺丰的哪些学习经验值得借鉴？

第十一章
组织文化与组织伦理

本章学习目标

通过本章学习,你应该了解:
1. 组织文化的概念、类型。
2. 组织文化功能有哪些?
3. 组织文化是如何形成的?
4. 伦理道德和组织伦理的含义。
5. 社会文化背景与组织伦理的差异。

探索新零售,美的开启购物新体验

美的是一家消费电器、暖通空调、机器人与自动化系统、智能供应链(物流)的科技集团。每年为全球超过 3 亿用户及各领域的重要客户与战略合作伙伴提供满意的产品和服务,致力创造美好生活。2018 年财富公布世界五百强企业排行榜,美的位列第 323 位。

2017 年,美的智慧家居体验馆在广州番禺沙园广场总店正式开业落成,除此之外,还有美的厨房电器·厨语体验馆、厨易体验厅、东芝专区、美的智慧厨房等体验区。美的家电系列产品全面与沙园电器达成战略合作,通过卖场的形式打造全新的体验店,让客户在选购家电的同时,还能体验到家一般的感觉,联想未来购买了产品后在家使用的场景,还能深深体会到智能科技对生活带来极大的改变,将智慧生活的概念深入人心。

美的集团作为中国唯一入选《财富》500 强的家电企业,在家电零售方面当然是不会错过每一次的机遇,趁着新卖场的全新升级,美的家电的强势入驻,不仅为卖场带来《财富》500 强企业的高品质产品,更多的是为消费者带来前所未有的消费体验,把智能科技彻底普及到消费人群。

说到智能科技,卖场的亮点就是美的智慧家居,通过技术颠覆性创新已为用户带来了一整套完善的智慧生活解决方案,包括智能安防、智能门禁、智能卧室、智能客厅等方面,打造智慧生活新体验,以智慧全力守护你的家!一种科技范、未来感的生活、一种懒人专享的生活、一种更高度安全、简便、舒适的生活已撼世而生,在这里,你们都可以一一体验到!

美的坚守"为客户创造价值"的原则，致力于创造美好生活。美的专注于持续的技术革新，以提升产品及服务质量，令生活更舒适、更美好。

20世纪70年代初，随着日本企业的崛起，人们注意到了文化差异对企业管理的影响，进而发现了社会文化与组织管理的融合——组织文化。20世纪80年代产生的企业文化和组织文化的崭新概念及其理论，把企业和其他组织的管理从技术、经济、政治等层面提升到了文化层面，这不仅是管理科学的一次大综合，更是管理思想发展史上的又一次革命。组织文化作为管理理论和管理方法，越来越受到国内外企业界、学术界的重视。世界知识经济、信息经济的到来更是把组织文化推向了一个新阶段，即为了适应新的时代和日新月异的经济环境，组织不断运用新的知识和文化进行管理创新。

伦理及道德问题和选择，以及行为的是非对错，直到最近几年才进入组织行为学的研究中。人们现在已经认识到，决定伦理行为的不仅仅是个人和团体，来自文化、组织、外部环境等一系列因素都会对其产生影响。文化对伦理行为的影响来自于家庭、朋友、邻居、教育、宗教信仰和媒体。组织影响来自伦理规范、角色榜样、政策和习惯，以及奖惩体系。外部环境对伦理行为产生的影响则包括政治、法律、经济制度乃至国际化准则体系。这些因素通常相互作用，在组织中塑造个人和群体的伦理行为。

第一节　组织文化的发展

现在，对于组织的成功或者失败，人们常常从其所拥有的组织文化来寻求原因。如世界知名企业惠普、3M、英特尔以及我国的海尔、华为等公司以各自特有的文化及其创新性而著称，而一些公司如通用电气、IBM所面临的问题也被归结为组织文化问题，这些组织把改变文化视为重新获得成功的基础。

一、组织文化的概念

关于组织文化的概念、范围和特征，学术界还存在各种不同的看法，尚未形成一致的认识。任何组织都处在一定的社会环境中，组织文化必然受到社会文化、民族文化的深刻影响，因此，在论及组织文化概念之前，先简略介绍文化的概念。

（一）文化的概念

"文化"一词具有悠久的历史。在中国古代，《周礼》曰"观乎人文以化天下"。汉代刘向《说苑·指武条》云："凡武之兴谓不服也，文化不改，然后加诛。"晋代束晳《补亡》一诗中写道："文化内辑，武功外悠。"这里的文化，指的都是文治和教化，与现代科学所指的文化一词有别。在西方，古希腊罗马时期，文化被理解为培养公民参加社会政治活动的能力。英国、法国的culture，德国的kultur都源于拉丁文的cultura，而cultura的含义是耕种、居住、练习、注意、敬神。在启蒙运动时期，法国启蒙思想家和德国古典哲学家将文化同人类理性的发展联系起来，以此区别于原始民族的"不开化"和"野蛮"。

随着社会学、人类学的发展，文化的定义不断廓清。《牛津现代词典》对文化的解释是：人类能力的高度发展，藉训练与经验而促成的人们身心的发展、锻炼、修养。新韦氏学院字典则将文化定义为"包括思想、言论、行动以及现象在内的人类行为的综合模式，并有赖于人的学习知识和把知识传递给后代的能力。"法国思想家卢梭在《社会契约论》中指出：文化是风俗、习惯、特别是舆论。威廉·A.哈维兰在《当代人类学》中指出：文化是一系列规范或准则。当社会成员按照它行动时，所产生的行为应限于社会成员认为合适和可接受的变动范围中。

我国人类学家对文化比较一致的看法是，文化就是人们的生活方式和认识世界的方式。人们总是遵循他们已经习惯了的行为方式，这些方式决定了他们生活中特定规则的内涵和模型，社会的不同就在于它们文化模式的不同。从一般意义上说，文化可以定义和表示为人们的态度和行为，它是由一代代传下来的对于存在、价值和行动的共识。文化是由特定的群体成员共同形成的，它形成了社会与人们共同生活的基础。社会生活在很大程度上依赖于人们的共识，这种共识就构成了特定的文化。

总体上讲，文化有广义和狭义两种界定方式，广义的概念，包括人类在社会历史发展过程中，通过人的后天学习所掌握的各种思想和技巧，以及用这种思想和技巧所创造出来的物质文明和精神文明的总和；狭义上讲，仅指精神领域的，或社会的意识形态领域的，如风俗、习惯、价值、观念、规范、准则和舆论等的总和，起着规范、导向和推动社会发展的作用。

（二）组织文化的含义

组织文化（organizational culture）是指所有社会组织中的文化。相对于一般国家、民族或社会等宏观范畴的文化而言，组织文化是一种微观文化。任何一个社会组织都有自己的文化，不同类型的组织会有其不同类型的组织文化；比如，一家企业会有其企业文化，一所学校会有其校园文化，一支军队会有其军营文化，一个政府部门会有其机关文化，等等。其中，企业文化是人们普遍关注，研究最为深入的组织文化研究领域，已经形成了较为丰富的理论知识体系。

关于什么是组织文化,至今似乎没有一个统一的定义,这反映了组织文化内容的丰富性,涉及的问题比较复杂。国外学者倾向于认为组织文化是组织成员共同具有的某种观念、意识等,如:

特雷斯·E.迪尔(Terrace E. Deer)和阿伦·A.肯尼迪(Alan A. Kenndy)(1982)认为,企业文化是"价值观、英雄人物、习俗仪式、文化网络、企业环境"。①

霍夫斯蒂德(Hofstede,1980)认为,组织文化是一种"企业心理"及组织的潜意识,它一方面在组织成员们的行为中产生;另一方面又作为"共同的心理程序"引导这些成员的行为。②

沙因(Edgar Schein,985)认为,组织文化是组织在寻求生存的竞争"原则",是新员工被组织所录用必须掌握的"内在规则"。③

中国学者大多认为,组织文化有广义和狭义之分。"广义而言,组织文化是组织中物质文化和精神文化的总和,狭义上是指组织所创造的精神财富,包括组织传统、价值观、组织精神、道德规范、行为准则等,其中价值观是组织文化的核心。"④

组织文化是组织发展到一定阶段,组织领导人将其在初创阶段关于经营理念、基本假设等达成的共识用于对组织管理过程中包括文化、价值和心理因素等在内的非结构性因素的一种整合,并使之成为一个组织或企业独具个性化的管理模式,以文化的力量推动着组织的长期发展。概言之,组织文化是组织在其生存与发展过程中所形成的,组织成员共有的价值观、信仰、理念、哲学、规则规范以及在组织活动中的外在表现。

从组织文化的结构来看,一般可分为可见的和不可见的两种三个层次:⑤

表层文化,是可见的人为事务,如组织名称、商标、服装、行为模式、仪式、办公室布局、同事间称呼等,包括外人通过观察组织成员可看到及听到的一切事物和行为。

中层和深层文化,是直接观察不到的,但可以从人们解释或辩解自己行为的方式中察觉。组织成员有意识地坚持某类价值观。例如,3M公司的全体员工都知道,公司文化推崇创新并予以重奖。(正因如此,有的学者把类似的制度、行为规范、工作传统、报纸期刊等归为中层文化⑥)而另一些价值观念则深入根植于组织文化的更深层,这是组织文化的精化。如3M公司关于"员工是一切创新的来源","每个人必须有独立的思考和行为"。又如海尔的技术创新理念"创造新市场,创造新生活,市场的难题就是我们的新课题"。这些理念和价值观一开始可能是明示的,但其内涵是深深根植于组织成员的意识当中。

复旦大学苏勇教授则将企业(组织)文化分为由内而外的四个层次,即精神文化、制度文化、行为文化和物质文化,其中,精神文化是企业文化的核心。⑦

---

① 转引自刘光明.企业文化[M].北京:经济管理出版社,2004:6.
② 转引自孙健敏,李原.组织行为学[M].上海:复旦大学出版社,2005:356.
③ 同②
④ 苏勇,叶永青.企业文化——企业管理理论的第四阶段学[M].中国展望出版社,1987:5.
⑤ 参见理查德·L.达夫特(Richard L. Daft).组织理论与设计精要[M].北京:机械工业出版社,2003:420.
⑥ 参见孙健敏,李原.组织行为学[M].上海:复旦大学出版社,2005:357.
⑦ 参见苏勇.中国企业文化的系统研究[M].上海:复旦大学出版社,1996:119.

二、组织文化的类型

关于组织文化的类型，学术界也有多种不同的划分方法，下面介绍几种典型的划分依据及类型。

（一）桑南费尔德的 4 种文化类型

艾莫瑞（Emory）大学的杰弗里·桑南费尔德（Jeffrey Sonnenfeld，1980）提出了一套标签理论，它有助于我们认识组织文化之间的差异，认识人与文化之间匹配的重要性。通过研究，他确认了以下 4 种文化类型：

1. 学院型（academy）。这是为那些想全面掌握每一种新工作的人准备的。拥有这种类型组织文化的公司喜欢雇用年轻的大学毕业生，并对他们进行大量的专门培训，使他们不断成长、进步，然后指导他们在特定的职能部门领导或从事各种专业化的工作。桑南费尔德认为，IMB 公司、可口可乐公司、宝洁公司和通用汽车公司都属于这种类型。

2. 俱乐部型（club）。这种组织非常重视适应性、忠诚感和承诺。与学院型相反，这种组织把管理人员培养成专才，其中人员的资历、年龄、经验是最重要的。像贝尔公司、政府和军队都属于这种类型。

3. 棒球队型（baseball team）。这种组织是冒险家和改革家的天堂。他们在各种年龄和有经验的人中寻找有才能的人，公司根据员工的生产能力付给他们报酬。由于它们对工作出色的员工予以巨额报酬和较大的工作自由度，员工一般都会拼命工作。这种类型在会计、法律、咨询、广告、投资银行、软件和生物研究等领域较为普遍。

4. 堡垒型（fortress）。与棒球队重视创造发明相反，堡垒型组织则着眼于组织的生存。这类组织在以前可能是上述三种中的一种，如今正面对着困难。在这样的组织文化中，工作的安全保障不足，但是对于喜欢流动性和挑战性工作的人来说，这样的组织还是比较合适的。

（二）科特和赫斯克特的三种文化类型

美国哈佛大学商学院的约翰·科特教授和詹姆斯·赫斯克特教授（John Kotter & James Heskett）在《企业文化与经营业绩》（*Organizational Culture and Performance*，1992）中把有利于促进组织经营业绩的文化分为强力型、策略合理型和灵活适应型三种：

1. 强力型。强力型组织文化，往往将组织的主要价值观念通过规则或职责规范公诸于众，而且组织的核心价值观得到强烈的认可和广泛的认同。接受这种核心价值观的组织成员越多，他们对这种价值观的信仰越坚定，组织文化就越强。这种类型组织文化对员工的行为产生巨大的影响，高度的文化强度在组织内部创造了一种很强的行为控制氛围，即使高层管理人员的更迭，组织文化也不会随之改变。

研究表明，强力型文化会减少员工离职率。因为在这样的文化中，组织成员对于组织的立场有着高度一致的看法，并对组织的目标和核心价值观强烈认同，形成了内聚力、忠诚感和组织承诺，从而使员工离职的倾向降低。

2. 策略合理型。具有这种文化的组织,不存在抽象的、好的组织文化内涵,也不存在任何放之四海而皆准,适应所有组织的"克敌制胜"的组织文化,只有当组织文化适应组织环境,这种文化才是好的、有效的文化。与组织经营业绩相关联的组织文化必须是与组织环境、组织经营策略相适应的文化。组织文化适应性愈强,组织经营业绩成效越大。策略合理型组织文化的产生及影响:如果组织存在策略合理型组织文化,那么可能组织经营业绩就好。当市场竞争更趋激烈,组织环境发生变化,新型组织经营策略没有制定,或无法成功贯彻执行,组织文化策略的不适应就会日渐突出,从而导致组织经营业绩状况恶化。

不同的行业,所需的组织文化不同。对于有多种经营项目的组织,单一的组织文化也不能满足组织发展的需要。对于不同特性的组织业务,组织文化必须相应变化方能适应某一特定业务的文化要求。

3. 灵活适应型。只有那些能够使组织适应市场经营环境变化并在这一适应过程中领先于其他组织的组织文化才会在较长时期与组织经营业绩相互联系。灵活适应型组织文化在员工个人生活中和组织生活中都提倡信心和信赖感,提倡不畏风险的精神,并要求员工注重行为方式。员工之间相互支持,勇于发现问题,解决问题。员工之间互相信任,互不猜疑,具有能够排除一切困难、迎接各种挑战和机遇的能力。员工有高度的工作热情,愿意为组织牺牲一切。员工还敢于革新,对革新持欢迎态度。在文化适应程度高的组织中,文化的理想目标在于一个组织中各级管理能够不仅随时以满足股东的需求、满足顾客的需求、满足员工的需求为宗旨,而是要以满足这三位一体的需求为宗旨,发挥领导才能和领导艺术,倡导组织经营策略或战术上的转变。

(三)主文化与亚文化

尽管组织文化是组织成员所共享的那些价值,但是这并不意味着组织中所有不同背景和不同层次的成员只是共享唯一的一套价值系统和一系列共同认识。如同描述某个人的性格一样,各种不同层次的性格特征会同时有机地融合在一个人的身上,组织中的文化也有各种不同的侧面和层次,它们同时融合在一个组织中。从这个角度来看,组织文化又可分为主文化和亚文化。

(1) 主文化(dominant culture)体现的是一种核心价值观,它为组织中的大多数成员所认可。当我们谈到组织文化时,一般就是指组织文化的主文化。

(2) 亚文化(subculture)是某一社会主流文化中一个较小的组成部分。相对于社会主文化来讲,组织文化又是一种亚文化。组织中的亚文化可以有两种解释:一是相当于组织的副文化,即组织在一定时期内形成的非主体、非主流的不占主导地位的组织文化;二是相当于组织的亚群文化,即组织文化的次级文化。因此,组织的亚文化可能是组织的补充文化、辅助文化,也可能是组织的对立文化、替代文化。

在一个组织系统中,还存在许多正式和非正式的子系统,正式的如部门、车间、班组,这样的小团体由于工作性质的不同在认同组织文化的前提下,也具有自己独特的亚文化。亚文化或者是对组织文化更好的补充,或者是与组织文化相悖的,或者是虽然与主文化有差别，但是，对组织来说是无害的，在一定条件下又有可能替代主文化的文化。与主文化相悖的，对组织有害的消极亚文化要注意控制和清除，把这类消极亚文化的文化污染减小到最低。比如：派别文化、拆台文化、内耗文化、吹捧文化、迎合文化、个人英雄主义文化。这样的消极亚文化如果不清除，必定会影响组织未来的发展。对于与主文化不一致但是不产生危害的积极有益的文化，应该采取宽容、容忍的态度，并加以适当地吸收、同化、激励和开发，将有益的亚文化流汇集到主文化流中，或者进行文化交流。

实际上，主文化与亚文化在组织中的地位并不是一成不变的，而是处于一个动态平衡的状态是可以相互转化的。主流与非主流的地位变化是以组织发展需要为基础的，一旦环境发生变化，出现了文化危机和冲突，随之而来的往往都是组织文化的革命和转型，某些符合时代要求的积极健康的亚文化也可能成为新的主文化。

现实中的许多组织并不能简单而明确地归入上述组织文化的某一种类型，因为它们往往是一些不同类型文化的混合体，或者正处于不同类型文化的转型期，有一些组织在不同时期还会拥有不同类型的组织文化。不同的组织文化会吸引和保留不同特点和需求的个人，个人与组织文化的匹配状况会影响到个人在该组织中成长与发展状况。

三、组织文化的功能

组织文化对于组织行为的影响是无形而持久的，组织文化往往能在很大程度上影响组织成员的行为，甚至超过正式的权责关系、管理制度等所发挥的作用。但组织文化也存在着与组织环境适应和匹配与否的问题，因而，组织文化对组织行为与绩效可能产生积极影响，也可能产生消极的负面影响。

（一）组织文化的正功能

组织文化作为组织成员共享的价值观念，具有稳定性，所以组织文化对于管理者而言是非常重要的。它可以增加组织承诺，增强组织成员的行为一贯性，引导组织进步、成长，进而提升组织绩效。具体来讲，组织文化的正功能有以下几种：

1. 分界线功能。组织文化不仅造就了独特的组织，而且造就了独特的个体。一个组织区别于其他组织的根本在于组织文化，在于其价值观、理念及制度规范。比如说，日本的"松下文化"，美国的"通用电气文化"。即使在同一国家、同一地域，乃至同一领域，组织因各自的发展历史不同也会形成不同的组织文化，例如，华为和中兴同属国内通信行业的知识企业，华为在业内是有名的"狼文化"，而中兴在人们眼中则是稳健成长。

2. 增强组织认同感。组织文化把个人的目标同化于组织的目标，把建立共享的价值观当成管理上的首要任务，坚持对职工的理想追求进行引导。组织文化的同化作用使组织成为一个由具有共同的价值观念、精神状态、理想追求的人凝聚起来的团体，进而使组织成员产生强烈的"认同感"。组织获得成功的关键是吸引组织员工，建立共同的目标和价值观念，形成职工对组织的忠诚，使组织具有更强的凝聚力和向心力。总之，组织文化促使组织成员的个性心理、价值观、思想意识、行为取向与组织的整体心理、价值观、思想和行为取向进行整合，积极促进组织内部形成共同的组织意识，从而增强人们对组织的认同感和归属感。

3. 协调个人和组织关系。组织文化能使组织成员不仅关注自身利益，而且注重群体利益和组织利益，正确认知和整合三方面的利益关系，促使组织成为多种利益和命运的共同体。组织文化是组织成员共同的价值观体系，因此，组织目标同绝大多数成员的个人目标是一致的，组织成员在共同价值观和奋斗目标的牵引下，向着同一个方向前进，在实现组织目标和利益的同时，个人的利益及价值也得到了实现。

4. 增强社会系统稳定性。组织如同一个缩小的社会，其内部自有一套运行机制和规律，组织文化就类似于社会系统中人们的主流价值观，组织文化越强，价值观就越统一，则组织成员的态度和行为越为一致，组织越稳定。而各组织作为组成社会这个大系统的微观单位，其稳定必然有助于增强整个社会系统的稳定，特别是优秀的组织文化、组织精神、组织价值观、伦理道德规范等以产品和成员的言行为载体，随组织的发展壮大、知名度的提高而辐射到社会的每一个角落，甚至影响整个社会的价值观。例如，海尔的企业精神从"敬业报国、追求卓越"到面向全球化而升级为"创造资源、美誉全球"，都无不体现了其强烈的爱国热情——发展民族产业，壮大中国经济实力。这种精神因海尔在国内乃至国际的影响而得到更多人的认同，从而激发人们的爱国主义精神。

5. 引导和塑造优秀行为。组织文化是一种无形、隐含、不可捉摸而又约定俗成的东西，是人们认为理所当然而又必须遵守的无形的准绳和隐含规则，它可以对组织成员形成具有约束、激励作用的优化机制，从而引导和塑造组织成员的态度和行为，使得组织成员的信念、行为与组织的要求尽可能一致。而那些不符合组织核心价值观和战略目标的行为则受到抑制。组织文化弥补了管理制度的缺陷，通过组织文化微妙的渗透和精神感染，在组织中会形成一种相对稳定而无形的精神力量，促使人们按照组织核心理念和规则自觉调整和重塑自身行为。

（二）组织文化的负功能

文化的相对稳固性也是组织的一种束缚，尤其当某种文化已经不再适应环境而必须加以调整的时候。实际上，几乎每一种文化观念的另一面很可能就构成对组织的束缚和制约，特别是强文化对组织的效能存在着潜在的负面作用。

1. 变革的阻碍。如果组织的共同价值观和进一步提高组织的效率的要求不相一致时，这种组织文化就成了组织的束缚。在一个拥有强势文化的组织中，人们很可能被某种思维方式所主宰，很难接受变革，因而缺乏变革的视角和变革的气氛。在一些强势文化组织内部培养起来的管理人员，由于受到组织文化的长期影响，一旦内部发动变革，这些管理人员首先作为组织文化的代言人开始出来阻挠变革的进行。

2. 多样化的障碍。对于较大的组织，尤其是跨国组织，由于员工身份、种族、民族、性别等因素的差别，组织的新老成员之间的观念差异很大。管理者希望新成员能够很快适应和接受组织的核心价值观，否则这些新成员很难被组织接受；但是作为一个大型组织，管理者另一方面又希望组织保持文化上的多元化以适应外部环境的多样化。这时候，强文化就会对员工施加较大的压力。在强文化的作用下，员工的适应行为可能会导致多样化的丧失。

3. 兼并和收购的障碍。在组织间的兼并与收购当中，除了考虑产品线的协同性和融资方面的因素外，更多的应当考虑文化方面的兼容性。如果两个组织的文化无法成功的整合，将导致组织出现大量冲突、矛盾甚至对抗。

四、组织文化的兴起与发展

德鲁克曾指出：管理以文化为基础。管理是一种社会职能并植根于一种文化，一种价值传统、习惯和信念之中，植根于制度之中。组织文化是一门在组织管理实践中产生的理论，它在世界各国的兴起，是现代管理科学发展的必然结果。

（一）组织文化的兴起

组织文化研究热潮的兴起，源于日本经济的崛起对美国所造成的冲击，美国学者在比较了美日两国企业管理的根本性差异之后，首先提出了"组织文化"这一概念。

日本是"二战"战败国，但在"二战"以后，日本经济却在短短 30 年左右的时间里迅速崛起，一跃成为世界第二大经济强国，日本从 20 世纪 50 年代开始引进美国的现代管理方法，60 年代实现了经济起飞，70 年代获得了长足进展。日本的经济创造了连续增长的奇迹。至 80 年代，日本已经作为一种超级经济力量出现于国际舞台，大有取代欧美之势。

组织文化运动自 20 世纪 80 年代初在美国开始，就呈现迅猛发展之势。这无疑打上了那个时代的印迹：经济竞争的日益国际化和日本经济与管理对美国产生的冲击与震荡。1981 年，美国加利福尼亚大学美籍日裔学者威廉·大内出版了他的专著《Z 理论——美国企业界怎样迎接日本的挑战》，该书分析了组织管理与文化的关系，提出了"Z 型文化""Z 型组织"等概念，认为组织的控制机制是完全被文化所包容的。1982 年，特雷斯·迪尔和阿伦·肯尼迪出版了《企业文化》（Corporate Culture）一书，他们提出，杰出而成功的公司大都有强有力的企业文化，他们在这本书中还提出，企业文化的要素有五项：①企业环境；②价值观；③英雄；④仪式；⑤文化网络。其中，价值观是核心要素。该书还提出了企业文化的分析方法，应当运用管理咨询的方法，先从表面开始，逐步深入观察公司的无意识行为。同年，美国著名管理专家托马斯·彼得斯（Thomas Peters）与小罗伯特·沃特曼（Robert Waterman）合著《寻求优势——美国最成功公司的经验》，研究并总结了三家优秀的革新型公司的管理，发现这些公司都以组织文化为动力、方向和控制手段，因而取得了惊人的成就，这就是组织文化的力量。帕斯卡尔（A. Pascale）和阿索斯（R. Athos）合著的《日本的管理艺术》也在 1982 年出版，书中提出现在通称为"7S"模式的企业管理 7 个变量：战略（strategy）、结构（structure）、制度（system）、人员（staff）、作风（style）、技能（skills）、崇高目标（superordinate goals），这 4 本著作合称为企业文化研究的四重奏，标志着组织文化研究的兴起。

（二）组织文化的发展

1984年，奎恩（Robert Quinn）和肯伯雷（Kimberly）将奎恩提出的用于分析组织内部冲突与竞争紧张性的竞争价值理论模型扩展到对组织文化的测查，以探查组织文化的深层结构和与组织的价值、领导、决策、组织发展策略有关的基本假设。该理论模型有两个主要维度：一是反映竞争需要的维度，即变化与稳定性；另一个是产生冲突的维度，即组织内部管理与外部环境。在这两个维度的交互作用下，出现了4种类型的组织文化：群体性文化、发展型文化、理性化文化和官僚式文化。竞争价值理论模型，为后来组织文化的测量、评估和诊断提供了重要的理论基础。

1984年，美国麻省理工学院教授爱德加·沙因发表了"企业文化的新认识"一文，1985年出版了其专著《企业文化与领导》（Organizational Culture and Leadership），他对组织文化的概念进行了系统的阐述，认为企业文化是在组织成员相互作用的过程中形成的，为大多数成员所认同的，并用来教育新成员的一套价值体系。沙因教授还提出了关于组织文化的发展、功能和变化以及构建组织文化的基本理论，他提出的关于企业文化的概念和理论为大多数研究者所接受，沙因也因此成为组织文化研究的权威。

20世纪90年代，随着企业文化的普及，企业组织越来越意识到规范的组织文化对企业组织发展的重要意义，并在此基础上，以企业文化为基础来塑造企业形象。因此，组织文化研究在20世纪80年代理论探讨的基础上，由理论研究向应用研究和量化研究方面迅猛发展，出现了4个走向：理论研究的深入探讨、企业文化与企业经营业绩的研究、企业文化测量的研究、企业文化诊断和评估的研究。

首先，关于组织文化理论的深入研究。20世纪90年代，西方企业面临着更为激烈的竞争和挑战，因此，企业文化的理论研究从对企业文化的概念和结构的探讨发展到企业对文化在管理过程中发生作用的内在机制的研究，如：企业文化与组织气氛（Schneider，1990）、企业文化与人力资源管理（Authur K. O. Yeung, 1991）、企业文化与企业环境（Myles A. Hassell, 1998）、企业文化与企业创新（Oden Birgitta, 1997）等，其中具代表性的有：本杰明·斯耐得（Beenjamin Scheider）的专著《组织气氛与文化》（Organizational Climate and Culture，1990），其中提出了一个关于社会文化、组织文化、组织气氛与管理过程、员工的工作态度、工作行为和组织效益的关系的模型。在这个模型中，组织文化通过影响人力资源的管理实践影响组织气氛，进而影响员工的工作态度、工作行为以及对组织的奉献精神，最终影响组织的生产效益。

霍夫斯蒂德（Hofstede）及其同事（1990）将他提出的民族文化的四个特征（权力范围、个人主义—集体主义、男性化—女性化和不确定性回避）扩展到对组织文化的研究，通过定性和定量结合的方法增加了几个附加维度，构成了一个组织文化研究量表。

沙因的《组织文化与领导》（Organizational Culture and Leadership，1997）第二版出版，在这一版中，沙因增加了在组织发展各个阶段如何培育、塑造组织文化，组织主要领导如何应用文化规则领导组织达成组织目标，完成组织使命等，他还研究了组织中的亚文化。1999年又与沃瑞·本尼斯（Warren G. Bennis）出版了他们的专著《企业文化生存指南》（The

Corporate Culture Survival Guide),其中用大量的案例说明在企业发展的不同阶段企业文化的发展变化过程。

其次,关于组织文化与经营绩效的研究。1992年,约翰·科特(John P. Kotter)和詹姆斯·赫斯克特(James L. Heskett)出版了他们的专著《企业文化与经营业绩》,在该书中,科特总结了他们在1987—1991年期间对美国22个行业72家公司的组织文化和经营状况的深入研究,列举了强力型、策略合理型和灵活适应型三种类型的企业文化对公司长期经营业绩的影响,并用一些著名公司成功与失败的案例,表明企业文化对企业长期经营业绩有着重要的影响,并且预言,在近十年内,企业文化很可能成为决定企业兴衰的关键因素。此外,还有R. K. Divedi的《组织文化与经营业绩》(*Organizational Culture & Performance*,1995)和Daniel R. Denison的《企业文化与组织效益》(*Corporate Culture & Organizational Effectiveness*,1997)。

组织文化研究发展的另一趋势是组织文化的量化研究与测评。奎恩(Quinn)和Cameron教授在竞争价值观框架(competing values framework,CVF)的基础上构建了OCAI(organizational culture assessment instrument)量表。CVF是由对有效组织的研究而发展起来的,此类研究主要想回答的问题是:什么是决定一个组织有效与否的主要判据?影响组织有效性的主要因素是什么?Campbell等(1974)构建了一套由39个指标构成的组织有效性度量量表。Quinn和Rohrbaugh(1983)考察了这些指标的聚类模式,发现了两个主要的成对维度(灵活性—稳定性和关注内部—关注外部),可将指标分成4个主要的类群,4个象限代表着不同特征的组织文化,分别被命名为团队型(clan)、活力型(adhocracy)、层级型(hierarchy)和市场型(market)。Quinn和Cameron等(1998)通过大量的文献回顾和实证研究发现组织中的主导文化、领导风格、管理角色、人力资源管理、质量管理以及对成功的判断准则都对组织的绩效表现有显著影响。OCAI从中提炼出六个判据(criteria)来评价组织文化:主导特征(dominant characteristics)、领导风格(organizational leadership)、员工管理(management of employees)、组织凝聚(organizational glue)、战略重点(strategic emphases)和成功准则(criteria of success)。

美国密歇根大学另一位教授Denison构建了一个能够描述有效组织的文化特质(trait)模型。该模型认为有四种文化特质即适应性(adaptability)、使命(mission)、一致性(consistency)、投入(involvement)和组织有效性显著相关,其中每个文化特质对应着三个子维度,一共组成了12个子维度,每个维度都有特定的解释。

第二节 组织文化建设

组织文化是组织经营管理科学发展的必然,组织文化的功能不仅仅是对内的导向和规范,还在于提高组织的团体绩效,提升组织的外部良好形象和品牌价值。优秀的组织总是不遗余力地进行组织文化建设。组织文化建设是指组织有意识地培育优良文化,克服不良文化,完善组织文化的过程。组织文化建设主要包括组织文化的创立或形成,组织文化的维系和传承等方面内容。

一、组织文化形成的一般模式

组织是一个开放系统,它不能脱离社会环境而存在。自然,组织文化通常是在一定的社会环境中,为适应组织生存发展的需要,首先由少数人倡导和实践,经过较长时间的传播和规范管理而逐步形成的。组织文化的核心价值观就是在组织图生存、求发展的环境中形成的。例如用户第一、顾客至上的经营观念,是在商品经济出现买方市场,企业间激烈竞争的条件下形成的。

组织文化往往发端于少数领袖人物和先进分子的倡导与示范,启发并带动了组织新的文化模式。如企业家在思考过程中,构建了组织的基本价值观、基本理念和行为准则,它通过一定的方式传达出去,为员工接受,并在将其贯彻于组织的经营管理制度和管理过程中,体现于员工的观念和行为上,这就是组织文化的实质。科特和赫斯克特在《企业文化与经营业绩》中提出了组织文化形成的一般模式,如图11-1所示。

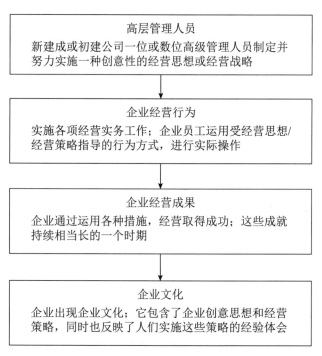

图 11-1 组织文化形成的一般模式

组织文化产生所需要的条件具有共通性,因此,企业都有自己的文化。沙因及其同事曾经论证说:组织文化产生的必要条件在于,企业成员能够在相当长的一段时间里保持相互间的密切联系或交往,并且该企业无论从事何种经营活动均获得了相当的成就。当他们处理所遇到的问题时,不断重复使用的解决问题的方式方法就会生成他们组织文化中的一个部分。它们有效使用的时间越长,它们就会越加深入地渗透于组织文化之中。这些融入组织文化的价值观念或特定问题的解决方法可以从组织不同层次的人员中产生:

它们可能是个人行为,也可能是群体行为;既可能是组织基层,也可能源于组织的最高管理者。但是在组织文化力量雄厚的公司中,这些价值观念出自公司发起人或企业初创时期的其他领导人士。①

初创者建立起整个组织,他们的个人价值观、道德取向、个性特征、行为方式、决策风格、经营理念等都给组织烙下了深深的印记。如柳传志对联想文化的影响,张瑞敏对海尔文化的影响。然而,文化的自然演进是相当缓慢的,因此,组织文化一般都是规范管理的结果。初创者高级管理人员通常会制定并努力实施其思想和经营策略,通过某些制度规定来实施这些战略;组织员工运用其经营思想、经营策略指导的行为方式,进行实际操作;通过运用各种措施,经营取得成功,这些成就持续相当长的一段时间;于是出现了组织文化,包含了组织初创者思想和经营战略,同时也反映了人们实施这一战略的经验。

组织文化一般都要经历一个逐步完善、定型和深化的过程。一种新的思想观念需要不断实践,在长期实践中,通过吸收集体的智慧,不断补充、修正,逐步趋向明确和完善。

二、组织文化的维系

组织文化一旦形成或建立,就需要一系列有效的管理措施和方法来维系组织文化,保持组织文化的活力和特色。达夫特和诺伊认为,② 要维系组织文化,保持文化的生命力,有两个尤为重要的机制即员工甄选和社会化。许多组织都越来越小心,力争雇到与组织文化相吻合的人。此外,培训及职业发展等活动均旨在传播、强化具体的价值观。本书认为,高层管理人员的表率作用也组织文化的维系的重要因素之一。组织文化的维系过程如图11-2所示。

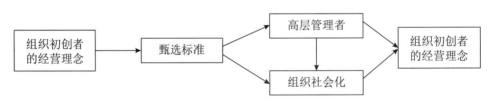

图 11-2 组织文化的维系过程

(一)人员甄选

组织在创始者领袖魅力的影响下,形成了组织文化的雏形。组织文化的维系与强化有待于组织成员的进一步认同与融合。在员工招聘甄选过程中,组织都希望招到的员工拥有适当的技能和知识,可以完成组织内的具体工作。除此之外,还需筛选出与组织自身价值观相同或相近的应聘者。现在不少大型公司,在招聘时都要几经面试,层层筛选,

---

① 转引自约翰·科特(John P. Kotter),詹姆斯·赫斯克特(James L. Heskett). 企业文化与经营业绩 [M]. 北京:中国人民大学出版社,2004:6-7.

② 参见理查德·L.达夫特(Richard L. Daft),雷蒙德·A.诺伊(Raymond A. Noe). 组织行为学 [M]. 北京:机械工业出版社,2004:428-430.

那些有希望被招聘进来的员工，甚至还要进行情景模拟或会有真的顾客去面试他们，以求招聘到那些与组织文化吻合的人。

实际上，甄选过程，也是求职者了解一个组织的过程。如个人感觉与组织价值观差距太大，他可能会自行选择退出竞聘。因此，甄选是个双向选择过程。作为组织，一般都希望招到有技术、技能且与组织文化吻合的人才，而作为个人，也想找一个有"归属感"、能认同至少某些关键文化价值观的组织。如果员工与组织文化不相容，那么员工对组织的认同感和满意度都会很低，员工流动率也就会升高。

因此，甄选认同组织价值观的人，有助于维持一个强有力的组织文化。值得注意的是，管理者在甄选与组织的文化吻合的人员过程中，要避免歧视行为。

（二）组织社会化

新员工进入组织后，就要向他们灌输组织文化，将组织的核心价值观、信念、准则、预期行为传授给他们，这就是社会化过程。如果组织对员工进行细致、深入的社会化过程，就可使组织文化更加强有力。

社会化过程可分三个阶段：预期、遭遇和改变，如图11-3所示。这三个阶段会影响到员工的工作效率、承诺感、满意度以及流动率。研究表明，正式的社会化机制对新员工有积极作用，它能减少角色模糊性、角色冲突和压力，从而增加员工的满意度及认同感/承诺感。

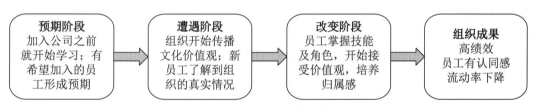

图 11-3　新员工社会化过程

1. 预期阶段（anticipatory stage）。社会化过程实际上在上述人员甄选阶段就已开始了。在培训的预期阶段，在甄选过程中，组织往往会给应聘者有关工作及组织的相关信息，以确保个人、工作与组织相互吻合。

2. 遭遇阶段（encounter stage）。这是在员工正式加入组织后的开始阶段，这一阶段往往对新员工进行入职培训、实习、正式或非正式的"迎新活动"。新员工不仅学习如何工作，也学习组织的运转方法、个人行为应该怎样，等等。例如，华为公司对新进员工首先进行为期两周的半军事化训练，将操练、课堂教学、分组讨论、团队竞赛、集体活动进行结合，使新员工在学习中引发思考，在讨论中互相启发，在竞赛中实践演练，在活动中展示才华，旨在培养具备"开放意识、合作精神和服务意识，富有责任心"，具有自我批判能力，理解公司的价值观和经营理念，认同公司文化，掌握基本的工作常识和专业技能的员工。

遭遇阶段对新员来说也是个关键，有时，新员工的期望可能与工作现实有矛盾，进华为工作是不少通信领域人才的梦想，但也有人终于有机会竞聘成功进了华为，却在参加入职培训时,不能接受或不适应华为的半军事化训练,因而也不认同华为的"狼文化"。这样在预期阶段的积极热情就烟消云散,半个月或数月后就离职了。

如果新员工在预期阶段对工作及组织有了基本准确的了解,遭遇阶段即可加强这些认识。不仅如此,新员工要与组织融合,还可能要接受组织的一些做事方法。不少大公司派新进员工尤其是应届大学毕业生去做一些最基层的工作。通过这一阶段的大量培训,新员工可以不断了解组织的价值观、宗旨以及组织历史上的重大事件、代表组织价值观的模范人物。

3. 改变阶段(change stage)。这一阶段新员工解决遭遇阶段遇到的问题或冲突,并逐渐适应组织环境,与组织文化融合。而不能成功过渡到这一阶段的人,通常自愿辞职或被辞退。这一阶段,组织也往往注重对员工绩效的评估,并反馈,对态度及行为符合组织文化的新员工还可予以奖励。

以上三个阶段构成员工进入组织社会化的初期。但社会化实际上是一个持续不断的过程。在员工任职期间,组织还要继续对其进行社会化,如许多公司对老员工进行定其培训,当然这一社会化过程也可能是非正式的或不明确的。组织成员的这种不断社会化有助于强化和维持组织文化。

(三)高层管理者

高层管理者的言行举止对组织文化有重要影响,往往具有示范效应。他们的所作所为会告诉或暗示组织成员什么是可接受的行为,什么是不可接受的行为,把活的行为准则渗透进组织,如鼓励什么行为,晋升、奖励什么,什么衣着得体等。他们的偏好会决定该怎样对员工进行社会化,进而影响组织文化的维系。

▶ 新闻中的组织行为学

海尔衣联网全球首创"物联网洗衣新模式"

2019年3月12日,中国国际家用纺织品及辅料博览会在上海召开。展会现场,海尔衣联网发布其全球首创的"物联网洗衣新模式"。通过与服装纺织品牌共同建立洗护工厂、洗护中心,海尔衣联网实现衣物洗涤从家到店再到厂全流程信息透明化,用户扫描RFID标签即可随时掌握衣物洗涤信息,为用户带来智慧便捷的洗衣新体验。

目前,市场上普通的洗衣门店,收到用户送洗的衣物后,就把衣物送到洗护工厂进行统一清洗,清洗完毕通知用户取衣。整个过程中,用户对衣物何时清洗、采取什么方式清洗都不得而知。为解决这一问题,海尔衣联网孵化云裳物联来落地物联网洗衣模式,依托物联网技术,打通"家—店—厂"上下游产业链,为衣物提供洗、护、存、搭、购、捐全流程智慧管理解决方案。

具体来说,洗护工厂的模式首先发生于用户的家庭生活场景,用户可将需要清洗的衣物采取邮寄或者到店的方式进行清洗。在经用户同意后,工厂将为衣物添加RFID芯片,然后通过物联网技术根据衣物材质、颜色等信息进行智能分拣,并匹配混洗、专属洗等最佳洗涤程序，出厂质检后再将衣物交还到用户手中。从衣物到达工厂到洗涤结束，全程物联可视。期间，用户可通过U+APP可随时了解衣物洗涤的每个环节以及具体的清洗方式，十分方便。

但完成洗护并不意味着交互的结束，通过RFID技术，衣物背后的生态链群将能持续为用户提供个性化定制服务。例如，通过RFID标签监测到衣物洗护5次后、折旧率20%，根据折旧率给顾客重新推荐购买衣物；洗护工厂还可对衣物进行修复还原，提供服装租赁服务。

这也这海尔文化价值观的写照。

海尔的核心价值观即是非观：永远以用户为是，以自己为非——海尔创造用户的动力海尔电器，海尔人永远以用户为是，不但要满足用户需求，还要创造用户需求；海尔人永远自以为非，只有自以为非才能不断否定自我，挑战自我，重塑自我——实现以变制变、变中求胜。这两者形成海尔可持续发展的内在基因特征：不因世界改变而改变，顺应时代发展而发展。这一基因加上海尔人的"两创"（创业和创新）精神，形成海尔在永远变化的市场上保持竞争优势的核心能力特征：世界变化愈烈，用户变化愈快，传承愈久。

利益观：人单合一双赢——海尔永续经营的保障。海尔是所有利益相关方的海尔，主要包括创客、用户、股东以及其他利益相关方。网络化时代，海尔与全球创客、利益相关方等共同组成生生不息的生态圈，共赢共享共创价值。"人"即具有两创精神的员工；"单"即用户价值。每个员工为用户创造价值，从而实现自身价值，企业价值和股东价值自然得到体现，整个创业创新平台才能不断自演进、自优化。

三、组织文化的传承

人类的文化现实和文化遗产是由一代又一代人的传承才得以实现的，文化的共创和共享借助于维系与传承才得以完成。组织文化源于创建者的价值取向、经营理念，同时又需通过一定的方式和途径来得到培养加强,这些途径主要有仪式典礼、传说故事、象征物和语言等。

(一)仪式典礼

仪式典礼(rites and ceremonies)是有组织、有计划的活动,是表明和强化组织最关键的价值观,最重要的目标和最重要的人而进行的重复性活动。有的公司定期搞仪式典礼,以戏剧性地显示公司推崇的东西。在仪式的重复过程中,组织所强调的信息得到传承和强化。最常见的仪式可能是酒店在每天开业前由经理举行的一段训话,整理装束,员列队倾听,有的酒店员工还高声齐念酒店口号如"服务第一""永远微笑"等。有的公司则通过精心设计的颁奖仪式,对工作绩效好的员工予以承认并为之庆祝,强调对绩效的奖励。这些仪式典礼反复强调着组织对员工的要求和期望,传递着组织的核心价值观。

(二)传说故事

故事(story)是基于真实的叙述,它会在组织员工中长久流传,使组织的基本价值观得以传承。不少故事常常又涉及组织中的英雄人物,他们是体现组织准则及价值观的模范,有些故事被认为是传说,这是指事件是历史上真实的,但情节或细节上可能有所虚构。讲故事已成为组织传播价值观的重要方法之一,因为故事会激发人们的想象和感情,从而帮助员工记住信息及关键的价值观。IBM、可口可乐等公司都曾给经理办培训班,让其了解讲故事作为传播文化价值观与促进变革的方法所特有的优点。我国企业界,最有名的故事当属海尔的张瑞敏砸冰箱事件。

(三)象征物

传播文化的另一重要工具是象征物(symbol),它可以是物体、行为或事件,传达了某种东西的特别意义。从某种意义上讲,仪式、典礼、故事也是象征物,因为它们象征了组织更深刻的价值观。

其他象征物是组织的具体物质。具体的象征物亦很有效果和力量,因为它使人注意某具体事物及其象征意义。如玫琳凯化妆品公司为美容顾问设立的多种奖励办法中,最著名的就是象征成功的"粉红色轿车"计划。玫琳凯公司垄断了世界上"粉红色"轿车的使用权,因而驾驶着这种颜色的轿车就象征着你在玫琳凯事业的成功。这项物质奖励传达了玫琳凯理念,实现他们的销售指标很重要,通过努力工作和足够的勇气,他们也能获得成功。

(四)语言

语言也是文化传承的途径之一,而且是最为常用的途径。因为沟通在组织中无时无刻不在进行,语言作为沟通方式之一,承担着重要的传递信息的功能。专门的语言还可用来塑造和影响组织的价值观和信念。组织有时会用特别的口号或格言来表达组织关键的价值观。如飞利浦公司的"让我们做得更好",这句话对客户及公司员工都适用。

第三节 组织中的伦理道德与伦理行为

一、伦理和组织伦理的含义

"伦理"一词,从词源上看,早在古希腊荷马史诗《伊利亚特》中,已经出现了"ethos"一词,最初这个词表示一群人所共居的地方。之后,意义还包括了这一群人的性格、气质及其所形成的风俗习惯。公元前5世纪,苏格拉底、柏拉图等,特别注意对"善"的思考,甚至专门以青年的道德教育作为他们道德思考的主要内容。亚里士多德的《伦理学》则是古希腊思想家们伦理思考的最卓越的成就。他认为,伦理,即求得个人的善良和幸福。

韦氏大词典将"伦理"定义为"符合道德标准或为一种专业行为的行为标准"。哲学百科全书(Encyclopedia of Philosophy)对伦理的定义则为:"①一般的形式或生活方式;②一组行为规范或道德规范;③有关生活方式或行为规范的调查。"

在中国,"伦理"一词最早见于秦汉之际成书的《乐纪》:"乐者,通伦理者也",意指音乐同伦理是相通的。这里所说的"伦理"二字中,"伦,犹类也;理,犹分也"。东汉文字学家许慎等人则从文字学上解释为:"伦"字,从人从仑。仑字有"条理"、"思虑"等意,加上单人旁,便含有人与人之间应有之理的意思。所以,在汉语中"伦"是指人们之间应有的关系,故有"人伦"一说;"理"则指道理、规则和原则。"伦理"合称,则是指人与人之间相处应当遵守的道理,或者说处理人与人之间相互关系的道理和准则。伦理即道德,现代意义上的伦理问题则包括道德和利益的关系问题。用中国传统思想家的话来说,即"义"和"利"的关系问题。这个问题包括两方面:一是经济利益和道德的关系,即经济关系决定道德,还是道德决定经济关系,以及道德对经济关系有无反作用。二是与上述问题直接相关的,就是个人利益和社会利益,或者说局部的、单个组织的利益和社会整体利益之间的关系。

西方对于组织伦理的定义也很多,主要体现在企业伦理的释义。如"企业伦理是将判断人类行为举止是与非的伦理正义标准加以扩充,使其包含社会期望、公平竞争、广告审美、人际关系应用等"(Clarence C. Walton, 1977);"企业伦理是一种规则、标准、规范或原则,提供在一特定情境之下,合乎道德上对的行为与真理的指引"(Lewis Philip V., 1985);"企业伦理是含有道德价值的管理决策"(J. Gandz, N. Hayes, 1988)。

卡罗尔(A. B. Carroll, 1987)更详细地界定出企业伦理的范围,包括个人、组织、专业团体、社会群体、国际等。个人:即个人的责任,及个人拥有的伦理动机与伦理标准;组织:组织必须检查流程与公司政策、明文规定的道德律令后再作出决策;专业团体:以专业团体的章程或道德律令作为准则方针;社会群体:如法律、典范、习惯、传统文化等所赋予的合法性,及道德可接受的行为;国际:各国的法律、风俗文化及宗教信仰等。

组织伦理（organizational ethic）即关于组织中的个体、群体及组织的伦理关系及道德行为规范体系。组织伦理的范围涵盖了组织成员的道德标准、组织的规章制度、社会规范和文化以及国际行为准则等层面。

二、道德行为与不道德行为

一般地，把道德行为（ethical behavior）视作正确和可敬的行为；而不道德行为是指那些被人看作是错误和可耻的行为。这种定义给组织及其管理者带来了困惑：应当使用何种标准来判断某种行为是道德还是不道德的？用正确和错误这两个词汇能否把道德行为和不道德行为区分开来？道德行为的标准在国家与国家之间又是不尽相同的。当我们把道德问题和不断增长的全球商业活动联系起来，组织行为学中的道德问题的复杂性就更明显了。

伦理道德问题在组织中很常见，而且还会影响到管理层的决策。对于一个组织来说，产品安全性的信息隐瞒不报，是否道德？最低工资制的工作会使人们困于经济现状而无法改善生活。那么支付给员工最低工资是否道德？有研究表明，那些外表缺乏吸引力的人，在应聘时被考虑是否适合被雇佣或涉及组织晋升时，明显处于劣势。这种事实上的"区别对待"几乎没有法律来保护这类员工，使他们能够对不公正的待遇提出申诉，是否是符合道德规范的做法呢？

这些问题有助于说明什么是道德行为，以及为什么好人有时也会做出不道德的事情。虽然许多人宣称自己在处理个人事务时很注重道德规范，但实证研究发现，这一类人在组织中往往得不到同事的喜爱。简言之，来自周围同事的压力使得人们有时不想考虑那么多的伦理标准。另外，在一个人或团体看来不道德的事情，可能在另一个人或团体眼中不算什么道德问题。例如，有研究调查发现，商业管理层和员工对于未经授权就拷贝计算机程序的态度，结果发现，员工并不像管理层那样，会把它视作一个很大的道德问题。

罗伯特·杰克尔（Robert Jackall）在《道德迷宫》（*Moral Mazes*）一文中指出，在纷繁复杂的管理决策世界，道德经常不被包含在特定的决策准则中。相反，管理者发现他们的决策受到了情境的限制，从而导致情境形式的道德问题。经验丰富的管理者可以跨越这样的道德迷宫，让自己在组织中生存下来并获得成功。芭芭拉·托夫勒（Barbara Toffler）对道德和管理的研究更进一步说明了管理决策中的道德模糊性。她获得大量的访谈数据表明，道德困境在管理决策中是很常见的，而且选择究竟是正确还是错误也并不总是非常明确的。尽管道德问题遍布于各种管理决策和管理活动之中，但是管理者在决策过程中几乎不会用到明确的道德准则。

这些例子还有助于说明，在确定伦理道德行为的标准时，存在不确定性和偶然性。除了和环境保护（"绿色"或"生态"问题）有关的明显的伦理问题外，行贿、渎职、定价问题以及其他一些会导致和传播不良道德规范的违法行为，都是最近才为组织行为研究关注的问题，人们也已经认识到了这些问题的重要性。例如，随着经济全球化的到来，伦理道德已经成为跨国管理必须要考虑的一个主要内容。斯塔科维奇和鲁森斯（Alexander

D. Stajkovic and Fred Luthans)还提出了一个跨文化伦理的社会认知模型。[①] 这一模型以本国文化为社会基础,机构的(伦理立法)、组织的(伦理规范)和个人的(价值观和个人调整机制)等因素相互作用,共同影响对伦理道德标准的知觉和真正的跨文化道德行为。

道德行为标准具有模糊性、不确定性、情境性,但仍然可以给道德行为下一定义:道德行为是指人们认为有益的、正确的、公正的、可敬的和值得表扬的行为;不道德行为是指人们认为错误的、不公正的、可耻的或未能履行义务的行为。[②] 判断行为是道德或不道德的基础是各种原则、规则或指导方针,它们可以来源于某种特定的道德理论、人格特征或社会价值观。

值得注意的是,要找出一个所有人都能赞同的道德判断标准是一件非常困难的事情;而且,好与坏、对与错的问题对于不同的人和不同的社会而言,具有不同的含义。道德问题判断的复杂与矛盾还源于道德的主观性和客观性的差异。如果一个人认为自己的行为是符合道德的或不符合道德的,那么他的行为就是主观道德的或主观不道德的。如果一个人是按照或违反规则或法律行事的话,那么他的行为就是客观道德的或客观不道德的。

关于商业道德行为,美国得克萨斯州奥斯汀大学(University of Texas,Austin)哲学家罗伯特·C. 所罗门(Robert C. Solomon)和商人克里斯汀·汉森(Kristine Hanson)坚持认为,符合道德的商业经营是有益的,道德是商业组织能够顺利、有效地运作的基石。如果我们无法相信其他人,或者对他人能否遵守合同协议缺乏信心,就很难进行业务合作和往来。尽管现实中也的确存在部分商人的行为不符合道德要求,而且他们的不道德行为也没被人抓住,但从长远看,不道德行为只会对业务产生负面影响。感觉受了欺骗的顾客不会再次与你进行业务交往,而且可能对你提起诉讼,或者会把业务欺骗或其他非法情况向执法机构报告。因此,人们如果经营符合道德要求,关注自己的决策与行为可能引起的社会影响,不但会赢得他人的信任和良好的声誉,而且也避免或减少不必要的行政或司法处罚。

所罗门和汉森认为道德管理应是长期的。值得一提的是,从短期来看,道德地行事要比不道德地做事成本可能更高。例如,如果一家企业在生产制造过程中增加了现行法律所没有要求的安全设备,而同行业中的其他企业则没有这么做的话,那么这家企业的制造成本就会比其他企业更高,从而可能使它的竞争力变弱。

▶ 新闻中的组织行为学

三星 Note7 爆炸启示:祸患积于忽微

自三星 Note7 自燃事件爆发以来,三星电子产品受到严重的信任危机,销量呈直线下降趋势。

---

① Alexander D. Stajkovic and Fred Luthans. Business Ethics across Cultures: A social Cognitive Model[J]. perspectives on Work,1997,1(1):17-34. 参见弗雷德·鲁森斯(Fred Luthans). 组织行为学 [M]. 北京:人民邮电出版社,2003:61.

② 参见 Joseph E. Champoux. 组织行为学准则 [M]. 北京:清华大学出版社,2004:40.

2017年1月23日，经过自查与第三方机构检测，历时数月之久的Galaxy Note7手机爆炸原因终于水落石出。在三星的解释中，造成此次事件的原因是电池问题。

这也是三星为了"追求创新与卓越的设计"，并达到"没有最薄，只有更薄"的产品体验，对电池的规格和标准进行了优化。然而，欲速不达，此番设计显得用力过猛，不仅未能锦上添花，还为手机安全事故埋下了伏笔。

根据三星电子无线事业部总裁DJ Koh的说法，这种电池在设计与制造过程中存在的问题，未能在Note7发布之前发现和证实。

此次爆炸事件也让三星付出了沉痛的代价。根据三星披露的信息，自燃事件发生后，其在全球陆续召回总量达306万台的已售产品，占比96%，由此带给三星电子造成了超过60亿美元的损失。

这只是可以量化的经济损失，而此事件给消费者以及供应链带来的"创伤"或许需要更多时间来抚慰。

痛定思痛，三星作为全球知名企业，如何在危机发生后，除了回应外界质疑之外，更多地将重点放在改进与革新中？三星给出的答案是"加强产品上市前全过程的质量保障体系，以及在品控部门新设立核心零部件团队，引入外部专家"。这寥寥数语可以理解为三星对公众的一个承诺。

从一家巨无霸公司成长为伟大的公司，九死一生。不过，前沿科技公司在试错的同时，需要探究背后的原因。祸患积于忽微，三星电子在产品品控方面存在的薄弱环节是此次事件发生的主要原因。而如何平衡创新与产品质量间的关系是包括三星在内的制造企业需要深刻理解的。

三、社会文化差异与组织伦理差异

文化是人类所创造的一种成果。在这一成果中，既有某些共同的东西，即为大多数人所普遍接受的东西，例如艺术、科学，但也有很多迄今为止仍然存在很大差异的东西，例如各自的价值观念、文化传统，更包括某些意识形态。这种文化上的差异自然也反映在组织管理上。

对文化差异进行较全面的分析，是由霍夫斯蒂德（G. Hofstede）所进行的。大量早期的组织研究，其中毫无疑问存在着较大的误差。霍夫斯蒂德则相反，他对IBM公司在40个国家的子公司的11.6万名员工进行了调查，这一数据排除了把差异归因于各公司活动与政策的不同这些理由，从中确认了社会文化差异的四个维度。以后，霍夫斯蒂德和其他学者又进行了后续研究，增加了所研究国家的数量，并提出了第五个维度。

（一）个人主义与集体主义

个人主义是一种松散结合的社会结构。在这一结构中，人们只关心自己的和直系亲属的利益。在一个允许个人有相当大的自由度的社会中这是可能的。与个人主义相反的是集体主义,它以一种紧密结合的社会结构为特征。在这一结构中,人们希望自己所归属的群体或组织中的其他人在他们遇到困难时能帮助和保护自己。以这种安全感为交换条件,他们感到自己应该对群体绝对忠诚。霍夫斯蒂德发现,一个国家的个人主义程度与这个国家的富足程度密切相关。像美国、英国和荷兰等富裕的国家,都是极为个人主义的;而像哥伦比亚、巴基斯坦等贫穷的国家则是极为集体主义的。

(二)权力距离

权力距离是指衡量社会对机构和组织内权力分配不平等这一事实的认可尺度。一个权力距离大的社会认可组织内权力的巨大差异,雇员对权威显示出极大的尊敬。称号、身份及地位占据着极为重要的地位。一些公司发现,在与权力距离大的国家谈判时,所派出的代表至少应与对方头衔相当才有利。这样的国家有菲律宾、委内瑞拉、印度等。相反,权力距离小的社会尽可能减少这种不平等。上级仍然拥有权威,但一般雇员并不恐惧和敬畏老板。丹麦、爱尔兰及奥地利是这类国家的典型。

(三)不确定性规避

我们生活在一个不确定的世界中,未来在很大程度上是未知和千变万化的,不同的社会以不同的方式对这种不确定性作出反应。一些社会和组织使其成员比较容易接受这种不确定性。在这样的社会中,人们或多或少对风险泰然处之。他们还能对与自己不同的行为和意见表现出容忍,因为他们并不感觉因此而受到了威胁。霍夫斯蒂德将这样的社会描述为低不确定性规避的社会。也就是说,人们感到相对的安全。属于这类的国家有新加坡、瑞士和丹麦。高不确定性规避的社会里以成员中的高焦虑水平为特征。在这个社会中,由于人们容易感到受社会中不确定性和模糊性的威胁,因此采取各种方法来提供安全和减少风险。他们的组织可能有更正式的规则,人们对异常的思想和行为缺乏容忍,社会成员趋向于相信绝对真理。在一个高不确定性规避的国家中,组织成员表现出较低的工作流动性,终身被雇用是一种普遍实行的政策,属于这类的国家有日本、葡萄牙和希腊。

(四)阳刚与阴柔

在阳刚意识指数低的国家中和组织中,雇员与经理的关系、合作友好的气氛被视为比较重要;组织相信集体决策;人们宁可缩短工作时间而不增加薪水;公司干预个人生活遭抵制和反对;工作压力较小;在同类岗位上,男女之间没有或较少有差异。而在阳刚指数高的国家和组织中,雇员们则把收入、获得承认、职务晋升以及工作的挑战性看得比较重要;相信独立的决策者;工作重要性较大;人们宁肯增加薪水而不愿缩短工作时间;公司干预个人生活可以接受;工作压力较大;在同类岗位上,男女间的价值差异较大。

(五)长期取向

长期取向的国家有这样一些准则、价值观和信念——储蓄应该丰裕;坚持一件事以达到目标;节俭被看作是非常重要的;对社会关系和等级关系十分敏感;愿意为将来进行投资；接受缓慢的结果。高长期取向文化的组织，其经理人员的选拔主要基于与公司相适应的个性与受教育的特点。基于对组织长期承诺的培训和社会化，可以弥补最初在与工作相关的技能方面存在的任何不足。而相比之下，短期取向文化的组织则必须集中于直接应用的技能。因为管理人员总是假定雇员不会长久地在公司工作，并不能保证雇员培训与社会化方面的任何投资将会得到回报。长期取向文化与短期取向文化，在公司战略决策中的设定目标方面表现得很明显。美国等国家的经理期望的是直接的财务收益，因为他们最喜欢快速的、可计量的成功。而长期取向的组织也并没有忽视财务目标，但是他们将增长和长期回报放在更优先的位置，较长的时期就可以使经理通过在实践中不断完善其战略计划来尝试与探求成功之路。

霍夫斯蒂德的文化维度，使我们在分析不同国家和不同组织之间的文化差异时，有了一个可以使用的具体框架和指标体系，使我们能够比较清晰地认识到不同国家和组织之间文化的差异性。这种文化上的差异自然也反映在管理方面。这对于东西方两个发达国家——日本和美国而言，在整个文化和组织管理上都存在着很多差异性

美国是一个年轻而富有朝气的国家。1776年7月4日在费城通过的《独立宣言》，宣告了美利坚合众国的诞生。在美国革命的过程中，美国先驱者带有浓厚个人主义色彩的自信信念、冒险精神和平等观念，成为美国人文化意识的基调。在美国的企业管理中，个人权利受到重视，重视员工个人的作用、强调个人的努力和责任是一个明显的特色。美国IBM公司最基本的哲学信条就是尊重人。该公司总裁小托马斯·沃森在《一家公司和它的信念》一书中说："我看来最重要的一条信念，那就是对人的尊重。这是一个简单的概念，但在IBM公司，管理当局却把大部分时间花在这方面。我们在这方面所下的功夫比在其他方面确实多得多。"

有人把个人主义，非长期雇用和能力主义工资体制归纳为美国企业管理的主要特点。这种美国式企业管理的特色，导致了美国式的管理伦理。在美国的企业中，强调的是个人负责，在每一项管理工作中，负责任的是一个明确的个人，而非某个部门或是某个集体，而一旦有过失，也非常明确地归咎于具体的责任者。无论是管理当局或是企业中的管理人员，无论是因公受伤或是因过受罚，都认为这是理所应当的，丝毫没有什么不妥。而与此管理伦理相配套的则是能力主义工资体制。只要个人在工作中做出了成绩，表现出了相应的能力，就可以获得较高的工资和其他报酬，而不是过多地考虑工龄、资历等方面的因素。一个年轻人可以心安理得地拿着比那些年龄大得多的同事要高得多的工资，他自己觉得这是天经地义的，因为"我们作出了比别人更多的贡献，这是对我能力的一种承认"。而企业管理当局也认为这种评价方式和奖励方式是完全合乎情理的，因为企业付给某人的工资报酬就是根据他现在为公司所作出的贡献。他们或许会问：如果一个人虽然在企业里干了很长时间，但一直没有杰出的表现，那么为什么要付给他高报酬呢？美国企业管理者认为，这种能力主义工资制是极其公平的，也是十分道德的。而美国大多数企业中实行的"非长期雇用制"也是与这一文化基调相适应的。一个美国人，当他进入一家企业工作，主要是一种主雇关系，合则留，不合则去。职工和企业之间，主要是雇用和契约关系，不存在"忠"与"不忠"的问题。企业一般不对职工承担很多的责

任与义务,而员工也把"跳槽"视为十分正常的事,因为这是一种追求自我价值实现的方法。尽管近年来美国企业界开始对这种传统的管理模式进行反省,较多地认识这种管理模式的弊端,但这依然是目前美国管理文化的主流。

与美国不同,日本社会经历了一个漫长的种族和文化融合过程。绝大多数日本人身为一个单一的庞大部族的成员,他们之间不但有共同的国籍和语言而且有着共同的血缘、共同的种族记忆和共同的规范。这种"单一民族""同质社会"等先天条件,使日本形成了"集团趋向"的传统特征,并由此而产生的共同习俗、同种语言和文字以及思维习惯的强烈共同性,使日本人对它们所属的企业产生强烈的责任感和事业心,并促进集团主义的形成。

集体主义、年功序列工资制和长期雇用,可谓是日本企业管理的特色,由此构成了日本的独特的管理伦理。在日本企业中,哪怕是一个很小的问题,也很少是哪一个人当场便作出决定。那种在中国的管理模式和宣传中较受推崇的"当场拍板",在日本企业中极为少见,而更多的是集体研究、共同决策。但一旦作出决策后,就不折不扣地遵照执行。日本人认为,脱离集体作用而过分强调个人的能力,是不道德和不妥当的。美国加利福尼亚大学的著名管理学教授威廉大内在其《Z理论》一书中写道:"西方人最难以理解的也许是日本人强烈的集体价值观,特别是集体的责任感。"他举了两个实例来说明这一问题。

一个是美国电子公司投资并经营的企业。美国母公司的决策者们,根据美国管理文化的特点,认为凭个人成绩和个人能力获得奖励永远是一个好办法。于是,他们在新厂的最后组装这道工序中,对一项由许多日本年轻妇女把电子元件用导线连接起来的工作实行计件付酬,即谁完成的件数越多,工资就越高。但想不到开工刚两个月,女工们却提出了罢工。她们的看法是:要不是全厂的其他职工首先把他们的活做好,我们最后组装工序的工人就什么也干不成。挑出任何一个人来,说他产量最高的做法根本就是错误的,而且对我们每个人也是耻辱。这家公司终于把其工资制度从计件制改为日本的工资方式。

另一个是日本的另一家美国公司建立了一种合理化建议制度。合理化建议一被采纳,建议人便可获得一笔奖金,其数额为实现该建议所获得效益的一定百分比。但奇怪的是,这项制度推出后,时间过去了6个月,却没有收到一项建议。美国经理对此大惑不解,经过向日本雇员询问后,他们的回答是:"没有人能够单独提出改进工作的方法。我们在一起工作,其中一个人所提出的任何方法,实际上也是由于观察别人并和别人交换意见的结果。如果把建议归功于我们之中某一个人,那是会使我们都感到难为情的。"于是,公司把它改成集体建议制度,由工人集体建议制度,由工人集体提出建议,奖金则发给小组。制度改变之后,建议和生产革新的意见像雪片一样飞来。

强调集体的作用,不过分突出个人,是日本组织伦理的一个重要特点。与此相配套的则是日本企业中普遍实行的"年功序列工资制"。某个大学毕业生一旦被一个大企业所雇用,就等于开始登上年功序列制的电梯,开始他缓慢上升的过程,工资随着工龄的增加而增加。同一级的职员,往往在差不多时间内一起晋升,尤其是刚雇用的职工,在相当长一段时间里,有时长达10年左右,晋升幅度和工资待遇完全一样,随着资历的增长、技术的提高,工资也随之增长。

日本企业领导人认为,这种迟缓的评价与晋级的过程,有助于鼓励员工的长期行为，十分符合人的行为伦理要求。它尽可能地排除了那种哗众取宠，或打击别人、抬高自己的不道德的做法。这种过程虽然对有抱负的年轻人来说似乎过于缓慢，但它却有效地促进了人们以非常坦率的态度对待合作、工作表现和评价。因为这种制度使得每个人的工作能力和工作实绩完全、充分地得到表现和暴露，有助于人们彼此之间公平、友好的竞争。

长期的甚至是终身的雇用制度，更是日本企业组织伦理的一种体现。政府部门、事业单位和大企业的员工一经雇用，一般就不会被辞退。解雇在日本是极为严厉的处罚。被解雇的人一般很难再找到较好的工作。美国著名的文化人类学家本尼迪克特在《菊与刀》一书中写道，日本文化最大的特点，是一种恩耻感的文化。恩耻是日本社会中重要的伦理道德规范。上级有恩于下级，则得人心；而下级则应该知恩图报，卖力工作，这样就会赢得别人的信任。日本人认为，如果有谁背叛了自己所属集团的规范，或是伤害自己所属集团的名誉，是一种很大的耻辱。而员工一旦进入组织，就是这个集体的一个成员，他的所作所为必须忠于整个集团，否则不仅会被本组织的人瞧不起，而且也难以在社会上立足。日本的企业员工，为私利而损害了企业的利益，就会被整个集团的人所鄙视。这种组织伦理是双向的。它一方面要求组织员工对组织要"忠"，即使有不满意的地方，仍然必须尽心尽力地工作；另一方面，它也使得组织尽可能地提供较好的待遇和福利，多方面关心员工的情况，以更好地培养员工的效忠心理，使他们更加努力地为组织工作。

以日美管理文化为代表的东西方管理文化的差异，体现出两种不同的组织伦理观。美国人认为凭能力吃饭，看贡献给钱是道德的、公平的、天经地义的。而日本人认为不能看一时一事，而应注重长期表现。美国人认为应重视个人的作用，将责任落实到人；而日本人认为过分强调个人的作用有违道德，因为个人离不开集体的帮助。美国人认为一个人如果一生在一个组织中工作，是一件极其愚蠢的事情，而且说明那个人没有能力、缺乏自信，也得不到别人的赏识；而日本人认为一个人终生为一个组织服务，正说明其忠心耿耿，是良好道德的体现。日美文化的差异，实实在在地体现在组织伦理和管理行为中，造成了管理认识和管理行为的差异。

四、伦理中的国际化问题

随着组织国际化、全球化，很多跨国企业组织的出现，都要面对本国以外的伦理道德问题。跨国企业在许多国家的直接或间接运营，都必须遵守东道国的法律和道德标准。这使得管理者要面临更复杂的道德困境。道德国际化问题关于国际事务和跨国组织的道德观点有两种即文化相对论和道德现实论。

文化相对论（cultural relativism）认为在各种不同的文化中，伦理价值观也是不同的。文化相对论的论点建立在以下三方面基础之上：首先，道德判断只是对感觉和观点的描述，而非对正确或错误的描述；其次，道德判断的基础是其所适用的道德体系范围，而不能跨文化地判断正确或错误；最后，因为没有任何方法可以证明一项行动究竟是正确的还是错误的,所以明智的方法是不要断言这项行动是正确的或是错误的。文化相对论认为,管理者应当根据其经营所在东道国的道德体系而不是根据他们自己的国家的道德体系行事,即便这些行为可能会违反自己国家的道德体系。

伦理现实论(ethical realism)认为伦理道德不适用于国际化的活动、行为和交易。由于在国际事务中并不存在强制性规则,人们就不会以符合道德的方式行事。这其实是一种传统的现实论,其观点可以追溯到哲学家托马斯·霍布斯(Thomas Hobbes)时代。现在对这种观点进行了修正,在国际事务中,个人或组织如果不按照特定道德原则行事,会使自己处于被动竞争劣势之中,而且这种国际交往行为就不可重复发生。事实上,市场中许多交往行为是可重复的,而且会有第三方强制者(国际机构)来影响市场交往双方。在重复的国际交往中,人们必须以符合道德要求的方式行事。

复 习 题

1. 列举组织文化的类型和划分依据。
2. 组织文化是如何维系和传播的?
3. 什么是组织伦理?
4. 什么是社会道德价值观?
5. 论述霍夫斯蒂德关于社会文化维度与组织伦理差异的关系。

即 测 即 练

延伸阅读 1

扫码阅读案例1,思考并讨论下列问题。
1. 分析阐述宜家的企业文化体现在哪里?其客户体验式文化是如何形成和传播的?
2. 宜家的商业模式的成功有何秘笈?

延伸阅读 2

扫码并阅读案例 2,思考并讨论下列问题。

1. 中美文化差异对麦道公司在上海的管理有哪些影响?
2. 根据麦道公司在上海出现的运行情况,试述组织伦理的不确定性、模糊性等特点。

第十二章
组织变革与发展

本章学习目标

通过本章学习，你应该了解：
1. 组织变革的含义和动因。
2. 组织变革的几种模式。
3. 组织变革主要受到哪些方面阻力？如何克服阻力？
4. 组织发展的含义和未来趋势与特点。

耐克的营销组织变革

根据 2007 年 6 月最新公布的公司财务年报，耐克公司的年营业收入达到 163 亿美元，增长 9%，净收入达 15 亿美元，增长 7%，每股净收益达到 2.93 美元，增长 11%，这又是一个创纪录的结果。但是作为一个股票公开上市的公众公司，增长是永远的压力，华尔街只关注你今后的增长来自哪里。耐克的董事长和首席执行官迈克·帕克（Mark Parker）充满自信：耐克现在正面临着前所未有的发展机遇，我们具有将关于消费者的洞察力转化为优势产品的独特能力，这正是耐克成为全球行业领袖的重要原因。

帕克的自信源于耐克的营销组织变革。耐克品牌总裁 Charlie Denson 宣布，耐克将进行营销组织和管理变革，以强化耐克品牌与新兴市场、核心产品以及消费者细分市场的联系。实施这一变革，使耐克从以品牌创新为支撑的产品驱动型商业模式，逐步转变为以消费者为中心的组织形式，通过对关键细分市场的全球品类管理，实现有效益的快速增长。Charlie Denson 认为，这是一个消费者掌握权力的时代，任何一个公司都必须转向以消费者为中心。这种消费者为中心的模式已经开始发挥作用，比如在耐克的专卖店现已经有耐克+iPod 的销售组合，以满足追求时尚的青年消费者。

为此，耐克强化了 4 个地区运营中心，新设立了 5 个核心产品运营中心。4 个地区运营中心是：美国、欧洲、亚太、中东及非洲。5 个核心产品运营中心是：跑步运动、足球、篮球、男士训练、女士健康。这是一个矩阵式的管理，目标是把企业的资源向关键区域、核心产品集中，去抓住企业最大的市场机会。与传统的矩阵管理不同，关键是要实现跨地区、跨部门的协同。实际上，耐克公司已经有成功的经验，正是采用这种协同矩阵的管理方式，耐克公司组建了一支专门的队伍，将公司足球用品市场的经营额从 1994 年的 4 000 万美元扩大到如今的 10 多亿美元。Charlie Denson 说：通过这种方式，我们可以更好地服务于运动员，更好地加深与消费者的联系，更好地扩大我们的市场份额，实现有效益的增长，增强我们的全球竞争力。比如中国的篮球运动市场，就由亚太区运营中心和全球篮球运营中心协同开拓。

当今世界处于变化多端的时代，全球市场一体化的不断深入，新技术、新产品大量涌现，政治形势风云变幻。动态的、变化不定的环境要求组织去适应，组织只有不断进行有效的变革，才能适应不断发展新的形势。

竞争不断加剧，企业既要与已有的传统竞争对手抗争，开发新产品和新服务，同时又面临着具有创新优势的小型新建组织的挑战。只有那些根据竞争态势做出相应变化的组织才能立于不败之地。

第一节　组织变革的基础

有效的组织必须根据自身功能和环境特点保持适当的变动性和稳定性。组织的有计划、有目的的变动即是组织的变革，它是组织适应环境，保持活力，维持生存与发展必不可少的工作与活动。观察和管理一个组织时，必须兼备动态和静态眼光，了解组织变革是怎样发生的以及组织变革对组织及其成员可能产生什么影响。

一、组织变革的含义

组织总是不断地进行一定的变革，比如工作流程调整优化，员工甄选与录用，机构改革与整合，战略的改变，组织文化的革新，实施新技术等。所谓组织变革（organizational change），是指组织为了适应内外环境的变化，通过有效的系统方法和措施，使其自身从当前状态到目标状态或未来状态的动态平衡过程。组织总是面临各种压力，包括来自竞争对手、信息技术及客户需求等方面的压力。因此，组织变革已成为管理的重要任务之一。

组织变革可以理解为变革对象的内在变动与革新。组织变革面对的问题是组织的现实状态与目标状态之间存在的差距，组织原有的稳定和平衡状态不能适应环境变化和自身发展的要求，需要通过变革来打破它们，构建能够适应新形势、新需求的，具有足够的革新性、适应性、持续性的新的组织稳定和平衡。就实践角度而言，组织变革指的是：组织根据内外情况的变化，有目的、有计划地改变组织活动的方式和形态，适时地改变本组织的内在结构、行为和技术等，促成某种新平衡状态的形成，从而适应客观发展的需要，更好地实现组织目标的组织活动过程。

概括地说，组织变革可以分为5类：组织结构变革、技术变革、组织管理制度变革、人员变革以及组织物理环境变革。结构变革涉及对权力关系、协调机制及其他类似的结构变量的改变。技术变革包括对工作流程、方法以及所用设备的调整。人员变革涉及对员工态度、技能、期望、观念和行为的改变。组织管理制度变革包括组织的管理理念与管理方法的改变。物理环境变革包括对工作场所的位置和布局安排的改变。

二、组织变革的成因和动力

很多压力来源或动力因素都迫使管理者对其所在的组织进行变革。一般来说，影响组织变革的因素和过程比较复杂。一方面，各种因素通常是同时而不是单独起作用，这样，要明确区分各种因素的影响力就相当困难。另一方面，即使是同一个因素，不同组织对其敏感性也可能存在很大差异。一个因素会引起一个组织的变革，但并不一定会引起其他组织的变革。例如，那些欧美制度化、规范化的公司基本不因人事变动而受影响。相比较而言，中国的民营企业往往由于高层人员的变动而引起公司大变故。迫使组织变革的力量可能来自于组织内部，也可能来自组织外部。比如，市场份额的竞争迫使管理者变革组织的战略，而后在实施这项战略时又变革了组织的结构。

（一）影响组织变革的外部环境

组织外部环境通常不受组织管理者和决策者直接控制。国际国内经济增长速度的变化、资源的变化、产业结构的调整、政府经济政策的调整和科学技术的发展等都可能成为引发组织变革的导火线。组织结构是实现组织战略目标的重要手段，外部环境的变革要求组织结构做出相应调整。资源变化，是组织变革的直接动因之一，主要包括组织赖以生存与发展的自然资源、资本资源、信息资源和人力资源的变化。政府产业发展和税收政策的变化，可能会影响组织的生存条件，从而使组织的经营理念、管理方式等发生变化。科技发展对组织的影响越来越明显。例如计算机的出现使得大量资料的处理更为简便、迅捷。机器人的出现，在产品制造、分配上掀起一场革命。信息技术的发展正在改变人们的思维方式，因此传统的组织结构和工作模式面临严重挑战。事实上，互联网已经并将继续给组织带来冲击和机会。另外，源于竞争对手、客户、社区等方面的压力也是激发组织变革的重要因素。例如，被并购的威胁会使管理层变革组织的结构和内部流程，从而免遭并购接管。随着经济全球化的发展，竞争日趋激烈，要展开竞争，管理者就必须对其组织进行重大的变革。劳动力多元化和对质量管理要求不断提高，都会使组织进行变革。

社会态度或价值观的改变也是激发组织变革的一种外部力量。整个社会对环保、个人权益的日益重视也将影响组织的经营方式和理念。例如，过去靠钻政策空子的手法，随着市场规则的不断完善和企业对营销管理认识的提高，逐渐失去其价值。如何与时俱进，转变观念，通过组织变革来建立一个有利于吸引、使用、留住人才的机制成为企业界当前的热门话题之一。在经济全球化和科技快速发展的今天，企业经营环境的变化不是意外，而是一种常见现象。与传统的相对稳定的组织外部环境相比，当前这种竞争日趋激烈的动态环境向组织变革提出了更多的要求。

（二）组织变革的内部因素

组织变革的内部动因主要是由组织成员的变化、组织运行和成长中的矛盾所引起的。对组织变革影响较大的内部因素主要有组织目标和价值观的变化，组织运作效能低下，组织成员心理和行为变化，组织自身管理方式、管理技术方法的改进，以及组织生命周期的不同阶段变化等。

组织目标是指一个组织在未来一段时间所期望达到的目的，它指明了一个组织行动方向和活动的意义。组织目标的作用，一是引导组织成员的行动方向，维持组织的生存与发展；二是激励作用员工更加努力，提高管理绩效。组织目标的确立与保持要靠价值观系统来维系，价值观的变化，会使人们对目标的价值、目标的选择、目标的可行性等重新评估和权衡，进而引起目标的变化。组织目标一旦变化，组织的任务，各项工作的基础，组织稳定、组织决策、组织活动的依据和标准等都会发生变化，而这些因素自然成为组织或大或小变革的动力。

当一个组织决策迟缓，错误不断，无法把握机遇时；当一个组织因循守旧，墨守成规，难以产生新思想、新方法时；当一个组织内部沟通阻塞、冲突频繁、活动失调、人事纠纷严重时；当一个组织机能紊乱、效率不高、组织成员的积极性无法调动起来时，组织就处于组织运作效能低下的状态，迫切需要通过组织变革来诊治"病症"，焕发生机，提高组织的运作效能。

在任何一个组织中，人是最宝贵的资源和动力，员工构成和员工素质的变化可能会引发工作任务的重新分配和组织结构的变动。当组织有新成员加入或原有人员离职或退休时，也可能促使组织进行变革。在当前组织之间人才争夺异常激烈的背景下，由于核心员工的变动而激发组织变革的案例很多。例如微软中国区前总裁唐某加盟盛大带来了盛大公司管理的大变革，使其管理水准提升；原方正集团的周某峰率部下十几人加入海信，出任海信数码CEO，使以家电生产起家的海信得以改变战略，逐鹿IT产业。员工队伍的构成情况如年龄结构、性别结构、技能和知识结构以及员工的价值观等也是组织变革的重要因素。不同员工队伍结构通常会有不同的工作作风与主流价值评判标准。组织文化和团队建设正越来越受到重视。如何建设团队，使组织内部的员工发挥出"1+1>2"的效应对传统的科层组织提出了挑战。另外，员工的积极性、主动性和创造性是任何一个组织成功的实现目标的关键。但是，人们的工作积极性受制于其士气、动机、态度、行为等社会心理与行为因素的影响。如果组织成员的价值观、工作期望、工作态度和行为等方面发生变化，与组织目标、组织结构、组织关系、责权利系统相矛盾或不相适应时，往往需要对组织或组织的某些部分进行相应的变革，从而调动员工的积极性，发挥人力资源的效用。

管理模式和技术的现代化也为组织变革提供了良好的契机。例如管理信息系统（MIS）和决策支持系统（DSS）等管理工具和手段的使用完全有可能引发组织变革。另外，组织最高决策者的更迭无疑会对组织结构造成巨大的冲击。特别是当前后两任领导人在管理风格、工作能力和思维方式等方面存在较大差异时，组织变革经常会随之发生。

组织变革也经常是组织本身成长的要求。组织本身所处的生命周期阶段，如创业期、成长期、成熟期、衰退期等，也会促使组织进行变革。如在初创期，组织结构可能趋于非正式化，彼此权力关系尚未正式定义，然而，当组织发展成熟，规模扩张至相当大的程度时，就必须建构正式权力关系，此时官僚体系的组织结构就会取代先前非正式的组织结构。而当组织处在衰退时期，管理者更会构思组织变革之道，力图使组织重振雄风而避免走向被淘汰的结局。总之，组织处于不同的生命周期对组织结构的要求是不同的。例如，在小企业成长为中型或大型企业，单一品种企业成长为多品种企业，单厂企业成为企业集团等过程中常常伴随着组织变革。

▶ 新闻中的组织行为学

中兴禁令解除：平稳过渡 深刻反思再出发

2018年中美两大国之间最受关注的事件，莫过于规模巨大的中美贸易战，从4月2日贸易战正式打响以来，涉及的领域跟规模逐步升级。在4月16日美国商务部开启了对最大的上市电信设备供应商中兴通讯的全面制裁，禁止向该公司出售美国技术后，暂停销售其消费产品和相关服务。

中兴通讯的官方商城，以及天猫官方旗舰店无法下单，网站称"正在改版中，敬请期待"。网站配图是一群赤着上身、头扎红巾男子在上奋力划桨，蓝色加粗字体写着"青春是用来奋斗的！"。

直至美国时间7月13日，美国商务部发布公告新闻，正式宣布解除对中兴通讯的拒绝令。公告称："今天，美国商务部长威尔伯罗斯宣布，中兴通讯已经向一家美国银行托管了4亿美元。存款后不久，美国商务部根据6月达成的和解协议取消了中兴的拒绝令，和解协议包括在这种情况下最严厉的处罚和最严格的合规措施。"这意味着中兴正式走出了"生存危机"，得以重新恢复营业。

7月9日，中兴内部全体员工收到了公司新管理层的一封信，信上称，新一届管理层将"全力以赴，保持公司平稳过渡，确保对业务的影响降到最低"。而除去这次风波直接造成的经济损失之外，管理层被迫做出巨大变动一直是外界对于中兴未来命运担忧的主要原因之一。不过好在中兴一直以来都具备成熟完善的后备干部培养能力和人才储备，后备人才均具有丰富的经营和管理经验以及很强的业务能力。

据了解，中兴此次已经平稳快速完成了管理层交接，管理层人员切换时，所有的业务流程和相关手续不受影响，保证对业务的影响降到最低。而从披露的中兴新任董事会成员和管理层履历来看，其拥有丰富的经验和国际化的视野，同时不乏变革的决心，这也为此次调整切换平稳过渡有了重要保障。

相信经历过这次风波之后，中兴痛定思痛，深刻吸取教训，大力聚焦企业合规体系的构筑，始终把合规作为企业发展的战略基石，强化合规文化，进一步加强内控建设，继续完善公司合规体系，将合规嵌入日常工作的每个环节；强化组织架构、队伍建设及文化，带领全体员工坚定勇敢直面挑战、砥砺前行。最后，祝福中兴能够浴火重生，砥砺前行，在5G建设和中国高新科技产业发挥重要作用。

三、组织变革的计划性

组织变革可以是无计划的,也可以是有计划的。当变革的压力超越了阻碍变革努力的时候,就会发生无计划变革(unplanned change)。管理层并没有想到会发生这种变革。由于管理层和组织并没有为变革做好准备,所以可能会导致对组织产生即使不是混乱无序,也会是无法控制的变革影响。例如,某广告公司总经理发现,员工迟到率偏高,影响公司形象和工作氛围,立即制定员工出勤规章新制度,员工一个月迟到一次受警告,迟到二次扣除当月30%奖金,迟到三次以上扣除全额奖金。一周后,总经理发现客户投诉其要求的广告资料没有及时提交,员工上班时打瞌睡,或精神不振,等等。究其原因,员工为了早上上班不迟到而不再为赶客户急需资料而晚上加班,离公司较远的员工早上起得太早,以至影响必要的睡眠时间。这一管理制度的变革就是没有事先充分考虑各种现实情况,也没预计好变革可能带来的后果及相应的防范措施。

有计划的变革(planned change)是指管理者为了把一个组织或一个子系统转变到某种新的状态,而采取的种种系统化措施和努力,其中包括有意地改变组织的设计、技术、任务、人员、信息系统,等等。尽管管理者会按照某个计划进行变革,但是变革并非总能顺利地进行。变革经常会碰到种种阻碍,从而使管理者不得不重新考虑自己的目标和计划。

有些组织把所有变革都视为意外出现的状况。但是,我们关注的是主动的、有目的的变革活动。有计划的变革要达到什么目标呢?主要有两个:一是致力于提高组织适应环境变化的能力;二是致力于改变员工的行为。组织要想生存,就必须对环境的变化做出反应。组织需要适应如前所述的资源变化、竞争对手推出新产品或新服务、政府政策变化乃至社会价值观等变化。激发员工积极性和创造性、建立工作团队、授权给员工等,都是组织为了适应环境变化而采取的有计划变革活动。

由于组织的成败主要取决于员工工作的成败,所以,有计划的变革还关注于组织中个人和群体行为的改变。组织变革的方法将在后面介绍。

有计划的变革为组织确定了一种理想的未来状态,对组织的当前状态进行分析,并管理组织从当前状态迈向理想的将来状态的整个过程。变革推动者(change agent)指导着变革过程,并帮助管理者进行有计划的组织变革。这种变革推动者是一位咨询人员,他既可能是组织之外的,也可能是某个专门从事帮助管理者实施有计划的组织变革的职能部门的员工,也可以是组织以外的顾问。现在,越来越多的组织变革求助于外部咨询顾问提供建议和协助。由于这些人来自外部,所以常常能提出一些内部人员不会提出来的、更为客观的见解。但是外部顾问也有不足之处,他们对组织的历史、文化、人员、操作程序缺乏充分了解。外部顾问还可能倾向于推行更为激进的变革(这一点对组织可能有利也可能不利),因为在变革实施之后他们不受变革后果的影响。相反,当组织内部的专业人员或管理者作为变革实施者时,常常会考虑更多,或者说更为谨慎,因为他们会受到变革结果的影响。

第二节　组织变革的理论模式

组织发展是无休止的过程，解决了一个问题，又会出现另一个问题。尽管组织发展的过程没有中止，但一个变革的辩证过程一般都经过一定的步骤。为保证这个过程的顺利开展，实现组织向更适宜环境和竞争的组织形态进化的目标，组织必须依据特定的步骤来进行变革与发展，即需要特定的变革与发展模式。许多学者对组织变革的过程和程序作了大量的研究，提出了不同的组织变革模式，这里介绍其中比较有代表性的几种模式。

一、勒温模式

心理学家、应用行为学家柯尔特·勒温（Kurt Lewin）是有计划变革理论的创始人。他特别重视组织变革过程中的人的心理机制，"解冻—变革—再冻结"就是他针对组织成员的心理状态而提出的变革三阶段，如图12-1所示。

图 12-1　勒温的三阶段模式

第一阶段：解冻（unfreezing）——打破原有平衡状态，创造变革的动力。

这个阶段主要打破现状——一种旧有的平衡状态，打破原有的行为模式，克服个体阻力和群体的从众压力，减少使组织行为维持现状的力量，因此必须先行"解冻"。解冻是一种包括三种特定机制的复杂过程，这三种机制都必须发挥作用，使组织成员受到激励，从而否定目前的行为或态度：①确定地否定目前的行为或态度或者在一段时间内不再强化或稳定；②这种否定必须建立足够的、能产生变革的迫切感；通过减少变革的障碍，或通过减少对失败的恐惧感来创造心理上的安全感。这一阶段特别要注意收集有关令人不满的现状资料，与其他组织作比较，请有关专家来证明变革的必要性。

第二阶段：变革（changing）——实施变革，把组织行为移动至新水平，组织平衡移动至新状态。

这一阶段是推行组织变革本身，通过以下两种机制而发生：①对角色模型的认同，即学习一种新的观点，或确立一种新的态度的最有效的方法，就是观看其他人是如何做的，并以这些人作为自己形成新态度或新行为的榜样。②从客观实际出发，对多种信息加以选择，并在复杂的环境中筛选出有关自己特殊问题的信息。

这一阶段要特别重视为组织成员指明改革方向，提供变革的情报资料和变革问题咨询，鼓励人们参与变革，共商变革的计划、措施和问题的解决办法。

第三阶段：再冻结（refreezing）——稳固变革，把组织稳定在变革后新的均衡状态。

这一阶段旨在采取各种方式和手段不断强化变革所形成的新的心态、行为规范和行为方式，使组织刚刚形成的新的均衡状态趋于稳定、巩固并持久化。一项组织变革的真正成功不仅需要"解冻"和"变革"环节,去打破旧的均衡创造新的均衡状态,而且还需要"重新冻结"环节,去长时间维护"新的均衡"。否则,员工会因为惯性等多种原因自觉不自觉地试图重回以前的平衡状态,从而导致短命的变革。

再冻结又要通过以下两个机制:

（1）让成员有机会来检验新的态度和行为是否符合自己的具体情况。成员一开始对角色模型的认同可能很小,应当用鼓励的办法使之保持持久。

（2）让成员有机会检验与他有重要关系的其他人是否接受和肯定新的态度。群体成员彼此强化新的态度和行为,个人的新态度和新行为可以保持更持久些。

这一阶段应注意建立变革的控制体系,加强诸如组织文化、规章制度、政策和结构等新均衡状态的支持机制建设,系统地收集和传播变革成功的客观证据,奖励顺向变革的行为,组织成员得到变革带来的利益。经过一定时间的强化之后,组织成员和工作群体自身的规范会发生改革以适应和维持新的组织平衡。这时,管理者就可以依赖正式的机制进行运作了。

二、行为研究模式

行为研究（action research）模式是指一种以数据为基础,系统收集信息,然后在信息分析的基础上选择变革行为的组织变革过程。行为研究的重要性在于它为推行有计划的变革提供了科学的方法论。行为研究变革模式如图12-2所示,包含以下5个基本步骤:

图12-2　行为研究模式

第一阶段:诊断（diagnose）。在行为研究中,变革的组织者和推动者通常定位于外部顾问角色,他们必须从组织成员处收集变革需要、热点问题以及利害关系方面的信息,诊断组织现状的"病症",确定需要解决的问题。这种诊断与医生了解病人到底得了什么病相似。在行为研究中首先要通过提出问题,与人面谈,考察记录,倾听员工所关注的问题。

第二阶段:分析（analyze）。对诊断阶段所收集的信息进行分析。员工认为哪些过程是关键的?这些问题以什么形式出现?变革推动者把这些信息综合成几个方面:组织成员主要关心的问题;这些问题的范围和形式;问题的成因和关键所在;可以采取什么样的行动来解决问题;也就是说,在对组织的"病状"初步诊断的基础上,分析确定问题产生的原因（病因）,并初拟解决问题的方案。

第三阶段:反馈（feedback）。行为研究还包括了变革对象的广泛参与。也就是说,任何变革方案涉及的员工都必须积极参与问题的确定以及解决办法的寻求。所以,第三步是让员工共同参与前两步发现的问题。在变革推动者的帮助下,员工可以提出任何有关变革的行动计划。

第四阶段：行动（action）。这一步是行为研究中的实际行动阶段，基本任务是计划并执行专门的行动来实施变革，应当由变革推动者和组织成员共同采取行动来改进已确定的问题。

第五是评价。变革推动者评估行动计划的效果。他们以收集到的原始资料为参考点，对此后发生的变革进行比较和评价。有些情况下，行为研究前 4 个步骤的工作需重复多次循环，方能完成评价工作。

行为研究对组织的显著优点有：

（1）以问题为中心，变革推动者客观地发现问题，问题的类型决定了变革行为的类型。这样能克服许多人往往以解决问题的方法为中心，先有一个好的管理思想、管理方法或解决方案，然后再去寻找与之相应的问题的变革行为。

（2）由于行为研究中包括了员工的大量参与，所以减弱了变革阻力。实际上，只要员工在反馈阶段积极参与，变革过程通常就有了自身的动力。参与变革的员工和群体就成为带动变革的内部的、持久的、强大的力量源泉。

三、吉普森模式

管理学家吉普森认为，企业作为一个经济实体，经常会遇到来自内外部的各种压力，如政府法令、资源、市场金融情况等的变动；组织结构、人的行为变化等，这些压力的存在，会导致决策迟缓、信息沟通不良、领导软弱、人际矛盾等，就要改革。对问题的觉察和识别，关键在掌握内外部的有关信息。认清问题所在后，要深入分析以下问题：哪些方面需要纠正；引发问题的根源；作什么样的变更，何时变更；怎样规定变革的目标及其衡量方法，有无限制因素，如领导作风、组织结构和成员特点等。这一组织计划性发展和变革模式，较好地综合了多种组织变革过程模式，如图 12-3 所示。

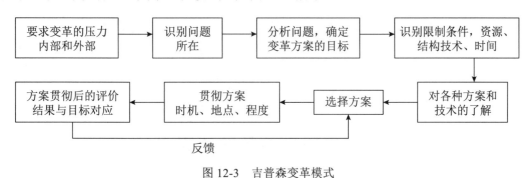

图 12-3　吉普森变革模式

四、勒维特模式

勒维特（Leavitt）认为，组织由 4 个彼此具有互动关系的变量构成，即工作、人员、技术及结构，而且任何组织变革都牵涉这 4 个变量。这 4 个变量之间关系如图 12-4 所示。

勒维特认为，任何组织变革，其特定的目标可能只是改变这4个变量其中的一个，但4个变量之间有高度的互动关系，所以相互之间都能彼此影响、相互牵动，所以任何变革在推行之时就得有缜密的分析与规划，才能将无法预期的不良后果减至最低，顺利达成组织变革的目的与成效。

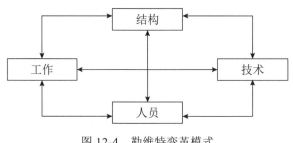

图 12-4　勒维特变革模式

五、唐纳利模式

唐纳利等人在《管理学基础》一书中对组织变革的全过程进行了系统研究，所提出的组织变革模式如图 12-5 所示。唐纳利将组织变革的过程划分为 8 个环节：①变革的力量，即要求变革的压力，包括外部和内部的力量；②认识变革的需要，要求领导者能敏锐地在组织发生重大问题之前就认识变革的需要，捕捉组织内需要的改变的信息；③诊断问题，要弄清问题的实质，要进行些什么变革，变革的目标是什么，如何对这些目标进行衡量等；④确定可供选择的组织发展的方法和策略；⑤认识限制条件，摸清这些限制条件及其影响程度；⑥选择方法与策略；⑦实施计划，要注意选择变革的时机和范围；⑧评价计划，对实施变革和要求变革的力量这两个阶段都要提供反馈。

图 12-5　唐纳利变革模式

第三节　组织变革的阻力及其克服

组织变革是一个除旧布新的过程，必然要打破原有的组织系统形态，改变原有的运作机制，这将关系到组织内部每个员工的切身利益，因而在某种程度上，变革会受到个人和组织不同层面的抵制。要成功实施组织变革，需要认识和分析变革的阻力，并采取相应措施加以克服。

一、组织变革的阻力

任何组织的变革都会直接或间接地涉及对原有制度、惯例、关系、利益和传统的改变，都会触动原有的心理平衡、行为平衡和组织平衡，从而产生对组织变革的阻力。变革的阻力应当从其利弊双方面来认识，一方面变革的阻力会使组织的行为具有一定的稳定性和可预见性，减少混乱而随意的组织行为或变革的发生及其对组织的冲击和破坏，而且它也是功能正常的冲突根源之一。例如，对组织激励制度的变革会激发对这些激励制度和方案的优缺点的讨论，并产生许多有益的建议，使变革方案更完善。另一方面，变革的阻力阻碍了组织对环境的适应和进步，影响组织的效率、效能的提高，还可能因为因循守旧而使组织丧失发展的机遇。

变革阻力（change block）的表现多种多样，可以是公开的或潜在的、直接的或间接的、即时的或延后的。变革阻力的形成原因是十分复杂的，变革阻力可能来源于个人或组织，可能源于人们的心理、个性、习惯或利益，也可能源自于组织的结构、文化、资源、惯性或既得利益格局等。下面将从个人和组织层面来具体说明组织变革受到阻碍的原因，如表 12-1 所示。

表 12-1　组织变革的阻力来源

个体对变革的阻力	组织对变革的阻力
● 习惯和性格 ● 对求知世界的担心 ● 对个人损失的担心 ● 缺乏理解和信赖 ● 选择性信息加工	● 结构惯性 ● 变革关注点有限 ● 文化与规范 ● 对已有权力关系的威胁 ● 资源的限制 ● 组织间的协议

（一）个体对变革的阻力

变革的个体阻力是指组织成员个人对变革的抵制。个体阻力来自个人的基本特征。

1. 习惯和性格

除非人们感到非常需要改变，否则人们总是按照自己的习惯来对外界刺激作出反应。某种习惯一旦形成，就可能成为个人获得满足的源泉。如人们较长时间从事某项职业活动，对工作环境、工作方法、职业用语、职业习惯等形成了"职业认同"，如变革一旦改变人们熟悉的工作方式、职业习惯，使某些人由于心理上的不适而产生不满或抵触情绪。此外，有的人天生就比别人更反对改革，这说明人们的内心深处的性格方面某些特点，如依赖性或教条主义，会使其抵制变革。

2. 对未知世界的担心

变革是新事物，是用模糊性和不确定性的东西来代替已知的东西。人们一般不喜欢不确定性，未知的东西会使大多数人产生焦虑不安。如果一个人还不清楚地了解变革的目的、机制和潜在的结果时，他很可能对变革忧心忡忡，宁愿维持原有的状况。例如，公司并购会使员工担心，能否适应新的组织结构，会不会遭到新的领导团体的排挤，等等。这些问题主要来自于他们对未知世界的担心，并且这种担心会引致相应的行为。

3. 对个人损失的担心

员工一般会抵制他们认为会夺走有价值东西的改革。在工作设计、机构或技术上的改革，可能使员工担心失去权力、地位、工资和福利，甚至是工作。对个人损失的担心，可能是组织改革面临的最大障碍。任何改革都有正反两方面的结果。可能需要进行教育，以帮助员工更多地了解改革的积极方面，减少消极方面的影响。

4. 缺乏理解和信赖

员工一般不信赖改革的意图，或不理解改革的目的。如果以往改革的执行者与员工的工作关系并不好，员工就会抵制新改革。比如财务经理每年都会修改财务报告制度，但过一阵又没兴趣了，改革就不了了之。当再次进行改革，员工就不再给予支持，因为他们不相信经理会为了大家的利益坚持将改革进行到底。

5. 选择性信息加工

个体在自己的知觉基础上塑造他们自己的世界，而且一旦形成个人的认知世界（或成见），就会下意识地选择自己的注意力和保持力，有意对信息进行选择性加工，倾向于选择那些最适合自己对当今世界理解的事物，不愿意随时对新事物作客观深入的了解。如果新生事物与自己原有知觉和观点相左时，便容易对变革产生抵制。例如，上述公司并购改革，员工可能对并购后公司壮大发展带来的潜在收益充耳不闻，而防御并购可能导致的既得的地位利益的受损。

（二）组织对变革的阻力

组织就其本质来说是保守的。例如，政府部门往往愿意继续从事它们干了多年的工作，而不论对这种服务工作的市场需要是否已有改变；教育机构本应是为了开放思想和挑战已有学说而存在的，但它本身也极端抵制变革；很多公司也都明显表现出抵制变革。组织层面的变革主要有6个来源。

1. 结构惯性

组织拥有内在的机制并保持其稳定性。组织是由经过甄选的人员构成的，拥有一定层级部门结构、权责任务结构，组织内的个人、团队、部门都被分配相应的角色，建立正式的工作关系、规章制度和行为规范，从而使组织运转保持稳定性和连续性。但是，当组织面临改革时，组织固有的结构、机制、关系和规范等仍然会惯性地发挥作用，结构惯性就会充当反作用力，维持原有的稳定状态，从而成为变革的阻力。

2. 变革关注点有限

组织是由一系列相互依赖的子系统组成的，对其中一个子系统实施变革就会直接或间接地影响到其他的子系统，并受到其他子系统的影响。而管理层实行变革时可能认识不到这点，或可能低估某子系统改革对其他方面产生的影响。例如，如果管理者改变了技术流程，但没有修改组织结构、工作设计和薪酬制度来加以配合，那么这一变革就可能遇到抵制。当管理层认为成本最重要的，会对与成本无关的改革不予关注时，另一个问题就会发生。所以，在子系统或局部进行有限变革很可能会因为更大系统或全局的问题而变得无效。

3. 文化与规范

组织文化和群体规范具有一定的惯性，是不容易立即变化的。即使个人想改变其行为，即使领导力推改革，也可能因为文化和群体规范的约束力和惯性作用而受到制约。所以组织文化和群体规范的惯性可能对组织变革形成一定的阻力。

IBM 和通用汽车公司曾以创造了生产非常大的产品——计算机主机以及大型、大马力汽车，非常优秀的组织文化统领它们的行业。当对它们的产品需求急剧下降时，两家公司被迫进行了巨大的文化变革以继续保持赢利。且不说其他情况，仅这两个组织的规模就使得它们很难迅速地改变它们的文化。

4. 对已有权力关系的威胁

有些变革会影响到组织内长期存在的权力关系，因此会受到抵制。尤其是自我管理的工作团队、授权计划或参与性管理的引入，均可能被视为威胁了中下层管理人员的权力。因此，这些管理人员可能不赞同变革，且不会帮员工理解和支持变革。

5. 资源的限制

如果一项变革会变更组织的资源结构，原有那些资源就会闲置，造成资源浪费，对固定资产投资或技术相关性强的组织更是如此。现有的资源也会限制变革的幅度。变革是需要资本、时间和相关技术人员的。有时组织的管理层和员工可能已经认识到应该进行变革，但由于资源的有限或缺乏，可能不得不推迟或放弃一些想做的变革。

6. 组织间的协议

组织间的协议通常给人们规定了道义上、法律上的责任，这种协议可以约束人们的行为。如终身雇用制度，使可能导致减少劳动力需求的改革难以进行。与其他组织如供应商或客户签订某种合同，要改变组织的目标也会有所顾虑。所做的变革如果波及其他组织的成员情绪，那些组织也会通过一定的手段来进行干预。

模糊性容忍度调查表

请仔细阅读以下内容，然后按照所列分值给你同意或不同意的项目评分：

完全反对　　　　　既不同意也不反对　　　　　完全同意

1　　　2　　　3　　　4　　　5　　　6　　　7

针对以下各项陈述，请在左边空格处填上最能代表你同意或反对程度的数字：

_____1. 不能给出明确答案的专家可能懂得并不多。

_____2. 我愿意在国外住一段时间；

_____3. 我们大家越早获得相似的价值观和理想越好。

_____4. 一个好教师能让你对自身观察事物的方法产生怀疑。

_____5. 我喜欢到会者大部分是自己熟人的聚会，不太喜欢大部分或全部到会者都是陌生人的聚会。

_____6. 教员或督导布置的任务不明确，可给学员提供展示主动性和创新性的机会。

_____7. 如果一个人过着四平八稳、按部就班的生活,很少有惊喜或意外事件发生,那他应该感到庆幸。

_____8. 许多最重要的决定都是在信息不充分的情况下做出的。

_____9. 确实不存在解决不了的问题。

_____10. 按照某种日程生活的人可能会丧失生活中的大部分乐趣。

_____11. 好的工作是指那些被清楚告知做什么和如何去做的工作。

_____12. 解决复杂问题比解决简单问题更有趣。

_____13. 从长远看,解决小问题、简单问题可能比解决大问题和复杂问题更有效。

_____14. 通常情况下,最有趣、最刺激的人是那些不介意与众不同和标新立异的人。

_____15. 我们总是喜欢那些熟知的事物,不喜欢陌生的事物。

打分：偶数问题,将得分直接相加。

奇数问题,将得分按相反办法相加。

你的最后得分是所有偶数和奇数问题得分的总和。

模糊性容忍度评分表的使用标准

来源：模糊性容忍度评分表

基础：调查表中列了15个有关人际关系和工作情境模糊性的问题。你要用1-7的分值给每种情境打分,最高1分(容忍),最低7分(不容忍)。(与此相对的问题的答案分值正好相反。)最能容忍的人得分为15分,最不能容忍的人得105分。得分在20和80之间的,按平均数45处理。对于偶数问题,用7减去其得分后,加到奇数问题的得分中。

二、组织变革阻力的克服

任何一个组织的变革,都必须依赖于大多数组织成员的积极支持和配合,从而不断克服阻力,才能取得成功。克服变革阻力的最重要方法之一是,高层管理者对拟定的改革予以强有力的支持。一般来说,高级管理层的支持向员工表明,这些改革对组织很重要。此外,当改革涉及各个部门或资源将被重新分配时,高级管理层的支持尤其具有关键的意义。主持改革的各级管理者可用具体的策略来帮助克服员工对改革的抵制。

(一)克服组织变革阻力的方法

最著名的克服变革阻力的方法是社会心理学家勒温提出的"力场分析法"(force field analysis),这是一种考察变革过程的方法。勒温认为变革遇到阻力时,如果用强硬的手段压下去,可能一时平息,但是反抗的因素会积聚力量,卷土重来。因此他主张把支持变革和反对变革的所有因素采取图示方法排队,分析比较其强弱程度,然后采取措施,把支持因素增强,反对因素减弱,导致变革的顺利贯彻。力场分析法的一般程序为：①确定问题：调查变革的矛盾冲突；②分析问题：列出变革的动力与阻力因素(两者的数目不必相等),并按其强弱程度排序,绘制"力场分析图"。③制定变革策略：对其中的一些阻力因素或动力因素，找出减少阻力或增加动力的办法，从而使变革顺利进行。

以下是勒温亲自参与的一个变革实例：

第二次世界大战期间，勒温碰到一家工厂要求全体女工戴防护眼镜，受到抵制。他调查、分析了正反两方面的因素，绘制了图12-6。

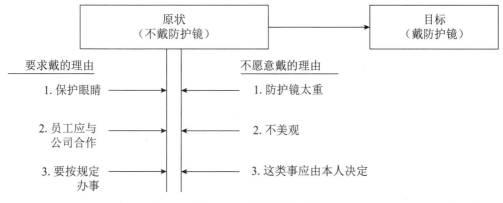

图12-6　力场分析实例

对第一个反对因素，经过了解，只要多花5美分就能调换一种比较轻而舒适的镜架。公司同意增加这笔支出。对第二个反对因素，他让女工自己设计美观合适的眼镜式样，并开展评比竞赛，引起了大家的兴趣。这样就使女工们对公司规定从反对变为支持。

注意因变革而引起的员工利益和能力需要的变化，尽量用协商态度办事，某些变革可能会使少数人或团体受到损失，管理者应该同他们充分协商，对变革所引起的技能要求的变化，要组织培训，使人们得到技术补偿。

（二）克服组织变革阻力的策略

对组织变革阻力的克服需要进行系统的分析以确定阻碍变革的因素，同时需要科学地克服组织变革阻力的方法进行总体地变革指导，但在组织变革中也需要具体的措施以推进组织变革。组织变革专家约翰·科特和伦纳德·施莱辛格在《选择变革的策略》（载《哈佛商业评论》，1979年3—4月号）提出，在组织变革的过程中，组织的管理层有必要依据变革阻力的层次、大小和变革者的权力合理选择变革的措施。他们提出了以下6种策略：

1. 教育和沟通

当人们对变革不理解或对变革后果把握不定时，往往可能抵制变革。通过适当的教育和沟通，帮助人们理解变革的原因和性质，减少或消除人们对变革的恐惧，提供充分的信息以帮助人们为变革做好准备。这种策略对于化解由于沟通不良、信息缺失所引起的变革阻力较为有效。

2. 参与和投入

变革推动者应倾听那些受到变革方案影响的人的心声，让他们参与到变革计划的制订和实施，增加对员工利益的考虑，吸收员工的意见，增加人们对变革的理解、认同和投入，从而减少人们对变革的抵制。但这种策略也有不足之处，即可能影响决策的质量，并且耗时太多。

3. 提供便利和支持

变革推动者可以通过提供一系列支持性措施来减少阻力。当员工十分恐惧和忧虑时，给员工提供心理咨询和治疗、新技术培训或短期的带薪休假，这些将有助于调整员工的心理。这个策略的不足之处是费时，而且实施起来花费较大，难以把握其成功与否。

4. 谈判与奖励

必要时，组织变革可以给予切实的激励以换取合作，或许只有高工资率才能使工作丰富化而有效。奖励是指奖金、工资或薪水、认可、工作分配等，这些都可以考虑，有时还可以重新安排奖励方案以强化变革的方向。

5. 操纵和收买

操纵是指隐含的影响力，如封锁不利信息，制造流言以使员工接受变革，歪曲事实使事件显得更有吸引力等。如果管理者威胁说，员工要是不接受全面的降薪方案，公司就要关门停业了，而实际上并没有这种打算的话，管理层使用的就是操纵手段。收买则是一种包括了操纵与参与的形式。它通过让某个变革阻力群体的领导者在变革决策中承担重要角色来收买他们。之所以征求这些领导者的意见，并不是为寻求更完善的决策，而是为了取得他们的允诺。相对而言，操纵和收买的成本都比较低，并且易于获得变革的反对者支持。但如果有关人员意识到自己被欺骗和被利用时，这种策略的效果可能会适得其反。

6. 强制

有些变革推动者可能会对反对者动用惩罚措施或是以惩罚相威胁，在这种方式下，管理者利用权力使人们如他所愿。比如，公司员工如果不同意降工资，而管理层真的决定要关门停业，那么这种变革策略就会具有强制色彩。另外，如威胁调职，不予提拔，消极的绩效评估等都是强制的实例。强制的优缺点与操纵和收买相似。

除了上述策略外，管理者还可以采用创新组织文化，提高员工参与度，正确运用群体动力等方法，来克服变革阻力，推进组织变革。

第四节 组织发展及其未来方向

一、组织发展的含义

组织发展（organizational development）是一个较为模糊的概念，学术界至今还没有普遍认同的定义。有代表性的定义有：

著名的组织变革学家伯克（Burke，1982）认为，组织发展是通过利用行为科学技术和理论对组织文化实施有计划的变革过程。

哈佛商学院教授比尔（Beer，1980）则指出：组织发展是一个系统的收集数据、诊断、行动计划、干预和评价的过程。组织发展的目的概括得较为精辟：增强组织结构、过程、战略、人员和文化的一致性；制定新的、有创造力的解决方案；培养组织自我更新的能力。

在此我们更倾向于推崇罗宾斯（Stephen. P. Robbins，1997）的定义，组织发展这个术语包括了建立在人本主义的民主价值观基础上的有计划变革的干预措施的总和，它寻求的是增进组织的有效性和员工的幸福。

组织发展与组织变革是密切相关的，组织发展可以看成是实现有效组织变革的手段。组织发展在狭义上指组织成员行为的变革，在广义上则还包括了组织的结构变革和技术变革。

组织发展将组织看作是复杂的社会和技术系统。组织发展的种种努力可以把重点放在组织中的人力过程、组织设计、工作设计、技术及组织中的许多其他方面。组织发展试图建立一个非常灵活的组织，从而使得组织可以根据自身的任务和外部环境的性质，改变自身的设计。它在组织内部建立了一个机制，从而使得组织成员可以获得有关组织状态的反馈。然后，这种反馈又能促使员工不断改进工作。组织发展将冲突视为组织生活中不可避免的一部分。它试图建立一种文化，使人们能够对冲突进行积极的管理，从而实现组织的目标。

二、组织发展的干预措施[①]

组织发展的干预措施（organizational development intervention）又称干预技术，是指为了改善组织效能，针对有关组织成员或团体所采取的各种措施或技术。组织发展的干预措施实际有很多，这里从组织变革因素介绍几种主要干预措施：

（一）人力过程

人力过程（human process）的干预措施主要关注人际过程、群体内过程和群体间过程，例如冲突、沟通和决策等。其目标是：降低高到功能性紊乱的冲突，使人际过程更有效，促进人们价值观在组织中的实现等。人力过程主要包括以下几种干预技术：

1. 过程诊断。这种干预措施主要针对工作组在工作中发生的人际关系和团队能量问题。一般来说，过程咨询专家需要帮助组织进行诊断，并制定适当的解决方案，比如，功能性失调的冲突、交流不足或无效的规则等。目的是帮助员工学会人际关系技能，学会鉴别并解决问题。

2. 团队建设。这种干预措施帮助工作组在工作中提高效率。同过程诊断一样，团队建设也要帮助员工诊断团队过程并对症下药，它在检测团队任务、考查团队成员的角色，以及设定任务的战略等方面超出了诊断的范畴。

3. 冲突解决。这种干预致力于解决人们以及部门之间的分歧。个人冲突的解决只是过程诊断中解决两个或两个以上的人之间功能失调引起冲突的一种形式。团队问题冲突

---

① 该部分与后面的"组织发展的未来方向"参考托马斯·卡明斯（Thomas G. Cummings）、克里斯托弗·沃里（Christopher G. Worley）.组织发展与变革精要 [M]. 清华大学出版社，2003：103-113，320-330.

解决模型中包括对两个或更多的团队，弄清冲突的原因，然后采取相应的解决冲突的措施。

4. 大群体干预。这种干预是把一大群利益相关人员集中到一起，共同澄清一些重要的问题，拟出工作的新方案，设计组织的新形象或者解决紧急问题。这种干预是认识组织中存在的问题的强有力工具，也是为未来行动设定方向的有效途径。

（二）结构和技术

结构和技术（structural and technological）的干预关注组织设计、组织上的工作以及在组织中增加新的技术等，其目标是提高人们的生产率和组织效率。这种干预措施包括能够改变某个组织过程的机能和效率的所有技术。如大量使用自动化控制设备或个人电脑和网络，会改变人们工作和相互交往的方式。尽管这类干预措施的目标是改变组织结构或技术，但是它们也会直接影响组织的人力过程。

（三）人力资源管理

人力资源管理（human resource management）的干预措施是从组织全体人员出发，包括激励和奖励、职业规划和职业发展以及压力管理等方面。例如，管理者应当把红利和晋升与那些能够不断改进生产质量的行为联系起来。

人力资源管理干预措施的对象是个人。例如，目标设置和运用奖励的目标是沿着组织希望的发展方向，来塑造人们的行为。个人行为和绩效的改进提高组织的效能。

（四）战略干预措施

战略干预措施（strategy interventions）关注的是组织对于其外部环境变化的反应。这种反应包括为获取竞争优势而进行的战略转变；为创造和组织的新环境更一致的价值观和信念，而进行的组织文化的变革。例如，企业组织所处环境的巨大转变，提高了对他们的产品或服务进行质量管理的要求。这种转变包括把质量视为一项战略优势；改变组织文化，从而使得重视质量成为每位组织成员工作的一部分。

通常，使用多种干预措施的组织发展可以引发更大的变革。把团队建设、结构干预措施和让员工参与目标设置相互结合起来，将会产生更积极的效果，而且会对员工的态度产生积极的影响。而单独使用某种干预措施，可能效果不明显。研究表明，最强有力的干预措施是结构与技术以及人力资源管理这两种类型。此外，这种效果在小型组织中要比在大型组织中更为显著。

▶ **新闻中的组织行为学**

组织变革序幕开启 京东末位淘汰高管策略的背后

2月19日，京东官方证实"2019年将末位淘汰10%的副总裁及以上级别的高管"，并强调集团正在积极推动"小集团，大业务"的转型，旨在盘活资源、充分发挥组织活力，为多元业务的发展保驾护航，以实现有质量的增长。

京东淘汰高管的消息是在内部大会上通报的，不过京东并未明确表示淘汰即为裁员，根据京东惯例，此次对于副总裁及以上级别高管的"末位淘汰"并不排除采取岗位调整、内部创业等方式进行人员优化。

两个月前，京东在回应裁员消息时就明确表示："正常的人员流动是每个公司都会遇到的常规情况，年底根据员工绩效考核开展末位优化也是每个公司的常规动作。京东每年定期都会针对所有人员开展绩效评价和人才盘点，对优秀人员给予更大的激励和更好的发展空间；对于绩效表现不符合要求的予以岗位调整和优化。"

"手刃高管"的非常规操作，在眼下此起彼伏的互联网企业裁员声浪中显得尤为突出，在市场较为低迷的当下，京东此举更容易被看作是"节流过冬"的被动举措，更有媒体推算出京东一年将从这一波操作中节省千万元的人力成本。

对于一家年营收达数千亿元人民币、在全球互联网企业中仅次于亚马逊和谷歌母公司Alphabet，员工人数超过17万的大型企业而言，一年节省千万元的人力成本并不是京东此举的核心要义。

据腾讯科技报道，京东所作出的这个决策，是经过了深刻的内部反思之后，为了解决目前企业所存在的各种组织问题，以重拾创业精神和初心的一种举措。

结合最近半年京东集团CEO刘强东的言论也不难看出，重塑团队和人才、激发组织活力正是他当下的重点工作。

此前，刘强东就在京东发布2018财年第三季度财报后的电话会议上表示："我个人的关注点主要放在战略、团队、文化和新业务上。"

眼下的京东远非"电商"这么简单，它早已成长为拥有零售、数字科技、物流三大核心业务板块的集团公司，并在京东物产、京东安联保险、京东云、国际化业务等诸多领域展开布局。在多项业务齐头并进的背景下，"如何打造出极具战斗力的团队，保持组织的创造力和活力"，是京东在长期发展中始终保持竞争优势所必须要解决的问题。

京东正在积极推动的"小集团，大业务"的转型便是一次战略层面的重要组织升级。通过数字化管理和进一步授权，京东希望能够盘活资源、充分发挥组织活力，让业务单元有意愿、有能力、有条件取得业务发展的胜利，从而实现有质量的增长。

三、组织发展的未来方向

组织发展的环境不断变化，组织发展的领域继续成长和成熟，新的理论和理念不断发展，更多复杂和艰巨的研究不断开展，新的方法不断得到应用。目前不少学者对组织发展未来方向的研究尽管还不成熟，但提供了一些推测组织发展方向的线索。

组织内部相互关联的趋势影响组织发展在近期内可应用的范围，如图12-7所示。它们涉及组织的不同方面，如劳动力、技术、组织。在某些情况下，这些趋势直接影响组织发展的方向。技术趋势，诸如互联网，肯定会影响组织发展实施者，简化组织和管理方式。

其他趋势，如财富的集中，代表一些重要的环境因素，这些因素将通过与其他趋势的相互作用来间接影响组织发展。

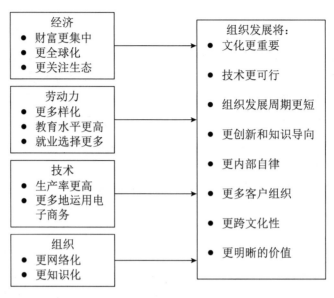

图 12-7　未来组织发展的趋势和作用

（一）经济

对未来经济的可能状况有许多研究和描述。达成共识的是世界经济已经经历工业时代的重大转变，而工业经济代表了20世纪经济的绝大部分时期，未来经济变化的趋势和推动力是全球化、财富的加速集中、对生态系统的关注等。

经济快速地全球化，手工制造业从高劳动成本国家向低成本国家转移，国际并购的增长以及世界范围内的服务业扩展都预示着全球化经济正处于发展成长之中。今天，几乎任何产品和服务都可以在世界的任何地方制造、购买和销售。全球化使企业组织降低成本、获取资源、扩展市场、更快地开发新产品和服务。全球化可能使组织管理更为困难。由于全球经济超越国界，这使得政府难以控制和影响全球化的发展。许多发展中国家面临着西方资本模式化的压力，即使这种模式可能不适合他们的文化。

经济发展的第二个趋势是财富越来越集中于少数个人、公司和国家。在过去20年间，美国大公司总裁和普通职员的报酬比率从35∶1上升到150∶1；世界上亿万富翁的人数翻了14番；世界前500强的大公司雇用了世界人口的5/10 000，却带来了世界经济25%的产出；有50家公司已富可敌国，即使在世界经济中也可排在前100个国家之列；同时，世界上的60亿人口中有48亿生活在发展中国家，其中有30亿人每天生活费不足2美元。①

财富的集中可能是市场经济的自然结果，但它也可能导致资源的不合理分配、环境

---

① 参见马斯·卡明斯（Thomas G. Cummings）、克里斯托弗·沃里（Christopher G. Worley）. 组织发展与变革精要 [M]. 清华大学出版社，2003：321-322.

恶化及短期利益的考虑。例如，现在华尔街关注的焦点是短期投资，这样影响决策的标准将会发生变化：人们会忽略预防性和安全性措施，而只关注眼前利益，重要的长期资本投资计划也将得不到青睐。财富的集中化还可能由于富人以牺牲穷人的利益为代价来实现自己利益而激化社会矛盾。

最后，经济成功不能以牺牲环境为代价，注重生态系统的保护。如爱默克与皇家荷兰壳牌石油，正采取积极措施减少工业化带来的温室效应。荷兰宜家家具制造商正积极地减少辐射、废物与环境恶化的发展，并增加可持续发展性、利润及客户的满意度。

（二）劳动力

劳动力正变得越来越多样化，教育程度也越来越高。各种组织无论它们是在本国还是在外国开展业务，都需发展适合劳动力的民族、性别和年龄的政策和运作模式。教育程度较高的工人可能要求更高的薪资，更多地参与决策制定以及在知识技能方面的边际投资。例如，当今的信息系统人员就需要不断地更新自己的知识技能，以保持在这一工作领域内的竞争力，相应地，各机构正大幅度增加培训和管理发展预算。这些组织更多地投资和大学、研究机构合作，许多大公司如摩托罗拉、施乐和3M都规定了每个员工每年必须接受技术和管理培训不得少于一定时间。另外，大量的公司重组、并购或精简机构使劳动者进行更多的就业选择，而不是忠于某一公司。

（三）技术

信息工业技术改变了内部运作，提高了生产率，多年来经济学家被"生产力神话"所困惑。制造业收益最大，运输、贸易和金融等行业也从新科技投资中得到回报。信息科技也促进了电子商务的发展，这一新的经济形式有无穷的发展空间。电子商务牵涉的是网上产品和服务交易，如从自动取款机提款，在网上利用内部结算购物。B2B（商家对商家）、B2C（商家对客户）的电子商务交易为组织发展提供了新内容。信息科技推动的商业改革可能仍是组织在近期内关注的焦点。比如戴尔公司出售为客户订制的电脑，但它是从一家在期刊背后印广告的邮购公司发家的。今天，它有25%的客户来自网上。它在改革中的组织结构、劳动技能、工作方式的设计和工作过程的转变代表了许多组织要面对的问题和组织发展推行者将迎接的挑战。

（四）组织

组织将更加网络化，网络结构依赖于战略联盟、联合企业及其他超组织关系。这些结构使单个组织能和其他组织合作发展，生产及销售产品和服务，网络适应性很强，可根据情况的需要，随不同的任务和市场变化而变化。为了顺利实行网络化，组织将学会如何快速评价它们是否与网络中心的其他伙伴关系合适，以及联合的产品服务是否成功；它们能否迅速地进入网络，以便取得开发产品和市场的机会，或在网络已不起作用时快速撤出。

网络结构还可以使组织在保持小规模的同时具有许多传统大公司才具有的优势。网络结构可以帮助小公司联合起来更有效地生产产品和提供服务。在某一具有优势的小型化公司，也可以和具有互补经验优势的组织进行合作。这样，网络就使得每个合作公司在保持小型化和灵活性的同时产生了规模经济。

此外，知识正成为组织竞争力和适应性的一个重要决定因素，组织将更多地将自身构建在知识的基础上，而不是构建在功能、产品或地理等因素上。这样的结构超越了内部和外部组织的界限，消除了学习的障碍，使员工获得、组织和传播知识的过程简单化。例如，惠普咨询中心是一个由5 000人组成的全球性咨询组织，各种学习社区，设施和知识图片被大量使用，以便员工在咨询时可获取所有实体组织的信息和经验。学习社区是由组织内的员工组成的非正式团体，他们在组织的不同部门工作。组织鼓励他们用各种可能的方法讨论最佳经验、问题、技术，包括面谈、网络聊天、电子邮件和视频会议。

复 习 题

1. 组织变革的动因主要有哪些？
2. 勒温变革模式有什么特点？
3. 行为研究模式包括哪几个阶段？
4. 分别简述吉普森模式、勒维特模式、唐纳利模式的变革环节和特点。
5. 组织变革的个人阻力和组织阻力主要有哪些方面？
6. 什么是力场分析法？
7. 组织发展的干预措施主要有哪些？

即 测 即 练

延伸阅读 1

扫码阅读案例1，思考并讨论下列问题。

企业随着自身发展的需要，在不同的时期（如成长的不同阶段、战略转型等），对企业管理提出不同的要求,联想集团是如何进行组织变革的?历次变革的动因和特点是什么?

延伸阅读 2

扫码阅读案例 2,思考并讨论下列问题。
1. 惠普为什么要进行管理架构的改变?
2. 你认为 IBM 组织变革存在哪些障碍?走动式管理结构是否适合 IBM?

第十三章
网络时代的新型组织

本章学习目标

1. 互联网对企业组织结构有何影响？
2. 什么是生态型组织？
3. 自组织的特征及与他组织的共生性。
4. 组织平台化模式和路径。

老板与员工：高手在民间

从 2012 年开播至今，《罗辑思维》长视频脱口秀已累计播出了 200 多集，在优酷、喜马拉雅等平台播放超过 10 亿人次，在互联网经济、创业创新、社会历史等领域制造了大量现象级话题。《罗辑思维》作为了自媒体成功的典型范例，据估值已达上百亿。罗振宇做知识付费得心应手，从音频到视频，从"罗辑思维"到"时间的朋友"，每一次都把公众对其的关注度推到了最高。

"罗辑思维"的整个组织都是扁平化的，里面分成了很多小组，围绕六百万用户分别开展业务，同时也混卖一些产品。在这些小组里，"卖手"通常是由一个组长加两个徒弟构成的。

罗辑思维的规则很简单：首先，在这个三人小组中，如果"徒弟"另起炉灶，那么在接下来的半年中，"徒弟"的业绩要给"师傅"分出一定的比例。这条规则的核心是利益绑定。所以，当"师傅"觉得时机成熟，不仅会敦促"徒弟"抓紧时间成立新的团队，还会为他提供帮助。第二，公司每年都会评选出创造价值最多的"徒弟"，然后，谁带的他，谁就会得到一块"牌匾"，上书"一代宗师"四个大字。这是肯定了"师傅"的贡献。

这两条规则非常简单，但是包含了"名"与"利"。不仅如此，还包括"梦"，就是梦想与情怀。

比如，罗辑思维有一种评估模式。有别于传统企业的上级对下级的评价，罗辑思维发明了"节操币"模式。公司每月给员工发放十张"节操币"，它不能用来奖励自己，只能分给其他部门或者员工。拿到了"节操币"并且排名靠前的人，每个月都可以在系统里兑换为相应的现金。同时，会对排名最后的那部分人进行公示，让员工自己考量如何改进。这不是一个自上而下的评价模式，而是来自身边的人。它最大的好处在于，不论领导在与不在，员工都会很努力，因为决定他绩效的人就在身边。这有一点类似于滴滴司机，他以前躲着城管，现在要"防"着顾客，而顾客天天陪伴着他，令他无法偷懒。

这就是政策推动了行为的转变，它激发出了更多的基层"高手"，让他们保持了奋斗的活力与动力，创造出了更多的价值。

在生活中，总会有一些人既不求名，也不求利，但是他特别有情怀。那么，如果组织能够把"名""利""梦"这三种元素进行清晰的梳理，让员工能够感受到，那么他立刻就会动起来。

随着信息技术及互联网技术在企业经营实践中的广泛应用和高度渗透，互联网与传统实体经济融合形成了一种新的互联网经济生态。这种新的经济生态不仅改变了企业的交易运作流程，而且对企业的组织结构产生着深远的影响。

美国的资本市场，如今排名前5的企业，全部都是互联网公司，"这是历史上第一次，全部是互联网公司。"没有任何一个时代，像今天这样，充满了"不确定性"。10年前中国的商业地产开始了规模化的扩张，很多服装品牌也随商业地产增长而大规模开店，仅仅过了二三年，服装品牌的老板们就有些坐不住了——实体门店沦为了试衣间，店面营业成本高涨但销售额缩水。随后"沉浸式"消费挽救了部分实体门店的颓式，服装店开在咖啡厅、餐馆或是书店中成了新潮流……

第一节　互联网对企业组织结构的影响

互联网时代使得企业所处的内外部环境发生了重大的变化。市场变化莫测，信息流巨大，商业流加速，机遇转瞬即逝。企业的活动量显著增加，活动范围明显扩大。企业要适应多变的市场，就要对组织结构进行变革，让每个部门小巧且灵活，使组织结构趋于扁平化，组织形式虚拟化，组织边界模糊化。企业的信息资源能被充分有效地利用，从而降低运行成本，提高运行效率。

一、组织结构扁平化

1. 管理层级减少

传统的组织结构是自上而下、递阶控制的金字塔式结构，庞大的中间管理层在其中起"上传下达"的作用。这种组织结构运作模式一方面占用资源和时间效率低下，另一方面中间管理者对所传递的信息拥有解释和筛选权，可能导致顶层无法全面了解企业面临的问题，从而无法作出有效决策。随着互联网的广泛应用，信息系统逐渐取代了中层管理人员这一"传声筒"的作用，企业需要的员工人数相应减少。而随着企业信息网络和自动化管理系统以及专家系统的逐步建立与完备打破了传统的纵向层级结构，横向的信息交流得到了加强。从高层管理者到低层一线员工的信息沟通更为方便直接，决策和指挥更为迅速而敏捷。随着员工受教育程度不断提高，其社会化的行为规范程度也越来越高，因此管理人员的管理跨度扩大，组织的管理层级将减少。

2. 管理幅度增加

互联网使管理幅度大大增加。管理幅度是管理人员能够直接、有效地管理下属的人数。由于互联网信息技术的改进，组织中中层管理人员上通下达高层领导意图的"放大器"功能和收集加工大量底层信息的"过滤器"功能，在很大程度上可以被现代信息技术所提供的大容量通信技术所替代。管理人员可以更多地应用电子邮件、互联网在线会议、视频会议等形式来支持组织成员之间、各部门之间或各组织之间的信息传递和意见交流。在这种情况下，许多原来由大量中层管理人员逐级去执行的任务，交给了各种互联网技术工具，比如企业内部网、微信公众号、企业微博等，以及企业信息系统去完成。高层管理者和一线员工可借助互联网直接传递信息进行沟通。因此，借助互联网和信息系统应用，使得管理者的管理幅度得以大大增加。

3. 员工能力激活

组织扁平化使得管理幅度增加，管理者无法具体而细微地对基层员工进行深入指导，此种情况必然导致各层管理权限的下沉，员工拥有更多自主权和决策权，工作的主动性和积极性在极大程度上得到提升。扁平化的组织结构让员工不再拘泥于部门的限制，不再受限于多层的管理层级，而是以群体的协作及知识资源的共享作为企业新的劳动分工思想，让系统和协作观念贯穿在组织结构建设和运作中（见图13-1）。组织结构将更富有弹性和灵活性。扁平化所带来的为基层员工赋能在极大程度上减少决策和行动之间的时间延迟，加快对市场和竞争动态变化的反应，从而降低投资过程中的风险成本，提高企业组织结构的柔性。

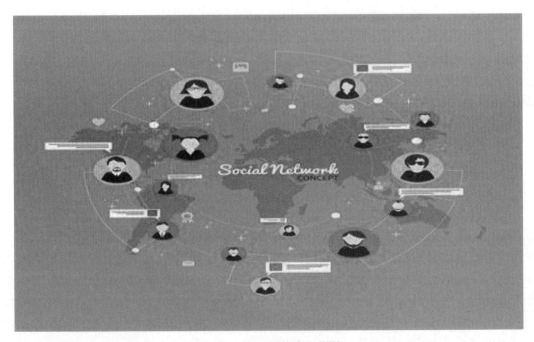

图 13-1　组织结构扁平化图

二、组织形式虚拟化

1. 快速整合优质资源

互联网技术促进了新的组织形式出现,如虚拟组织。斯蒂芬·P. 罗宾斯对虚拟组织定义为:虚拟组织是一种小型的核心组织,通过外部资源提供主要的企业功能,而且虚拟组织是一种规模不大,决策集中化程度却很高的企业形态。虚拟组织的管理相对的灵活、松散,主要通过网络平台和信息工具进行交流和沟通,协商内部事务。目前,企业常见的虚拟组织有两种合作形式。一是企业为满足新的市场需求,往往会构建虚拟组织在一个特定的项目内进行临时性的合作经营,还有一些企业会把虚拟组织作为永久性组织形式进行管理,成员公司加入到一个灵活的网络中,建立生产某种产品和服务的永久关系,但其成员公司在虚拟组织之外仍然保持着独立性,并进行自主经营。虚拟组织的出现,反映了在信息技术条件下企业组织的法定界限已被打破,传统的组织概念也开始发生彻底性变化。随着信息技术的不断发展和渗透,企业组织结构由过去的封闭型日益转向开放的网络型。通过互联网,企业可以将组织成员联系起来成为一个整体,创造出仅仅依靠各独立成员难以达到的组织整合力量,大幅度降低各企业组织之间的交易成本和协调成本,从而最大限度地利用外部资源,提高企业的应变能力。

2. 跨区域合作成为可能

互联网技术的运用提高了个人和组织的信息处理能力,加强了组织机构间、组织机构和个人间的互动联系,无论在横向还是纵向上将企业组织内部的层级机构密切地联系在一起,而且也加强了企业组织本身同外部机构和个人间的联系。处于纵横交错的密集信息网络中的人、组织机构和组织本身,虽然有责、权、利的划分,但其工作都已通过互联网的信息网络技术互相交织在一起,打破地域限制,拓展了合作边界。本企业的员工可以实现跨国家地区工作,如一家企业的分公司员工可以通过互联网建立虚拟团队合作完成工作任务。

三、组织边界模糊化

1. 弱化职能部门界限

在互联网背景下,企业各部门的职能和界定依然存在,但部门间的边界却打破了过去的僵硬界限,组织作为一个整体其功能大大增强,已经远远超过各个部门功能的总和。组织边界趋向模糊化,各种边界更易于扩散和渗透,部门之间的沟通障碍减少,更有利于信息在各部门的传递和对称分布,便于各项工作在组织中顺利开展。企业为增强自身的竞争力,会与其供应商、经销商等建立各种战略伙伴关系,形成多种形式的组织结构,企业可根据环境的变化不断调整经营业务及其组合,各种职能部门边界的严格划分已逐渐失去其原有的意义。加之随着信息系统应用的深入,组织内部职能部门间的界线、组织间的界线也将由于信息畅通而淡化。

2. 加速人力资源流通

互联网时代信息更加公开透明，本企业的员工可以自由向外流动，员工不再忠诚于企业，而是忠诚于自己的客户和职业，员工的知识具有流动性，可以在能力范围内同时选择其他适合的企业工作。互联网信息技术的应用要求企业员工比过去具备更多的专业知识和技术特长，根据企业的需要随时组成特定项目的团队，各种岗位之间的界限逐渐变得模糊。在这种组织情境下，员工的主动性和创造性被大大激活，利用互联网自主选择一家或多家企业发挥所长。员工的自由流动，一方面激活企业活力；另一方面减少企业的雇员人数，提高组织的运作效率。

▶ **新闻中的组织行为学**

伟大的企业都是时代的产物

互联网发展至今大致划分为两拨大的创业浪潮。

第一拨主要是信息基础的搭建，形成以 IBM、英特尔、微软为代表的互联网企业。它们完成了互联网的基础架构，为互联网内容领域的发展奠定基础。

第二拨就主要以内容连接的创业为主，开始了从资讯到商品再到服务的逐步演进。传统互联网时代诞生了像新浪、网易、阿里巴巴、腾讯、百度等一大批极具价值的互联网公司。而苹果智能手机直接将互联网创业从固定的客户端转移到移动端，也陆续出现了像滴滴出行、饿了么、高德地图等互联网公司。

而随着互联网技术的进一步推进，物联网时代正在逐渐逼近，万物互联加人工智能是未来几年的发展趋势，又必将迎来新的创业机遇。

几乎所有互联网企业的兴起，都和时代趋势息息相关。伟大的企业都是时代的产物，伟大的企业家都是时代的代言人。

---

3. 改变组织规模大小

互联网对组织规模的影响体现在两个方面。一方面，互联网的广泛应用打破了地域空间的界限和约束，降低了企业对信息的搜索成本，缓解交易双方信息不对称的问题，从而使交易透明化，减少了企业之间活动的不确定性，提高交易频率，降低外部交易费用，导致组织规模的减小。以苹果公司为例，苹果公司利用无边界化，创新自己的组织，将设计和研发作为自己的核心业务，并从外部选择可靠的生产商，与之建立战略伙伴关系，由此节约了信息成本，缩小组织规模。另一方面，从企业生产运营的角度看，互联网的应用解决了传统企业多层次组织结构所引发的信息不流畅、机会损失等问题。在很大程度上缓解了企业内部信息流动的问题，在某种程度上缩小组织层级，缩短信息传递时间，达到提高企业运作效率的目的。而精简组织结构带来的直接好处是组织内部的协调费用以及管理费用大幅削减，组织管理者通过互联网管理的组织规模扩大。

四、互联网背景下企业组织结构演化趋势

1. 优化用户体验

根据美国著名企业管理大师迈克尔·汉默（Michael Hammer）先生提出的 BPR 理论①，企业必须充分掌握客户信息，准确把握客户需求，在了解客户价值驱动因素的基础上，分析企业的各项活动是否具有价值，并进一步判断各项价值活动给企业所带来的利润。以往，企业只需要研发生产出质量好的产品并将它卖给顾客，就可以完成交易获得可观的利润，而现在的交易模式已经从 B2C 转变成了 C2B。互联网重新定义了顾客与消费者之间的关系，顾客需求驱动决定着企业的产品及服务，在此前提下，顾客需求信息的传递流程必须简短快捷，各部门也需要快速协作实现顾客的需求。② 企业应只有改造对象和中心、以关心客户的需求和满意度为目标，进行业务流程再造，快速响应用户的个性化需要，以优化用户体验为前提设置组织结构，才能建立长久的竞争优势。

互联网的发展使得企业有机会通过各种社交渠道和用户建立强关系，组织要实现和用户零距离，主动与用户产生互动从而精准的把握用户的兴趣点，深度挖掘用户需求，进而产生交易行为。以海尔为例，与传统的企业组织结构相比，海尔集团的"倒金字塔"企业组织结构模式改变了"由上至下"的管控模式（见图 13-2）。

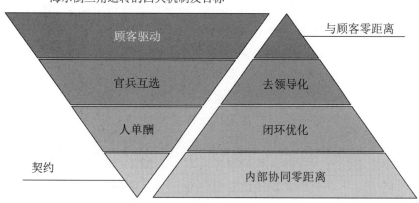

图 13-2　海尔"倒金字塔"管控模式

2. 激活员工能力

组织结构趋于扁平化以后，组织层级减少。组织管理者的管理幅度增大，负荷重，精力分散，难以对下级进行深入具体地管理，这时候就需要将权力下放到基层。赋能授权理论是哈佛商学院教授罗莎贝斯·莫斯·坎特（Rosabeth Moss Kanter）在 1983 年所著的《变革大师》当中提出的概念，她认为赋能授权包括某人向另外一个人指派一项特定的任务或项目，被指派者对于完成该任务或项目作出承诺，管理者对具备资格的员工

---

① 我国中小企业 EPR 之路. http://www.wendangku.net/doc/75954c6f561252d380eb6e87.html.
② 仇立. B2C 模式下消费者感知价格利益与顾客忠诚相关性研究 [J]. 管理现代化，2017，37（2）：74-77.

职责授权。① 通过授权将使管理者拥有更多的时间和精力集中在需要发挥自身专业能力和制订部门计划当中，而员工能够更多地参与企业经营。随着互联网的纵深发展，劳动分工必然也会产生新概念从而打破原有的岗位职责概念，让员工不再拘泥于部门的限制，不再受限于多层的管理层级，逐渐形成以群体的协作及知识资源的共享作为企业新的劳动分工思想，让系统和协作观念贯穿在组织结构建设和运作中。在企业为员工赋能授权的过程中，员工的工作积极性也会被充分挖掘和调动，从而唤醒主人翁意识，主动参与决策管理。扁平化组织结构的一个显著特征是企业资源和权力侧重于基层。权力地位不再取决于某职位，而是在于他们拥有的不同知识和信息。Jensen 和 Meckling（1992）在论述组织结构时提出专有知识的概念，专有知识是指在不同成员之间转换需要支付高成本，而且在这一过程中容易"失真"的知识。② 它往往表现为只有当事人才能完全获得和理解，而局外人很难获得和理解的信息，或者说局外人获得信息的成本很高。这部分知识很难数字化，大都属于非结构化或半结构化的信息。"只可意会，不可言传"，形容的就是专有知识的特点。对于基层员工来说，它一般包括产品质量和技术改进的知识、员工操作和实践知识、与特定企业和岗位相关联的经验知识，等等。这部分专有信息无论信息技术如何发达，也无法完整无误的传达给管理者，因此，企业的组织结构设计需要以激活员工能力为目标，将决策权下放，为员工赋能。

3. 以内部创业为创新机制

新生代员工是在互联网环境下成长起来的。对于新生代员工来说，相较于物质回报，他们更看重的是成就感、地位、实现理想和创意的机会以及自主使用资源的权力。在激烈变革的市场竞争环境下，许多大型企业经济效益低下，发展过程中遇到了瓶颈，"大企业病"现象严重。为解决这一困境，许多企业纷纷采取"内部创业"的创新机制，提出"员工即创业者"的口号，在企业内部鼓励创新创业。内部创业不仅能够帮助大型企业留住核心员工，防止人才流失和客源流失，还能帮助企业克服"大企业病"，解决企业后劲乏力的问题，是培育企业核心竞争力和动态能力的重要途径。

在互联网环境下，为适应经济发展和社会需要，组织结构只有不断创新，才能最大程度激活组织能力，使企业稳健发展。内部创业正是互联网时代组织结构设计面临的良好选择。企业可以利用自身积累的实力为员工构建一系列的技术知识共享网络，以搭建一个创新创业平台，引导员工主动创业。企业主动进行一系列的资源整合并制定相关的资源配置原则和政策，向创业个体提供制造设备、供货商网络、技术资源、人才资源、营销资源以及企业品牌等资源，使得创业个体可以把主要精力投入到解决最终用户的痛点问题。若通过此机制，产品成功上市，员工与用户成为企业的口碑营销者，帮助企业拓展市场，成为企业新的利润增长点。企业则实现了产品创新、与创业个体互惠共赢的局面，为企业的成长奠定了基础。

---

① 年代资讯，http://www.eraedu.com/topic.asp?id=257.
② Jensen，M.C. Specific and General Knowledge and Organizational Structure. Journal of Applied Corporate Finance，1992（8）4-18.

第二节　网络时代的新型组织

互联网时代使得企业所处的内外部环境发生了重大的变化。市场变化莫测，信息流巨大，商业流加速，机遇转瞬即逝。企业的活动量显著增加，活动范围明显扩大。企业要适应多变的市场，就要对组织结构进行变革，让每个部门小巧且灵活，使组织结构趋于扁平化，组织形式虚拟化，组织边界模糊化。企业的信息资源能被充分有效地利用，从而降低运行成本，提高运行效率。

一、生态型组织

随着互联网技术的发展，企业通过搭建平台，以更高效、更公平的方式服务、激活、整合组织内、外部的个体的活力和创造力。与传统组织不同，生态型组织（eco-organization）不是埋头自己发展，而是通过提供创新平台，连接、开放、共享一切资源，连接价值链的各个环节，并以"互利共生"的方式与平台上的个体"协同进化"，在成就别人的同时成就自己。

目前，关于生态组织的研究不多，现有的研究仅仅指出组织应该通过生态进化保持持久的活力并长期生存，对于如何实现这一目的则少有研究。公认的组织生态学研究源自迈克尔·哈南（M. T. Hannan）与约翰·弗里曼（J. H. Freeman）在1977年提出的种群生态组织模型，种群生态模型重点探讨组织种群的创造、成长及死亡的过程及其与环境转变的关系。组织种群是由在特定边界内具有共同形态的全部组织所构成，也就是说在特定的系统中组织种群是现实存在的。种群生态模型涉及组织的形式。组织的形式是组织特定的技术、结构、产品、目标和人员，它可以由环境进行选择和淘汰。每个新的组织都试图找到足够能支持它的领地或缝隙，即唯一的环境资源和需要的领域。

从种群生态学开始，当代组织理论越来越强调组织与环境之间的密切关系，强调组织与环境的不可分离性，组织上顺利发展取决于它对环境的准确掌握和及时的自身改造，而这些特点都与自然生态系统中生物与环境的关系极为相似。因此，组织的生态化成为研究的热点，出现了生态型组织的概念。生态型组织是组织管理的"市场经济"阶段，生态型组织希望的结果是快速响应外部市场需求、资源要素自由有效配置，内部利益交易、决策精准、创新不断涌现。生态型组织是属于弹性结构的一种，其基本特性是流动性大，规章少，鼓励员工组成工作小组工作及大幅度的分权。

生态型组织是一种未来的组织模式，生态化反映了组织演化的趋势。近年来，有关学习型组织、组织的柔性化、网络化的探索实践等，都表明企业组织已出现明显的生态化发展。例如阿里巴巴从原来的金字塔结构变成一个更生态型的组织。海尔总裁张瑞敏提出，海尔破解"大企业病"的探索是颠覆传统组织模式，通过"用户个性化、组织平台化、员工创客化"，实践共创共赢的价值创造新生态，海尔的组织形式由"倒三角"转型成为"创客平台"。

生态型组织与平台是一对多的关系，一个生态型组织内可以有一个或者多个平台；平台与参与者也是一对多的关系，一个平台对应多个参与者。平台上的参与者可以是个人也可以是组织团体，所有的参与者从使命、价值观上完成对平台所有主体的融合和统一，来实现彼此基于平台上更大的商业认同并彼此维系。

平台模式更像现代去层级化的网状组织结构，在平等的基础上，平台上的利益各方需要明确彼此的权、责、利。韩都衣舍独创了"孵化＋服务"平台，平台上每个产品小组都是一个小的经营体，独立负责设计、定价和销售整个业务流程，并根据利润自主分配薪酬，实现了责、权、利的统一。

平台在为生态型组织中的参与者提供资源与必要系统的同时，也设定了企业运行的游戏规则，起到引导参与者投入与承诺的作用。Uber采用典型的"三人小组＋平台"的结构，平台为各小组提供全球业务的数据运营情况以及大数据分析服务，同时设定了全球统一的品牌指导原则、资源配置原则和人事遴选机制，用以指导小组在各地的业务发展。

二、无边界组织

（一）无边界组织的含义

无边界组织结构（Boundaryless Organizational Structure）的概念是由美国GE公司的前任总裁杰克·韦尔奇所提出。传统技术与权力基础上的企业管理强调分工，组织结构以细小的部门分工为基础，形成金字塔式、自上而下、递阶控制的管理组织形式。随着科技的发展，这种结构由于存在对外界环境变化响应迟缓和压抑组织成员全面发展等弊端，越来越无法适应新经济时代中企业管理的需要。

针对这一情况，1989年，时任美国通用电气（GE）总裁的杰克·韦尔奇提出"无边界"这一标志性理念。他预想中的无边界公司是：将各个职能部门之间的障碍全部消除，工程、生产、营销以及其他部门之间能够自由流通，完全透明；"国内"和"国外"的业务没有区别；把外部的围墙推倒，让供应商和用户成为一个单一过程的组成部分；推倒那些不易看见的种族和性别藩篱；把团队的位置放到个人前面。经过多年的硬件建设——重组、收购以及资产处理，无边界变成了GE社会结构的核心，也形成了区别于其他公司的核心价值。正是在无边界管理理念的指导下，GE才不断创新，如推行"六西格玛"标准、全球化和电子商务等，无不走在其他公司的前面，始终保持充沛的活力，取得了惊人的成就。1995年罗恩·阿什肯纳斯（Ronald Ashkenas商业书籍作家，并担任雪佛Robert H. Schaffer & Associates管理顾问公司的管理合伙人），在其著作《无边界组织：打破组织架构的束缚》（The Boundaryless Organization: Breaking the Chains of Organizational Structure）一书中也提出相同的观点。

无边界组织（boundaryless organization），也就是一种有机组织。有机组织被置于一个更大的有机组织之中，就像动物细胞核与细胞体、动物细胞与动物器官组织、动物器官组织与动物体之间的关系一样，彼此之间的关系不能僵死。如果这种关系僵化，将直接导致动物肌体组织的死亡和动物本身的死亡。

无边界组织是相对于有边界组织而言的。有边界组织要保留边界,完全是为了保证组织的稳定与秩序。但无边界组织也需要稳定和呈现度,所以它绝不是要完全否定企业组织必有的控制手段,包括工作分析、岗位定级、职责权力等的设定,只是不能把它们僵死化。

所谓无边界组织是指边界不由某种预先设定的结构所限定或定义的组织结构。边界通常有横向、纵向和外部边界三种。横向边界是由工作专门化和部门化形成的,纵向边界是由组织层级所产生的,外部边界是组织与其顾客、供应商等之间形成的隔墙。

(二)无边界组织结构的特征

韦尔奇强调无边界组织应该将各个职能部门之间的障碍全部消除,工程、生产、营销,以及其他部门之间能够自由沟通,工作及工作程序和进程完全透明。罗恩·阿什克纳斯在与他人合著的《无边界组织:打破组织结构的锁链》一书中对4种边界进行了分析界定。

在传统的意义上,企业靠严格的边界制胜,未来的企业则要靠无边界赢得竞争。传统的企业组织结构里面一般包括4种边界:垂直边界、水平边界、外部边界、地理边界。垂直边界是指企业内部的层次和职业等级;水平边界是分割职能部门及规则的围墙;外部边界是企业与顾客、供应商、管制机构之间的隔离;地理边界是区分文化、国家市场的界限。

在传统的企业管理模式下,企业按照需要把员工和业务流程进行划分,使得各个要素各负其责,各尽其职。传统的企业组织机构是一种自上而下的金字塔式的管理模式,管理机构恪守各自严格的边界,企业有着严格的组织和等级界限。而这往往造成组织规模庞大、等级过多、职权过于集中、组织效率低下、应变迟缓乏力、内部沟通阻隔,阻碍创新和抑制员工的主动性。为适应经济全球化、信息网络技术和知识经济的挑战与冲击,企业的管理模式不能恪守依据职权划分和层级管理来机械设置管理层次和职能部门的传统模式,而应充分体现组织对环境的适应性和应变力,使之能够在第一时间对环境变革做出快速反应,同时也允许设计过程具有高度的灵活性和可变性。

无边界原理受生物学的启发,认为企业组织就像生物有机体一样,存在各种隔膜使之具有外形或界定。虽然生物体的这些隔膜有足够的结构和强度,但是并不妨碍食物、血液、氧气、化学物质畅通无阻地穿过。无边界组织的原理认为,信息、资源、构想、能量也应该能够快捷顺利地穿越企业的边界,使整个企业真正融为一体。在无边界原理中,企业各部分的职能和边界仍旧存在,仍旧有位高权重的领导,有特殊职能技术的员工,有承上启下的中层管理者,使各个边界能够自由沟通、交流,实现最佳的合作。

1. 打破垂直边界。各个层次及各种头衔人员之间的界限已经打破,垂直上下之间的界限不再僵硬难破,而变得具有弹性和可渗透性,从而有助于更快、更好地决策和行动,也有利于组织方便地从各层次人员那里获得知识信息和创新灵感。

2. 打破水平边界。各职能部门不再有自己独立的山头,部门间的相互渗透,有关领地管辖的争执,被探讨怎样才能最大限度地满足客户需求所替代。新产品或服务以越来越快的速度推向市场，一发掘出客户价值，就以最快的速度呈献给客户。各种资源的占有已打破单位、部门之间的块块分割，能够根据需要快速、经常、无阻碍地在专家和操作部门之间流转。

3. 打破外部边界。就企业与外部供应商、客户的关系而言，已由通过谈判、争吵、高压技巧、封锁信息，甚至相互拼斗方式的生意人之间——"我们"与"他们"的关系，转化为一种共创、共享、互利、双赢的价值链关系，彼此之间成为一个战壕里的战友。高效的创新方式一经发现，就可以很快被引入整个产品或服务企业联合价值链中来，为大家所共享。直接无偿投资支持供应商和经销商，也开始成为一种高效的经营方式。企业联盟不仅是一种战略，而且成为一种价值观念。

4. 地点、文化和市场的边界也开始被打破。源自于强调国民自尊心、文化差异、市场特殊性的观念，往往将创新和效益的观念孤立起来，并导致总部与工厂、销售市场之间的分离和矛盾。这已不再适应全球化统一市场的企业经营和发展。人才、资金、材料供给已全面向本地化方向发展推进。将跨国企业定义为某国某地的企业已不再有任何意义，在何处经营，在何处纳税，也就是何处的"公民"。

无边界组织又绝不是要完全否定企业组织必有的控制手段。因为只要是一个组织，稳定和秩序是其存在的前提，所以，有必要借助一些控制手段来保证这种稳定和秩序。无边界组织强调的是在保证这种稳定和秩序的前提下，突破彼此之间的种种界限，以增强企业组织的灵活性和适应性。就像作为有机体的人一样，手能够正常地完成它的目标功能作用，握笔写字等，就没有必要让脚趾来代行其功能。

三、自组织

（一）自组织理论的缘起及含义

自组织理论是 20 世纪 60 年代末期开始建立并发展起来的一种复杂性科学理论。自组织（self-organization）这个概念最早出现在 1947 年 Ross Ashby 关于神经系统《自组织动态体制的原则》的论文中。约维茨和凯莫伦（Yovits M. C & Cameron S，1959）在《自组织系统》（self-organizing systems）中对自组织系统作了详细的论述，类似的思想却可以追溯到更早的一些时候。1969 年，普利高津（Ilya Prigogine）提出耗散结构（dissipative structure）理论，标志自组织理论的创立。主要研究的对象是复杂自组织系统（生命系统、社会系统）的形成与机制问题，即在一定条件下，系统是如何自动地由无序走向有序，由低级有序走向高级有序的。协同学创始人哈肯（H. Haken，1988）给出了自组织的经典定义："如果系统在获得空间的、时间的或功能的结构过程中没有外界的干扰，则系统是自组织的"，他还用一个实例来解释："比如说有一群工人，如果没有外部命令，而是靠某种相互默契，工人们协同工作，各尽职责来生产产品，我们把这种过程称为自组织。"自组织理论建立后，成为解决普遍的一般复杂系统的系统理论。

自组织系统（self-organizing systems）一种高级的有组织系统。它不需外力的干预，能自行建立秩序，提高有序度，从一种组织状态到另一种组织状态转变。"自组织"是现代非线性科学和非平衡态热力学的最令人惊异的发现之一。基于对物种起源、生物进化和社会发展等过程的深入观察和研究，一些新兴的横断学科从不同的角度对"自组织"的概念给予了解说：

从系统论来看，"自组织"是指一个系统在内在机制的驱动下，自行从简单向复杂、从粗糙向细致方向发展，不断地提高自身的复杂度和精细度的过程；

从热力学来说，"自组织"是指一个系统通过与外界交换物质、能量和信息，而不断地降低自身的熵含量，提高其有序度的过程；

从进化论的观点来看，"自组织"是指一个系统在"遗传"、"变异"和"优胜劣汰"机制的作用下，其组织结构和运行模式不断地自我完善，从而不断提高其对于环境的适应能力的过程。C. R. Darwin 的生物进化论的最大功绩就是排除了外因的主宰作用，首次从内在遗传突变的自然选择机制的过程中来解释物种的起源和生物的进化；

从结构论——泛进化理论的观点来说，"自组织"是指一个开放系统的结构稳态从低层次系统向高层次系统的构造过程，因系统的物质、能量和信息的量度增加，而形成比如生物系统的分子系统、细胞系统到器官系统乃至生态系统的组织化度增加，基因数量和种类自组织化和基因时空表达调控等导致生物的进化与发育过程。

现代自组织，是指有着特定目的、兴趣或利益的成员根据用户的需求，自由组成团队，去解决问题，而没有正式的组织边界，没有严格的管理规则。互联网时代，人们学习知识、分享经验、建立社交的方式彻底改变，管理的目标更应该定位于提高个体的效能。全民创业的提倡，使得企业内部自组织出现了新的形态，它们充分地利用信息反馈快捷、决策灵活的优势，不断拉近与用户的距离，不断发掘利润点，使得企业焕发新的活力。当然，在互联网时代，资源仍需要分配、目标仍然需要制定、个体的成果也需要汇集为群体的智慧，但这些工作将逐渐由高层的管理者向外围工作者迁移，也即企业的组织结构会趋向于扁平化。

（二）自组织的特征

系统的自组织原理指的是，开放系统在系统内外两方面因素的复杂非线性相互作用下，内部要素的某些偏离系统稳定状态的涨落可能得以放大，从而在系统中产生更大范围的、更强烈的长程相关，自发组织起来，使系统从无序到有序，从低级有序到高级有序。该理论揭示，如果一个开放系统，内部各要素之间相互作用，满足非线性关系并远离平衡态，在涨落的诱发下，能够使系统从无序走向有序，从而形成一个具有整体结构与属性的系统。它从更高的层次和更深的角度揭示了管理的艺术性。

互联网的发展，使得传统行业不断受到颠覆。许多传统行业，都在努力调整着企业的组织架构和管理方式，以适应互联网带来的商业浪潮。更多的新兴产业，则如雨后春笋般涌现出来。自组织对企业发展的意义尤为突出。

华为的"三人战斗小组"、百度的小团队制、韩都衣舍的"产品小组"、海尔的员工创客等一系列机制，都是企业在打破原本职能制划分的企业结构，推行"自组织"的一种尝试。"内部创业"的跨职能团队的模式，似乎在逐渐成为互联网时代"自组织"最广泛的模式。这种模式的发展，实际上是弱化传统僵化的层级结构、发挥网络状结构灵活机动的优势、适应瞬息万变的网络时代、充分保障个体自主性、创造性的内在需要。

现代企业自组织有如下特征：

1. 自组织是一个开放的系统，无边界，扁平化。它不断地与外界进行物质、能量和信息交换，通过反馈进行自控和自调，以达到适应外界环境变化的目的，使企业结构不断完善和企业水平不断提高。扁平化则是为了对抗多层级导致的信息衰减与扭曲。

2. 自组织管理具有典型的非线性特征。企业组织是一个整体，正是由于各种非线性的影响，它的功能大于其各组成要素功能机械相加的总和。随着投入到企业管理中的人力、物力和财力的增加，企业的管理效率会有所增加，但并不是按照人力、物力和财力的投入与管理效率成正比，超出某个范围后，其效率增加就会减慢，甚至会出现效率下降现象，并不一定随着投入的人力、物力和财力的增加而上升。

3. 自组织的非平衡性。在自组织管理系统中，管理者和被管理者都是由不同个性和能力的人组成，他们之间总会有些差异，这种差异导致企业管理系统远离平衡态，形成远离平衡态的属性。这些差异偏离了其平均值，使其远离了平衡态，而且这些成员之间差异越大，偏离平衡态就越大。这些差异促使人们之间产生竞争，这才能使他们向着有秩序的方向转化。

4. 自组织是动态的、多元的、网状结构的组织，它颠覆了原先单一的、稳定的、确定的组织结构，而且它总是在从无序走向有序，从有序到相对无序的动态良性循环，而且往往是整体有序和局部无序、宏观无序和微观有序并存。它不再是过去那种矩阵式或者是直线式的结构，而是一种基于价值的网状结构形态。在非线性、网状的结构中，任何一个变量或要素都有可能带来颠覆性的创新。在网状的结构形态下，要找到自组织的引爆点，通过试错战略，不断地去寻找引爆点，然后把这种引爆点变成实实在在的颠覆式创新。微信就是腾讯的引爆点，微信颠覆了人们使用手机的方式。对于腾讯来讲，它创新了一种新的商业模式。

5. 自组织强调利益分享而不是独享，认为信任和授权是最大压力，分享是最好的管控。自组织内部是高度信任授权体系。在自组织里，一定是高度授权的，要使每个人都是自动去负责、自动去追求协同。自组织强调的是员工自主地进行价值创造。

现代企业管理要使组织成为一个开放的系统。组织管理不能在封闭的环境下进行管理，要使组织的管理成为一个自组织过程，就需要和外界不断地进行物质和能量的交换，在人员、物质、资金和信息等方面与外界不断地进行交流，使组织管理具有开放性。同时，使企业处于远离平衡态。企业管理处于平衡或近平衡态，都会使企业管理处于僵死状态，自组织的企业管理要求被管理者处于远离平衡态。在人员配备上，使同一部门内的人员在年龄、知识、智能、素质等方面都有一定的差异；在激励策略上，对于不同贡献的人采取不同的奖励方法，适当拉开一定的距离，让成员之间有一定的竞争。

充分利用协同和竞争使企业管理成为自组织过程。企业管理系统诸成员之间既存在整体同一性，又存在个体差异性。在企业管理中，整体同一性表现为协同，个体差异性表现为竞争。哈肯认为，自组织系统演化的动力是系统内部各个子系统之间的竞争和协同，而不是外部指令，系统内部各个子系统通过竞争而协同，从而使竞争中的一种或几种趋势优势化，最终形成一种总的趋势，从而支配系统从无序走向有序，即自组织起来。

不过，值得一提的是，和自组织对应的概念是他组织。他组织概念，据查，最早提出这一概念的是苗东升教授。他认为现实世界的他组织现象是十分普遍的。凡是系统的设计、组建、控制、管理、操作，以及批评教育、制裁等等都是外部力量试图改变某个系统的结构、状态、行为的过程，即他组织。按照哈肯的说法，"如果系统在获得空间的、时间的或功能的结构过程中，没有外界的特定干预，我们便说系统是自组织的"。当然这样说也就意味着，如果系统是在外界的特定干预下获得空间的、时间的或功能的结构，我们便说系统是他组织的。简单地说，组织力源于内部，无需外部指令而能自发组织和发挥功能的，是自组织；组织力源于外部，需要外部指令才能组织起来发挥功能的，是他组织。

在传统的军事领域，战略的实现机制是他组织的。军队通过外部设定目标、指令或指导而组织起来，并通过这种机制而展开部署和发挥力量。用系统科学的语言说，军队的组织化是在外部输入（信息、物质和能量）的直接干预下进行的，而且这些输入对于体系内部各要素是非平等的，具有特定性和某种直接控制的特点。一般地看，在军事和政治领域，他组织是战略准备和实施的基本机制。战略作为"对战争全局的筹划和指导"，往往通过战略规划和能够掌握的资源进行最有效的组织部署，以形成最大的战斗力或控制力，达到取胜的目标。

现代企业也不完全是自组织，它同时具有非自组织性或他组织性。只不过不同企业组织两者的比重不同，因此，控制方式是立体、多样、融合的。对于原本属于纵向控制型组织而言，只有通过控制中心的作用，自组织才有可能导入和嵌入。为了使自组织能够正常运行、产生功能，控制中心有必要进行管理，如制定规则、维护秩序、整合资源以及提供保障。

四、平台化组织

（一）组织平台化是组织变革发展的趋势

随着互联网、大数据、人工智能等技术的普及，过去20年企业在生产、供应链、营销领域已经发生了天翻地覆的变化。如今一个企业可以同时为全球上亿消费者提供服务，可以以自动化智能化的方式对消费者的提供绝大部分服务，可以每秒处理几万笔交易，可以用几千个词语标签对消费者进行画像，最令人惊叹的是可以应对市场需求在几小时之内几十上百倍的暴涨暴落。

在二三十年前还属于不可想象的经营模式，已经成为今天的经营基准。然而回到企业内部，一切都和20年前差不多，员工依然通过招聘进行，绩效考核依然耗费着大量的人力，工作的分配与回收还是依赖着上下级的行政关系。最形象的一个例子就是一个世界级的互联网企业告诉我他们最头疼的事情之一就是每天要处理几百名员工的入职和离职手续。

一个世界，企业内外却是两个模样，外部（经营）高度自动化，内部（管理）却还是工业时代的科层制。

管理的实践者、研究者早已意识到组织管理的模式严重滞后于外部经营模式的改变，提出了无边界组织、组织液化、社群型组织、阿米巴组织、平台化组织等概念。互联网服饰品牌韩都衣舍，凭借"款式多、更新快、性价比高"的特点，在天猫平台上创下了多个销量冠军，2018年，收入达15亿元，净利润上亿元；它正是通过平台化组织来应对当前的不确定性，变"公司+雇员"的组织体系为"平台+个人"。这种变革不只发生在韩都衣舍，海尔、联想、万科、华为等都在向"平台+个人"这样的组织方向转变，未来越来越多的组织形态或将朝此方向改变。

平台化成为一个新的热点管理词汇，有的企业甚至提出"无平台，不企业""不搞平台化只有死路一条"，似乎要把组织平台化上升到一种"不做就会死"的高度。平台化是企业组织变革的趋势，这种"势"一旦起来，在一定时期内将很难被打破。

目前组织平台化仍然处于探索阶段，尚未达到成熟的状态，包括海尔也仍然有很多问题还处于摸索过程。

（二）组织平台化发展的基本路径

所谓平台化模式，就是去掉中间层，把整个组织变成根据业务需要成立的自由团队。传统的"公司+雇员"的组织形态可以理解为是"火车模式"，靠领头者的能力，而平台化组织则是"动车模式"，靠每节车厢共同驱动。无论是美国资本市场排名靠前的互联网公司，还是中国的BATJ（百度、阿里巴巴、腾讯、京东），无一例外都是平台模式。而倒退10年，占据美国资本市场前列的几乎全是零售、石油、银行、电信这些传统行业。

"平台模式由来已久，但互联网时代之前的平台，无论在规模还是范围上，都无法与今天的互联网平台相比。"波士顿咨询资深合伙人兼董事总经理范史华称。

平台化组织在形式上具有多样化特点，企业构建需要遵循的核心理念是"形散神凝"。平台化组织是以分工为前提、以客户为中心的系统。从实现的基本路径上来讲，一般认为应当把握住四个要点。[①]

1. 理念的转变

客户化必须要贯穿于组织体系设计全过程。典型模式如图13-3所示：对内而言，客户化是指视同组织单元、员工为内部客户，以满足内部客户的需求为组织设计的基本理念。在具体落实过程中，"共享中心"模式可以作为此种理念的诠释与参照。

---

① 参见"平台化组织变化：从'公司+雇员'到'平台+个人'"，中国经营报2016年10月31日商业案例；"组织平台化难题与变革路径"，选自华夏基石图书《混沌与秩序（下）——变革时代管理新思维》彭剑锋、尚艳玲，中华工商联合出版社，2017年11月。

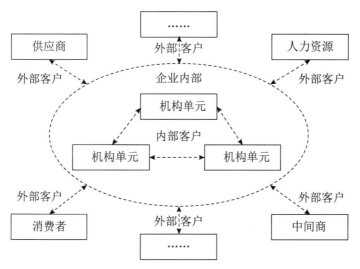

图 13-3 "客户化"经营理念下的组织模式

以华为为例,通过人力资源共享服务中心、财务共享服务中心、IT 共享服务中心、全球技术支持中心、投标共享中心等的打造,将事务性、服务性等相对辅助性的职能集中到"中心",面向全公司提供服务,通过对事务工作的集中处理提高效率和专业化程度,最大限度满足员工需求。

对外而言,客户化是指建立与多方相关利益主体,包括最终客户、上游供应商、合作伙伴、社会资源等的"零距离"关系。这就要求企业建立适度灵活的机制,尤其是要赋予前线人员一定的灵活性和决策自主权,并且通过一定的激励约束机制提高前线人员的主动性和创造性。

在此情况下,就要实现由传统的利益共同体向事业共同体的转变。如何转变企业与员工关系问题,在平台化组织模式下,必须要扭转"企业给员工发工资"为"员工主动挣工资"。海尔的小微化管理实践对企业具有典型的借鉴意义。

2. 协同关系的转变

在平台化组织中,协同的基本概念有两个:一个是业务伙伴(Business Partner),一个是服务伙伴(Service Partner)。从 BP 业务伙伴上来讲,就是要加强不同管理部门之间的交叉和深入程度,打破原有的各干各事、彼此之间业务不熟悉的状态,如此才能真正发现内部客户的需求,实现相互渗透、相互支持。

从 SP 服务伙伴上来讲,更多是指企业总部的价值定位。平台化组织模式下,为有效促进业务单元的活力与效率,就要求企业从一个管控者角色向服务者、资源支持者角色转变,在此情况下,传统组织模式下的目标计划式管理——下目标、定计划、监督实施、沟通反馈,或者一竿到底的职能式管理,都将受到变革冲击。

SP 概念的关键,可比照市场的概念——供方、求方和资源三个基本要素,就是要识别内外部客户需求、谁能够满足这些需求、企业能够提供什么资源。以企业内部为例,让一线听得见"炮火"的人作决策,企业就要及时提供"弹药"装备,而不是让一线人员仅仅充当"侦察兵",发现敌情报告指挥部后,等指挥部拍板后再决定送什么物资。

比如企业外部，以某品牌服装为例，实质上搭建的是线下实体销售平台（门店），任何符合款式质量要求的服装均可进入门店销售。这样既解决了自身产能不足或投入过大的风险问题，又充分带动了服装生产企业的销售，同时满足消费者个性化需求，如此就打通了供应商（服装厂）—企业（门店）—消费者之间的关系，有效解决了供求平衡和各方利益问题。

3. 决策模式的转变

一线员工作决策，领导者作投资。"公司+雇员"这样的组织架构中，职业经理人可以说是最耀眼的职位，层级越高的职业经理人，所掌控的资源，能够行使的权力就越大。仍以传统服装企业为例，设计总监对设计师们设计出来的样式是否批量生产，有着绝对的话语权。而大批量布料等原材料的采购，做决策的是采购总监。

然而对于平台化的企业，这种模式有着很强的不适应性——决策时间成本过高，跨部门沟通难。应对互联网的"快变"，小前端+大平台这种模式效率更高。在韩都衣舍，最小的小前端只有3个人，分别来自研发、生产/采购、销售部门，这3个人组织了公司中最小的细胞，但他们的权力一点儿也不小。只要看准了一个项目，比如判定下一季某款女装可能会成为爆款，那就让这个3人小组放手去做，充分调动了员工的主观能动性，就算失败了，试错成本也不高。

每个小前端可以看作是一个产品小组，小组全权负责产品设计、生产和品牌运营，责、权、利对等，权力被下放到最小单元，自驱动加快决策速度。

产品小组的责任在于设定销售目标，对库存、毛利率和产品品质负责，他们同时拥有确定款式、尺码、库存深度、销售价格、是否参与营销活动，参与打折的节奏与深度等。"以往是企业中高层管理者才有的决策权，下放到了一线员工手中。"波士顿咨询全球资深董事经理李舒说。

对于每个小前端而言，他们可谓"压力山大"，小前端内部有着相当大的决策权，但是每个项目能否持续做下去，能否得到公司后台平台继续支持，有着"硬指标"来考核，那就是财务数据。因为韩都衣舍对每个产品小组的利益分配模式就是考核销售额、毛利率和库存周转率。小组的奖金分配并不是公司决定的，而是由每个小组的利润决定，多劳多得。韩都衣舍会定期对300多个小前端按财务指标排名，从而决定为哪些团队持续提供资金支持，对排名高的团队进行资源倾斜，内部机制鼓励对前端优胜劣汰，有效保证对效益良好的前端进行资源支持。

这样的组织设计，权力下放给了一线员工，管理者似乎被"架空"，李舒指出，这恰恰是平台化组织，管理者角色发生了转变，要求也提升了，被赋予了新角色——风险投资人。

平台型组织对每个人要求都要变得更加专家化和柔性化，人人必须成为专家，必须自我监督，自我管理和自我提升。

海尔的平台化变革如今已初见成效。海尔的平台有两类组织：小微和平台。目的是实现转型与创新。这些小微组织有了想法之后，则与每个平台组织合作。而每个平台组织，比如生产平台，下面设有N个生产小微，物流平台设有N个物流小微，海尔实行"人单合一"机制，每个创新小微和转型小微，可凭一定量的客户订单获得平台上其他小微的支持，比如请采购平台小微合理采购零部件，请销售平台小微帮助做产品营销等。小微间的彼此合作，是"市场化"选择的结果，自负盈亏。管理者只是把握公司总体的大方向，协调前端任务，做财务风控即可。

4. 共同治理模式的转变

像韩都衣舍这样的平台化企业，300多个小前端拥有着很大的决策权，7大后台赋能平台为这300个小前端做支持服务，凭借韩都衣舍这个大品牌，孵化出了N多个子品牌，这就是所谓的"富生态"。但"富生态"的最大问题是实时出现的"不确定性"，而应对的方式应该采用"共治理"的手段。

但是，目前"共治理"却是一个亟待解决的难题。比如以Uber为代表的打车软件企业，本身已经用诸多制度、技术方式治理平台上数以千万计的司机，但政府作为监管方，在"共治理"的方面却只面对平台方。

"现在市场的主体已经发生了根本性的变化，还是按照原来以平台（公司）作为监管对象制定政策，而不是按照'平台＋个人'这种新的市场结构实施监管，则会出现问题。"阿里研究院网规研究中心主任阿拉木斯指出，协同治理对平台化企业而言颇为重要。

从微观角度看，在平台化的企业里，用户数往往数以亿计，难免会发生纠纷。比如当消费者网购了一瓶墨水，拆开快递箱时发现墨水洒了一半，将纸箱都染了，这样的场景如何处理？这种情况往往是"富生态"——厂家、店家、配送等各个关联方都不愿承担责任。

这就需要网络购物平台企业制定出相应的规章，有章可循。这一规章并不要求像法律条文那样严谨，甚至可以根据实际发生的情况适时修改，但这一规则必须要有，而规则的建立甚至应来自于平台各方的参与者，不断改进，不断升级。

面对这些全新的变化，对企业管理者而言提出了更高的要求，以前管理者是给予指令，下面人做执行，但现在管理者变为了"辅导员"，引导员工思考，大家一起研究分析，共同做决定。

同时管理者更要善于发现，未雨绸缪基于平台上可能发生的问题，比如销售数据造假、炒作信用、刷单等行为，既协同员工制定出相应的规则，同时也借助技术谨防这些问题发生。

复 习 题

1. 试比较互联时代组织结构和传统组织结构的特点。
2. 什么是生态组织？
3. 无边界组织有哪些特征？
4. 自组织和他组织有何区别？
5. 组织平台化变革需要注意哪些问题？

即 测 即 练

延 伸 阅 读

扫码阅读案例,思考并讨论下列问题。
1. 韩都衣舍阿米巴小组制管理模式有何影响?
2. 试结合案例,谈谈平台化组织变革的意义和问题?

教学支持说明

▶▶ **课件申请**

尊敬的老师：

您好！感谢您选用清华大学出版社的教材！为更好地服务教学，我们为采用本书作为教材的老师提供教学辅助资源。该部分资源仅提供给授课教师使用，请您直接用手机扫描下方二维码完成认证及申请。

任课教师扫描二维码
可获取教学辅助资源

▶▶ **样书申请**

为方便教师选用教材，我们为您提供免费赠送样书服务。授课教师扫描下方二维码即可获取清华大学出版社教材电子书目。在线填写个人信息，经审核认证后即可获取所选教材。我们会第一时间为您寄送样书。

任课教师扫描二维码
可获取教材电子书目

 清华大学出版社

E-mail: tupfuwu@163.com　　　　　　　　网址：http://www.tup.com.cn/
电话：010-83470332 / 83470142　　　　　　传真：8610-83470107
地址：北京市海淀区双清路学研大厦B座509室　　邮编：100084